은유로 사회 읽기
사회이론으로의 초대

은유로 사회 읽기

사회이론으로의 초대

The Metaphorical Society
: An Invitation to Social Theory

대니얼 리그니
Daniel Rigney
지음

박형신
옮김

한울
아카데미

The Metaphorical Society: An Invitation to Social Theory
by Daniel Rigney

Copyright ⓒ by Daniel Rigney 2001
Korean translation copyright ⓒ HanulMPlus Inc., 2018

Translated from the English Language edition of The Metaphorical Society: An Invitation to Social Theory, by Daniel Rigney, originally published by Rowman & Littlefield Publishers, an imprint of The Rowman & Littlefield Publishing Group, Inc., Lanham, MD, USA. Copyright ⓒ 2001 by the author. Translated into and published in the Korean language by arrangement with Rowman & Littlefield Publishing Group, Inc. All rights reserved.

No Part of this book may be reproduced or transmitted in any form or by any means electronic or mechanical including photocopying, reprinting, or on any information storage or retrieval system, without permission in writing from Rowman & Littlefield Publishing Group.

이 책의 한국어판 저작권은 Rowman & Littlefield Publishers와의 독점계약으로 한울엠플러스(주)에 있습니다. 저작권법에 의해 보호를 받는 저작물이므로 무단 전재와 무단 복제를 금합니다.

차례

머리말 / 7

제1장 | **은유적 상상력** _ 12
은유, 직유, 그리고 유추 15 / 사회에 대한 여덟 가지 은유적 이미지 21

제2장 | **생명체로서의 사회** _ 32
가족으로서의 사회 33 / 유기체로서의 사회 38 / 진화과정으로서의 사회 52 / 생태계로서의 사회 70 / 사회는 살아있는가? 75

제3장 | **기계로서의 사회** _ 78
사회물리학의 꿈 80 / 사회공학의 꿈 96

제4장 | **전장으로서의 사회** _ 114
군사적 사회 모델 116 / 초기의 갈등이론가들 119 / 현대 갈등이론 127 / 공적 담론 속의 전쟁 은유 132 / 전쟁 은유를 넘어서 142

제5장 | **법질서로서의 사회** _ 145
아노미아 147 / 도구로서의 규칙 151 / 규칙체계 153 / 규칙 제정자 154 / 규칙 해석자와 규칙 집행자 159 / 규칙 파괴자와 규칙 변경자 163 / 탈근대적 아노미 166 / 더 높은 수준의 법이 존재하는가? 176

제6장 | **시장으로서의 사회** _ 180

시장의 철학 181 / 교환이론 187 / 쥐에서 합리적 선택으로 196 / 비판받는 호모 에코노미쿠스 205

제7장 | **게임으로서의 사회** _ 213

사회적 게임 학습하기 215 / 게임하기와 시뮬레이션 218 / 정보 게임 219 / 수학적 게임 이론 223 / 게임으로서의 삶 247

제8장 | **연극으로서의 사회** _ 251

연극 유추와 역유추 253 / 고프먼의 일상 속의 연극 265 / 터너와 역사의 드라마 274 / 심층 이야기 279

제9장 | **담론으로서의 사회** _ 284

사회이론에서의 탈근대적 전환 284 / 언어에 대한 언어들 288 / 텍스트로서의 사회 323 / 대화로서의 사회 328 / 맺음말 343

후기 | **은유 분석 가이드** _ 347

은유의 동학 348 / 문화의 은유적 구성 351 / 사회이론에서의 은유 평가하기 356

참고문헌 / 373
찾아보기 / 397
책을 옮기고 나서 / 410

머리말

 이 책은 상상력을 자극하는 행위를 하는 일에 당신을 초대한다. 이 책은 당신이 시적 은유의 렌즈를 통해 인간사회를 바라보고 다음과 같은 종류의 질문을 던져볼 것을 권한다. 사회는 생물체와 어떻게 유사한가(그리고 어떻게 다른가)? 사회는 기계, 전장戰場, 법규, 시장, 게임, 연극작품, 또는 세대를 넘어 확대되는 거대 담론과 어떻게 유사한가(그리고 어떻게 다른가)?

 이것들은 최근 여러 세기 동안 서구 사회이론의 경과를 틀지어온 은유들이다. 우리가 이 책에서 검토할 여덟 가지 주요 은유만이 이제까지 사회에 대한 우리의 이해를 인도해온 시적 이미지인 것은 결코 아니다. 사회적 삶에 관한 또 다른 이미지들도 다른 장소, 시간, 문화 속에서 영향력을 발휘해왔다. 다양한 문화와 역사적 시기를 가로지르는 사회 은유들에 대한 파노라마식 조사도 그 자체로 (비록 백과전서식이기는 하지만) 하나의 매력적인 프로젝트가 될 것이라는 점에는 의심의 여지가 없다. 하지만 그러한 프로젝트는 보다 수수한 목적을 가진 이 책의 범위를 훨씬 넘어선다. 이 책은 호기심 많은 일반 독자들에게 하나의 문학 장르로서의 사회이론에 관해 간략히 그리고 특이하게 소개하는 것을 목적으로 한다.

 넓은 의미에서 보면 이미 우리 모두는 우리가 살고 있는 더 큰 사회구조와 체계의 맥락 내에서 우리가 매일 겪는 경험을 이해하기 위해 분투하는 사회이론가들이다. 좀 더 좁은 의미에서는 사회이론은 사회현상을 설명하고 해석하고자 하는 **체계적인** 시도이다. 이 책은 당신으로 하여금 사회학과 그 인접 학문의 은유적 전통에 서서히 빠져들게 함으로써, 사회관계에 대한 당신의 사고가 보다 체계적이게 되도록, 그리고 보다 풍부한 상상력을 지니게 되도록 만들어줄 것이다.

특히 나는 다양한 시각에서 세계를 바라보려는 사람들을 위해 이 책을 집필했다. 나는 당신이 이 책에 제시된 은유적 렌즈 각각을 통해 사회세계를 바라봄으로써 당신의 삶과 당신을 둘러싼 세계를 새롭게 그리고 미처 생각하지 못했던 방식으로 바라볼 수 있게 되기를 바란다. 나는 또한 이 대안적 관점들이 사회적 연관성에 대한 당신의 인식을 확장하고 보다 인간적인 세계를 만드는 데 당신이 적극적으로 개입하게 하기를 바란다. 사회이론은 비실천적인 활동이기는커녕 자주 우리의 일상의 관행을 새롭게 조명하게 하여, 우리가 우리의 삶을 바라보는 방식, 그리고 어쩌면 우리가 삶을 살아가는 방식까지도 바꿀 수 있다.

우리는 이 책에 전체에 걸쳐서 사회이론에서 은유가 이용되는 방식뿐만 아니라 오용되는 방식까지도 고찰할 것이다. 은유적 사고는 힘을 지니지만, 또한 그것에는 덫과 함정이 숨어 있다. 사회에 관한 모든 은유적 모델은 불가피하게 부분적이고 선택적이며, 따라서 사회적 전체의 단지 일부 측면만을 밝혀주고 다른 측면들은 덮어 감춘다. 모든 은유는 하나의 고찰 방식인 동시에 고찰하지 않는 방식이다. 따라서 각각의 은유는 중요한 통찰력을 산출할 수 있지만, 어떤 단일한 은유도 전체 이야기를 다 말해줄 수는 없다.

설상가상으로 은유가 포착하고자 하는 사회현실은 파악하기 어렵고 다면적이며 항상 변화한다. 하나의 문화적 또는 역사적 맥락에서는 작동하는 것으로 보이는 은유가 다른 맥락에서는 전적으로 부적절할 수도 있다. 따라서 인간사회에 관한 하나의 보편적 또는 궁극적 모델을 발견하고자 하는 탐구는 점점 더 무익해 보이게 된다.

그렇다면 은유의 이러한 그리고 여타 한계들을 감안하여, 우리가 은유적 상상력을 버리고 보다 무미건조한 발견과 논증의 전략을 취해야만 하는가? 이 책에서 진전시키는 견해는 우리가 은유적 상상력을 포기해서는 안 되고 또 포기할 수도 없다는 것이다. 은유는 위험**하면서도** 불가피한 것이다. 은유는 그것을 궁극적 진리로 잘못 인식할 때 위험하다. 그러나 우리의 사고에서 은유를 완전히 제거하는 것 또한 불가능하다. 겉으로는 무관해 보이는 경험들 사이에서 비유적인 관계를 안출하는 능력이 인간의 지각과 창조성에 근본적이라는 증거가 점점 더 증가하고 있다. 은유적 사고는 인간 노력의 전체 스펙트럼 ─ 예술과 과학에서부터 종교, 법, 일상생활의 사태에 이르기까지 ─ 을 가로지르며 항상 작동한다. 우리가 설사 원할지라도 은유 없이 우리가 사고할 수 있을지는 의심스럽다. 왜냐하면 우리가 하는 말 자체에 은유가 내장되어 있고, 말 없이는 우리가 생존할 수 없기 때문이다. 따라서 이 책은 사회 은유의 폐기가 아니라 오히려 그것의 보다 의식적이고 비판적이고 창조적인 이용을 주장한다.

사회 은유가 단지 사회현실을 묘사하는 것에 불과한 것은 아니다. 어떤 경우에는 오히려 은유가 사회세계를 **창조**하거나 **구성**하는 데서 일정한 역할을 수행한다고 말하는 것이 더 적절할지도 모른다. 현실에 대한 우리의 은유적 이미지가 행위의 지침 역할을 할 때, 그러한 이미지는 그 이미지가 묘사한다고 주장하는 사회세계 자체를 간접적으로 틀짓는다. 우리는 의식적으로든 무의식적으로든 이런저런 은유를 축으로 하여 우리의 삶을 살아가고 선택함으로써 이런저런 종류의 세계를 생산하는 행위를 한다. 이를테면 우리가 사회적 삶을 끊임없는 전쟁으로 바라보기로 마음먹을 때 만들어내는 사회와 우리가 우리의 관계를 계속 진행되는 구성적 대화로 간주하기로 결정할 때 만들어내는 사회는 매우 다르다.

전체 문명은 적어도 부분적으로는 그 문명을 지배하는 은유를 축으로 하여 조직화된다. 스파르타 사회가 군사적 조직이라는 자기 개념을 축으로 형성되었고, 고대 히브리 사회가 신성한 맹약의 이미지를 축으로 형성되었던 것과 마찬가지로, 현대 북미 사회는 그 사회를 지배하는 일단의 은유, 특히 시장과 게임의 형상imagery을 축으로 하여 조직화되어 있다. 우리가 신봉하는 은유는 우리가 누구인지 ― 단지 개인들로서만이 아니라 문명으로서 ― 를 중요한 방식으로 규정한다. 따라서 우리가 우리의 삶을 인도하는 은유를 더 잘 알게 된다는 것은 매우 중요하다. 왜냐하면 우리가 우리의 은유를 의식적으로 통제하지 않는다면, 그것이 우리를 무의식적으로 통제할 것이기 때문이다.

20년도 더 전에 하나의 유망한 아이디어로 시작되었던 이 작업이 이제야 마침내 또 다른 생각들을 자극하는 하나의 실체적 인공물이 되었다. 그 과정에서 이 프로젝트에 관심을 보여준 나의 친구와 동료들 모두에게 감사한다. 그중에서도 특히 몇몇 사람에게는 특별한 감사를 표해야 할 것 같다. 강의와 글쓰기에서 나의 멘토인 기디언 쇼버그Gideon Sjoberg는 내게 사회학이론에서 은유와 유추가 발휘하는 힘을 알게 해주었다. 나의 동료 버나드 리Bernard Lee, S. M.는 나중에 '심층 이야기'와 '대화공동체'에 대해 내가 생각지도 못했던 이야기를 해줌으로써 사회의 은유에 대한 나의 관심을 다시 불러일으켰다. 이 두 철학자―시민은 내게 여전히 창조적 학문과 도덕적 참여의 본보기로 남아 있다. 야생생물 사회학자 리처드 매컬렉 Richard Machalek은 마음씨 좋은 '악마의 대변인devils advocate'[토의를 위해 일부러 반대 입장을 취하는 사람 - 옮긴이] 역할을 함으로써 이 프로젝트가 지속되도록 도왔다. 로먼 앤 리틀필드Rowman & Littlefield의 딘 비르켄캠프Dean Birkenkamp에게는 특별한 감사를 표해야 한다. 그는 끊임없이 격려하고 지원을 아끼지 않았다. 나는 또한 이 책 원고의 여러 부분과 버전에 대해 통찰력 있는 논평을 해준 세리나 뷰팔런트Serina Beauparlant, 존 바르트코프스키John Bartkowski, 메리 린 힐Mary Lynne Hill, 도나 반스Donna Barnes, 그리고 익명의 여러 논평자들에게도 감사한다. 이 프로젝트를 수행하도록 안식년을 승인해준 세인트메리즈대학교St. Mary's University와 이 작업의 진전에 적극적으로 그리고 건설적으로 참여해준 사회학이론 수업 수강생들에게도 고마움을 느낀다. 마지막으로, 수년 동안 글자 그대로나 은유적으로나 나의 가족이었던 나의 부모 마거릿Margaret과 칼Carl, 나의 형제들, 나의 아내 역사학자 앨리다 멧캐프Alida Metcalf, 그리고 우리의 아들들 매슈Matthew와 벤저민Benjamin에게 이 책을 바친다. 서로가 없었다면 우리는 어떻게 되었을까?

제1장

은유적 상상력

19세기 미국 시인 존 갓프레이 색스 John Godfrey Saxe(1900)가 영시로 대중화시킨 장님과 코끼리에 대한 고대 인도 우화는 수세대 동안 어린 학생들을 즐겁게 했다. 아마 당신도 그 시의 첫 부분을 기억할 것이다.

알고 싶은 것이 많은
여섯 명의 인도인이 있었다네.
(비록 그들은 모두 장님이었지만)
코끼리를 보러 갔는데
각자 관찰을 해야
마음으로 만족할 수 있었다네.
첫 번째 사람이 코끼리에게 다가갔다네.
그리곤 우연히도 코끼리의 넓고 튼튼한 측면으로
쓰러지고 말았다네.
그는 즉시 소리쳤다네.
"아이쿠! 그런데 코끼리는

아주 벽처럼 생겼구나!"

이 시가 전개되면서 각 탐구자는 차례로 앞으로 나서 그 짐승을 조사한다. 어떤 사람은 코끼리의 상아를 만져보고 코끼리는 창처럼 생겼다고 판단하고 다른 사람은 코끼리의 코를 붙잡고는 코끼리를 뱀에 비유하는 등 각자는 어리석게도 제한적 부위에 대한 자신의 인식을 더 큰 실체의 전부로 잘못 생각한다. 그 시는 다음과 같이 결론짓는다.

> 그리고 이 여섯 명의 인도인은
> 각기 아주 단호하고 강력한
> 자신의 소견에 근거하여
> 큰 소리로 오랫동안 다투었다네.
> 비록 각자는 부분적으로는 옳지만
> 전체적으로는 모두가 틀렸는데도!

원래 색스의 시는 신학자들의 확신을 풍자하기 위해 쓰였지만, 쉽게 포착할 수 없는 각종 실체들을 이해하기 위해 고금을 통해 인간들이 벌였던 시도가 범할 수 있는 오류에 관한 이야기로 보다 폭넓게 해석될 수 있다. 비록 이 시가 문학적 명작 반열에 들 수는 없지만, 그것이 기초하고 있는 줄거리는 이 시가 처음으로 구상된 때만큼이나 지금도 여전히 강력한 교훈을 주고 있다. 인간 관점의 다양성과 부분성, 그리고 우리 모두가 인식주체knower로서 공유하는 견해와 통찰력의 한계를 솔직히 인정하는 이 옛날이야기에는 이상하리만큼 탈근대적인 것이 존재한다.

사회이론가들은 어떤 점에서는 색스의 시에 등장하는 탐구자와 유사하며, 인간사회는 그 탐구자들이 파악하고자 하는 알기 어려운 실체와 유사하다. 우화 속의 코끼리처럼 사회는 그 범위와 복잡성의 면에서 불가해한 것일 수 있다. 그리고 제한된 관찰과 분석 능력만을 지닌 사회이론가들은 부분적인, 그리고 심지어는 겉으로 보기에 모순적인 증거에 기초하여 어떻게 해서든 그러한 복잡한 전체를 이해해야만 한다.

어쨌든 이제까지 전체 사회를 이해한 사람이 있었는가? 가장 단순한 인간 공동체라고 하더라도 우리는 그것 전부를 관찰할 수는 없다. 만약 우리가 여행 중에 한 무리의 수렵-채집인을 만난다면, 우리는 사냥하는 수렵인, 채취하는 채집인, 춤을 추는 샤먼, 조상의 영웅적 행위를 자세히 얘기하는 이야기꾼을 목격할 수는 있다. 그러나 우리가 모든 부분과 차원에서 그 사회를 실제로 관찰했는가? 우리가 그 사회의 언어규칙, 친족구조, 기술진화, 또는 그 사회의 신화 속에 부호화되어 있는 세계관을 '포착'했는가? 우리는 유한한 관찰자이기에, 우리가 그러한 많은 측면과 대부분 비가시적인 전체 모두를 동시에 파악할 수 있을 것으로 기대할 수는 없다. 우리는 기껏해야 어떤 더 큰 사회적 실체의 덧없는 파편들을 경험하고, 추측을 통해 그것의 본질에 더듬더듬 접근할 수 있을 뿐이다.

만약 상대적으로 작고 단순하고 안정적인 사회조차 복잡하다면, 출현 중에 있는 세계사회는 얼마나 더 복잡하겠는가? 탈산업적인 하이-스피드 테크놀로지에 의해 하나로 연결된, 이 정치적·경제적·문화적 조직들의 글로벌 네트워크는 아주 극도로 복잡하며, 인간의 이해를 허용하지 않을 정도로 빠르게 변화한다. 우리가 그것을 이해했다고 생각하는 순간, 그것은 다시 변해 있다. 우리가 바로 우리가 이해하고자 하는 그 창조물의 일부라는 것은 문제를 훨씬 더 복잡하게 만든다. 우리는 어떤 고정된 대상에 대한 초연한 관찰자가 아니라 오히려 사회세계를 창조하고 유지하고 해석하는 과정에 관여하는 적극적 참여자이자 관찰자이다(Brown 1977: 97 참조). 사회세계는 실제로 매우 불가사의한 코끼리이다.

은유, 직유, 그리고 유추

인도의 눈먼 현인들처럼 우리는 복잡하고 익숙하지 않은 현상을 보다 단순하고 보다 친숙한 용어들로 환원하기 위해 자주 **은유**metaphor, **직유**simile, **유추**analogy에 의지한다. (실제로 코끼리 우화는 우리의 은유 취미에 대한 은유로 독해되기도 한다.) 은유는 우리가 하나의 경험 영역을 다른 경험 영역의 언어로 해석하는 사유양식이다. 은유 또는 함축적 비교는 "모든 세상이 무대이다"라는 윌리엄 셰익스피어William Shakespeare의 언명에서처럼 하나의 사유대상(A)과 다른 사유대상(B)을 비유적으로 동일시하고 둘의 이미지를 융합하여 둘 간에 연관성을 만들어냄으로써, 우리로 하여금 **마치** 하나를 다른 하나인 것**처럼** 바라보게 한다. 물론 은유가 동일하지 않은 대상들 간의 동일성을 단언할 때, 그것은 글자 그대로 난센스이다. 모든 세상은 실제로 무대가 아니다. 어빙 고프먼(Erving Goffman 1974: 1)이 비꼬는 투로 논평하듯이, 심지어 연극 자체도 모든 점에서 연극적이지는 않다.

직유는 은유보다 사실에 더 충실하다. 직유는 A는 B**이다**라고 주장하는 것이 아니라 어떤 함축적인 측면에서 A는 B와 **유사하다**라고 주장한다. 은유에서 정치는 연극이다. 직유에서 정치는 단지 연극과 **유사할** 뿐이다. (인도의 눈먼 현인들이 코끼리가 이런저런 친숙한 대상과 유사하다고 말할 때, 그들은 엄격하게 말해서 직유를 하는 중이다.) 유추는 직유 너머로 한 단계 더 나아가서 A와 B가 어째서 서로 유사한지를 구체화하는 것을 말한다. 우리가 은유와 직유가 단지 암시할 뿐인 유사점을 해명할 때, 우리는 유추를 하는 중이다. 이를테면 정치캠페인은 연극작품과 여러모로 유사한데, (1) 둘 다 관중의 인정을 받기 위해 연출된다, (2) 둘 다 무대 뒤에서의 정교한 준비가 요구된다 등등에서 그러하다. 아리스토텔레스와 고대 그리스로부터 우리에게 전해지고 있는 하나의 특별한 은유 유형이 $A_1 : A_2 :: B_1 : B_2$ 형태로 쓰이는 비유이다. 이를테면 비꼬는 사람들은 "거액 기부자와 정치 후보자의 관계는 인형 조종자와 인형의 관계와 같다"고 논평하기도 한다. 또는 이와 동일한 생각을 단순한 은유로 표현하면 "거액 기부자는 정치의 인형 조정자이다"라고 말할 수도 있다.

　모든 은유 또는 유추는 그 한계를 가진다. A와 B가 어떤 측면에서 유사하다고 말하는 것은 그것이 다른 측면에서는 유사하지 않다는 것을 함의한다. A와 B가 공유하는 속성은 **정正의 유추**positive analogy라고 불리는 반면, A와 B의 공유되지 않는 속성은 **부否의 유추**negative analogy 또는 **역유추**disanalogy라고 불린다(Hesse 1966: 8). 그리고 은유 또는 유추를 분석할 때, 우리는 긍정적 측면과 부정적 측면 모두를 고려해야만 한다. 즉, 우리는 은유의 장점뿐만 아니라 은유가 부분적이고 오해를 불러일으킬 수 있으며 또 잘못 취해질 수도 있다는 것 또한 규명해야만 한다. 마지막으로, 우리는 **중간 유추**neutral analogy ― 이를테면 두 대상의 같은 점 또는 다른 점이 아직 알려져 있지 않은 측면들 ― 도 고려해야 할 것이다. 여기에 유추의 발견적 가치 ― 즉, 우리로 하여금 유추의 모호성을 체계적으로 탐구하게 함으로써 새로운 의문을 제기하고 새로운 발견으로 나아가게 하는 유추의 능력 ― 가 자리하고 있다(Hesse 1966: 8).

　우리는 미스터리를 이해하고자 할 때 자주 은유와 유추를 불러낸다.

이를테면 20세기를 마감하는 수년 동안 사회분석가들은 인터넷이라고 불리는 생소한 새로운 사회현상을 보다 친숙한 사물들 — 초고속도로, 거미줄, 도서관, 유기체, 케이블 또는 전화 시스템, 쇼핑몰, 타운스퀘어 또는 신생 독립국가 — 과 연계시켜 이해하기 위해 애썼다. 각각의 은유는 전자 코끼리의 이런저런 측면은 포착했지만, 그 어떤 것도 그것의 완전한 모습을 그리지는 못했다. 그러나 마크 스테피크(Mark Stefik 1996)는 그러한 은유들은 단지 인터넷을 묘사하는 것 이상의 일을 한다고 주장한다. 그 은유들은 우리의 생각, 상상력, 선택을 틀지음으로써 실제로 인터넷의 발전 과정을 바꾸어놓을 수도 있다.

사회 은유들도 역시 그러하다. 조지 레이코프와 마크 존슨(George Lakoff and Mark Johnson 1980)은 삶의 모든 영역에서 우리의 은유가 우리의 현실 지각, 우리의 개념적 상상력, 그리고 궁극적으로는 우리의 행위를 틀짓는다고 설득력 있게 주장한다. 이것은 우리가 신봉하는 은유들이 단지 사회현실을 묘사하거나 해석하는 데 그치지 않고 그것을 변형시킬 수도 있다는 것을 함의한다. 사회학이 좋아하는 공리 중 하나를 다른 말로 바꾸어 표현하면(Thomas and Thomas 1928: 572), 우리가 실재하는 것으로 규정하는 은유는 그 결과 실재하게 된다. 만약 그렇다면, 우리는 우리의 은유를 보다 신중하게 잘 선택해야 할 것이다. 왜냐하면 우리의 미래의 모습이 우리가 지금 우리를 인도하도록 선택하는 은유에 달려 있을 것이기 때문이다.

자연과학과 사회과학에서 한때 은유는 창의력이 풍부한 저술가가 독자들을 즐겁게 하고 그들의 이해를 돕기 위해 도입한, 그렇지만 별 가치는 없는 문학적 장식일 뿐이라고 가정되었다. 하지만 오늘날 철학자와 과학사가들은 일반적으로 은유와 유추가 과학적 창조성과 발견에서 수행하는 결정적 역할을 인정한다(Black 1962; Koestler 1964; Hesse 1966; Schön 1967; Boden 1992; Weisberg 1993; Holyoak and Thagard 1995). 사회과학에서 몇몇 은유는, 이를테면 니콜로 마키아벨리Niccolo Machiavelli를 따르는 빌프레도 파레토Vilfredo Pareto가 대안적인 정치 지도자 유형을 기억하기 쉽게 '사자'형과 '여우'형으로 지칭한 경우처럼, 실제로 재치 있는 기교적 글쓰기 장치로 기여한다. 그러나 다른 많은 경우에 은유는 단지 장식품이 아니라 전체 사유체계를 구조화하는 중심적인 조직원리로 작용한다. 이 책에서 줄곧 우리에게 흥미를 불러일으킬 주요 은유들이 바로 그러한 것들이다.

사회이론가들은 점점 더 이론의 미학적·문학적·수사적 차원을 깨닫고 있다(이를테면 Nisbet 1976; Agger 1989, 2000). 사회학자들 가운데서 은유가 사회분석을 틀짓는 힘을 맨 먼저 인식한 사람은 아마도 "사회학을 위한 시학"을 제창하고 나선 리처드 하비 브라운(Richard Harvey Brown 1977)일 것이다. 인류학자들 가운데서는 클리퍼드 기어츠(Clifford Geertz 1973, 1983, 1988)가 민족지적 이론과 조사의 문학적 분석을 개척해온 반면, 경제학자들 가운데서는 디어드리 매클로스키(Deirdre McCloskey 1985, 1990, 1994)가 은유적 이미지가 경제이론과 경제정책을 틀짓는 많은 방식을 탐구해왔다. 가레스 모건(Gareth Morgan 1997; Grant and Oswick 1996)과 폴 로젠블랫(Paul Rosenblatt 1994)은 각기 조직이론과 가족이론의 근거를 이루는 은유들을 솜씨 있게 발굴해왔다. 한편 점점 더 많은 언어학자들(이를테면 Lakoff and Johnson 1980; Lakoff 1996; Tannen 1998; St. Clair 1994)이 자신들의 관심을 공적 담론과 대중문화 속에 존재하는 사회 은유를 분석하는 쪽으로 돌렸다. 이러한 것들은 은유적 상상력에 대한 관심이 사회과학과 문화연구에서 살아있고 또 건재하다는 것을 보여주는 분명한 신호이다.

은유는 창조적 통찰력의 강력한 원천일 수 있지만, 그것에는 위험도 숨겨져 있다. 선동가들은 자주 공적 담론 속에서 은유와 유추를 악용한다. 즉, 그들은 정치적·상업적 메시지 속에서 은유와 유추를 조작적으로 이용함으로써 복잡한 문제를 일방적으로 또는 그릇되게 단순화한다. 선의의 은유 제조자들조차 자신들이 좋아하는 이미지에 숨어 있는 함의들을 알아채지 못하기도 한다. 은유는 악명 높게 유혹적이며, 그 유혹을 경고하는 사람들조차 그 매혹에 저항할 수 없는 것처럼 보인다. 아리스토텔레스는 『시학 Poetics』([ca. 330 B.C.E.]1935: 315~317)에서 은유의 양면성에 대해 그 같은 태도를 보인다. 그는 은유와 유추의 과도함에 대해 경고하고 나서는 그다음에 곧바로 은유에 정통하다는 것은 "단연코 가장 최고"라고 주장한다. 그에 따르면, 그것은 "천재성의 표시"이다. "왜냐하면 은유에 능숙하다는 것은 숨어 있는 유사성을 직관적으로 깨닫는 것이기 때문이다." 토머스 홉스(Thomas Hobbes [1651]1964: 29~30)는 은유와 다른 그러한 "무의미하고 모호한 단어들[을 통해 추론하는 것은 …… 무수한 어리석음 사이에서 헤매고 있는 것"이라고 지적한다. 그런 다음 그는 정치적 국가를 리바이어던Leviathan 또는 강력한 거인으로 묘사하는 은유를 발전시키는 것으로 나아간다. 앨런 울프(Alan Wolfe 1993: 164~169)는 우리는 "우리가 사회를 그 자체로 이해할 준비가 되어 있지 않은 한 사회를 결코 적절히 이해할 수 없을 것"이라고 논평한다. 하지만 그는 다른 곳에서 "은유 없이 인간사회의 복잡성과 상호연결됨을 포착하는 것은 불가능하다"는 점을 인정한다.

이로부터 진전된 견해가 은유적 사고는 위험**하면서도** 불가피하다는 것이다. 은유는 사유의 강력한 도구이다. 사회이론에서 은유가 초래할 위험은 꽤 많지만, 그러한 위험은 은유 자체의 도구적 성격보다는 사회분석에 은유를 적용하는 데서 우리가 자주 범하는 부주의에서 더 많이 기인한다. 우리는 그러한 사유도구를 보다 신중하게 그리고 비판적으로 이용하는 방식을 배워야만 한다. 왜냐하면 그러한 은유들이 사회이론, 그리고 심지어는 사회 자체의 경과를 계속해서 틀짓기 때문이다. 문제는 우리가 은유의 지배자가 될 것인가 아니면 은유가 우리의 지배자가 될 것인가 하는 것이다.

이 책에서 우리는 역사 속에서 사회이론을 고무하고 그 이론에 활력을 불어넣은 주요 은유 전통들 중 일부를 (19세기와 20세기 서구 사회사상에서 등장하는 은유 이미지들을 특히 강조하면서) 개관할 것이다. 우리는 은유적 사고의 건설적 이용과 위험한 오용 모두를 검토하고, 우리가 보다 체계적으로 그리고 보다 풍부한 상상력을 가지고 사회 은유와 유추를 진전시킬 수 있는 몇 가지 방식을 제시할 것이다. 요컨대 우리는 은유적 사회모델들을 세 가지 관점에서, 즉 먼저 그것들의 통찰력을 음미하는 시각에서, 그다음에는 그것들에 숨어 있는 모호성, 모순, 위험을 비판하는 시각에서, 그리고 마지막으로는 그것들의 실현되지 않은 가능성을 탐색하는 창조적인 '제3의 시각'에서 독해할 것이다.

우리는 지식사회학의 전통에서 사회의 이미지가 창조되고 이용되고 비판되고 폐기되는 보다 광범한 사회적·정치적·역사적 맥락 역시 계속해서 파악해나갈 것이다. 어쨌든 은유는 불쑥 생겨나지 않는다. 그것은 특정한 장소와 시간에서 특정한 사람들과 집단으로부터 생긴다. 그리고 은유는 불가피하게 그것을 만들어내는 사람들의 이해관계와 역사적 상황에 의해 틀지어진다(Mannheim 1936: 274~275). 이를테면 제2차 세계대전 이후 서구 지도자들이 전략적인 수사적 무기들로 이용한 몇몇 은유를 살펴보라. 그러한 은유들은 '군비경쟁'이 계속해서 가속화되는 상황에서 만약 미국과 그 동맹국들이 소련을 패퇴시키지 않았더라면 '철의 장막 뒤에서' 개발도상국들을 "도미노처럼 잇따라 쓰러뜨리겠다"고 위협했을 사람들과 맞서 싸운 전쟁이 바로 '냉전'임을 상기시킨다. 이러한 심적 이미지들은 지도자들 자신의 마음을 포함하여 수많은 사람의 마음을 미-소 관계를 바라보는 하나의 특별한 견해 속에 가두어놓아버렸다. 미-소 간의 적대감이 완화됨에 따라 우리는 이제 그러한 군사주의적이고 기계적인 국제관계 이미지를 재고하고 21세기 세계 관계를 묘사하는 (그리고 미묘한 방식으로 틀짓는) 새롭고 건설적인 은유를 창조적으로 제시할 수 있게 되었다. 삶의 이러한 영역과 다른 모든 영역에서 우리는 은유적 상상력에 의지하여 우리의 생각과 행위를 인도하는 이미지들을 비판적으로 그리고 창조적으로 사고한다. 사회에 대한 은유 이미지들은 사회이론이 독점하고 있는 영역이 아니다. 대중문화 역시 그러한 이미지들을 고취한다. 왜냐하면 결국 사회이론과 공적 담론의 다른 영역들을 구분하는, 또는 우리의 이론적 은유와 우리의 일상적 삶을 이끄는 은유들을 구분하는 분명한 선이 존재하지 않기 때문이다.

사회에 대한 여덟 가지 은유적 이미지

사회이론가들은 사회적 삶을 설명하고 해석하기 위해 광범위한 문화영역 ― 과학, 예술, 상업, 일상생활을 포함하여 ― 에서 개념과 어휘들을 자유롭게 빌려왔다. 사회학은 사회과학의 중심부 가까이에서 교차로 역할을 하는 학문이기에(Rigney and Barnes 1979), 여러 다양한 방향에서 몰려드는 은유에 특히 더 영향을 받아왔다. 따라서 우리는 사회학 이론가들은 물론 인류학과 정치학에서의 그들의 이웃들 역시 인간사회를 인간 경험의 수많은 여타 현상들 가운데서 특히 (1) 생물체, (2) 기계, (3) 전장, (4) 법규, (5) 경제시장, (6) 게임, (7) 연극작품, (8) 언어적 담론과 다양하게 비교하는 것을 발견한다. 몇몇 은유는 사회를 자연현상과 연계시키기도 한다(이를테면 유기체로서의 사회). 하지만 더 많은 은유는 전체로서의 사회와 그 제도적 영역(이를테면 테크놀로지, 군대, 법, 경제, 또는 예술) 간의 표상적 관련성을 끌어들여, 우리로 하여금 전체 사회를 그 개별 영역의 전문 어휘와 담론을 통해 해석할 것을 촉구한다. 따라서 어떤 이론가는 공학, 신고전 경제학, 연극, 또는 문학이론의 어휘로 사회세계를 묘사하며, 보다 크고 보다 복잡한 세계를 단일 문화영역의 크기와 형태로 축소시키기도 한다. 모든 사회 은유는 이러한 의미에서 부분적이다. 일부 사회 은유는 또한 오만하다. 그 은유의 옹호자들이 그 은유가 사회의 실제적 본질을 분명하게 포착하며 그렇기에 궁극적으로는 경쟁하는 다른 모든 사회인식이 그 은유에 흡수되거나 정복될 것이 틀림없다고 주장할 때, 특히 그러하다.

앞서 호명한 것과 같은 강력한 '뿌리 깊은 은유들'(Pepper 1942)은 사회과학에서 많은 중요한 이론적 모델들의 원천이 되어, 사회현상의 본질적 특징을 포착하기 위한 시도 속에서 사회적 실재에 대한 단순화된 그리고 선택적인 표상을 산출해왔다. 그리고 인도의 눈먼 현인들처럼 사회이론가들도 자주 그러한 부분적 표상들 가운데 자신의 것이 보다 진실에 가깝다고 강력하게 주장해왔다(Rigney 1979). 매우 다양하고 복잡한 인간사회의 궁극적 진리에 대해 편협하고 오만한 주장을 펼치지 않기 위해서는 사회과학과 문화연구에서 은유적 모델이 갖는 장점과 한계 모두를 학습함으로써 우리의 **은유적 분석**이 지닌 힘을 보다 분명하게 인식할 필요가 있다. 우리는 각각의 모델이 원래의 영역으로부터 사회이론 속으로 숨어 있는 또는 무의식적인 가정을 몰래 들여온다는 것을 인식해야만 한다(Gouldner 1970: 31ff). 그리고 우리는 그 모델이 화물에 함께 싣고 들어올 수 있는, 숨어 있는 의심스러운 함의들에 경계심을 가져야만 한다. 그러나 우리는 또한 각각의 은유가 우리에게 가져다줄 수 있는 신선한 통찰력과 보물, 그리고 더 나은 이론 전개를 위한 발견적 잠재력에 여전히 문을 열어놓아야만 한다. 이제 우리가 호명한, 사회에 대한 여덟 가지 은유적 이미지들을 간략히 소개하고, 이어지는 장들에서 각각을 보다 상세하게 탐구해나가기로 하자.

생명체로서의 사회

사회이론에서 가장 오래된 생명체 은유는 아마도 사회현상을 생물학과 의학의 어휘로 해석하는 은유일 것이다. 우리가 학교나 종교조직을 가족으로 묘사하거나 노동조합을 형제애로 묘사하거나 민족국가를 모국으로 묘사할 때, 그때마다 우리는 친족 용어를 이용하여 비친족 관계를 묘사할 때 언제나 생식 생물학으로부터 형상을 빌려온다. 우리는 사회가 하나의 유기체라고 말할 때나(오귀스트 콩트Auguste Comte, 에밀 뒤르켐 Emile Durkheim, 그리고 여타 초기 기능주의자들이 그랬던 것처럼) 사회진화나 문화생태학에 대해 말할 때에도 다시 생물학적 형상을 불러낸다.

일반적으로 생물학 은유는 우리로 하여금 사회적 삶의 관계적 성격과 유기적 상호관련성에 주목하게 한다. 이는 보다 최근에 제시된 원자론적 이미지와는 대조적이다. 후자는 사회를 자율적인 개인들의 느슨한 집합체로 묘사하는 경향이 있다. 생물학 은유가 사회는 생물체와 **유사하다**고 암시하는 반면, 일부 생물학자들은 사회적·문화적 현상이 **글자 그대로** 살아있을 수 있다는, 아주 흥미로운 가능성을 진지하게 제시해왔다. 우리는 이러한 주장을 제2장의 말미에서 고찰할 것이다.

기계로서의 사회

제3장은 사회와 관련한 기계 이미지들을 다룬다. 이 이미지들은 근대 과학의 발흥 및 산업혁명과 함께 크게 부상했다. 19세기에 '실증주의자들'로 알려진, 과학에 경도된 철학자들은 '사회물리학social physics'이라는 이름에 걸맞은, 사회에 대한 엄격한 과학의 수립 가능성을 상상하기 시작했다. 이러한 실증주의자들의 사회물리학에 대한 꿈과 함께 그것의 당연한 귀결로 '사회공학social engineering'이라는 시각이 등장했다. 사회물리학의 은유가 사회를 불변의 과학적 법칙에 의해 지배되는 자연적 장치로 묘사했다면, 사회공학의 은유는 사회를 (인간문제를 보다 효율적으로 해결하기 위해 설계된, 그리고 재설계될 수 있는) 인공 기계로 바라보는, 다소 다른 견해를 제시했다. (막스 베버Max Weber가 그랬던 것처럼) 우리가 관료제를 하나의 기계라고 일컫거나 (미국의 건립자들이 그랬던 것처럼) 미국의 헌법을 균형과 견제의 체계로 언급할 때처럼 사회를 사회적 '힘들'(압력, 스트레스, 긴장 등등)의 체계라고 말할 때나 사회조직을 기술 용어로 묘사할 때, 그때마다 우리는 항상 기계 이미지를 불러낸다. 역사적으로 기계 은유들은 그들 시대의 테크놀로지와 연계되어 있다. 이를테면 사회를 시계장치나 산업체의 조립라인으로 바라보는 초기 이미지들은 이제 사회를 사이버네틱 시스템이나 컴퓨터 시스템으로 바라보는 탈산업적 이미지에 길

을 내어주고 있다. 이러한 은유는 불과 한 세기 이전까지만 해도 상상할 수 없는 것이었다.

전장으로서의 사회

기계로서의 사회 이미지보다도 더 격렬한 것이 사회를 전쟁터로 보는 아주 사나운 이미지이다. 거기서 적들은 희소자원과 가치 있는 자원을 놓고 끊임없이 투쟁한다. 사회적 전쟁상태 은유는 마키아벨리, 홉스, 카를 마르크스Karl Marx 및 다양한 갈등이론의 전통 속에 있는 여타 많은 사람에 의해 매우 다양한 방식으로 발전되었다. 우리가 '성 대결battle of the sexes' 또는 '문화전쟁'에 대해 언급할 때처럼, 우리는 비군사적 갈등을 군사적 용어로 언급할 때 전장 은유를 늘어놓는다. 전장 은유는 인간 역사와 사회적 삶의 많은 모진 측면을 적절하게 묘사한다. 하지만 행위가 요구될 때, 전장 은유는 파괴적 갈등을 개선하기보다는 악화시킬 수 있다. 제4장에서 우리는 전쟁상태 수사를 넘어 사회적 삶에 보다 생기를 주고 잠재적으로 덜 파괴적인 이미지를 찾아 나설 필요성을 주장하면서도 갈등 관점의 많은 측면을 방어한다.

법질서로서의 사회

제5장은 사회를 복잡한 규칙, 규제, 또는 행동규범들의 체계로 바라보는 보다 유순한 이미지를 제시한다. 질서와 사회통제는 이러한 법률주의적 사회적 삶 모델에서 중심적인 테마이다. 이 모델은 우리가 본래 사회적 규범 — 공식적 규범과 비공식적 규범 모두 — 의 생산자, 수행자, 파괴자, 심

판자, 강요자라고 시사한다. 따라서 우리 모두는 가끔 입법자, 집행자, 경찰관, 범죄자, 변호사, 재판관, 배심원, 교도관의 은유적 역할을 수행한다. 비판가들은 특정한 규칙이나 규칙제정 체계의 공정성과 효율성에 마땅히 이의를 제기할 수 있지만, 하나의 사회가 아노미라는 사회적 혼란 상태, 더 나쁘게는 무정부적인 만인에 대한 만인의 전쟁을 피하기 위해서는 **일정한** 규범적 규제체계가 필요하다는 것을 부정하는 사람은 거의 없을 것이다.

시장으로서의 사회

제6장에서 검토하는 사회적 시장 은유는 사회를 개인과 집단들이 맺는 정교한 교환관계의 네트워크로 묘사한다. 애덤 스미스Adam Smith의 고전 경제학에서 영감을 부여받고 사회적 교환 이론가와 합리적 선택 이론가들이 발전시킨 이 은유는 자본주의를 지배하는 가정을 반영하고 있으며, 우리로 하여금 사회적 관계를 보상과 비용에 대한 이기적 계산에 기초한 거래로 볼 것을 촉구한다. 시장 은유의 비판가들은 그러한 은유가 차갑고 도구적이고 몰도덕적인 용어를 통해 인간관계를 서로를 동시에 이용하고 이용당하는 소비자들 간의 거래로 묘사하는, 사회에 대한 지나치게 개인주의적인 견해라고 주장한다. 우리는 익히 널리 알려진 관념의 시장을 헤쳐 나아가며 이 은유의 비용과 이득을 가늠한다.

게임으로서의 사회

시장으로서의 사회 이미지처럼 게임으로서의 사회라는 널리 알려진 이미지는 사회적 삶을 상賞과 이득을 활기차게 그리고 강력하게 경쟁적으로 추구하는 것으로 묘사한다. (비록 덜 모질기는 하지만) 전장 은유처럼 게임 은유는 사회적 관계에서 전략과 전술, 기만, 팀 충성도의 중요성을 강조한다. 법 은유처럼 게임 은유 역시 경쟁의 규제를 통해 공유된 그리고 합의된 규칙의 필요성을 강조한다. 제7장에서 우리는 수학적 게임이론에서부터 사회를 사기극con game으로 보는 고프먼의 냉소적인 이미지에 이르기까지, 게임 은유의 양적 버전과 질적 버전 모두를 검토할 것이다. 게임 은유가 현대 탈근대 문화에서 가장 인기 있고 영향력 있는 은유 가운데 하나라는 사실로부터 우리는 우리 자신의 문명에 대해 무엇을 배울 수 있을까?

연극으로서의 사회

셰익스피어는 이렇게 썼다. "모든 세상은 무대이고, 모든 남자와 여자는 단지 배우에 지나지 않는다. 그들은 이 세상에 등장했다가 퇴장한다. 그리고 개개인은 일생 동안 여러 가지 역할을 한다." 우리는 사람들을 일반적으로 받아들여지는 문화적 각본에 의거하여 자신에게 규정된 역할을 수행하는 사회적 행위자로 묘사할 때, 아니면 계속해서 연기를 하면서 자신의 공연을 구성해가는 즉흥연기자로 묘사할 때 연극 은유를 불러낸다. 고프먼, 빅터 터너Victor Turner 및 여타 학자들이 발전시킨, 사회에 대한 연극적 또는 연극학적 모델은 아주 흥미로운 여러 질문을 제기한다. 사회에는 우리가 쓰는 가면과 우리가 수행하는 역할 말고 무엇이 존재하는가? 사회는 하나의 꾸며낸 이야기일 뿐인가? 만약 그렇다면 우리가 넘겨받은 문화적 각본을 우리가 고쳐 쓸 수 있는 능력에는 제약이 존재하는가? 이것들은 우리가 제8장에서 다룰 질문들 중 일부이다.

담론으로서의 사회

만약 최근 몇 십 년 동안 문화분석을 지배해온 은유가 있다면, 그것은 아마도 언어학적 창조물 – 상징 수단들을 통해 사회적으로 구성된 인위적 실체 – 로서의 인간사회 이미지일 것이다. 제9장에서 제시하는, 언어 또는 담론으로서의 사회 이미지는 유럽 철학과 언어학에 그 뿌리를 두고 있다. 그 이미지는 20세기 사상에서 광범위한 지적 운동 – 상징적 상호작용론, 사회현상학, 민속방법론, 해석학, 구조주의와 기호학, 해체주의, 포스트모더니즘, 탈근대적 형태의 페미니즘을 포함하여 – 을 고무해왔다.

  일부 탈근대 이론가들은 담론으로서의 사회라는 언어학적 이미지에 의거하여, 사회를 다양한 대안적인 방식으로 저술되고 편집되고 독해되고 해석되는 일종의 '텍스트'로 취급할 것을 제안해왔다. 다른 이론가들은 다수의 독특한 목소리들 사이에서 시간이 경과하며 계속해서 진행되는 '대화'로서의 사회에 대해 이야기하기를 좋아한다. 이들은 우리의 정체성을 우리가 다른 사람들과의 대화 속에서 창조하고 유지하고 변화시키는 상징적 구성물로 바라본다. 계속 진행되는 대화로서의 사회 이미지는 현대의 이미지이자 고대의 이미지이다. 그것은 이미 소크라테스와 고대 아테네의 소피스트들 간의 대화에서 생생하게 그려졌다. 두 번의 천년기도 더 지난 오늘날 우리는 사회적 삶의 대화적 성격과 관련하여 여전히 소크라테스의 유령과 그리고 서로와 대화하고 있다.

사회이론의 다양성과 명백한 분열 이면에는 (역설적이게도) 우리가 은유적 상상력이라고 불러온, 강력한 통합 과정이 자리하고 있다. 우리가 여기서 **모든** 이론화가 은유적이라거나, 또는 은유가 사회이론가들이 이용할 수 있는 영감과 통찰력의 유일한 원천이라는 오만한 주장을 하는 것은 아니다. 은유, 직유, 유추는 연상적 사유양식과 가추적 abductive 사유양식을 포함한다(하지만 우리가 후기에서 보다 자세히 논의하듯이, 가추적 사유양식은 전통적인 연역적 추론 양식과 귀납적 추론 양식을 보완하는 것이지 분명 그것들을 대체하는 것은 아니다). 그럼에도 불구하고 사회이론의 역사는 은유적 이미지들과 뗄 수 없게 얽혀 있고 또 그러한 이미지들로 장식되어 있다. 은유 이미지 없는 이론은 상상조차 할 수 없다.

우리가 특별한 분석의 대상으로 선택한 여덟 가지 사회 이미지가 사회 은유를 다 포괄하는 것도 아니고 또 심지어 그 이미지들이 상호 배타적인 것도 아니다. 왜냐하면 많은 이론가가 사회적 삶에 관한 복수의 이미지들에 의존해왔기 때문이다. 하지만 이 여덟 가지 주요 은유가 최근 여러 세기에 걸쳐 진전된 서구 사회이론에서 발견되는 사회 이미지들 가운데 가장 영향력 있고 지속되어온 것들임에는 틀림없다. 다른 시기, 지역, 문화에서 비롯된 중요한 은유들은 불행하게도 이 책의 제한된 범위를 넘어선다. 따라서 우리는 중세시대의 우주적 위계질서로서의 세계 이미지 ― '존재의 대사슬great chain of being'(Lovejoy 1964) ― 는 소홀히 다룰 수밖에 없다. 이 위계에서는 신에서부터 가장 낮은 피조물로 아래로 이어지고, 남자(그리고 그에 예속된 여자)의 사회는 천사와 원숭이 사이의 중간 정도에 위치한다. 이 위계 은유는 사회적 삶을 복잡하게 상호 연결된 요소들의

'망' 또는 '네트워크'로 바라보는 보다 근대적이고 평등주의적인 이미지로 대부분 대체되었다(Wolfe 1993: 164). 그리고 이 후자의 이미지는 근대 체계이론과 네트워크 분석에서 많은 것의 근간을 이루고 있고(Turner 1998: 520~530; Wilier 1999), 보다 최근에는 인터넷과 월드 와이드 웹World Wide Web 시대의 정신을 반영한다.

우리는 사회를 '도가니'로, 또는 서로 얽혀서 짜인 '직물'이나 직조된 '태피스트리'로, 또는 함께 묶여 하나의 패턴을 형성하는 다양한 조각으로 구성된 '모자이크'로 묘사하는 여타 친숙한 은유들(Wolfe 1993: 165)이나, 협화와 불협화, 리듬, 공명, 오케스트레이션의 은유를 포함하여 음악을 사회적 담론으로 번역하는 은유들 역시 그냥 언급만 하고 지나갈 수밖에 없다. 만약 우리가 이러저러한 인기 있는 사회적 관계 이미지들을 가볍게 무시하고 지나간다면, 그것은 단지 그 이미지들이 사회사상을 지배해온 주요 은유적 전통 가운데 어떤 것과도 분명하게 연관되어 있지 않기 때문일 뿐이다.

여기서 우리가 검토한 은유들 중 어떤 것이 가장 통찰력이 있는가? 그리고 어떤 것이 가장 오해하기 쉽거나 위험한가? 우리는 이 질문에 답하기에 앞서 그것에 선행하는 질문에 먼저 맞닥뜨릴 것이 틀림없다. "하나의 은유 또는 유추가 다른 은유나 유추보다 더 낫거나 더 나쁜지를 어떻게 결정할 수 있는가?" 후자의 질문에 대한 몇 가지 가능한 답변은 후기 「은유 분석 가이드」에 제시해놓았다. 거기서는 인지적·문화적 도구로서의 은유에 대해 보다 철저하게 논의한다. 사회 은유에 대한 보다 진전된 논의를 찾는 사람들은 제2장으로 넘어가지 말고 먼저 후기를 볼 것을 권한다. 그 가이드는 자기 나름으로 은유적 분석을 진행하고자 하는 사람들에게 특히 흥미로울 것이다.

로버트 벨라(Robert Bellah 1970: 246)가 비록 다른 맥락에서 한 말이기는 하지만, 우리가 은유의 이용과 오용을 보다 예리하게 인식할 경우 우리는 "실재에 대한 일체의 단일 의미적 이해, 즉 실재에 대한 하나의 관념을 실재 그 자체와 동일시하는 모든 인식을 거부"할 수밖에 없게 된다. 인도의 눈먼 현인들과 마찬가지로 우리 역시 어떠한 사회적 관점도 완전하지 않으며 어떠한 은유나 유추도 사회적 전체를 모든 층위와 모든 차원에서 적절하게 포착할 수 없다는 점을 상기할 필요가 있다. 은유와 유추는 위험하**면서도** 불가피하다. 우리는 그것들로부터 벗어날 수 없다. 왜냐하면 그것들은 인간사고와 상상력의 본질적 요소이기 때문이다. 하지만 우리는 그것들을 보다 의식적으로, 보다 비판적으로, 그리고 보다 현명하게 이용하는 방법을 학습할 수 있다. 이 책은 바로 이러한 목적에서 집필되었다.

제2장

생명체로서의 사회

모든 사회 은유 중에서 가장 오래되고 가장 오랫동안 지속되고 있는 은유는 아마도 우리로 하여금 사회를 일종의 생명체로 그려보게 하는 은유일 것이다. 온갖 종류의 사회 – 가장 단순한 사회에서 가장 복잡한 사회까지, 그리고 가장 고대의 사회에서 가장 근대의 사회까지 – 의 구전하는 전통과 기록된 전통 속에서 우리는 사회적 삶에 대한 생물학적 이미지들을 발견한다. 일반적으로 생물학 은유는 우리로 하여금 사회적 삶이 서로 깊이 연결되어 있고 또 보다 심층적인 유기적 자연 과정에 뿌리를 두고 있음에 주목하게 한다. 신체 기관과 생태계의 종들이 서로 뗄 수 없게 연결되어 있고 서로의 생존을 위해 서로에게 의존하고 있는 것처럼, 사회체계의 성원들 역시 가족이라는 미시적 수준에서부터 국제경제라는 거시적 수준까지 상호 연결되어 있다.

 생물학 은유는 자주 사회의 성원들과 그들을 둘러싸고 있는 자연세계 간에 상징적 관계를 설정한다. 이를테면 부족사회의 토테미즘 관행을 살펴보라. 토템은 하나의 대상이다. 통상적으로 토템은 하나의 동물 종이거나 식물 종이며, 한 씨족은 그 토템을 자신들의 정체성의 은유적 상징으로 채택한다. (이를테면 도둑갈매기는 태평양 연안 북서부의 아메리카 원주민들 사이에서 그리고 보다 최근에는 같은 지역의 축구선수들 사이에서 두드러지게 나타나는 토템이다.) 이러한 종류의 유기체 은유는 전 세계 부족사회에서 발견된다(Sapir and Crocker 1977; Fernandez 1991). 만약 역사 이전의 사회가 오늘날 여전히 남아 있는 소수의 수렵-채집사회와 유사한 어떤 것이었다면, 우리는 기록이 시작되기 이전부터 오랫동안 인간이 유기체적인 사회적 삶의 이미지를 창조하고 있었을 것으로 추측할 수 있다.

우리는 초기 역사 기록 시대에서도 자주 생물학 은유와 마주친다. 농업인과 목축인들은 식물, 동물, 그리고 자연의 순환과 밀접한 관계를 맺고 살고 있었기 때문에, 그들에게 유기체 은유는 자연스러운 것이었다. 이를테면 고대 히브리 사람들의 문헌들에는 그들의 농업적·목축적 생활방식을 반영하는 유기체 은유들 — 수확(이를테면 밀에서 겉껍질 분리하기)과 양치기(이를테면 양에서 가죽 분리하기)를 포함하여 — 이 많이 등장한다. 이들 이미지 각각은 그 사회를 거주 환경 — 그 사회와 여타 삶의 형식 간의 유기적 관련성을 상징하는 — 과 은유적으로 연계짓는 데 기여했다.

가족으로서의 사회

아주 오래된 생물학 은유들은 대체로 사회현상을 친족과 생식의 언어로 묘사한다. 우리에게 알려진 가장 초기의 기록, 즉 기원전 3000년에 시작된 메소포타미아 수메르인의 고대 설형문자 텍스트에는 실제로 곡물의 수확과 저장을 풍요의 신과 창고의 여신 간의 은유적 '결혼'으로 묘사하는 찬가와 신화적 이야기가 포함되어 있다(Lerner, Meacham and Burns

1988: 37).

친족 은유는 일반적으로 인간 공동체를 부모-자식 관계에 의해 수직적으로 연결되고 부부 또는 형제 관계에 의해 수평적으로 연결되는 확대가족으로 묘사한다. (우리는 여기서 가족이 생물학적 생식의 산물일 뿐만 아니라 문화적 구성의 산물이기도 하다는 점, 따라서 유전학적 친족과 생식이 서로 다른 문화에서 서로 다르게 조직되고 규제되고 이해될 경우 그것이 그저 생물학적 현상만이 아니라는 점을 지적해두어야만 한다.) 다른 생물학 은유들이 우리와 자연의 관련성을 크게 부각시키지만, 가족 은유는 우리가 서로와 자연적으로 관련되어 있음을 강조한다. 이는 우리가 나중의 장들에서 살펴볼, 근대 시대의 보다 원자적이고 비인격적인 은유와 대조된다.

비록 우리가 은유로서의 친족에 대해 이야기하지만, 일부 사람들은 우리 모두가 글자 그대로 공통 조상의 뿌리를 갖는 하나의 단일한 확대가족의 성원이라고 주장해왔다. 19세기 사회이론가 오귀스트 콩트는 가족을 사회의 가장 기본적인 단위로 간주하고, "가족이 종족이 되고 종족이 민족이 되며, 따라서 전체 인류는 하나의 단일한 가족이 점진적으로 발전된 것으로 간주될 수 있다"라고 말했다(Turner and Beeghley 1981: 46에서 재인용). 하지만 생물학자들은 일반적으로 그러한 확대된 방식으로 **가족**이라는 용어를 사용하지 않는다. 우리 모두가 궁극적으로는 공통 조상의 계보를 공유하지만, 우리는 우리의 동료 인간들과 엄청난 계보 차이에 의해 분리된다. 따라서 우리가 '인간가족'과 같은 은유에 호소할 때, 우리는 우리 자신과 아주 먼 관계에 있는 다른 사람들을 **마치** 글자 그대로 우리의 부모나 아이, 또는 우리의 형제나 자매인 **것처럼** 동일시함으로써 실제로 그러한 차이를 상징적으로 축소한다. 오늘날 **가족**이라는 단어는 은유적으로 확대되어 서로 돌보고 공통의 유대를 공유하는 거의 모든 공동체를 포함한다.

시적 관점에서 볼 때, 가족 은유의 힘은 그것이 따뜻함, 안정, 충성, 사랑이라는 이상화된 안락한 이미지를 불러일으킬 수 있다는 데 있다. 가족이라는 단어는 위험과 곤경에 직면했을 때 생계와 안전, 보호, 상호 지원 을 의지할 수 있는 원천 – 무정한 세계에서의 안식처 – 을 함의하는 것으로 보인다(Lasch 1977). 실제로 그러한 가족 이상은 오늘날에도 과거에도 우리가 성취할 수 있는 것 이상의 것을 자주 선언한다. 그러한 낭만화되고 선택적으로 기억된 가족생활에 관한 견해들은 스테파니 콘즈(Stephanie Coontz 1992, 1998)가 주장하듯이 우리가 실제로 존재하는 방식이 아니라 "우리가 결코 존재해본 적 없는 방식"을 제시하기도 한다.

하지만 가족 은유의 시적 힘은 전체 문화체계가 그것을 축으로 하여 구축되어왔을 정도로 실로 엄청나다. 이스라엘의 자손을 보호하는, 엄격하지만 애정이 깊은 아버지로서의 신이라는 전통적인 유대인 은유를 생각해보라. 유대교의 자손인 기독교는 이 중심적인 은유를 채택하고 확대했다. 따라서 전통적인 기독교 신학에서 아버지로서의 신은 아들 예수를 낳는다. 예수는 교회를 자신의 신성한 신부로 맞이하고, 그녀는 어머니 교회가 된다. 로마 가톨릭교에서 성직자 '아버지들', 즉 천상의 아버지의 대리인들은 교회를 지배하고, 교황은 그 신앙의 최상위에서 가장 역할을 한다. 사람들은 가족 은유가 교회의 사회구조를 묘사하는 데 그치지 않고 얼마간 그것을 구성한다고 주장하기도 한다.

이 전통적 은유에 대해 페미니즘 비판가들은 지상에서는 그 은유의 가부장제적 형상이 전통적으로 교회와 사회에서 여성을 이등 계급의 지위로 추방해온 가부장제적 권력구조를 강화하는 이데올로기적 기능을 수행한다고 재빨리 지적한다(이를테면 Ruether 1987, 1989; Daly 1973, 1985;

Fiorenza and Copeland 1996을 보라). 페미니즘 신학자들은 일반적으로 신성한 것에 대해 보다 모성적인 은유를 사용하는 것을 선호해왔다. 그들은 여신 또는 어머니로서의 신을 전통적인 남성 형상에 대한 하나의 대안으로 생각한다. 하지만 이러한 차이에도 불구하고 남권주의적 신학자와 페미니즘 신학자들은 둘 다 가족 은유에 의지하여 신성한 것을 묘사해왔다.

가족 은유는 현대 문화에서 아주 흔히 발견된다. 비형제자매가 서로를 따뜻함과 상호 책무라는 가족 유대를 함축하는 '형제'와 '자매'로 지칭하는 다양한 사회적 맥락을 살펴보라. 우리는 노동조합주의자들의 '형제애'에서, 대학의 남학생과 여학생 사교클럽들에서, 가톨릭 수도회의 수사와 수녀들 사이에서, 여전히 성원들을 서로 형제, 자매로 부르는 근본주의적인 프로테스탄트 신도들에게서, 그리고 "자매애는 강하다"라고 주장하는 페미니스트들 사이에서뿐만 아니라 아프리카계 미국인 공동체의 일부 분파에서도 허구적 친족 언어를 발견한다.

일반적으로 이와 같은 자매 은유들은 부모-자식 관계에 기초한 수직적 은유보다 더 평등주의적이고 덜 위계적인 사회관계 이미지를 제시한다. 시인이자 문화비평가인 로버트 블라이(Robert Bly 1996)는 그의 책 『자매사회 The Sibling Society』에서 미국문화가 완전히 자매애라는 수평적 형상 속으로 매몰되어버렸으며, 그리하여 한때 어른의 권위와 책임을 규정짓던 (부모와 자식 간의 관계에서와 같은) 결정적인 수직적 구별이 상실될 위험에 처해 있다고 불평한다. 블라이는 그러한 위계질서가 실제로 자주 잔인하고 억압적이었음을 인정하면서도 보다 위계적인 삶의 양식으로 복귀하기를 갈망한다.

우리는 이러한 사례들로부터 가족 은유가 자주 정치적·이데올로기적으로 비난받고 있음을 분명하게 알 수 있다. 그리고 이 은유는 위계적인 보수주의자들과 평등주의적인 자유주의자들을 싸움붙이고 있다. 조지 레이코프(George Lakoff 1996)는 보수주의자들과 자유주의자들 모두 사회에 대한 하나의 모델로 가족 은유를 이용하지만, 그들은 서로 다른 이상적인 가족생활 이미지를 신봉하는 경향이 있다고 지적한다. 보수주의자들이 전통적인 가부장제적 (즉, 수직적인) 가족 모델을 이상화하는 경향이 있다면, 자유주의자들은 보다 민주적인 (또는 수평적인) 가족 모델을 마음속에 그리는 경향이 있다. 레이코프는 우리가 가족에 대해 생각하는 방식에서 나타나는 이러한 근본적인 차이는 좋은 사회에 대한 매우 상이한 은유로, 그리고 정치적으로 좋은 사회를 달성하는 방법에 대한 매우 상이한 관념으로 이어진다고 주장한다.

정치적 수사 속에서 친족 은유 – 수직적 은유와 수평적 은유 모두 – 는, 우리가 민족국가를 '어머니의 나라'로 (또는 독일에서는 '아버지의 나라'로) 지칭할 때처럼, 또는 외교관들이 '국가 가족family of nations'이라는 이미지에 호소할 때처럼, 자주 집단연대감의 유대를 강화하기 위해 동원된다. 친족 유대는 '보편적 형제애', '자매애의 힘'에서도, 그리고 '인간 가족'의 복리에 관심을 가지자는 이상주의적 호소에서도 또다시 메아리친다.

그러한 이미지들은 의심할 바 없이 많은 가치 있는 이상들을 증진시키는 데 도움을 주어왔다. 그러나 가족 은유는 또한 보다 위험하고 사악한 측면도 가지고 있다. 몇몇 사례에서 그러한 은유는 한 집단에 수사적으로 특권을 부여하는 반면 다른 집단을 효과적으로 배제하여 '우리' 대 '그들'을 함축하는 조건을 만들어내고, 그리하여 한 은유적 씨족(이를테면 KKK단)과 그 씨족의 상상의 적들을 싸움붙이는 데 이용된다. 다른 경우들에서 가족 은유는 강력한 온정주의적 지도력에 스스로 굴종하고자 하는 어린애 같은 욕망을 표현하기도 한다. 이것은 좌파와 우파 체제 모두에 의해 권위주의적으로 악용될 가능성 때문에 악명 높다. 20세기 — 아돌프 히틀러Adolf Hitler, 베니토 무솔리니Benito Mussolini, 그리고 이오시프 스탈린Joseph Stalin(그의 추종자들에 의해서는 자애롭게 '파파Papa'로 알려진)의 세기 — 의 정치 기록은 우리에게 아버지 같은 강력한 정치적 인물에 대한 갈망은 파멸로 이어질 수 있다는 것을 상기시킨다. 조지 오웰(George Orwell 1949)은 자신의 정치 소설 『1984』에서 익살맞게 절대 권력에 대해 '빅 브라더'라는 비꼬는 이름을 부여하면서 가족 은유의 위험한 측면에 대해 경각심을 불러일으켰다.

하지만 이 중 어느 것도 자애로운 가족이라는 이상이 건강하고 자애로운 공동체와 사회를 구축하는 데서 하나의 은유적 모델의 역할을 해서는 안 된다고 말하지는 않는다. 그것은 단지 우리가 창조한 은유적 가족이 심히 역기능적인 가족이 되어서는 안 되기에, 가족 형상이 순진하게 또는 무비판적으로 불러내어져서는 안 된다고 말할 뿐이다.

유기체로서의 사회

가족 은유는 사회이론가들 사이에서보다는 일반적인 공적 담론에서 더 많은 영향력을 행사해왔다. 사회이론에서 가장 많은 영향을 미친 단일한 생물학 은유는 하나의 살아있는 유기체로서의 인간사회 이미지임이 틀림없다. 이 은유는 사회를 (함께 작동함으로써 원활하게 기능을 수행하는 활력 있는 전체를 산출하는) 상호의존적 부분들의 체계로 바라본다.

이 유기체 은유는 적어도 고대 그리스 시대부터 사회이론에 영감을 불어넣어왔다. 로버트 니스벳(Robert Nisbet 1969)은 하나의 성장하는 유기체로서의 사회 이미지는 고전 고대 시기 이래로 서구 사회사상에서 지배적인 은유였다고 말하기까지 한다. 우리는 플라톤(Plato [ca. 370 B.C.E.] 1979: sec. 462d,e)의 이상적 국가 이미지에서, 즉 플라톤이 공동체의 한 부분에서 느끼는 고통을 전체 공동체 모든 곳에서 함께 느끼는 하나의 사회체a social body가 이상적 국가라고 보는 데에서 이 은유를 마주한다. 우리는 '정치체body politic'로서의 도시국가라는 아리스토텔레스의 관념에서, 교회를 상징적인 '그리스도의 몸'으로 보는 기독교적 견해에서, 그리고 (라틴어 신체corpus 또는 몸body에서 나온) **조직**organization과 **법인**corporation이라는 단어의 어원이 같다는 데에서 또 다시 그 은유를 발견한다. 보다 최근에 우리는 인터넷이 일종의 전자 유기체로, 즉 방대한 일련의 전자 자극을 통합함으로써 성장하고 학습하는 새로운 글로벌 신경체계로 묘사되고 있음을 발견한다(Ostman 1996). 사회유기체는 죽는 것을 거부하는 은유인 것처럼 보인다.

기능주의

유기체 은유는 우리로 하여금 인간사회가 생물 유기체처럼 무수한 하위체계들로 구성된 복잡하게 구조화된 체계라고, 즉 각각의 하위체계는 살아있는 전체로서의 체계를 위해 하나 또는 그 이상의 결정적인 기능을 수행한다고 생각하게 한다. 따라서 이 은유의 지지자들은 구조기능주의자structural-functionalist로 또는 간단하게 기능주의자로 불리어왔다(Parsons 1951; Merton [1948]1968; Abrahamson 1978; Alexander 1985). 유기체 은유는 또한 근대 체계이론의 많은 것의 근거를 이루고 있다(이를테면 Buckley 1967; Luhmann 1982; Bailey 1994). 근대 체계이론은 사회를 서로 관련되고 서로 상호작용하는 일단의 요소들로 바라보며, 그 이론의 발전은 기능주의이론의 발전과 긴밀하게 뒤얽혀 있다.

사회와 유기체 간의 유추는 일반적으로 다음과 같이 정교화된다. 하나의 유기체에서 세포cell들이 결합하여 조직tissue을 형성하고, 조직들이 결합하여 기관organ을 형성하고, 기관들이 결합하여 전체로서의 유기체 organism as a whole를 형성한다. 유사하게 사회에서는 개인individual들이 결합하여 공유된 특성에 기초한 결사체association를 형성하고, 결사체들이 결합하여 제도institution를 형성하고, 제도들이 결합하여 전체로서의 사회 society as a whole를 구성한다. 신체 기관들(심장, 폐, 간 등)이 서로 상호의존적이듯이, 주요한 사회제도들(정치, 경제, 교육 등)도 상호의존적이며, 각각은 사회체계의 유지에서 중요한 기능을 수행한다. 기능을 수행하는 유기체와 마찬가지로 기능을 수행하는 사회체계는 역기능 또는 사회적 기능마비를 피하기 위해서는 잘 통합되고 잘 조정되어야만 한다.

이러한 유기체론적 유추는 즉각 비판을 받는다는 점에 주목하라. 이를테면 인간 몸을 구성하는 개별 세포들은 일반적으로 단일 기관(심장, 뇌, 신장 등) 내에서 기능을 수행하기 위해 전문화되는 반면, 사회를 구성하는 개인들은 대체로 항상 하나 이상의 사회적 '기관'에 소속된 동시적 성원들이며, 다른 많은 결사체적·제도적 맥락(집, 일터, 정치조직, 종교조직 등)에서 서로 다른 많은 기능을 수행하기도 한다. 사회적 개인들은 마치 전문화된 그리고 맥락의존적인 다수의 기능을 학습하고 수행할 수 있는 일반화된 능력을 지닌 다재다능한 세포인 것처럼 보이며, 그리하여 사회체의 한 위치에서 다른 위치로 떠돌아다니는 것처럼 보인다.

이러한 종류의 수많은 문제에도 불구하고, 생물 유기체와 사회조직 간의 유추는 근대 사회이론에서 크게 두각을 드러내왔다. 그러한 유추는 19세기 초 프랑스 이론가 클로드-앙리 드 생시몽Claude-Henri de Saint-Simon과 오귀스트 콩트의 사회학적 저술에서는(Turner and Beeghley 1981: 31~53) 물론 사회 구성부분들의 상호의존성에서 발생하는, 복잡하게 분화된 사회의 '유기적' 연대에 관한 에밀 뒤르켐(Emile Durkheim [1893]1947)의 유명한 분석에서도 출현한다. 우리는 제인 애덤스(Jane Addams [1907]2000: 162)가 가족을 사회적 유기체 — 그 성원들은 서로 협력하여 가정의 기능을 수행하는 방법을 배운다 — 로 언급하는 데서도 유사한 형상을 발견한다.

유기체론적 유추는 19세기 후반 영국 사회철학자 허버트 스펜서Herbert Spencer에 의해 가장 체계적으로 발전되었다. 생물학에서 영감을 얻은 그의 사회이론은 그 당시에 수많은 평판 있는 추종자들을 거느렸다. 그는 "사회란 무엇인가?"라고 묻고 이렇게 답했다. "사회는 하나의 유기체이다"(Spencer [1876]1906: 447, 449). 스펜서는 유기체와 사회는 모두 성장과 발전이라는 유기체의 속성을 공유한다고 지적했다. 유기체와 사회는 성장하면서 그 구조가 점점 더 복잡해지고 분화되며 그것에 상응하여 기능의 전문화를 수반하는 경향이 있다. 사회의 부분들은 몸의 부분들처럼 상호의존적이고, 따라서 한 부분의 변화는 다른 부분들에서의 변화를 초래하기도 한다. 스펜서는 이러한 방식으로 논의를 진행하며 아주 상세하게 유기체론적 유추를 계속했다.

사회이론에서의 많은 유추론자와 달리, 스펜서는 그 유추의 정正의 측면뿐만 아니라 부否의 측면도 지적했다. 스펜서는 사회를 구성하는 개인들이 유기체의 개별 세포들과 달리 물리적으로 분산되어 있고 언어와 상징을 통해 소통하고 의식적 사고 능력을 가지고 있기 때문에 유기체와 사회는 유사하지 않다고 말했다(Spencer [1860]1972; Turner and Beeghley

1981: 79; Peel 1972: xxvi~xxvii). 그러나 스펜서는 유기체론적 역유추가 아니라 유기체론적 유추 때문에 더 잘 기억되고 있다.

사회적 항상성

20세기 사회이론가들 가운데 구조기능주의자 탤콧 파슨스Talcott Parsons는 그의 유기체론적 사회관으로 특히 유명하다. 파슨스(Parsons 1951)는 사회체계는 유기체와 같이 생존하기 위해서는 체계가 충족시켜야만 하는 특정한 기능적 필수요건을 가지고 있다고 주장했다. 파슨스의 초기 기능주의 견해(그의 후기의 진화론적 이론화와는 구분되는 것으로서의)는 이른바 정적인 또는 불변적인 사회적 실재 관념을 전개하고 있다는 이유로 자주 비판받아왔다(Demarath and Peterson 1967; Gouldner 1970). 그의 견해는 특히 생물학의 항상성homeostasis 개념을 사회체계의 분석에 무비판적으로 수입했다는 이유로 비판받았다.

생물학에서 항상성 과정은 유기체가 안정적인 균형상태를 유지하도록 하기 위해 작동하는 사이버네틱 또는 자기규제적 메커니즘(온도조절장치의 메커니즘과 유사한)이다. 이를테면 몸의 항상성 과정은 체온을 비교적 일정한 온도, 즉 화씨 98.6도로 유지하는 생리학적 메커니즘을 포함한다. 생물학의 항상성 개념은 파슨스의 하버드 동료인 생리학자 웨이터 캐넌(Waiter B. Cannon 1932)에 의해 발전되었다. 그는 사회에서의 관리 내지 행정 과정과 유사한 그러한 과정은 무의식적인 '몸의 지혜', 특히 내부 환경의 안정성을 유지하는 몸의 놀랄 만한 능력을 보여주는 것이라고 제시했다. 대공황기라는 격심한 불안정성의 시기에 인간사회의 안정화 과정으로서의 사회적 항상성이라는 관념을 처음으로 제창한 사람은 실제로는 캐넌이었다(Cross and Albury 1987).

파슨스는 캐넌의 관념을 빌려와서 인간사회에서 상대적으로 안정적인 균형이 무너질 때 항상성과 유사한 사회적 과정이 체계의 '정상적' 균형 상태를 회복하기 위해 작동하기 시작한다고 제시했다(Parsons 1961; Buckley 1967: 11~17). 따라서 우리 나름의 예를 하나 들면, '일탈적인' 이데올로기가 사회질서의 안정성을 위협할 경우, 우리는 기존의 체계와 그 지도자들이 분열세력들과 싸우고 체계의 균형을 유지하기 위하여 선전기관을 이용하고 애국심에 호소하고 무력의 사용을 위협하는 등 정치와 여론에서 항상성 반응을 동원함으로써 이데올로기 효과를 무력화할 것으로 기대할 수 있다.

사회병리학과 의학적 일탈 모델

성적·종교적·정치적 불순응을 포함하여 많은 형태의 사회적 일탈을 잠재적으로 치료요법적 치료를 필요로 하는 질병으로 간주하는 것은 의학적 행동 모델에 기초하여 이 항상성 유추에서 사회병리학 유추로 단지 작은 한 걸음을 나아간 것일 뿐이다. 이 견해에 따르면, 사회제도와 행위자들은 생물 유기체처럼 자연적이거나 정상적이라고 상정된 상태로부터 이탈할 때 "병에 걸리게" 된다. 그러한 일이 발생할 때 사회체계는 자연스럽게 병을 막아내기 위한 반응을 취하는데, 때로는 의사로서의 사회과학자의 지원과 개입을 받아 그렇게 한다. 따라서 파슨스의 하버드 동료인 조지 호먼스George Homans — 일반적으로는 기능주의적 분석을 하지 않는 그이지만 — 는 "사회는 하나의 유기체이며, …… 모든 유기체처럼 자신의 생존양식에 위험이 가해지면 사회는 자신의 원래 형태를 회복하는 경향이 있는 항체를 생산할 것"이라고 논평했다(Gouldner 1970: 149에서 재인용). 이 사례에서 호먼스가 언급한 '질병'은 1930년대에 미국에서 마르크스주의의 영향력이 증가한 것을 뜻한다.

유기체론적 모델에 숨어 있는 가정 중 하나가 체계의 진정한 본성은 그 체계의 내부에 존재한다는 것이다. 따라서 외부에서 체계로 들어오는 '이질적인' 요소의 영향은, 몸으로 하여금 방어적인 항체를 만들어내도록 자극하는 항원처럼, 그 체계의 본성에 맞지 않고 그 체계의 본래 모습에 위협이 된다. 하지만 실제로 사회들이 서로 상호작용하고 서로 영향을 주고받는 것은 아주 정상적이다. 특히 미국사회의 문화는 다양한 요소들이 역동적으로 섞여 있는 혼합주의적 문화이고, 그 문화의 대부분은 세계의 다른 곳들에서 빌려온 것이다. 유기체론적 유추는 외부의 영향은 오염되는 것이고 또 위험한 것이라고 암시한다. 하지만 외부의 영향은 실제로 많은 경우 새로운 활기를 불어넣기도 한다.

유기체론적 유추에 숨어 있는 또 다른 가정은 조화로운 질서가 사회의 자연상태라는 전제이다. 건강한 몸과 같이 건강한 사회는 각 부분이 다른 부분들과 함께 원활하게 기능하여 전체의 복리를 보장하는 사회라고 가정된다. 따라서 영국 인류학자 래드클리프-브라운(A. R. Radcliffe-Brown 1935: 397)은 사회의 '기능적 통일성 functional unity'에 대해 말했는데, 여기서 사회의 기능적 통일성이란 "사회체계의 모든 부분이 충분한 정도로 조화되거나 내적 일관성을 가지고 함께 작동하는, 다시 말해 해소되거나 규제될 수 없는 지속적인 갈등을 산출하지 않는 상태"를 뜻한다.

조화로운 유기적 통일체로서의 좋은 사회라는 이미지는 고대 그리스 철학에서도, 유교국가 중국과 중세 유럽의 봉건적 이상에서도, 그리고 심지어는 오늘날 로마가톨릭교회의 사회회칙들에서도 등장한다. 이러한 완전한 사회적 조화의 이미지는 여전히 많은 사람에게, 특히 격심한 변화와 냉혹한 갈등으로 특징지어지는 시기에 강력한 호소력을 발휘하고 있다. 그러나 모든 사회가 해체되지 않기 위해서는 분명 조화와 통합이 요구되기는 하지만, 사람들은 설사 절대적 조화에 (그리고 그것이 수반하는 이의와 갈등의 억압에) 기초하여 사회가 수립될 수 있다고 하더라도 그러한 사회가 궁극적으로 바람직할 것인지에 대해 의구심을 가지기도 한다. 루이스 코저(Lewis Coser 1956)와 다른 많은 사람이 지적했듯이, 모든 사회에서 일정한 정도의 갈등은 불가피하며 실제로 갈등이 건설적인 방식으로 표출될 경우 그것이 가치 있고 '건강한' 일이라는 것은 거의 확실하다.

매우 세련된 기능주의자 로버트 머튼Robert Merton이 지적했듯이, 인간 사회에서 (또는 이 문제라면 생물 유기체에서) 조화와 통합의 정도는 매우 다를 수 있다. 머튼은 (옳게 이해된) 기능주의적 분석은 사회에서 '기능적 통일성'을 가정하지 않는다고 주장한다. 올바른 기능주의적 분석은 조화가 존재하는 곳에서 조화를 인정하지만, 체계를 변화시킬 수도 있는 내적·외적 압박, 긴장, 갈등 역시 숨김없이 검토한다. 올바른 기능주의적 분석은 특정 사회의 모든 구조가 전체를 위해 어떤 긍정적 기능을 수행한다고 가정하지 않으며, 모든 구조가 필수불가결하다거나 어떤 대안적 구조에 의해 대체될 수 없다고 가정하지도 않는다(Merton [1948]1968: 79~91). 마지막으로 올바른 기능주의적 분석은 '기능적'이라는 것이 반드시 '좋은' 것을 의미하고 '역기능적'이라는 것이 반드시 '나쁜' 것을 의미한다고 가정하지 않는다. 나치 독일하에서의 지하저항운동은 제3제국에 준거한 틀 내에서는 당연히 역기능적이었겠지만, 그러한 사실로부터 그 운동이 '병리적'이었다거나 제3제국의 목적이 '건강'했다는 결론을 도출할 수는 없다.

사회병리학의 진단은 분명 진단자의 도덕적 판단과 정치적 신념을 반영한다. 이를테면 1950년대 매카시McCarthy 시대를 묘사하는 영화 〈시민 콘Citizen Cohn〉에서 우리는 지독한 반공주의자가 적의 체제를 "사악하고 유해한 삶의 방식"으로 묘사하는 것을 듣는다. "그 영화는 전염병처럼 퍼져나가는 질병과 유사한 상태를 폭로한다. 그리고 그것이 나라를 덮치는 것을 막기 위해서는 전염병처럼 검역이 필요하다"라고 주장한다(Franzoni 1992). 오늘날 보수적인 비평가들은 자유주의가, 또는 문화적 쇠퇴나 문화해체가 초래하는 유독한 또는 병리적인 사회적 결과에 대해 말하지만(이를테면 Bennett 1994; Horowitz 1993), 좌파 쪽 사람들은 인종차별주의, 성차별주의, 부와 권력의 극단적 불평등 및 여타 '사회적 질병'이 초래하는 역겨운 결과에 대해 통렬히 비난한다. 우파 사람들은 가난한 사람들을 나라의 건강을 축내는 사회적 기생충으로 경멸하는 것으로 알려져왔지만, 좌파 사람들 또한 마찬가지로 부자가 자신들의 피고용인들의 부불노동으로 살아가는 기생충이라고 확신해왔다. (어느 경우나 기생충 은유는 적을 편리하게 탈인간화한다.) 종교적 우파 사람들은 정치체에 도덕적 암이 커가고 있음을 경고하는 반면(암은 실제로 미국문화에서 부정적 함의를 갖는 유일한 종류의 성장이다), 환경 좌파 사람들은 무질서한 도시성장과 산업발전이라는 암에 대해 우려한다. 이렇듯 이데올로기들은 정치적 스펙트럼을 뛰어넘어 자신의 다양한 이해관계와 목적을 위해 유기체 은유를 동원한다.

생각과 행동이 전염병처럼 빠르게 확산될 수 있다는 관념은 병리학 은유에 푹 빠져 있다. 이러한 역학疫學적 은유는 현재 범죄 유행에서부터 열풍, 유행, 근본 원리의 확산에 이르는 광범위한 현상들을 연구하는 문화

분석가들 사이에서 진지한 관심을 끌고 있다(Gladwell 1996, 2000; Lynch 1996; Brodie 1996). 생각과 행동이 때때로 몸에서 암이 그리고 주민들 사이에서 악성 유행병이 급속히 확산되는 것과 얼마간 유사하게 매우 빠르게 확산된다는 것은 부인할 수 없다. 실제로 군중에 대한 아주 초기의 접근방식 중 하나는 폭도와 폭동 같은 군중 현상을 설명하기 위해 '전염이론'에 의지했다(LeBon 1896). 컴퓨터가 바이러스에 걸렸던 사람은 누구라도 역학적 유추의 잠재력을 인정할 것이다. 그러나 우리는 미국인의 삶에서 (이를테면 음악과 춤에서) 나타나는 아프리카의 영향이 마치 봉쇄와 치료를 필요로 하는 문화적 감염인 듯 묘사될 때처럼 그러한 은유가 사회적 패닉을 유발하거나 문화적 편협성을 조장하기 위해 수사적으로 이용되는 것을 경계해야만 한다. 바바라 브라우닝(Barbara Browning 1998: 107)은 "자신의 나라에 스며드는 외국의 요소들에 대한 공포"를 반영하는 그러한 인종차별주의적 사고는 전염병의 일종이라고 시사한다. 마지막으로, 우리는 단지 하나의 현상이 사람에게서 사람에게로 급속히 확산된다는 이유 하나만으로 그 현상이 음험하다고 무비판적으로 가정해서는 안 된다. 덕의 전염과 같은 것도 당연히 있을 수 있다.

　병리학 은유와 밀접하게 관련된 것이 문화인류자들(Douglas 1966)과 역사학자들에 의해 널리 관찰된 문화적 순수함과 문화적 오염의 은유이다. 이를테면 청교도주의는 교회와 사회의 타락한 요소들을 정화하고 순화하고자 했다. 개혁운동은 일반적으로 은유적 오물들 – 문제의 오염된 대상이 진흙탕 정치이든, 불결한 노래가사이든, 또는 유독한 이데올로기이든 간에 – 을 청소하는 것을 목적으로 한다. 불행하게도 정화 치료가 그 치료를 통해 일소하고자 한 실제의 또는 상상된 질병보다 더 나쁜 경우도 많다. 나치 독일과 보다 최근에 보스니아와 코소보에서 자행된 인종 '청소'

제2장 생명체로서의 사회　47

와 민족 '청소'의 시도는 사회병리학 은유가 몇몇 사례에서 그 자체로 유독한 결과를 낳는다는 것을 입증한다.

병리학 은유는 의학적 사회 모델을 수반한다. 의학적 모델에서 사회체계는 환자이고, 사회분석가는 사회해부학과 생리학의 세련된 개념 도구를 갖춘, 그리고 어쩌면 심지어 바람직하지 않은 병원균(이를테면 성적, 종교적, 또는 정치적 일탈자)을 잘라내어 사회의 건강성을 회복하기 위해 필요하다면 사회적 수술을 수행할 준비가 되어 있는 의사이다. 그러나 사회병리학적 유추는 의학의 수사 배후에 무엇이 좋은 사회를 구성하는지, 그리고 사회의 '정상적' 상태는 어떠해야 하는지를 놓고 상충하는 견해들 – 아마도 과학의 판결을 넘어서는 상충하는 견해들 – 사이에서 벌어지는 문화투쟁을 숨기고 있다.

항상성 유추와 병리학적 유추는 건강한 몸에 대한 의학적 이상과 유사한 정상적이고 불변하는 이상적 상태를 인간사회도 가지고 있는 것으로 암시하는 경향이 있다. 그러나 이러한 '정상으로의 복귀' 가정은 분명한 결함을 가지고 있다. 왜냐하면 그러한 유추는 사회변화는 그 자체로 정상적이라는 것을, 심지어는 많은 상황에서 생존을 위해서는 변화가 필요하다는 것을 인정할 수 없기 때문이다. 자연적인 사회적 과정은 이전의 균형상태를 회복하기 위해서뿐만 아니라 새로운 그리고 보다 적합한 균형상태를 찾기 위해서도 역동적으로 작동할 수 있다(Buckley 1967: 15).

사람들은 사회병리학 은유의 위험과 함정을 여전히 예리하게 의식하면서도, 여전히 일부 사회제도가 실제로 다른 사회제도들보다 인간에게 더 유익하다고 신중하게 주장하기도 한다. 이를테면 초문화적 윤리를 제창해온 인류학자 로버트 에저턴(Robert Edgerton 1992)은 기술발전 수준이 동등한 사회들에서조차 일부 사회가 다른 사회들보다 그 성원들의 복리를 돌보는 일을 더 잘하고 따라서 '더 건강한' 사회로 판단되기도 한다고 주장했다. 에저턴은 그 자신의 사회를 포함하여 모든 사회가 이상에 미치지 못한다는 점을 거리낌 없이 인정한다. 이러한 방식으로 그의 주장은 윤리적 상대주의ethical relativism의 위험 — 극단적으로는 모든 윤리적 판단 기준을 훼손하는 — 과 다른 극단에서의 자민족중심주의의 오만함 — 필연적으로 자기 자신의 사회제도를 다른 사회제도들이 측정되는 기준으로 설정하게 되는 — 을 어떻게든 피하고자 한다.

우리 역시 다른 곳에서 이와 유사하게 윤리는 근본적으로 인간복리를 증진시키는 조건에 대한 탐구이며 모든 사회제도가 그러한 복리에 똑같이 기여하지는 않는다고 주장한 바 있다(Rigney and Kearl 1994; Kearl and Rigney 1995). 만약 윤리가 이러한 식으로 규정된다면, 우리는 모든 성원들이 의식주, 의료보호, 교육, 그리고 삶의 의미와 성취의 기회에 적절하게 접근할 수 있는 사회는 다른 모든 조건이 동일하다면(이를테면 경제적·기술적 발전 수준이 유사하다면) 그렇지 않은 사회보다 더 낫거나 '더 건강한' 사회라고 결론지을 수 있다. 마르크 미린고프와 마르큐-루이사 미린고프(Marc Miringoff and Marque-Luisa Miringoff 1999)는 자신들의 보고서 『국가의 사회적 건강The Social Health of the Nation』에서 유사한 가정하에서 논의를 진행한다. 그 보고서에서 그들은 의사가 환자의 바이탈 사인vital sign을 추적하기 위해 의료차트를 계속해서 보관하는 것과 유사한 방식으로 사회의 전반적인 건강과 복리를 모니터링하고 증진시키기 위해 미국에서 삶의 질을 나타내는 경험적 지표를 추적하기 위해 노력한다.

사회적 건강과 질병 은유에 호소하는 주장들은 여전히 직관적으로 많은 사람의 마음을 끌고 있다. 하지만 그러한 주장들은 앞에서 지적한 수많은 위험에 신중하게 그리고 적절한 주의를 기울이며 개진될 필요가 있다. 이러한 위험에 미루어보면, 일부 사회이론가들이 사회병리학의 관용구들을 차라리 전적으로 피하고자 하는 것도 이해할 만하다.

사회적 삶의 주기: 성장과 쇠퇴

기능주의 비판가들은 때때로 기능주의의 유기체론적 사회 이미지가 본질적으로 정적이라고, 즉 기능주의가 항상성을 가정하는 까닭에 사회변화를 설명할 수 없다고 불평해왔다. 이는 사실과는 거리가 있다. 우리가 기꺼이 변화를 유기체의 생애주기에서 연속되는 발전단계들로 발생학적으로 바라볼 경우, 유기체론적 유추는 변화 가능성을 받아들일 수 있다(Nisbet 1969).

오래 전에 아리스토텔레스는 도토리는 자체 내에 거대한 참나무를 포함하고 있다고 말했다. 유기체론적 유추에 의거하여 인간사회는 때때로 자신의 내적 원리를 따라 전개되는 것으로, 즉 잘 정의된 일련의 발전단계 속에서 성장과 사멸을 하는 것으로 간주되어왔다. 이러한 유기체론적 유추를 통해 고대 그리스 사람들은 인류와 사회에 대한 순환론적 견해를 도출했다. 개인처럼 사회도 순환적 발전을 겪는 것으로 여겨졌다. 왜냐하면 "어떤 것이 성장한다는 것은 발생하여 성장한다는 것만이 아니라 쇠퇴하여 종국적으로는 종말을 맞이한다는 것이고, 그다음에 발생과 쇠퇴의 또 다른 주기가 무한정 이어지기" 때문이다(Nisbet 1969: 30).

대부분의 순환이론이나 '흥망성쇠'이론은 이러한 사회적 삶에 대한 유기체론적 관념에 그 기원을 두고 있다. 그러한 관념 속에서 새로 태어난 사회는 활기찬 젊은 단계와 생산적인 성숙한 단계, 그리고 궁극적으로는 쇠락과 죽음의 단계를 거치는 것으로 인식된다(Appelbaum 1970: 99~

116). 에드워드 기번(Edward Gibbon [1776~1788]1974)의 로마제국의 성쇠에 관한 고전적 역사, 오스발트 슈펭글러(Oswald Spengler 1926)의 공상적으로 염세적인『서구의 몰락The Decline of the West』, 그리고 역사가 아놀드 토인비(Arnold Toynbee 1934~1954)의 도전과 응전의 반복적 순환으로서의 문명에 관한 거대이론 모두는 순환론적 사회변동 모델을 암시한다. 카를 마르크스와 프리드리히 엥겔스(Karl Marx and Friedrich Engels [1848]1955; Marx [1859]1970)의 역사이론 또한 일정 측면에서는 순환론적 이론이다. 그 이론에 따르면, 각각의 새로운 생산양식은 옛 생산양식의 자궁 안에서 성장하고, 종국적으로 공산주의 − 역사 이전의 원시 공산주의가 아니라 훨씬 더 진보한 기술 수준에 도달한 공산주의 − 로의 복귀를 향해 나아간다.

몇몇 발전 모델은 덜 순환적이고 더 선형적이다. 그러한 모델들은 이전 형태로 전혀 복귀하지 않는 점진적인 발전노선을 제시한다. 이를테면 스펜서는 그의 에세이「진보: 그 법칙과 원인Progress: Its Law and Cause」에서 "씨앗에서 나무로 또는 난자에서 동물로 생장하는 동안 거치는 일련의 변화는 구조의 동질성에서 구조의 이질성으로의 진보로 이루어지며", "이러한 법칙 또는 유기적 진보가 모든 진보의 법칙이다"라고 제시했다 (Nisbet 1969: 164에서 인용). 우리는 사회변화에 대한 이러한 발생학적 견해에 숨어 있는 내부주의적 편견 − 다시 말해 사회가 생물 유기체의 성장을 지배하는 유전적 프로그램과 유사한, 미리 결정된 타고난 프로그램에 따라 전개되는 것으로 보는 경향 − 을 지적할 수도 있다. 하지만 이러한 내부주의적 견해에는 난점이 있다. 왜냐하면 생물 유기체의 성장조차 외적 요소에 의해 크게 영향 받기 때문이다. 이를테면 유전학적으로 동일한 두 도토리도 서로 다른 토양에 심어지고 서로 다른 양의 햇볕, 물, 영양물에 노출될 경우 매우 다른 두 개의 나무가 될 것이다.

누군가가 미국을 젊은 나라로 언급하거나, 아니면 현재 민주주의(Goldberg 1999)와 담론(Slayden and Whillock 1999)이 쇠진, 쇠퇴, 심지어는 죽음을 경험하고 있는 나라로 언급할 때처럼, 때때로 우리는 공적 토론에서도 발생론적 유추와 마주친다. 우리 역사의 다양한 시기에 결핵, 암, AIDS와 같은 질병이 문화 쇠퇴와 사망의 은유적 상징으로 기여해왔다(Sontag 1989). 그러나 실제로 사회는 필연적으로 변화하지만, 좀처럼 '죽지' 않는다. 고대 로마제국이 영원히 사라질지도 모르지만, 로마인들은 계속해서 영원한 도시Eternal City에서 살며, 많은 측면에서 에드워드 기번이 그 은유적 죽음을 한탄했던 문명보다 더 진보한 문명을 향유한다. 결국 참나무로 성장하고 궁극적으로는 시들어 죽는 도토리로서의 사회 이미지는 시적으로는 강력하지만 경험적으로는 취약하다. 실제 사회의 미래는 결코 이러한 고대의 은유가 우리로 하여금 상정하게 하는 것만큼 깔끔하게 운명지어져 있지도, 내부적으로 규정되어 있지도 않다. 이 점에서는 도토리의 미래도 역시 그러하다.

진화과정으로서의 사회

많은 한계에도 불구하고, 사회유기체 은유는 여전히 살아있다. 이를테면 그것은 빌 게이츠Bill Gates(Gates and Hemingway 1999)와 마이크로소프트사의 법인 은유에도 살아있다. 「디지털 신경계The Digital Nervous System」라는 제목으로 마이크로소프트의 기업제품을 홍보하는 웹사이트에서 따온 다음 구절을 살펴보자. 마이크로소프트 회장 빌 게이츠는 다음과 같이 말한 것으로 인용되어 있다.

> 다원적인 기업세계에서 조직 신경계의 질은 그 조직이 변화를 감지하고 빨리 대응하는 능력을 결정하는 데, 그리하여 그 조직이 죽을지, 살아남을지 또는 번성할지를 결정하는 데 도움을 준다. …… 이 유추는 적절하고 …… 또 중요하다. 생물 유기체에서 신경계는 삶을 가능하게 하는 기본 체계들 — 호흡기계, 순환기계, 소화기계 — 을 자동적으로 통제한다. 신경계는 또한 감각자극을 받아들이고, 그 자극을 뇌로 전달하고, 즉시 반응을 유발한다. 보다 고등한 유기체들에서는 신경계가 선견지명과 창조성을 가지고 생각하고 계획할 수 있게 한다. 디지털 경제의 요구를 충족시키기 위해서는 조직이 보다 유기체처럼 행동할 수 있어야만 한다. 그것은 자극에 더 잘 반응할 수 있는 '반사능력', 더 효율적으로 일상 업무를 관리할 수 있는 '신진대사능력', 그리고 계획과 행위를 더 지적으로 이끌 수 있는 더 예리한 '정신능력'을 조직에 제공할 것이다.(Microsoft Corporation 1998)

지금까지의 유추는 조직의 소통 및 통제 체계와 단일 유기체의 신경계 간의 유추이다. 그러나 마이크로소프트의 서사는 계속해서 종이의 도입과 인쇄기술에서부터 개인용 컴퓨터의 출현에 이르는 조직 신경계의 **진화**에 관해 이야기한다. 유기체론적 유추에서 진화론적 유추로의 이러한 전이는 19세기 사회사상이 유기체론적 사고에서 진화론적 사고로 이전한 것과 유사하다. 다윈의 진화이론이 제시되기 전에는 생물학적 성향의 사회이론가들은 인간사회를 개별 유기체와 비교하는 경향이 있었다. 다윈 이후에는 그들은 점점 더 종의 진화와 사회의 진화 간의 흥미로운 유사점을 탐구하기 시작했다(Buckley 1967: 13).

　스펜서와 그와 대응관계에 있는 미국 학자 윌리엄 그레이엄 섬너William Graham Sumner 같은 사회이론가들이 자주 자신들의 저서에서 유기체론적 유추와 진화론적 유추 모두를 이용했지만, 두 유추는 실제로는 그 함의 면에서 서로 크게 다르다. 체계가 변화하는 환경에 계속적으로 적응하는 것을 강조하는 진화론적 유추는 내적 안정성과 프로그램화된 발전에 초점을 맞추는 유기체론적 유추보다는 더 역동적인 사회 이미지를 제시한다. 개별 유기체의 발달은 그 성장 단계들을 적어도 일정 정도 예측할 수 있지만, 진화과정의 결과는 훨씬 더 열려 있으며 잠재적으로 더 다양하다. 이를테면 인간 유아의 신체 발달은 얼마간 예측 가능하지만, 인류 진화의 미래 경과는 훨씬 덜 예측 가능하다. 만약 우리가 사회를 성장하는 유기체라고 상상한다면 우리는 사회변화가 미리 결정된 어떤 발전방향(또는 텔로스)을 따라 전개될 것으로 생각하는 경향이 있을 것이지만, 만약 우리가 사회를 진화과정에 있는 것으로 상상한다면 사회의 미래 방향은 훨씬 덜 정해져 있고 훨씬 덜 예측 가능할 것이며 동시에 대안적 가능성 역시 훨씬 더 풍부해 보일 것이다.

사회적 다윈주의

찰스 다윈이 사회진화의 개념을 제시하지는 않았지만(Nisbet 1969: 161; Degler 1991: 5~6), 1895년 『종의 기원On the Origin of Species』에서 제시된 그의 자연선택이론theory of natural selection은 19세기 사회사상에서 진화이론의 등장을 고무했다(Hofstadter 1944; R. J. Wilson 1989). 스펜서(Spencer [1876]1906)와 섬너(Sumner 1883)는 다윈의 이론을 대중화하는 데서 특히

영향을 미쳤다. 그들은 다윈의 원래 의도를 훌쩍 넘어서서 자연선택의 원리를 인간사회의 연구에 적용하고자 했는데, 이 방식은 그 후 널리 불신받아왔다. 불행하게 끝난 그들의 모험은 '사회적 다원주의social Darwinism'라고 불리게 되었다.

삶을 생존투쟁으로 바라보는 다윈의 견해를 묘사하기 위해 '적자생존survival of the fittest'이라는 표현을 만들어낸 것은 다윈 자신이 아니라 실제로는 스펜서였다(Sills and Merton 1991: 47, 221). 다윈이 자신의 말로 표현한 이론의 핵심적 통찰은 다음과 같았다.

> 어떤 변이는 아무리 사소하더라도, 그리고 발생 원인이 무엇이든 간에 그것이 어떤 개체에 얼마간 유익하다면 …… 그 변이는 그 개체에 보존되고 대체로 후손에게 물려질 것이다. 또한 그 후손은 따라서 더 나은 생존 기회를 가지게 될 것이다. …… 나는 각각의 변이가 사소하더라도 만약 그것이 개체에 유익하다면 보존될 것이라는 이 원리를 자연선택이라는 용어로 지칭해왔다.(Darwin [1859]1964: 61)

보다 간결한 용어로 표현하면, 진화는 생식하는 하나의 개체군에서 일어나는 변이를 선택적으로 보존하는 것이다(Campbell 1965).

스펜서와 섬너는 다윈의 원리를 희화화하면서 진화를 종들 내에서 그리고 종들 사이에서 일어나는 격렬한 경쟁적 생존투쟁으로 묘사했다. 돌이켜보면, 이것은 다윈 이론을 부분적으로 왜곡하고 있다. 스펜서와 섬너는 경쟁을 하나의 진화과정으로 강조함으로써, 종들 내의 그리고 종들 사이에서 일어나는 협동이 지닌 진화적 가치를 하나의 생존수단으로 축소해서 진술했다(Singer 1999). 그들이 다윈 독해 속에서 사회적 협력에 비해 개별 경쟁을 강조했지만, 우리는 실제로 (우리 자신의 종을 포함하여) 사회적 종들이 빈번히 상호 생존의 전망을 강화하는 방식으로 함께 일하기 전략을 발전시켜왔다는 것을 알고 있다. 이는 다윈의 세계가 경쟁과 상충하는 이해관계들로 가득 차 있다는 것을 부정하는 것이 아니라 협동이 종종 승리 전략이라는 것을 말하는 것일 뿐이다.

사회적 다윈주의는 사회적 협력을 희생시켜가며 개별 경쟁을 강조함으로써, 제한 없는 자유방임 자본주의의 격렬한 경쟁적 측면들을 자연적인 것으로 (그리하여 불가피한 것으로) 정당화하는 데 기여했다. 기업 엘리트들은 자연경쟁에 대한 스펜서의 찬양 속에서 자신들의 경제체계와 자신들의 성공이 고맙게도 정당화되고 있음을 발견했다. 다른 사람도 아닌 상업의 거인 존 록펠러John D. Rockefeller는 주일학교 수업시간에 "거대 기업의 성장은 그저 적자생존일 뿐이고" 그것은 "자연법칙과 신의 법칙의 작동에 불과하다"라고 선언했다(Hofstadter 1944: 45에서 인용).

스펜서의 적자생존 관념은 가난한 사람, 권력 없는 사람, 식민지 피지배자보다 부유한 사람, 권력 있는 사람, 북유럽 가계의 사람들이 도덕적으로 우월하다는 것을 넌지시 비치는 것으로 널리 오해되었다. 그리하여 스펜서에 대한 공중의 오독으로 악화된 스펜서의 다윈 오독은 계급과 인종적 우월성, 그리고 제국주의적 팽창의 교의를 정당화하는 이데올로기를 산출하는 동시에 무자비한 생존투쟁에서 번성하는 데 실패한 사람들에 대한 무정한 무관심이나 적대감을 조장했다. 사회적 다윈주의는 비록 상업과 대중문화에서 영향력을 발휘했지만, 그 후 오랫동안 생물학자와 사회과학자들에 의해 위험하고 유사과학적인 이데올로기로 비판받아왔다(Hofstadter 1944; Degler 1991). 하지만 어떤 사람들은 무자비한 경쟁을 정당화하는 사회적 다윈주의의 유령이 오늘날까지 여전히 우리의 정치·

경제문화에 출몰하고 있다고 말한다.

역사 단계 이론

인간사회의 진화에 역사적 단계가 존재한다고 제시하는 다양한 주장들은 스펜서와 섬너의 사회적 다원주의와는 다르다. 이를테면 오귀스트 콩트는 인간사회가 세 가지 주요한 역사적 단계 ― 즉, 원시 종교적 또는 '신학적' 단계에서 무상한 철학적 또는 '형이상학적' 단계를 거쳐 선진 과학적 또는 '실증적' 단계로 계속해서 앞으로 그리고 위로 나아가는 ― 를 거쳐 진화해온 것을 하나의 '근본 법칙'이라고 진술했다(Comte [1830~1842]1998: 71~72). 카를 마르크스, 에밀 뒤르켐, 그리고 많은 사람이 그들 나름의 독특한 사회진화 단계이론을 제시해왔다(Appelbaum 1970: 15~64). 하지만 이 이론들을 면밀하게 고찰할 경우, 우리는 그 이론들이 사회를 하나의 진화하는 체계로 보는 은유보다는 사회를 성장하는 유기체로 보는 은유에 자주 더 빚지고 있음을 발견한다. 따라서 단계이론들은 일반적으로 인간 역사는 상대적으로 고정되고 미리 운명지어진 일련의 발전단계를 따라 전개되고 있다고 암시한다. 이는 마치 도토리가 참나무가 되고 애벌레가 성충이 되는 것과 같으며, 이 같은 방식이 그대로 인간사회로 확장되어 훨씬 더 진보된 사회발전의 수준에도 여전히 적용될 수 있는 것으로 간주된다.

오늘날 진화이론가들은 역사의 경과가 결코 그처럼 단선적이거나 직선적이지 않다는 것을 인정한다. 오늘날 진화는 **다선적**인 것으로, 따라서 (종種처럼) 사회가 광범한 대안적 노선을 따라 진화하기도 하는 것으로 이해된다. 그러한 경로는 특정 사회의 독특한 내적 특징과 그 사회가 직면하는 독특한 우발적 환경상황에 따라 예측할 수 없게 빗나가기도 하면서,

각 사회의 독특한 역사를 만들어낸다. 따라서 발전 중에 있는 사회들이 서구사회가 밟아온 것과 동일한 경제발전 경로를 반드시 따를 것이라는 가정은 필시 사회진화의 정명에 관해 이야기하기보다는 서구의 오만함을 드러내는 것일 것이다.

사회다윈주의적·선형적 단계이론들이 오늘날 일반적으로 불신받고 있지만, 보다 방어가 가능했던 몇몇 형태의 진화사상은 사회과학에서 살아남았다. 이를테면 언어학자들은 진화생물학에서 종 계보를 추적하는 것과 아주 유사한 방식으로 그간 진화해온 언어의 '가계도'를 오랫동안 추적해왔다(Lakoff 2000: 233~236). 유기체의 진화와 사회문화적 진화 간의 현저한 유사점은 수많은 사회과학자와 생물학자의 호기심을 끌어왔다(이를테면 Gerard, Kluckhohn and Rapoport 1956; Campbell 1960, 1965; Miller 1978; Swanson 1983을 보라). 신진화사상 가운데서는 사회생물학, 기술결정론, 문화진화에 대한 VSR Variation/Selection/Retention(변이/선택/보존) 모델, 메메틱스 memetics, 컴퓨터를 이용한 진화 시뮬레이션 computer simulations of evolution이 살아남아 있다. 이것들 각각을 차례로 살펴보기로 하자.

사회생물학과 진화심리학

곤충학자 윌슨 E. O. Wilson이 개척한 사회생물학은 진화생물학의 설명도구들을 개미(윌슨 자신의 전공)와 다른 사회성 곤충 social insect을 포함하여 많은 종의 물고기, 새, 포유동물과 함께 사회적 종의 행동에까지 적용하기 위한 시도를 한다. 이것은 그 자체로는 특별히 논쟁적인 일로 보이지 않을 수도 있다. 하지만 1975년 윌슨의 『사회생물학 Sociobiology』과 후속 저작들(이를테면 Wilson 1978)의 출간은 많은 사회과학자 사이에서 엄청난 저항을 불러일으켰다. 『사회생물학』의 마지막 장에서 윌슨은 인문학과 사회과학들을 "생물학의 전문화된 분과"로 볼 수 있다고 제시함으로써 상당한 학문영역들을 침범하겠다고 위협했다(Wilson 1975: 271). 윌슨은 많은 사람이 비인간 사회적 종과 인간 간의 부당한 유추로 간주한 것을 도출해냈다. 이에 사회과학자들은 화가 끓어올라서 야생에서 동물 종들이 표시된 영역을 방어하는 것을 연상시키는 역공세를 폈다.

윌슨은 그의 초기 정식화에서는 엄청나게 복잡한 인간행동들이 생물학적 원리로 환원될 수 있다고 제시하는 것처럼 보였다. 많은 사회과학자, 그리고 심지어 일부 생물학자까지도 윌슨의 오만해 보이는 선언에 큰 소리로 항의했다(이를테면 Sahlins 1976; Caplan 1978; Lewontin, Rose and Kamin 1984). 하지만 보다 최근에 윌슨과 다른 사회생물학자들(Lumsden and Wilson 1981; Wilson 1998)은 환원론의 수사를 얼마간 완화하여 이제는 생명에 대한 과학적 이해와 인간주의적 이해의 '통섭consilience'(글자 그대로 함께 도약하기)과 생물체계와 문화체계의 '공진화coevolution'에 대해 이야기하기를 좋아한다. 문화체계는 이제 복잡하고 미묘한 방식으로 생물체계와 상호작용하는 것으로, 따라서 하나의 진화가 다른 하나의 진화(를 전적으로 결정하는 것이 아니라)에 영향을 미치는 것으로 인식된다. 이러한 보다 온건하고 상대방의 화를 누그러뜨리는 정식화를 하게 되면서, 사회생물학과 그의 가까운 친족인 진화심리학(Buss 1998)은 이제 사회과학에서 근거를 확보하고, 더 나아가 자신들의 지적 영역의 경계선을 한때 거의 전적으로 인문학적 분석과 문화분석에 한정되었던 탐구영역(이를테면 윤리학, 미학, 종교연구)으로 확장하고 있는 것으로 보인다.

다른 형태의 사회진화론과 달리 사회생물학은 유기체의 진화와 사회진화 간의 은유에 기초하지 않는다. 오히려 사회생물학자들은 이타심, 충성심, 지배, 영역의식, 공격성과 같은 특정한 사회적 행동의 일반적 형태들은 상당 정도 유기체 진화의 선택 압력에 의해 **글자 그대로** 틀지어져서 우리의 유전자 속에 부호화되어 있다고 믿는다. 하지만 사회생물학자들은 행동 성향을 포함하여 유전학적 특질들은 서로 다른 사회적 환경에서 서로 다르게 발현될 수 있다는 점을 기꺼이 인정한다(생물학자들은 이 원리를 '반응양태norm of reaction'라고 부른다)(Wilson 1998: 149~151). 이 원리는 사회생물학자들이 엄격한 유전학적 결정론을 제창한다는, 널리 퍼져 있는 오해를 약화시킨다. 발생론적 유전이 행동을 결정하는가 아니면 환경이 행동을 결정하는가라고 묻는 것은 지구 표면에 있는 한 대상의 위치를 경도가 결정하는가 아니면 위도가 결정하는가라고 묻는 것과 같다.

아마도 사회생물학이 사회과학에 기여한 가장 중요한 공헌은 우리가 사회적인 것을 이해하는 데서 단지 인간 종만이 아니라 **모든** 사회적 종까지를 포함시키도록 우리의 시야를 넓혀준 것일 것이다(Machalek 1992; Turner 1998: 131~134). 문화 없는 사회들을 포함하여 개미에서 코끼리까지 종들을 가로질러 사회들을 연구하는 것이 아마도 진정한 비교사회학일 것이다. 요컨대 진정한 비교사회학이라면 장수말벌들wasps과 와스프WASPs(앵글로색슨계 백인 프로테스탄트교도) 모두에 대해 그들의 차이점에 대해서만큼이나 그들의 유사성에 대해서도 많은 관심을 가지고 연구하는 것이 아닐까.

기술진화론

신진화이론의 매우 다른 한 변종은 기술변화가 사회와 문화에 미치는 영향을 강조한다. 기술진화론자들은 일반적으로 테크놀로지를 유기체의 진화 및 사회진화와 나란히 작동하며 잠재적으로 양자에 영향을 미치는, 진화분석의 독특한 제3의 수준으로 간주한다. 이 접근방법의 대표자들로는 카를 마르크스와 윌리엄 오그번William Ogburn을 들 수 있다. 마르크스(Marx [1859]1970)는 기술변화를 역사의 추동력으로 보았다. 그리고 오그번(Ogburn 1922)은 근대 기술은 그 기술을 둘러싸고 있는 문화가 그 기술을 채택할 수 있는 것보다 더 빠르게 변화하는 경향이 있으며, 이것이 자신이 '문화 지체cultural lag'라고 칭한 것을 만들어낸다고 주장했다. 현대를 배경으로 해서는 게하드 렌스키와 진 렌스키(Gerhard Lenski and Jean Lenski 1987), 그리고 스티븐 샌더슨(Stephen Sanderson 1990)이 계속해서 이 접근방식을 통한 사회변화의 연구에 대해 이야기하며, 한 사회의 테크놀로지를 그 사회의 삶의 방식을 결정하는 근본적 요인의 하나로 보았다.

사회생물학과 마찬가지로 기술진화론도 때때로 환원론적이라고, 다시 말해 복잡한 사회적 삶을 하나의 단일한 설명요인으로 환원하고자 한다고 비난받지만, 그것이 그렇게 비난받을 필요는 없다. 보다 섬세한 형태의 기술진화론에 따르면, 기술은 사회적 형태를 전적으로 결정하는 것이 아니라 단지 사회가 할 수 있는 선택의 범위를 확대하거나 제약할 뿐이다. 따라서 유사한 기술발전 수준에 있는 사회들(이를테면 일본, 프랑스, 미국)은 여전히 중요한 문화적 차이를 가지고 있을 수 있다. 기술적 요소에 대한 배타적 강조가 조야한 유물론적 역사철학을 수반할 것이라고 우려하는 사람들은 모든 기술이 처음에는 하나의 관념(그리고 실제로는 유물론 자체가 하나의 관념)이라는 사실에 안도하게 될 것이다. 역사는 관념과 물질적 조건의 복잡한 상호작용(또는 변증법)으로부터 출현한다. 그리고 사회진화는 그 자체로 결정되지 않는다. 따라서 역사에서 기술적 요소의 힘을 과장하는 것만큼이나 그 힘을 축소하여 말하는 것도 실제로 큰 실수일 것이다.

오늘날의 많은 논평자(이를테면 Bell 1973; Toffler and Toffler 1995; Thurow 1996)가 우리는 지금 좋든 싫든 간에 그 범위 면에서 수렵·채집에서 농업으로, 또는 농업에서 산업주의로 이행하던 시기에 필적하는 기술혁명이 한창인 시기에 살고 있다고 믿는다. 탈산업사회에서 일어나는 급속한 기술혁신 속도, 그리고 그 기술혁신이 글로벌 상업과 문화에 미치는 혼란스러운 영향은 오늘날 사회진화가 빠른 속도로 이루어지고 있음을 시사한다. 기술진화론자들이 예측할 수 있었듯이, 이 급속한 진화(또는 혁명)는 주로 컴퓨터와 통신 기술의 눈부신 진보에 의해 추동되고 있다. 이 진화 경향이 우리를 새로운 문명의 정점으로 이끌 것인지 아니면 단지 하나의 종(또는 종과 문명 모두)으로서의 우리의 소멸을 재촉할 것인지는 여전히 답할 수 없는 질문이다.

VSR 모델

VSR이라고 지칭되는 현대 진화사상의 제3의 변종은 다윈의 진화논리를 채택하여 사회적·문화적 변화를 설명하지만, 사회진화를 생물학적 또는 기술적 요소로 환원하고자 하지는 않는다. VSR의 관점에서 보면, 생물진화와 사회진화는 단지 동일한 일반적인 진화원리가 독특한 방식으로 현시되는 두 가지 형태일 뿐이다. 도널드 캠벨(Donald Campbell 1960, 1965, 1975) 등에 의해 제시된 이 접근방식은 조직의 진화(Aldrich 1979)와 과학적 개념의 진화(Toulmin 1972) 같은 다양한 주제를 연구하기 위해 이용되어왔다.

VSR(변이/선택/보존)은 3단계 진화과정으로 묘사될 수 있다(Aldrich 1979: 33~35). 첫째 단계에서는 유기체의 한 개체군에서 일어나는 유전학적 변이와 같은 변이 내지 혁신이 어떤 생물체계, 심리체계, 또는 사회체계에서 발생한다. (그 변이가 계획된 것인가 아니면 예기치 못한 것인가, 예측 가능한 것인가 아니면 변칙적인 것인가는 아무런 차이도 만들어내지 않는다.) 둘째 단계에서는 체계 환경의 요소들이 새로운 변이에 맞게 또는 그 변이에 맞서 일관되게 선택되어 그 변이를 소멸시키거나 그것의 생존을 허용한다. 마지막 단계에서는 환경에 의해 체계적으로 선택된 그러한 변이들이 보존 또는 유지되어 후대에 (생물학적 재생산을 통해서처럼) 반복되거나 '재생산'되기도 한다. 이 3단계 과정이 작동하는 곳에서는, 그것이 생물체계이든, 심리체계이든, 아니면 사회체계이든 간에, 그 과정이 자연스럽게 체계와 그 환경 간에 더 향상된 적합성을 산출하는 경향이 있다.

사회체계에서 발생하는 하나의 예로, 기업이 시장에 신제품을 출시하기로 한 결정을 살펴보자. 신제품 또는 변이(V)가 소비자들로부터 충분히 자주 선택(S)된다면, 그것은 회사의 생산라인에서 유지(R)되고 재생산될 것이다. 대부분의 유전적 변이가 그것이 존재하는 체계에 무익하거나 해로울 경우 유지되지 못하듯이, 대부분의 신제품도 그러할 것이다. 하지만 종과 기업의 적합성을 향상시키는 생물학적 변이나 상업적 혁신은 선택되고 유지된다. 문제의 체계가 생물체계이든 또는 사회체계이든 간에 진화의 논리는 동일하다.

또 다른 사례들 역시 쉽게 만들어낼 수 있다. 상대방과는 다른 입장을 취하여(V) 상대방과 자신을 구분하여 유권자들로부터 차별적인 선택을 받아(S) 공직을 유지하고자(R) 하는 공직 출마 정치인을 살펴보라. 아니면 아기 침대에서 다양한 소리를 내고 있는(V) 아이를 살펴보라. 부모의 말과 유사한 소리는 선택으로 보상받고(S), 아이의 언어 레퍼토리에서 더 유지되어(R) 나중에 재생산되는 경향이 있다(Aldrich 1979: 33~35).

캠벨이 보기에 사회진화는 이와 같은 무수한 사례들이 오랜 시간 동안 축적되고 서로를 구축해온 결과이다. 우리가 사회진화를 생물진화로 환원하거나 생물학을 전혀 언급하지 않고도 그러한 사례들을 변이와 선택적 보존의 개념을 통해 해석할 수 있다는 점에 주목하라. 왜냐하면 VSR 모델이 포착하고자 하는 것은 다윈 생물학의 내용이 아니라 기본 논리이기 때문이다. 동일한 기본 원리들이 생물 수준, 심리 수준, 사회 수준에서 동시에 작동하며, 그러한 원리들은 어떤 한 학문의 독점적 소유물이 아니다.

아마도 지금까지 다윈의 개념을 사회적 관행의 연구에 적용하고자 한 가장 인상적이고 야심찬 시도는 세 권으로 이루어진 런시먼W. G. Runciman의 산만한 저작 『사회이론 논총Treatise on Social Theory』(1983/1989/1997)일 것이다. 런시먼은 캠벨과 유사한 방식으로 유럽 역사, 특히 19세기 영국 역사의 여러 측면을 변이, 선택, 경쟁, 재조합, 복제, 재생산 같은 개념을 적용하여 분석하면서 그것을 제도 진화의 사례로 취급한다.

메메틱스

생물학자 리처드 도킨스(Richard Dawkins 1976, 1989)는 진화 테마와 밀접히 관련된 한 변종을 통해 유전자(생물 재생산의 기본 단위)와 '밈meme'(문화 재생산의 기본 단위를 지칭하는 그의 용어) 간의 유추에 기초하여 문화진화에 대한 하나의 접근방식을 제시해왔다. 메메틱스로 알려진, 그가 제안한 밈에 대한 새로운 과학은 인터넷 뉴스그룹의 한 열렬한 추종자를 포함하여 최근에 널리 대중적 관심을 획득했다(Lynch 1996; Brodie 1996). 하지만 그것은 기존 학계에서는 여전히 얼마간 호기심을 끄는 것 정도로만 남아 있다.

밈은 모방의 단위이다. 도킨스는 밈의 예로 "단어, 음악, 시각 이미지, 옷 스타일, 얼굴 표정, 또는 손짓, 스킬"을 들고 있다(Dawkins 1982: 109). 밈은 실제로는 모방될 수 있는 행동의 어떤 최소 단위bit이다. "유전자가 유성생식을 통해 몸에서 몸으로 뛰어넘음으로써 자신을 번식하는 것처럼, 밈은 모방을 통해 뇌에서 뇌로 뛰어넘음으로써 자신을 번식한다"(Dawkins 1976: 206). 우리는 또한 생물학적 바이러스가 몸에 기생하는 것처럼, 또는 컴퓨터 바이러스가 디스크에 기생하는 것처럼, 밈이 바이러스 방식으로 뇌를 식민화하거나 뇌에 '기생한다'고 말할 수 있다. 숙주가 몸이든 정신이든 기계이든 간에 그 원리는 동일하다(Dawkins 1989: 329~330).

도킨스는 "모든 생물은 실체의 자기복제라는 특이한 생존방법에 의해 진화한다"는 정통 다윈식 입장을 채택한다(Dawkins 1976: 206). 생물체에서 유전자 또는 DNA 분자는 자기복제적 실체이다. 도킨스에 따르면, 우리(또는 적어도 우리의 몸)는 "생존 기계survival machine ― 유전자로 알려진 이 기적 분자를 보존하도록 맹목적으로 프로그램화된 로봇 차량 ― "이다(Dawkins 1976: ix). 유전자가 유기체의 복제자인 것처럼, 밈은 문화의 복제자로, "오래된 유전자를 훨씬 뒤에서 헐떡거리게 할 속도로 진화적 변화를 달성했다"(Dawkins 1976: 206). 도킨스는 문화 복제자를 뜻하는 말로 **밈**이라는 이름을 선택했다. 왜냐하면 그것이 **gene**(유전자)과 얼마간 유사하게 들리기 때문이기도 하지만, 또한 그것이 '모방imitation'을 뜻하는 그리스어 단어[mimeme]와 '기억memory'을 뜻하는 프랑스어 단어[même]를 암시하기 때문이기도 하다(Dawkins 1976: 206). 그는 이기적 유전자처럼 이기적 밈도 'me! me!'라고 소리치는 것으로 보인다고 덧붙일지도 모른다.

밈은 인간 개체군처럼 태어나고 살고 이주하고 재생산하고 죽는다. 따라서 우리는 그것이 인구학의 개념적 틀 내에서 연구될 수 있다고 제시할 수도 있다. 도킨스에 따르면, 새로운 밈이 하나의 개체군에서 지배적인 것이 되어 그 개체군의 숙주의 마음을 사로잡는 반면 옛 밈은 점차 잊히고 궁극적으로 멸종할 때 문화진화가 일어난다. 도킨스는 컴퓨터에서 파일들이 부족한 디스크 공간을 놓고 서로 경쟁하는 것과 동일한 방식으로 밈들도 기억 공간을 놓고 서로 경쟁한다고 주장한다(Dawkins 1976: 211). 밈 역시 시간, 에너지, 숙주의 관심을 놓고 경쟁하고, 외부 환경에서는 미디어 시간, 빌보드 공간, 진열대 공간 등을 놓고 경쟁한다. 더 나아가 밈은 유전자 풀에서 유전자 연관genetic linkage(또는 '서로 적응한 유전자 복합체coadapted gene complexes')과 유사한 방식으로 다른 밈들과 동맹을 맺는 것으로 보인다. 이를테면 신앙심을 나타내는 밈은 특정한 형태의 의례, 음악, 예술, 건축 등과 문화적으로 결합되고, 각각은 다른 것의 생존을 증진시킨다.

도킨스의 메메틱스에 직접 영향을 받지 않은 많은 사회이론가 역시 시간을 통한 사회적·문화적 형태들의 **재생산** — 비록 전혀 다른 메커니즘을 통해 작동하지만 흐릿하게나마 생물학적 재생산과 유사한 과정 — 에 대해 말한다. 이를테면 낸시 초도로(Nancy Chodorow 1978)는 정신분석학적 관점에서 한 세대의 여성에서 다른 세대의 여성으로의 '어머니 되기의 재생산 reproduction of mothering'에 대해 기술한다. 아마도 우리는 또한 밈의 **잡종번식** — 전혀 새로운 밈 복합체를 생산하기 위해 다양한 근원의 밈들이 조합되고 재조합되는 것 – 에 대해 말할 수도 있을 것이다. 글로벌 여행과 커뮤니케이션이 급속히 팽창하는 탈근대 시대에, 그리고 어느 때보다 더 많은 밈이 조합되고 재조합될 수 있게 됨에 따라, 전 세계와 전 역사적 시기들의 문화 요소들이 항상 섞이고 결합되며 새로운 기계에서 새로운 요리에 이르기까지 색다른 문화적 혼종들이 만들어지고 있다.

도킨스는 유전자-밈 유추를 상당히 상세하게 논술한다. 하지만 도킨스는 그답게 생물 진화와 문화 진화 간의 유사성뿐만 아니라 차이점도 솔직하게 인정한다(Dawkins 1982: 109~113; 1989: 322~332). 그는 특정한 측면들에서는 밈이 유전자와 같지 **않다**는 것을 시인한다. 유전자는 거의 정확하게 자기를 복제하여 아주 충실하게 자기를 다음 세대에 전달할 수 있다. 반면 밈은 자주 분명하지 않고 부정확하다. 즉, 하나의 농담이 회자될 때처럼 어떤 것은 사람에게서 사람에게로 전달되는 과정에서 상실되거나 획득된다. 게다가 밈들의 경계가 어디에 설정되어야 하는지도 분명하지 않다(Dawkins 1982: 112). 도킨스는 다음과 같이 묻는다. 만약 하나의 곡이 하나의 밈이라면, 심포니에는 얼마나 많은 밈이 있는가? 음악작품에서 밈 분석의 단위는 마디여야 하는가? 화음이어야 하는가? 심포니의 한 부분이어야 하는가? 여기서 도킨스는 "전체 맥락으로부터 추출된 것이 충분히 독특하고 기억할 만한 것"일 경우 하나의 단위는 하나의 밈이라고 다소 모호하게 결론짓는다(Dawkins 1976: 209~210).

도킨스가 자주 사회생물학자들과 연관지어지지만, 그는 몇 가지 중요한 점에서 그들과 다르다. 첫째, 도킨스는 문화 진화가 생물 진화와는 크게 다를 수도 있다고 생각한다. 이를테면 성직자의 금욕 관행에서 어떤 유전자 장점을 식별하기란 어렵다. 하지만 그 밈은 몇몇 종교적 전통의 밈 풀에서 계속해서 살아있다. 더 나아가 도킨스(Dawkins 1987)는 다른 생물학자들처럼 유기체의 진화가 어떤 분명한 목적을 가진 설계에 따라 목적론적으로 이루어진다는 것을 부정하지만, 문화 진화는 인간이 지닌 현저한 의식적 예견 능력 또는 목적의식 때문에 적어도 부분적으로는 의도적일 수 있음을 인정한다. 도킨스는 이처럼 인간은 정신 속에서 가능한 미래를 시뮬레이션해보고 상상된 목적을 실현하기 위해 노력할 수 있는 능력을 지니고 있으며, 바로 이러한 능력이 우리로 하여금 이기적 유전자와 이기적 밈의 전제정치로부터 일정 정도 해방될 수 있게 해준다고 주장한다(Dawkins 1976: 215). 인간의 의식적 선택이 진화 방정식에 **인위적** 선택의 요소를 도입하는 것으로 보인다. 따라서 인간의 문화적 진화는 완전히 눈이 먼 것이 아니라 단지 시각장애일 뿐이다.

도킨스의 자기복제적 밈(즉, 문화 유전자) 개념은 유익한 유추임이 입증될 수도 있다. 다른 사람들도 최근에 유사한 유추를 제안하며, 자신들이 제시한 문화선택의 단위에 다양한 이름을 부여했다. 이를테면 '정신적 사실 mentifacts' 또는 '사회적 사실 sociofacts'(Aldous Huxley, Swanson 1983: 91에서 인용), '엠네모타입 mnemotypes'(H. F. Blum, Swanson 1983: 91에서 인용), '아이-컬처 i-culture'(F. T. Cloak, Dawkins 1982: 109에서 인용), '문화유전자 culturgens'(Lumsden and Wilson 1981), 사회유전자 sociogenes(Swanson 1983)가 그것들이다. 유사한 맥락에서 버나드 캠벨(Bernard Campbell 1966; Swanson 1983: 92)은 "의례는 말하자면 사회의 DNA, …… 문화의 부호화된 정보 토대이다"라고 제안했다.

그 이름이 무엇이든 '밈'은 자기 자신의 시대가 도래했을 때 하나의 밈이 될 수 있고, 그것은 다양한 청중으로부터 받은 광범한 주목에 의해 판단된다(이를테면 Swanson 1983; Lewontin, Rose and Kamin 1984; Calvin 1990; Casti 1989; Dennett 1991). 밈의 발견이 문화 진화 자체의 연구에서 과연 하나의 진화적 돌파구일까? 오직 시간과 인위적 선택만이 그 답을 말해줄 것이다.

컴퓨터를 이용한 진화 시뮬레이션

진화이론은 계속해서 진화하여 사회과학뿐만 아니라 다른 분야로도 진출하고 있다. 컴퓨터 과학자와 엔지니어들은 생물학에서 다윈의 개념을 빌려와서 유전자 변이, 자연선택, 재생산의 진화메커니즘(자연 자신의 문제해결 절차)을 시뮬레이션하는 **유전자 알고리즘** 또는 문제해결 절차를 발전시켜왔다. 유전자 알고리즘은 본래는 한 개체군 안에 주어진 문제를 해결할 수 있는 다윈식 경쟁을 만들어내는 컴퓨터 프로그램이다. 이 알고리즘은 로봇 설계에서부터 주식시장 예측에 이르기까지에서 보다 최적의 문제해결책에 도달하기 위해 이용되어왔다(Levy 1992: 153~187; Goldberg 2000). **인공생명** artificial life이라고 불리는, 이와 관련된 발전은 컴퓨터 화면에서 소수의 초기 규칙에 의거하여 매우 단순한 생명 형태의 탄생, 변환, 사망을 시뮬레이션할 수 있는 컴퓨터 프로그램으로 구성된다. 이미 월드와이드 웹에서 접근할 수 있는 이러한 기하학 게임은 인위적 대상들로 이루어진 초보적 '사회'를 창조하고 시간의 경과에 따른 그 사회의 진화 패턴을 추적할 수 있는 능력을 지니고 있다(Levy 1992). **인공신경망** artificial neural network은 생물체계에 대한 또 다른 수학적 시뮬레이션이다. 그러한 프로그램들은 자연신경계의 구조와 학습능력을 시뮬레이션하며, 심지어는 진화능력을 가지고 있다(Pinker 1997: 177~179). 다가오는 수십 년 내에 연구자들이 유전자 알고리즘, 인공생명, 신경망, 그리고 사회과학에서 여러 문제들에 대한 또 다른 새로운 접근방식에 적용할 수 있는 다수의 새로운 방법을 발견할 것이라고 예측해도 무방할 것이다. 따라서 진화 유추는 점점 더 컴퓨터 시뮬레이션 수단을 통해 사회과학으로 들어오는 길을 찾을 가능성이 크다. 한 예지력 있는 관찰자(Wright 2000: 339~343)는 우리가 곧 컴퓨터가 인간문화의 진화를 시뮬레이션하는 것을 화면에서 보게 될 것이라고 내다보았다.

생태계로서의 사회

사회이론가들은 인간사회를 개별 유기체와 진화하는 종에 비유했을 뿐만 아니라 전체 생태계에도 비유해왔다. 사회가 생태계와 유사하다는 관념은 1920년대와 1930년대에 인간생태학의 '시카고학파'에서 처음으로 번성했다. 비록 그 학파는 최근 수십 년간 약화되었지만, 새로운 형태의 생태학적 사고가 20세기 후반 환경운동의 극적인 부상과 함께 전면에 등장해왔다. 이 생기 넘치는 은유의 역사를 간략히 검토해보자.

시카고학파

하나의 과학적 개념으로서의 생태학은 비교적 최근의 발견물이다. 독일 생물학자 에른스트 헤켈Ernst Haeckel은 1870년에 ('집안 살림household'을 의미하는 그리스어 oikos에 어원을 두고 있는) 생태학ecology이라는 용어를 "자연계의 질서economy of nature와 관련한 지식체계 — 즉, …… 다윈이 생존투쟁의 조건으로 지칭한 모든 복잡한 상호관계에 관한 연구 — "로 정의했다 (Kormondy 1976: x에서 인용). '자연계의 질서'라는 헤켈의 관념은 사회경제체계와 생물체계 간의 유사성을 암시한다. 따라서 생물학자들은 때때로 종들이 생태질서ecological economy에서 자신들의 '거주지'로 차지하고 있는 적소에 대해 말하곤 한다. 초기에 한 동물학자는 생태체계를 봉건 유럽의 사회적·경제적 위계질서에 비유하여 지배적인 종이 상위를 차지하는 서열에 의해 질서지어진 위계체계로 묘사했다(Wolfe 1993: 92~93). 우리가 벌집과 개미'집단'을 '여왕'에게 봉사하는 '노동자'들로 구성되는 것으로 묘사할 때, 우리는 이와 유사한 방식으로 인간의 사회구조를 자연세계에 투사한다.

생물학자들이 경제학에서 생태학의 개념을 빌려간 후, 곧 사회과학자들이 그 개념을 다시 생물학에서 빌려오기 시작했다. 시카고학파 사회학자 집단(로버트 파크Robert Park, 어니스트 버제스Ernest Burgess, 매켄지R. D. McKenzie 등)이 그 생태학의 기본 교의들을 사회, 특히 도시생활의 연구에 적용하기 시작했던 때인 20세기 초반의 몇 십 년 동안에도 생태학은 여전히 생물학의 새로운 분과였다. 시카고학파 학자들은 시카고라는 도시를 자신들 탐구의 살아있는 실험실로 이용하는 등 자신들의 도시 환경을 적절히 이용했다.

시카고 사회학자들은 **생태학**이라는 용어를 인간 공동체 내에 그리고 인간 공동체 사이에 존재하는 복잡한 상호의존망을 지칭하기 위해 광범하게 사용했고, 곧 생태체계로서의 도시공동체를 탐구하기 시작했다. 그들은 도시의 중심에서부터 동심원상으로 뻗어나가는 도시성장 경향을 고찰했다. 그들은 경제계급과 인종집단의 영역 이동을 추적했다. 시카고 사회학자들은 경쟁, 지배, 천이, 공생과 같은 생태학 개념을 적용하여, 도시의 공간배치와 토지이용의 계속되는 변화추이(거주 또는 상업 용도에서 다른 용도로의) 변화를 설명하고자 했다(Theodoreson 1961). 요컨대 그들은 도시를 방사상으로 퍼지고 고동치는 역동적인 살아있는 생태계의 일종으로 바라보았다. 한편 인류학에서는 문화생태학자들로 알려진 새로운 유형의 민족학자들이 사회와 문화체계를 자신들의 자연환경에 복잡하게 적응하는 것으로 보기 시작했다.

녹색 물결

1960년경 생태학 개념들은 대중문화로 진출하기 시작했다. 레이첼 카슨 Rachel Carson의 베스트셀러 『침묵의 봄 Silent Spring』(1962)은 합성 살충제의 위험에 경종을 울렸다. 파울 에를리히 Paul Ehrlich의 『인구폭탄 The Population Bomb』(1968)과 배리 커머너 Barry Commoner의 『원은 닫혀야 한다 The Closing Circle』(1971) 또한 이 기간 동안 베스트셀러였으며, 공중으로 하여금 인구과잉과 환경악화의 문제에 대해 (두려움을 느끼게까지 하지는 않았지만) 자각하게 만들었다. 일반적으로 이러한 책들과 이와 유사한 다른 책들은 인간사회를 자율적인 개인들의 집합으로 보는 원자론적 견해에 이의를 제기하며, 그 대신 복잡한 상호의존망으로서의 사회라는 이미지를 제시했다. 그 시기의 대중 슬로건들 — "모든 것은 다른 모든 것들과 연결되어 있다"와 "자연은 마지막에 타석에 선다" — 은 하나의 분명한 메시지를 전달했다.

생태운동은 1972년 『성장의 한계 The Limits to Growth』의 출간과 함께 힘을 얻었다. 이 저작은 MIT 인구학자 집단(Meadows et al. 1972)이 컴퓨터 예측 모델을 이용하여 인구성장, 환경악화, 비재생 자원 고갈의 전 지구적 추세를 추정한 연구물로, 큰 논쟁을 불러일으켰다. 그 저자들은 과거의 성장 추세는 **지속 가능하지 않다**고 단호하게 결론지었다. 그들은 산업국가와 산업화가 진행 중인 국가들이 자신들의 방침을 변화시키지 않는

한, 급격한 인구성장과 그 환경적 결과로 인해 지구는 21세기의 어느 시점에서 파국을 맞이할 것이라고 예측했다. 그 저자들의 가정은 비판가들에 의해 준엄하게 이의를 제기받았지만, 그들의 메시지는 엄청난 영향을 미쳤으며, 계속해서 연구와 논쟁을 불러일으켜왔다(Meadows et al. 1992).

1980년대경 환경운동 또는 '녹색'운동은 특히 선진 산업국가들에서 무시할 수 없을 정도로 크게 성장했다. 이 운동은 16세기 이후 서구사회를 지배해온 기계론적 세계관에 심각한 이의를 제기했다. 물리학자 프리초프 카프라(Fritjof Capra 1982)는 『터닝 포인트The Turning Point』 — 지적으로 도발적인 영화 〈마인드워크MindWalk〉는 이 책을 바탕으로 하여 제작되었다 — 에서 변화를 다음과 같이 묘사했다. 1500년 전 서구(그리고 여타)사회에서 지배적 은유는 유기체론적이었다. "사람들은 작고 응집적인 공동체에서 살았고, 정신적 현상과 물질적 현상의 상호의존으로 특징지어지는 유기적 관계의 측면에서 자연을 경험했다"(Capra 1982: 53). 기독교 신학과 고대 그리스 철학을 통합한 중세 교회가 서구에서 이 개념적 틀을 강화했다.

그러나 이 유기체론적 세계관은 16~17세기에 과학적 계몽주의의 등장과 함께 극적으로 변화했다. "유기적이고 살아있는 정신적 우주의 관념은 기계로서의 세계 관념으로 대체되었고, 세계-기계world-machine가 근대시대의 지배적인 은유가 되었다"(Capra 1982: 54). 과학적 경험주의자 프랜시스 베이컨Francis Bacon이 자연을 결박하고 노예화하여 "자연으로부터 자연의 비밀을 자백하게"할 필요가 있다고 기술할 때, 그는 자연에 대한 이 같은 변화하고 있던 견해를 분명하게 표현하는 것이었다. 자연이라는 기계의 지배와 통제가 과학적 과정의 표어가 되었다.

카프라는 20세기에 우리가 기계론적 은유의 한계를 깨닫고 보다 생태적인 세계관을 향해 나아가기 시작했다고 주장한다. 과학공동체 자체 내에서는 많은 사람이 조야한 기계론적 사고를 떠나 자연 연구에 보다 전체론적인holistic 접근을 하는 쪽으로 나아가고 있다. 녹색운동은 새로 출현하고 있는 이 생태학적 관점의 문화적·정치적 무기이다.

입법화와 여론에 영향을 미치는 데에는 제한적인 성공을 거두었음에도 불구하고, 녹색운동은 생산업자, 삼림벌채업자, 개발업자들 — 우리는 이들의 경제적 동기를 충분히 알 수 있다 — 사이에서뿐만 아니라 과학공동체 자체 내에서도 많은 비판을 받았다. 이를테면 일부 비판가는 이상화된 자연의 모습을 그리는 대중 환경주의(환경과학과 구분되는 것으로서의)에서 드러나는 순진한 경향을 지적한다. 대중 환경주의는 생태계를 조화와 상호협력이 지배하고 종들 내에 그리고 종들 사이에 위계질서가 거의 없는 평화로운 왕국으로 상상하는 경향이 있다(이를테면 Sale 1991). 환경과학자들은 이러한 자연의 이미지를 낭만적 환상으로, 즉 "치열하게 다투는" 자연이라는 대립적인 이미지만큼이나 부분적이고 불완전한 것으로 간주하는 경향이 있다. 또한 일부 녹색 문헌에서는 수렵-채집사회나 단순 농업사회에서의 삶을 낭만화하고 목가적인 전산업적 생활방식으로의 복귀를 꿈꾸는 경향이 나타나기도 한다.

울프(Wolfe 1993)는 녹색 사고에서 다른 종류의 난점을 발견한다. 그는 생태 은유는 우리에게 세계를 전체론적으로 바라볼 것, 즉 세계의 개별 부분만이 아니라 전체를 고려에 넣을 것을 요구한다고 지적한다. 그러나 이러한 전체론적 견해는 몇몇 심히 불쾌한 함의를 지니고 있다. 이 견해는 우리로 하여금 인간이라는 종은 단지 무수한 종들 중 하나에 불과하며 따라서 어떠한 특별한 가치도 가지지 않는다고 결론짓게 한다. 울프는 심층생태학의 보다 심층적인 함의는 대단히 반인간주의적이며, 인간의 삶을 소중히 하는 윤리를 약화시킬 가능성이 있다고 두려워한다.

하지만 생태운동은 그 한계에도 불구하고 하나의 삶의 방식으로서의 산업주의의 밑에 깔려 있는, 당연한 것으로 간주되는 가정의 많은 것에 성공적으로 이의를 제기해왔다. 이를테면 에코페미니스트 저술가들(이를테면 Merchant 1990; Plant 1991)은 자연을 지배하고 통제하고자 하는 충동과 가부장제 간의 관계를 탐구해왔다. 다른 사람들은 환경주의의 정신적 함의를 탐구하고자 했다(이를테면 Schumacher 1973; Spretnak 1986; Berry 1988). 그리고 또 다른 사람들은 세상의 모든 문제는 "기술적으로 해결" 가능하다고 가정하는 심성에 이의를 제기해왔다(Trainer 1991: 204). 녹색운동은 무제한적 성장, 물질적 축적, 기술지배의 이데올로기에 이의를 제기함으로써, 우리로 하여금 우리 문화에 가장 깊이 뿌리박고 있는 가정의 일부를 재고하게 하고 있다.

사회는 살아있는가?

생태 은유는 인간사회를 더욱 큰 생명체들의 체계(즉, 세계 생물권) 내에 둥지를 틀고 있는 살아있는 실체로 보는 견해를 제공한다. 최근에 몇몇 탁월한 과학자들은 인간사회 또는 인간문화는 실제로 **글자 그대로** 살아있을 수도 있다는 견해를 논쟁적으로 제시해왔다(이 주장을 훨씬 더 논쟁적인 가이아 가설Gaia hypothesis — 지구의 전체 생물권이 단일한 살아있는 자기규제적 유기체라고 제시하는 — 과 혼동해서는 안 된다)(Lovelock 1979).

이를테면 자연 서식지에서의 동물행동 연구로 유명한 선구적인 생태학자 콘라트 로렌츠(Konrad Lorenz 1977: 177~196)는 우리가 문화를 하나의 생명체로 해석한다고 제시했다. 진화생물학자 도킨스는 또한 문화적 밈이 단지 은유적으로뿐만 아니라 기술적으로도 살아있을 가능성을 진지하게 제시한다(Dawkins 1989: 192). 이와 유사하게 지금까지 생물학적 현상과 사회적 현상 간의 유추를 가장 철저하게 그리고 체계적으로 탐구한 생물학자 제임스 밀러(James G. Miller 1978)는 인간사회가 생명체라는 견해를 명시적으로 제창한다.

밀러는 생명체를 여덟 가지 서로 다른 수준(세포, 기관, 유기체, 집단, 조직, 공동체, 사회, 초국적 체계)에서 고찰한다. 그는 각각의 수준에서 동일한 근본적 생명과정이 작동함을 발견한다. 생명체는 스스로를 재생산한다. 생명체는 자신의 환경으로부터 자신을 보호하는 경계를 유지한다. 생명체는 물질과 에너지를 섭취하여 그러한 투입물을 저장하고 그것을 사용 가능한 형태로 전환하여 하위체계들에 배분한다. 생명체는 정보를 받아들이고 처리한다. 생명체는 산출물을 생산하고 배설물을 배출한다. 우리는 삶의 모든 수준에서 이러한 그리고 여타의 기본적인 삶의 과정을 관찰할 수 있다. 밀러는 세포라는 미시 수준에서부터 국제체계라는 거시 수준에 이르기까지를 매우 상세하게 논의한다. 밀러는 인간사회는 이 모든 것, 아니 그 이상의 것을 수행한다고 주장한다. 만약 우리가 이러한 기준에 의거하여 삶을 정의한다면, 우리는 사회가 하나의 살아있는 존재라는 것을 인정할 수밖에 없다.

밀러는 사회가 살아있는 체계라는 것을 확증하는 데 성공했는가? 비판가들은 사회가 살아있다는 주장을 정당화하기에는 사회체계와 문화체계의 경계가 너무나도 뚫려 있고 모호하며, 그것들의 복제 단위가 너무나도 불명확하고, 그것들의 재생산 양식이 유기체에서 발견되는 것과는 너무나도 다르다며 이의를 제기하기도 한다. 하지만 우리는 밀러가 생물체계와 사회체계 사이에서 찾아낸, 흥미를 자아내는 유사점들도 역시 공정하게 고려해야만 한다. 결국 문제는 대체로 의미론적인 것일 것이며, 이는 우리가 '삶'의 의미를 어떤 방식으로 규정하고자 하는지에 달려 있다.

한 세기도 더 전에 스펜서는 인간사회를 거대한 '초유기체적인' 생명체로 묘사했다. 그는 그 같은 견해 때문에 자주 조롱받아왔다. 이제 우리는 그토록 다른 많은 점에서 외고집적이었던 스펜서가 뭔가 알고 있었을 가능성을 검토해볼 것을 요구받고 있다. 아마도 틀림없이 많은 과학자가 스펜서 주장의 글자 그대로의 진실에 대해 회의적인 시선을 던질 것이다. 하지만 은유적으로는, 하나의 살아있는 존재로서의 사회 이미지는 상당한 미학적 힘을 지닌다. 우리 대부분은 (우리가 곧 살펴볼) 생명 없는 기계로서의 사회라는, 경쟁관계에 있는 이미지보다 이 생명체로서의 사회 이미지에 자신이 시적으로 더 빠져들고 있음을 발견할 것이 분명하다. 생명체로서의 사회 이미지는 우리가 우리보다 훨씬 더 큰 어떤 것 — 생명을 가진 독특한 존재 — 의 유기적 일부임을 시사한다. 일반적 진화과정을 서정시적 언어로 묘사하고 있는 다윈의 유명한 표현을 인용하면, "삶에 대한 이러한 견해에는 장엄함이 있다"(Darwin [1859]1964: 490).

제3장

기계로서의 사회

한 문화의 은유는 그 문화의 기술적 삶의 방식을 반영한다. 이를테면 자연 및 농사의 리듬과 밀접히 관련된 농업문화는 마치 사회가 일종의 생명체이거나 한 것처럼 사회적 삶을 유기체의 용어들로 이해한다. 그러나 근대과학과 산업 테크놀로지의 등장과 함께 새로운 사회 은유가 출현하기 시작했다. 그중 가장 강력한 것 중의 하나가 기계체계로서의 사회라는 독특한 근대적 이미지이다. 왜냐하면 근대사회에서 기계는 도구와 은유 모두로서의 역할을 수행해왔기 때문이다(Haken et al. 1993). 기계 은유는 사회체계가 비인격적 힘 — 그것이 우리의 통제력을 넘어서는 자연적 힘이든 아니면 우리 자신이 만든 사회적 힘이든 간에 — 에 의해 추동된다는, 강력한 시적 이미지를 연상시킨다. 비인격적 힘의 체계로서의 사회 이미지는 다시 사회과학이 그러한 힘을 설명할 필요성과 사회공학이 그 힘을 관리할 필요성을 시사한다.

기계론적 관점에서 볼 때, 사회체계는 통합된 부분들로 구성되는 하나의 장치이며, 그 부분들의 작동 결과는 얼마간 예측 가능하다. 초기의 유기체 은유와 비교할 때, 기계 은유는 사회구조에 대해 다소 차갑고 엄격하고 생명 없는 이미지를 제시하는 경향이 있다. 그러한 은유는 자주 상대적으로 틀에 박히고 획일적이고 표준화된 모습으로 사회적 삶을 묘사하게 한다. (따라서 우리는 누군가가 대규모 교육제도를 '일관조립라인'이나 '학위공장'으로, 정부조직을 '관료제적 장치'로, 또는 군대를 '녹색기계'로 묘사하는 것을 보기도 한다.) 하지만 기계 은유는 사회적 삶의 예측 불가능하고 즉흥적인 측면을 포착하는 데에는 덜 적합하다. 왜냐하면 평화 시에 군인들이 대형을 맞추어 진행하는 군대 행진은 순조롭게 움직이는 기계와 유사하지만, 동일한 군대라도 전쟁의 혼돈과 혼란에 빠지면 그렇지 않을 가능성이 크기 때문이다.

　우리는 사회이론 속에서 기계 형상을 드러내는 두 가지 주요한 조류를 발견한다. 하나는 인간사회를 중력과 같은 물리적 법칙과 유사한 사회적 자연법칙에 의해 지배되는 **자연적 기계장치**로 파악하고, 우리가 과학적 탐구를 통해 그러한 법칙을 발견할 수 있다고 생각한다. 이 기계 은유의 전망을 신봉하는 사람들은 '사회물리학' — 자연과학만큼 엄격한 설명적 사회과학 — 의 가능성을 오랫동안 꿈꾸어왔다. 기계 형상을 포함하는 다른 조류는 인간사회를 기술발명과 유사한 **인위적 기계장치**로 묘사하고, 우리가 인간의 목적을 달성하기 위해 그러한 메커니즘을 설계하고 재설계할 수 있다고 바라본다. 이 은유적 전망을 신봉하는 사람들은 우리가 원하는 목표를 실현하기 위해 우리가 자연과 사회를 이용할 수 있게 해줄 '사회공학'의 가능성을 상상하는 경향이 있다. 비록 이 기계론적 사상의 두 조류가 뒤얽혀 있기는 하지만, 그럼에도 불구하고 이 두 조류는 서로 다르다. 우리가 앞으로 살펴보듯이, 그 둘은 다소 다른 방향으로 나아간다.

사회물리학의 꿈

기계 은유는 르네 데카르트René Descartes, 프랜시스 베이컨, 아이작 뉴턴 Isaac Newton 등이 근대라고 불리게 된 시기를 선도하던 17세기 과학적 계몽주의 시대 동안에 처음으로 두각을 드러내었다. 그 시기의 물리학자와 천문학자들은 자신들의 시대의 선진 기술로부터 은유를 끌어내어 자연을 신이 만든 일종의 시계장치라고 생각하기 시작했다(Rifkin 1980: 15~30; Capra 1982: 52~74). 그들은 과학적 방법에 의거하여 이 우주 시계를 주의 깊게 관찰하고 그러한 관찰결과를 합리적·체계적으로 분석하여 그것의 내적 작동원리를 밝혀내고자 했다. 정치철학자 토머스 홉스(Thomas Hobbes [1651]1964: xxvii)는 자연의 기계적 이미지를 인간사회에 적용시켜, 인체는 기계의 하위부분들로 구성된 하나의 기계이며 거대한 인공적 사회체인 국가 또는 '정치체'도 똑같이 하나의 기계라고 제시했다. 그리하여 톱니바퀴 내의 이와 톱니바퀴 장치 내의 기어들로 구성된 복잡한 기계장치 — 더 큰 자연의 시계장치 내에 끼워져 있는 **사회적** 시계장치와 유사한 어떤 것 — 로서의 사회 이미지가 출현했다(Rifkin 1987: 201~208).

그들 시대에 이룬 자연과학의 성과에 감명받은 19세기 사회이론가들은 자연과학자들이 물질의 연구에 성공적으로 적용한 것과 동일한 정도의 정확성과 엄격성을 가지고 인간사회가 탐구될 수 있기를 꿈꾸었다. 프랑스 이론가 오귀스트 콩트는 다음과 같이 썼다. "우리는 지금 천체물리학, 지구물리학(기계물리학이든 화학물리학이든), 식물물리학, 동물물리학을 가지고 있다. 그러나 우리는 여전히 하나 더 그리고 마지막 물리학을 원한다. 그것이 바로 자연에 대한 우리의 지식을 완성하는 사회물리학이다"(Coser 1971: 28에서 인용). 콩트는 자연과학과 유사한 사회과학,

다시 말해 사회와 역사를 지배하는 자연법칙에 대한 그야말로 '실증적' 지식을 획득할 수 있는 과학을 마음속에 그렸다(Comte [1830~1842]1998; Turner and Beeghley 1981: 40, 52). 그의 지적 후손들은 그 후 늘 **실증주의자**로 알려져왔다.

1835년에는 벨기에 통계학자이자 과학자인 아돌프 케틀레Adolphe Quetelet가 역시 '사회물리학'이라고 이름 붙여진 새로운 학문을 창조했다고 제시하며 콩트의 용어를 새롭게 창조해냈다. 그의 임무는 인간행동에서 통계적 제일성을 찾는 것이었다. 콩트는 케틀레가 자신의 원래 용어를 훔쳐갔다고 믿었기에, 자신의 새로운 학문을 '사회학'으로 재명명했다(Coser 1971: 3, 28~29). 보다 일반적인 **사회과학**이라는 용어로 대체된 이후 오랫동안 **사회물리학**이라는 용어가 더 이상 사용되지 않고 있지만, 자연과학과의 유추의 영향력은 오늘날에도 여전히 감지된다.

콩트를 따라 실증주의자들은 일반적으로 인간사회를 포함하여 자연의 모든 것은 협상 불가능한 결정론적 법칙에 의해 지배된다는 고전 물리학의 견해를 채택했다. 아이러니하게도 물리적 세계가 자연'법칙law'에 의해 지배된다는 과학적 관념은 실제로는 처음에는 자연과학자들이 법학이라는 사회적 영역에서 빌려온 은유이다. 자연현상은 결코 글자 그대로의 법률적 의미에서의 법에 복종하지 않는다. 세계에 대한 이 같은 기계적 모델 또는 당구공 모델에서 모든 자연현상(사회현상을 포함하여)은 법칙지배적인 불변하는 원인과 결과의 체계로 이해된다. 주어진 일단의 조건들($a, b, c, \cdots n$)에 의거하여 작동하는 자연법칙은 항상 동일한 결과(o)를 산출해야 한다. 게다가 만약 우리가 초기 조건을 변화시킨다면, 그 결과도 규칙적이고 예측 가능한 방식으로 변화해야 한다. 따라서 기계적 세계에서도 관련 자연법칙에 대한 지식을 갖춘 매우 박식한 과학자가 상당한 정확성을 가지고 미래 사건을 예측하는 것은 가설적으로는 가능하다.

실증주의의 수사는 사회와 역사를 지배하는 자연법칙은 물리학의 법칙처럼 우리가 그것을 좋아하든 싫어하든 간에 작동하며 따라서 그 경로에 저항하는 것은 무익하다고 시사한다. 역사의 기관차는 우리가 그 경로에 저항하든 그렇지 않든 정해진 경로를 따라 달릴 것이다. 실제로 우리의 저항조차도 자연의 법칙에 의해 정해져 있고 또 요구된다. 하지만 인간주의적 비판가들은 곧바로 이에 맞서서, 그러한 엄격한 결정론은 인간의 자유와 책임의 가능성을 말살하고 사회적 행위자를 그의 통제권을 완전히 벗어나 있는 힘에 의해 떠밀려나가거나 옆으로 밀려나는 인간 핀볼 공으로 축소시킨다고 주장했다. 실존주의 철학자 장-폴 사르트르Jean-Paul Sartre를 좇아 피터 버거(Peter Berger 1963: 143)는 이러한 종류의 기계론적 운명론을 '잘못된 믿음'으로 또는 달리 선택할 수 없음을 가장함으로써 선택에 대해 책임지기를 거부하는 것으로 생각했다. 오늘날 대부분의 사회과학자들은 극단적인 사회적 결정론, **그리고** 인간의 자유가 행위자의 환경에 의해 전혀 조건지어지지도 제약받지도 않는다는 (마치 굶주린 아이가 자신의 굶주림을 자유롭게 선택하기라도 한다는 듯한) 똑같이 극단적인 견해 모두를 거부할 것이다. 전자의 극단에서 초기 실증주의자들에 의해 선택된 심히 결정론적인 세계관은 자연과학에서조차 양자역학과 새로 출현하고 있는 카오스chaos 과학(Gleick 1987)과 복잡계complexity 과학(Waldrop 1992)에 의해 의심을 받으면서 더 이상 통용되지 않는다. 비록 콩트가 19세기 초에 모방하고 싶어 했던 물리학은 더 이상 존재하지 않지만, 그의 지적 후손들은 계속해서 사회와 역사를 지배하는 자연법칙을 찾으면서 영감과 지침을 얻기 위해 여전히 자신들의 시대의 자연과학에 기대를 걸고 있다.

실증주의 전통의 이론가들은 적어도 두 가지 방식으로 자연과학을 모델로 삼아 사회과학을 구축하고자 해왔다. 첫째는 자연과학의 논리와 방법을 모방하고자 함으로써, 둘째는 보다 과학적인 이웃으로부터 실제의 개념과 어휘를 빌려옴으로써 그렇게 했다. 그 방법들을 차례로 살펴보기로 하자.

과학적 탐구의 논리

과학적 조사의 논리는 자주 순환적이고 자기교정적인 과정이다(이를테면 Wallace 1971). 과학자들이 하는 일을 이상적으로 묘사하고 있는 한 설명에 따르면, 연구자는 특정 연구대상과 관련한 자료를 신중하게 관찰하고 측정하고 기록하는 것에서 시작한다. 연구자는 자료에서 비임의적인 패턴을 찾는다. 이 경우 과학적 탐구의 논리는 **귀납적**이다. 즉, 이 탐구 논리는 특정한 관찰에서 경험적 (즉, 관찰에 기초한) 일반화로 나아간다.

과학자는 자료의 일반적 패턴을 확인한 다음 그 패턴을 설명하고자 한다. 과학자는 상상을 통한 창조적 도약 속에서 자신이 관찰해온 것을 설명하거나 해석하기 위해 하나의 이론 — 말로 나타낸 또는 수리적인 — 을 제안한다. (이 책 후기에서 논의하듯이, 여기서 은유와 유추가 창조적 통찰의 상상적 원천으로 작동하기 시작한다.) 일부 과학철학자(이를테면 Popper 1963)는 어떤 이론이 원칙적으로 **반증 가능**하지 않을 경우, 그 이론은 진정으로 과학적이지 않다고 주장한다. 다시 말해 어떤 이론이 또 다른 관찰에 의해 검증 가능하거나 아니면 허위임이 입증될 수 있는 방식으로 특정한 **가설**(관찰될 것으로 기대되는 것에 관한 진술)을 논리적으로 도출하는 것을 허용하지 않을 경우, 그 이론은 과학적이 아니다. 이처럼 일반이론으로부터 특정한 가설을 논리적으로 도출하는 것이 바로 일반적인 것에서 특수한 것으로 나아가는 **연역적** 추론의 과정이다. 만약 일반이론으로부터 도출된 하나의 가설이 경험적 관찰에 의거해서 검증된다면, 그리고 그러한 관찰이 그 이론과 부합하는 것으로 밝혀진다면, 그 이론에 대한 우리의 확신은 강화된다.

엄격하게 말하면, 하나의 이론은 결코 절대적으로 확실하게 '입증되지' 않는다. 이전의 모든 증거가 그 이론과 일치한다고 하더라도, 과학의 역사에서 자주 발생했듯이(Kuhn 1972), 내일 우리는 그 이론에 부합하지 않는 증거나 변칙적인 증거와 마주할 수도 있다. 증거가 우리의 가설에 부합하지 않을 때, 우리는 증거의 적합성을 재검토하거나 우리가 가설을 도출한 이론에 결함이 있는 것으로 추정해야만 한다. 후자의 경우에 우리는 그 이론을 다듬어서 재검증하거나 그 이론 전체를 버리고 더 나은 이론을 찾아 나서기도 한다.

이제 이 과정은 원점으로 돌아왔다. 다시 말해 관찰에서 경험적 일반화로 나아갔다가(과학적 추론의 귀납적 측면) 이론에서 가설을 도출하고(연역적 측면) 다시 관찰로 되돌아왔다. 이 순환과정은 (다소 낙관적으로) 자기교정적인 것으로 추정된다. 실증주의자들은 우리의 사회이론을 계속해서 다듬고 그 이론으로부터 도출된 가설을 또 다른 증거에 의거하여 검증함으로써, 우리가 점점 더 사회세계에 적합한 과학적 지식을 획득할 수 있기를 바란다.

과학적 과정에 대한 이러한 묘사는 분명 고도로 이상화된 것이자 과도하게 산뜻하다. 실제의 과학자들은 좀처럼 그러한 '요리책' 방식 속에서 연구하지 않는다. 실제의 과학적 연구는 거의 항상 이러한 묘사가 시사하는 것보다 더 골치 아프고 모호함으로 가득하다(Latour and Woolgar 1979). 그리고 일부 과학철학자(이를테면 Feyerabend 1978)는 실제의 과학적 관행 속에는 하나의 단일한 표준적인 '과학적 방법'이 존재하지조차 않는다고 주장한다. 그럼에도 불구하고 과학(또는 그와 유사한 어떤 것)에 대한 이 같은 이상화된 묘사는 콩트 시대 이후 실증주의자들에 의해 인간 과학의 발전을 위한 자연과학적 모델로 신봉되어왔다.

객관성과 가치중립성

자연과학의 성공을 모방하여 자연과학이 누리는 위세를 얻고자 노력하는 과정에서 실증주의자들은 자신들의 연구를 과학공동체와 더 큰 공중에게 정당화하기 위해 자주 '객관성' 수사에 의지해왔다. 그들은 과학적 탐구는 '가치중립적'이기 위해, 다시 말해 세계가 어떠해야 하는지에 대한 도덕적 판단을 하지 않은 채 세계를 있는 그대로 묘사하고 설명하기 위해 분투해야 한다고 주장해왔다. 사실과 가치의 분리에 대한 이러한 주장은 특히 독일 사회학자 막스 베버(Max Weber [1918]1958)에 의한 것으로 알려져왔다. 그는 직업으로서의 학문에 관한 유명한 에세이에서 그 원리를 분명하게 표현했다. 신고전 경제학자 루트비히 폰 미제스(Ludwig von Mises [1949]1966: 10)는 다음과 같이 주장하며 이 원리를 자신의 버전으로 진술했다. 이론적 학문은 "어떠한 가치판단도 삼간다. 사람들이 어떤 목적을 추구해야 하는지를 사람들에게 말하는 것은 학문의 임무가 아니다. 학문은 목적의 선택에 관한 것이 아니라 선택된 목적을 달성하기 위해 적용하는 수단에 관한 것이다". 미제스는 목적의 선택은 "모든 학문의 범위를 넘어서는" 것이라고 주장했다.

과학적 사실이 도덕적 가치와 무관하게 고찰될 수 있다는 믿음은 베버에서 기원한 것이 아니었다. 그것은 훨씬 더 이전인 17세기에 과학자 프랜시스 베이컨의 저술에서 표명되었다. 베이컨은 "인간의 이성이 바라는 세계에 대한 모델이 아니라 있는 그대로의 실제 세계에 대한 진정한 모델"을 구축할 것을 제창했다(Rifkin 1980: 20에서 인용). 사실과 가치를 분리시키고자 하는 시도는 정치철학자 니콜로 마키아벨리(Niccolo Machiavelli [1532]1981: 56)의 저술에서 아주 일찍이 나타난다. 그는 "인간들이 살아가는 방식은 인간들이 살아가야 하는 방식과는 아주 거리가 멀기 때문에 누군가가 존재해야 하는 것을 위해 존재하는 것을 버린다면 이는 몰락하는 길을 따르는 것"이라고 말했다. 자신의 충고에 충실하게 마키아벨리는 계속해서 도덕적 이상에 대해 언급하지 않은 채 냉정한 정치현실을 분석했다. 물론 마키아벨리의 분석은 실제로 가치중립적이지 않았다. 그의 분석은 권력과 정복의 가치를 암묵적으로 긍정했다. 그러나 그것은 또 다른 이야기이다.

실증주의 비판가들은 일반적으로 가치중립적 학문의 교의를 철학적·정치적으로 순진한 것으로 간주한다. 사회과학이(그리고 이 문제에서라면 자연과학도) 비록 가치중립적이기를 바라고는 있지만 그럴 수 없다는 것은 점점 더 분명해지고 있다. 학문 자체는 점점 더 특정한 가치 — 정직성, 결과의 열린 소통, 탐구의 자유(그리고 그것을 가능하게 하는 정치제도), 엄격성, 예측, 통제 등의 가치를 포함하여 — 에 헌신하고 있다(이를테면 Popper 1950; Merton 1973; Sjoberg and Nett 1997을 보라). 비판가들은 학문을 하는 행위 그 자체가 가치판단에 흠뻑 젖어 있기 때문에 학문적 가치중립성의 관념은 자기모순적이고 그러므로 유지될 수 없다고 지적한다.

비판가들은 더 나아가 가치판단과 가정은 **무엇을, 어떻게** 연구할지에 대한 선택(자주 연구비를 제공하는 사람들의 경제적, 정치적 또는 군사적 목적에 의해 정해지는)에서부터 연구결과를 **언제, 어떻게, 누구에게** 유포할지에 대한 결정에 이르기까지 학문과정의 모든 단계에 개입한다고 지적한다(Gouldner 1970; Sjoberg and Nett 1997). 학문은 사회적·정치적 진공상태에 존재하지 않으며, 결코 그렇게 존재해오지도 않았다. 과학적 연구는 갈릴레오Galileo가 17세기에 지구가 태양의 주위를 돌고 있다는 이단의 믿음을 공개적으로 말했다는 이유로 종교 당국에 의해 기소되기 이전부터 몹시 정치화되어 있었다(Ronan 1974). 갈릴레오의 시련, 그리고 20세기에 히로시마와 나가사키에 원자폭탄을 투하하는 것으로 귀착된 과학적 연구 노력들은 과학적 지식과 그 지식의 응용은 좋든 나쁘든 간에 과학적 지식이 초래하는 사회적 결과에서 좀처럼 중립적이지 않다는 것을 생생하게 상기시킨다. 우리는 계속해서 다음과 같이 물어야만 한다. "과학적 지식은 누구를 위해 그리고 무엇을 위해 산출되어야 하는가?"(Lynd 1939; Lee 1978)

인간인 과학자들은 불가피하게 이해관계가 없는 순수한 지적 욕망 그 이상의 것에 의해 동기지어진다(노벨상 수상을 위해 과학공동체 내에서 발생하는 격심한 정치적 경쟁을 보라). 과학자들과 그 단체들은 자신들의 정치적 이해관계를 가지고 있다. 왜냐하면 그들은 연구비, 위세, 정치권력과 같은 희소하고 가치 있는 자원을 놓고 다른 과학자들 및 다른 단체들과 경쟁해야만 하기 때문이다. 우리 시대에 과학단체들은 그 자체로 강력한 정치적 선수들이다(Aronowitz 1988). 이러한 모든 도덕적·정치적 고려사항은 우리로 하여금 과학이 도덕적·정치적으로 '중립적인' 시도라는 대중적 이미지를 재고하게 한다.

환원론

많은 (비록 모두는 결코 아니지만) 기계론적 이론가가 상정한 또 다른 이상적 목표는 인간행동에 대한 사회적 또는 문화적 설명을 보다 근본적인 심리학적, 생물학적, 그리고 궁극적으로는 물리학적 수준의 설명으로 환원하는 것이다. 홉스 시대 이후로 기계 은유는 일반적으로 사회는 기계처럼 구성구분들(즉, 개인들)로 구성되고 구성구분들로 환원될 수 있고, 또 그 구성부분들은 더 작은 기계들(이를테면 생물학적 기관들)로 환원될 수 있으며, 그 작은 기계들은 여전히 더 작은 기계들(세포, 분자, 원자 등)로 환원될 수 있다고 가정했다. 조지 호먼스(George Homans 1964)는 "사회학자들이 연구하는 제도, 조직, 사회는 항상 남김없이 개별 인간의 행동으로 분해될 수 있다"는 그의 논쟁적인 논평에서 이러한 환원론으로의 전환을 예시한다.

환원론 비판가들은 전체가 필시 부분들로 구성되지만, 전체는 그 부분들의 **단순한** 총합 이상의 것이라고 맞서왔다. 전체는 부분들뿐만 아니라 그 부분들 간의 관계 또한 포함하는데, 그러한 관계는 부분들 자체 내에 포함되어 있는 것이 아니다. 이를테면 우리가 작업현장에서 자동차를 해체할 경우 분리된 자동차의 개별 부품들은 작동하는 자동차에 대해 아무것도 알려주지 않는다. 일부 사람들은 원자론적 환원주의 대신에 '전체론적' 견해를 제시한다(이를테면 Koestler and Smythies 1969; Hampden-Turner 1981: 162~165). 전체론적 견해에서는 체계가 보다 높은 각각의 조직 수준에서 발현적 속성emergent property과 관계를 드러내는 것으로 인식된다. 이를테면 기관은 원자와 분자에서는 발견되지 않는 속성을 드러내고, 개인은 그 개인을 구성하는 기관들에서는 발견되지 않는 속성을 드러내며,

사회는 그 사회를 구성하는 개별 개인들에서는 발견되지 않은 속성을 드러낸다. **비**환원론적 실증주의자인 에밀 뒤르켐이 지적하듯이, 사회는 하나의 독특한 실체, 즉 그것 나름의 하나의 실체이다. 보다 높은 수준의 체계를 그 체계의 부분들로 '하향식으로' 분해하고자 하는 환원론적 아젠다 대신에, 전체론자들은 보다 높은 차원의 체계 속에서 발현적 속성이 출현하는 '상향적' 진화를 탐구하는 것을 아젠다로 제시한다.

우리가 설명을 '하향' 방향과 '상향' 방향 모두에서 정당한 탐구가 이루어지는 양방향 도로로 간주함으로써 외견상 환원론자와 전체론자(또는 발현론자) 간의 끝없어 보이는 논쟁을 해소하고자 시도할 수도 있다. 그렇지만 그 양방향 도로에서도 환원론자들은 계속해서 고차원 체계를 구성하는 부분들을 분석하는 반면, 전체론자들은 계속해서 그 구성부분들이 결합하여 전체를 형성할 때 그 부분들 사이에서 발생하는 발현적 관계를 조사할 수도 있다. 하지만 둘 중 어느 전략도 그 자체로는 우리에게 단지 상황의 절반만을 제시할 뿐이다. 왜냐하면 길을 올라가며 보는 풍경은 내려가며 보는 풍경과 얼마간 다를 수 있기 때문이다.

예측과 통제

실증주의적 전통에 속해 있는 사람들은 일반적으로 인간이 자신들의 행동 또는 서로의 행동을 예측하고 (가능하면) 통제할 수 있게 해주는 설명을 추구해왔다. 이를테면 행동주의 심리학은 행동수정 behavior modification 으로 알려진 형태의 사회적 테크놀로지 ─ 바람직한 방향으로 인간행동을 틀짓기 위해 보상과 처벌을 전략적으로 적용하는 것을 포함하는 ─ 를 산출해 왔다. 이처럼 행동과 환경을 예측하고 통제하고자 하는 욕망은 과학과 공학에만 독특한 것은 아니다. 우리 모두가 우리의 일상적 삶에서 일정 정도의 예측 가능성과 통제를 추구하지 않는가? 하지만 통제의 욕구를 극단으로 밀고나갈 경우, 그것은 특정한 위험을 야기한다.

먼저, 하나의 정치적 정명으로 취해지는 완전한 예측 가능성이라는 목적은 우리가 기대되지 않거나 예견되지 않는 방식으로 행동하지 (또는 잘못된 행동을 하지) 않도록 빈틈없게 질서지어진 아주 잘 정돈된 사회체계를 창조하고 유지할 것을 요구할 수 있다. 그러한 완전하게 예측 가능한 사회를 구축하기 위해서는 혁신자, 불찬성자, 괴짜 및 여타 복잡성과 불확실성의 전령들을 억압할 것이 요구될 것이다. 왜냐하면 그들의 활동이 사회적 기계장치들의 순조로운 작동을 방해하고 사회적 예측을 더욱 어렵게 할 우려가 있기 때문이다. 요컨대 인간행동을 가능한 한 예측 가능하고 통제 가능하게 만들고자 하는 욕망은 그 욕망에 숨어 있는 참담한 권위주의를 향해 나아가는 경향을 숨기고 있을 수도 있다.

그렇다고 해서 (법, 관습, 경제적 유인 등을 통해) 인간행동을 통제하고자 하는 모든 시도가 심히 권위주의적이라거나 부당하다는 뜻으로 이런 말을 하는 것은 아니다. 일정 정도의 통제는 모든 사회와 그 성원의 생존을 위해 필요하다. 위험은 다른 소중한 인간 가치들을 희생하여 질서와 예측 가능성을 최고의 가치 수준으로 끌어올릴 때 발생한다. 이를테면 과거 세기에 우파와 좌파 모두의 권위주의 체제가 엄청난 인간의 희생을 초래했던 것처럼 말이다. 이러한 종류의 정치적·도덕적 쟁점 ─ 사회조사 자체의 윤리와 관련된 쟁점을 포함하여(Sjoberg 1967) ─ 은 실증주의의 시계視界 바깥에 있는 경향이 있다. 그 이유는 바로 가치중립성에 대한 실증주의의 헌신이 도덕적·정치적 맥락을 인식하지 못하게 하는 경향이 있기 때문이다. 하지만 공평하게 말하기 위해서는 우리는 실증주의적 전통에

속해 있는 이론가들 중 일부(이를테면 Lundberg 1961)는 정치적·도덕적 관심과 실증주의적 과학의 꿈을 조화시키기 위해 진지한 노력을 기울여 왔다는 점을 지적할 필요가 있다.

많은 비방자에도 불구하고, 사회물리학이라는 실증주의의 꿈은 오늘날에도 사회과학의 몇몇 분과에서, 아마도 특히 실험사회심리학과 경제학에서 여전히 살아있다. 사회학에서 자연과학주의적인 엄격한 사회과학의 꿈은 여전히 유능한 옹호자들을 거느리고 있다(이를테면 Turner and Beeghley 1981; Turner 1991; Collins 1975, 1988; Gibbs 1989; Bailey 1994). 이를테면 콜린스는 "사회학은 성공한 과학이고, 그것은 지금도 성공해가고 있다"라고 주장한다(Collins 1975: 1). 하지만 그 꿈의 옹호자들조차 최근 사회에 관한 과학적 법칙의 존재, 그리고/또는 그것의 발견 가능성과 관련하여 사회이론가들 사이에서 믿음이 크게 상실되고 있음을 인정한다(Collins 1988: 494; Turner 1991: 28). 조너선 터너와 레너드 비글리(Jonathan Turner and Leonard Beeghley 1981: 551~552)는 얼마간 애처로운 향수에 젖어 콩트의 사회물리학의 전망이 쇠퇴한 것을 두고 "엄청난 지적 비극"으로, 즉 사회이론이 무엇"일 수 있고" 무엇"이어야만 하는지"에 대한 공통의 비전을 상실한 것으로 묘사한다. 그들은 사회학은 "콩트의 비전에 다시 불을 붙이고 [다시 한 번 더] 사회세계의 추상적 법칙을 추구하고 분명하게 표현하기 시작하려는" 노력을 경주해야만 한다고 결론짓는다.

이처럼 낭랑하게 울려 퍼지는, 사회물리학의 꿈으로 복귀하라는 요구는 현재 결실을 거두고 있는 것으로 보이지 않는다. 많은 사회이론가가 오늘날 영감을 얻기 위해 물리학과 화학보다는 역사연구와 문학연구로 전환하는 경향을 보이고 있다. 우리가 언어와 상징을 통해 우리 자신이 스스로 선택하는 규칙과 법칙에 따라 사회적 현실을 **창조**하는 능력을 가지고 있다는 인식, 그리고 우리가 사회와 역사의 자연법칙 — 만약 실제로 그러한 법칙이 존재한다면 — 에 의해 제약받지만 그러한 법칙에 의해 기계적으로 결정되지는 않는다는 인식이 증대하면서, 기존의 자연법칙에 의해 지배받는 기계적인 사회세계에 대한 실증주의적 믿음은 그 토대를 침식당하고 있다.

카오스 이론 또는 복잡계 이론에서의 획기적 발전과 같은 자연과학의 새로운 발전이 사회물리학의 꿈에 새로운 생명을 불어넣을 수 있을지는 아직 열려 있는 문제이고 불확실한 전망이다. 카오스 이론과 복잡계 이론은 본질적으로 무작위적이고 명백히 혼란스러운 상태에서 질서 있고 일관된 패턴이 출현하는 방식을 검토한다. 자연체계의 자기조직화 능력은 자연현상과 사회현상 간의 적절한 유추를 찾는 조직이론가들 사이에서 점점 더 관심을 끌고 있는 주제이다(Morgan 1997: 261~274). 그러나 만약 사회물리학의 꿈이 출현 중에 있는 이 새로운 과학에 의해 다시 불타오른다고 하더라도, 미래의 사회물리학과 콩트 시대의 사회물리학의 관계는 미래의 물리학과 뉴턴 시대의 물리학의 관계만큼이나 그리 유사성을 가지지는 않을 것이다.

빌려온 어휘들

자연과학이 사회사상에 미친 영향은 이제 약해지고 있지만, 자연과학이 남긴 역사적 흔적을 부정할 수는 없다. 사회과학자들은 자연과학으로부터 자연과학의 논리와 방법만이 아니라 자연과학의 개념과 용어 역시 (자주 자연과학자들을 질겁하지 않을 수 없게 하는 방식으로) 빌려왔다. 사회과학의 어휘는 물리학, 화학, 지질학, 수학에 대한 언급으로 넘쳐난다. 사회과학자들은 '사회적 힘'을 말할 때, 물리학의 언어 – 비록 내용은 아니지만 – 를 빌려온다. 이를테면 도시 이론가들이 인구가 중심 도시들로 집중되는 도시화의 구심력 대 인구가 도시 중심으로부터 바깥쪽으로 흩어지는 교외화의 원심력에 대해 말할 때처럼 말이다. 전공이 천문학인 한 도시 이론가(Stewart 1948)는 물리학으로부터 대상들 간의 중력을 측정하는 데 이용되는 수학 방정식을 빌려와서 도시들 사이에서 교통의 경제적·사회적 흐름을 예측하는 데 일부 성공했다. 이를테면 그는 중력 방정식이 예측하는 것처럼 두 도시가 더 크고 서로 더 가까울수록 그 도시들의 상호작용의 강도가 더 세다는 것을 발견했다.

자연과학으로부터 느슨하게 취한 또 다른 개념들로는 사회적 압력, 스트레스, 긴장, 알력, 인력과 양극화, 사회운동, 사회적 추동력과 관성, 원자적 개인과 핵가족, 이주의 유입·유출 요인, 파급효과, 사회적 진자, 권력균형, 정의의 저울, 사회적 균형, 사회적 순환, 사회적 엔트로피(Adams 1975; Rifkin 1980), 임계질량critical mass, 임계치threshhold, (체계작동에서 급속한 가속화나 방향 변화를 촉발하는) '티핑 포인트tipping points'(Gladwell 1996, 2000)를 들 수 있다. 자연과학을 공부했던 심리학자 쿠르트 레빈Kurt Lewin은 물리학과 위상수학의 언어로 퍼스낼리티에 관한 전체 이론을 구성했다. 그의 저술은 세력장, 원자가, 기울기 등에 대한 언급으로 온통 가득 차 있다(Lewin 1951; Black 1962; Hall and Lindzey 1970). 이와 유사하게 마르크스(Marx [1867]1967)는 『자본론Capital』 서문에서 자신의 궁극적인 목적은 "근대사회의 경제적 운동법칙"을 밝혀내는 것이라고 선언하면서 뉴턴의 물리학에 경의를 표했다. 오늘날의 경제학자들은 인플레이션과 디플레이션, 팽창과 수축, 과열과 냉각, 경제적 이륙과 연(경)착륙, 주가의 급등과 급락 등을 언급할 때, 마치 경제적 추상개념들이 물리적 대상이기라도 하듯이, 언제나 그들의 공적 담론에서 물리학 은유를 이용한다(McCloskey 1985, 1990, 1994; Samuelson 2000).

사회과학자들은 사회적 응집성(Durkheim [1893]1947)이나 유대 또는 안정적인 사회적 화합물의 형성에 대해 말할 때, 화학의 언어를 이용한다. (수사적인 용법의 그러한 은유는 폴란드 노동조합 솔리대리티 Solidarity의 경우에서와 같이 그 자체로 사회적 응집 및 촉매 효과를 가질 수도 있다.) 대중적인 어법으로 우리는 개인적 및 집단적 관계의 '케미스트리 chemistry'에 대해서도 말한다. 빌프레도 파레토(Vilfredo Pareto [1916]1935)는 화학자 윌러드 기브스 J. Willard Gibbs가 진전시킨 화학적 균형 이론으로부터 자신의 사회적 균형 이론을 끌어낼 때 다소 다른 종류의 사회적 화학을 염두에 두고 있었다.

사회과학자들은 계층(이를테면 암석층같이 층을 이루고 있는 것처럼 보이는 사회적 층들 간의 보상에서의 불균등한 배분), 문화적 관습의 침전, 전통의 부식, 공중의 지지 급증, 경제적 번영의 트리클다운 trickle-down, 사회적 지진, 혁명의 화산적 폭발에 대해 언급할 때 지질학의 어휘를 채택한다. 이러한 맥락에서 레스터 서로(Lester Thurow 1996: 11)는 현재의 글로벌 경제 이동을 지구 맨틀에서 일어나는 판들의 구조변화 ─ 이를 통해 전체 신대륙이 형성되어왔다 ─ 에 비유한다.

프로이트 전통의 심리학자들은 인간 정신을 일종의 수압장치에 비유하여 정신 에너지가 여기서 막히고 저기서 트이는 것으로 묘사할 때 물리학 은유를 이용한다. 다른 심리학자들은 의식의 흐름(James [1890]1950: 239) 또는 경험의 흐름(Csikszentmihalyi 1990)에 대해 언급해왔다. 마찬가지로 프리드리히 엥겔스(Friedrich Engels [1878]1970: 138~139)도 사회의 혁명적 변화를 얼음이 물로, 그리고 물이 증기로 질적으로 변화하는 것에 비유할 때 물 은유를 불러냈다. 증기 은유는 역사가 프레데릭 잭슨 터너(Frederick Jackson Turner 1920)의 테제, 즉 미국 변경으로의 이주가 초기 미국 역사에서 일종의 '안전판' 역할을 하며 사회적 압력을 줄여줌으로써 사회적 폭발을 피했다는 테제에서 다시 등장한다.

전통적인 도덕가들은 우리의 도덕적 삶의 타락이나 해체, 도덕적 표준의 부식, 또는 사회적 직물social fabric의 풀림에 대해 말할 때 물리학 은유를 이용한다. 특히 공동체의 대들보나 상상된 도덕적 토대가 무너지는 것을 두려워할 때 건축학 은유를 사용하는 것도 흔한 일이다. 전통적 도덕에 저항하는 사람들 역시 전통의 억압, 구속, 또는 정체 효과나 질식할 것 같은 순응 압력에 대해 불평할 때 물리학 은유를 불러낸다.

과학의 언어인 수학은 사회이론에서 이용되는 형상의 공통 전거가 되어왔다. 제러미 벤담Jeremy Bentham은 사회적 행위자가 선택을 할 때 수행하는 쾌락과 고통의 계산에 대해 이야기했다. 게오르크 짐멜(Georg Simmel [1908]1955)은 사회적 형식의 기하학에 대해 이야기했고, 조반니 아리기(Giovanni Arrighi 1978)는 제국주의의 기하학에 대해 이야기했다. 지식사회학자들(이를테면 Mannheim 1936)은 사람들이 사회적 공간에서 차지하는 위치가 대체로 그 사람의 관점을 결정한다고 말할 때 지각의 기하학과 유추한다. 기하학 형태들은 또한 우리가 사회적 위계나 사회적 피라미드에 대해 또는 사회변동의 궤적에 대해 말할 때 은연중에 나타나며, 또는 실제로 우리가 사회적 관계를 도형형태로 공간적으로 표현할 때마다 나타나기도 한다. (이를테면 조직도는 물리적으로 보이지 않는 공식적인 권위관계를 묘사하는 공간적 유추이다.) 기하학 은유는 또한 '상층'계급과 '하층'계급(마치 전자가 공간적으로 후자 위에 있다는 듯하다), 수직이동과 수평이동, 중심부와 주변부(Wallerstein 1974/1980), 그리고 문화지체와 문화선도(Ogbum 1922; Zurcher 1972)와 같은 용어들에도 함축되어 있다. 보다 넓은 의미에서 사회현상에 대한 모든 수학적 모델은 숫자체계의 공식적 속성과 사회체계에서 경험적으로 관찰된 속성 간의 정연한 유추로 이해될 수도 있다.

사회과학에서 물리학적·수학적 형상을 이용하는 것은 사회체계가 특정한 측면에서 자연현상과 유사하며 따라서 자연세계를 지배하는 기계론적 법칙과 유사한 법칙에 종속된다는 것을 함의한다. 콩트의 사회물리학의 꿈은 죽어가고 있을지 모르지만, 자연과학의 어휘는 사회과학의 통상적 담론 속에서 대체로 의식적 자각의 수준 아래에 여전히 살아있다.

사회공학의 꿈

지금까지 우리는 인간사회를 **자연**장치 ― 분자와 태양계의 속성처럼 그 속성을 과학적으로 발견할 수 있는 ― 로 묘사하는 기계 은유들을 고찰해왔다. 하지만 다른 기계 은유들은 인간사회가 인간이 발명한, 그리고 계속해서 재설계할 수 있는 **인공**기계 또는 사회적 테크놀로지와 더 유사하다고 시사한다. 사회물리학 은유와 대조적으로 사회공학 은유는 우리의 초점을 인간의 자유, 창조성, 상상력으로 이동시킨다. 테크놀로지 은유는 자연적 제약이 사회적 설계의 가능한 범위를 제약한다고 단언하면서도, 또한 그러한 제약 내에서 많은 대안적 설계가 가능함을 시사한다. 이러한 점에서 테크놀로지의 세계로부터 빌려온 기계 은유는 자연과학의 세계로부터 빌려온 기계 은유와는 다소 다른, 그리고 더 열려 있는 목적을 지향한다. 전자의 은유는 사회분석에 **목적론적** 또는 목표추구적 차원 – 인간 행동이 전적으로 자연법칙에 의해 추동된다는 가정에 기초한 분석에서는 대체로 놓치고 있는 차원 – 을 도입한다.

또 다른 자동차 유추를 살펴보자. 한 팀의 엔지니어들이 경주용 차만큼 빠르고 탱크만큼 안전하고 소형차만큼 연료 효율성이 높고 자전거만큼 비용이 들지 않는 차량을 설계해달라는 의뢰를 받는다고 가정하자. 공학의 언어로 그들은 각각의 가치 기준과 가능한 한 거의 타협하지 않고 그러한 네 가지 가치 기준에 최적화된 차량을 설계할 것을 요구받고 있다. 그 팀은 물리학의 법칙과 이용할 수 있는 물질이 지닌 물리적 속성의 한계 내에서 작업해야만 한다. 그들은 또한 설계 명세서가 요구하는 사회적·경제적 제약 내에서 일해야만 한다. 그러나 그러한 제약 내에서 팀은 외적 제약에는 부합하지만 그 제약에 의해 엄격하게 결정되지는 않는, 즉 각각의 설계 명세서를 서로 다른 정도로 충족시키는, 일련의 가능한 시제품을 자유롭게 상상하고 만든다.

이와 유사하게 공학의 관점에서는 사회를 일종의 설계 문제로 바라볼 수 있다. 문제는 그 성원들의 설계 명세서(즉, 욕구, 욕망, 또는 가치)를 합리적·효율적으로 충족시키는 작업체계를 설계하고 유지하는 것이다. 사회공학자들의 임무는 자연적·문화적 제약 내에서 그러한 가치들에 최적화된 체계를 설계하는 것이다. 이와 유사한 일들이 고속도로 교통시스템의 설계에서부터 기업·정부·군대의 정책구성에 이르기까지 사회공학의 실제 관행들에서도 발생한다. 하지만 사회공학은 실제로는 항상 전체 사회의 욕구와 욕망에 기여하기보다는 오히려 정치적·경제적으로 가장 강력한 분파의 욕구와 욕망에 기여한다.

이데올로기적 수사에서는 **사회공학**이라는 용어가 때때로 정부가 사회의 진행 방향을 바꾸고자 시도하는 것을 경멸적으로 표현하기 위해 이용되기도 한다. 그러나 사회공학이 전적으로 정치적 활동이거나 정부활동인 것은 분명 아니다. 기업정책, 관행, 광고캠페인도 공법公法이 그렇게 하는 것과 마찬가지로 사회적·문화적 변화를 인도하고자 한다. 실제로 인간행동을 통제하고자 하는 모든 시도는 좋든 싫든 간에 일종의 사회공학 프로젝트로 볼 수 있다.

사회과학자들은 동시에 사회공학자의 역할도 수행한다. 즉, 그들은 정부와 기업의 정책과 프로그램의 설계뿐만 아니라 일상의 사회체계를 유지하는 일에도 참여한다. 공학의 어법으로 표현하면, 그들은 의사결정자에게 시간의 경과에 따른 경제체계와 여타 사회체계의 성과를 기록한 전략적 자료의 '계기판'을 제공한다. 그러한 지표들은 근대 의사결정자들에게 필수불가결한 자료들이다(Bauer 1966). 따라서 경제학자와 여타 정책과학자들은 산업사회와 탈산업사회의 의사결정을 하는 조종실에서 비록 부조종사까지는 아니더라도 점점 더 항법사로서의 기능을 수행한다.

시간의 경과에 따른 테크놀로지 은유

역사적으로 사회과학에서 기계 은유는 그 시대의 테크놀로지와 나란히 진화되어왔다. 이를테면 초기 계몽사상가들은 사회체계를 시계와 같은 전산업적 기계에 비유했다. 나중에 산업혁명의 발생과 함께 이론가들은 공장기계와 일관조립라인 같은 새로 출현하는 산업 테크놀로지에서 기계 은유를 끌어내어, 근대 조직체계를 거대한 인간처리 기계로 묘사했다. 오늘날 사회이론가들은 컴퓨터와 홀로그램 같은 탈산업 테크놀로지가 시적 영감을 줄 것이라고 점점 더 기대하고 있다. 새로 출현하는 테크놀로지와 그것이 고무하는 은유 간의 관계를 보다 면밀히 고찰해보기로 하자.

계몽주의 시대에 사회철학자들은 자주 테크놀로지의 이미지를 자신들의 사회적 설계에 끌어들였다. 이를테면 아메리카 공화국의 창건자들은 근대의 사회적 발명자들이었다(벤저민 프랭클린Benjamin Franklin과 토머스 제퍼슨Thomas Jefferson의 경우에는 또한 테크놀로지 발명가들이기도 했다). 그들은 존 로크John Locke와 찰스-루이스 몽테스키외Charles-Louis Montesquieu가 제의한 계몽주의 관념들에 입각하여 정치권력의 과도한 집중을 막기 위해 기계에서 영감을 얻어 정부 부처들 간의 '견제와 균형'의 체계를 제안했다. 근대 초기의 사회적 발명가들은 엔지니어들처럼 효율성과 통제를 선호하는 성향을 자주 드러냈다. 이 테마들은 이를테면 영국 철학자 제러미 벤담이 18세기에 제안한 근대 감옥의 설계에서 분명하게 드러난다(Foucault 1977). 벤담은 자신이 제안한 감옥을 ('전체 관찰'을 뜻하는) **파놉티콘**panopticon이라고 불렀다. 왜냐하면 중앙통제탑을 중심축으로 하는 원형구조의 그 감옥은 간수가 감옥에 수용되어 있는 죄수들을 360도 전체를 감시하는 것을 가능하게 해주기 때문이었다. 파놉티콘의 조명은 간수가 윤곽만으로 죄수를 관찰하는 동안 죄수는 간수를 볼 수 없게 하기 위한 것이었다. 드루 레더(Drew Leder 1993: 33)가 지적하듯이, "권력을 가진 자의 특권은 자신은 보이지 않게 만드는 반면 권력에 예속된 사람들은 보이게 만든다는 것이다". 우리는 일방적 감시와 사생활 상실에 기초한 사회통제 테크놀로지를 이용하는 오늘날의 감옥에서 그러한 권력의 건축학을 발견한다. 유사한 통제체계가 학교, 병원, 정신병원, 군대조직을 포함하여 다른 제도들에서도 역시 출현해왔다(Goffman 1961a; Foucault 1977; Leder 1993).

18~19세기 산업혁명의 도래와 함께 새로운 테크놀로지들은 새로운 사회 이미지들을 제시하기 시작했다. 문학비평가 레오 마르크스(Leo Marx 1964)가 산업주의로의 이행기 동안에 발간된 미국 저술들을 대상으로 한 영향력 있는 분석에서 예리하게 논평하듯이, 19세기 문헌에서 농업적인 정원 은유는 갑자기 다소 거친 산업적인 미국적 삶의 은유에 길을 내어주었다. 헨리 데이비드 소로Henry David Thoreau가 월든 호수Walden Pond에 대해 가졌던 환상은 기관차의 경적 소리에 깜짝 놀라 산산이 부수어졌다. 이 신호는 분명했다. 이제 정원에는 기계가 놓여 있고, 제아무리 많은 향수도 우리를 목가적 과거로 되돌려주지 않을 것이다. 사회적 관찰자들은 사회 자체를 하나의 거대한 산업기계로 보기 시작했고, 사회공학자들은 산업생산체계와의 유추를 통해 사회체계를 설계하기 시작했다. 보다 학식 있는 노동인구들을 양성하기 위해 수립된 공립학교가 공장과 비슷하게 설계되어(Bowles and Gintis 1976), 학생들에게 곧 그들을 기다릴 실제 공장생활의 규율과 통제를 준비시켰다.

　그 시기 동안에 산업 은유는 조직이론과 경영관행에서 점점 더 중요해졌다(Morgan 1997: 11~31). 막스 베버는 관료제에 대한 자신의 고전적 에세이에서 관료제적 조직의 순수한 형태 또는 '이상형ideal-type'을 거대 기계에 명시적으로 비유했다. 관료제를 본질적으로 비효율적인 것으로 보는 현재의 견해와는 대조적으로, 베버(Weber [1922]1958)는 관료제적 형태의 조직(정부조직과 군대조직에서뿐만 아니라 사기업에서도)이 실제로 지금까지 고안된 조직형태 중 가장 효율적인 사회조직 양식이라고 믿었다. 실제로 베버 시대에 관료제적 조직은 보다 전통적인 조직형태들을 대부분 제거하고 대체할 정도로 효율적이었다. 베버는 다음과 같이 논평했다. "관료제적 조직이 진전된 결정적 이유는 항상 그것이 어떤 다른 형태의 조직보다도 순수하게 기술적으로 우위에 있었기 때문이다. 충분히 발전된 관료제적 기구와 다른 조직들의 관계는 기계 생산양식과 비기계 생산양식의 관계에 비견된다"(Weber [1922]1958: 214).

베버는 한 단계 더 유추를 진행하여, 근대 관료제적 법체계와 자동화된 기계를 비교한다. 그는 "근대 재판관 개념"을 "위에서 서류와 비용을 투입하면 법조문으로부터 기계적으로 독해된 이유들과 함께 아래에서 판결문을 내놓은 자동기계"로 묘사한다(Weber [1922]1958: 219). 마치 사법제도가 일종의 자동판매기와 같았다는 것이다. 소송사건의 사실들이 투입되고 법적 추론의 레버가 당겨지면 판결문이 나온다.

베버는 관료제를 "최상층 사람들, 즉 관료제적 장치를 통제하는 사람들의 권력도구"로 이해한다(Weber [1922]1958: 228). 베버의 통찰은 후일 급진적인 미국 사회학자 C. 라이트 밀즈(C. Wright Mills 1956)가 미국 파워엘리트를 신랄하게 분석하는 데서 채택되었다. 밀즈는 미국의 강력한 기업·정부·군대 관료제에서 명령의 지위를 차지하고 있는 사회적으로 서로 연결된 소수의 엘리트들을 고찰했다. 그는 그러한 관료제들은 대규모 사회적 기계 — 철강을 생산하든 법을 집행하든 아니면 전쟁을 하든 간에 큰일을 하기 위해 설계된 권력 도구 — 와 같다고 주장했다. 밀즈는 미국 역사에서 다소 평온했던 시기 동안에 논쟁을 불러일으켰다. 그는 당시에 베버를 따라 그러한 관료제적 거대 조직들은 일반 공중의 이익이 아니라 파워엘리트 자신들의 이익에 기여한다고 주장했다.

베버는 관료제적 기구에서 높은 위치에 있는 특권 있는 사람들의 경험은 그 기구의 보일러실 깊숙한 곳에서 고생하는 사람들의 경험과는 아주 다르다는 것을 잘 알고 있었다. 베버는 관료제의 직원들을 "자신을 옭아매고" "자신의 활동을 제약하는" "장치들로부터 벗어날 수 없는" 짐 나르는 짐승의 일종으로, 즉 "본질적으로 고정된 행로에 그를 가두어두는, 계속해서 움직이는 기구를 구성하는 톱니바퀴의 하나의 이"로 특징지었다(Weber [1922]1958: 228).

모든 조직이론가가 관료제적 조직이 따분하기는 하지만 본질적으로 효율적이라는 베버의 의견에 동의한 것은 아니었다. 19세기 후반경 일부 경영이론가들은 사회적 기구의 생산성을 강화할 방법을 찾고 있었다. 그중 가장 영향력 있는 인물이 의심할 바 없이 미국 엔지니어 프레데릭 테일러(Frederick W. Taylor 1911)였다. 그는 조직의 생산성을 향상시키기 위해 '과학적 관리scientific management' 접근방식을 개척했다. 테일러는 작업장의 모든 과업은 그 과업의 가장 작은 구성부분들로 나누어질 수 있다고 주장했다. 그리하여 각각의 산업 업무관행은 스톱위치의 도움을 받아 객관적으로 측정될 수 있는 물리적 동작으로 분해될 수 있었다. 테일러는 이러한 종류의 시간-동작 연구time-and-motion study가 각 업무의 각 구성요소로부터 낭비되는 시간을 제거하고 그리하여 노동자의 동작을 표준화하여 그 업무들을 인간의 능력 내에서 가능한 한 효율적으로 수행할 수 있게 만듦으로써 노동자 생산성을 극적으로 향상시킬 수 있다고 주장했다. 과학적 관리 또는 '테일러주의Taylorism'의 원리는 조직노동자들과 인간관계 이론가들로부터 그러한 원리가 노동자들을 탈인간화하고 로봇화한다고 비판받았음에도 불구하고(Perrow 1979), 그 세기 내내 미국에서 널리 이용되었다.

테일러주의와 긴밀한 동맹을 맺고 있는 것이 산업생산에 대한 또 하나의 접근방식으로서의 포드주의Fordism이다(Jary and Jary 1991: 173~175). 포드주의라는 이름은 근대 산업에서 일관조립라인을 창조한 헨리 포드Henry Ford를 기념하여 붙여졌다. 일관조립라인의 발명은 관리자들이 기계를 통해 작업속도를 통제할 수 있게 해주었고, 그리하여 노동자들은 그 작업속도를 따라하든지 아니면 포기할 수밖에 없게 되었다. 카를 마르크스는 산업자본주의에서 노동자들이 '기계의 부속물'로 전락한다는 논평 속에서 포드주의를 예견했던 것으로 보인다(Marx and Engels [1848]1955: 16). 근대 산업노동자에 대한 이러한 비관적인 이미지는 찰리 채플린 Charlie Chaplin의 고전적 작품 〈모던 타임스 Modern Times〉(1936)에서, 그리고 보다 최근에는 고드프리 레지오 Godfrey Reggio의 주목할 만한 작품 〈코야니스카시 Koyaanisqatsi〉(1983)에서 탁월하게 묘사되었다. 이 두 영화는 세계의 기계화 과정에서 우리가 우리 자신 역시 기계화해왔다고 시사한다. 마셜 매클루언(Marshall McLuhan 1951: 99)이 말하듯이, 기계가 사람과 닮을수록 사람은 기계와 닮는다.

〈모던 타임스〉에서 채플린은 하루 종일 산업 기계의 통제를 받아 로봇처럼 행동하는 공장 노동자를 연기한다. 산업사회에서 노동자들이 차지할 수 있는 직업 가운데서 일관조립라인보다 업무만족 수준이 더 낮은 경우는 거의 없다. 포드자동차와 같이 중앙에서 통제하고 기계적으로 표준화된 형태의 대규모 조직양식은 분명 산업생산과정을 변화시키며 대량소비가 가능할 만큼 산업재화의 양을 크게 증대시켜왔지만, 그렇게 되기까지는 엄청난 인간 비용이 들었다.

테일러주의와 포드주의는 19세기 후반에 출현하여 미국과 다른 산업국가들에서 20세기까지 이어져온, 훨씬 더 광범위한 사회공학 활동의 단편들이었다. 그것을 주도하는 미국의 옹호자들은 아주 다양했다. 옹호자들 각자는 공학적 접근방식이 사회문제의 해결에 어떻게 적용될 수 있는지에 대해 상이한 견해를 가지고 있었다. 레스터 프랭크 워드 Lester Frank Ward, 소스타인 베블런 Thorstein Veblen, 프레데릭 테일러, 존 듀이 John Dewey,

허버트 후버Herbert Hoover, 프랭클린 루즈벨트Franklin D. Roosevelt와 같은 인물들이 모든 쟁점에 대해 결코 동의했을 리는 없지만, 그들 모두는 통제된 원인과 결과에 초점을 맞추는 공학적 문제해결방식이 사회를 합리적으로 개혁하는 데 도움이 될 수 있다는 데 희망을 거는 경향을 보였다(Jordan 1994). 과학, 합리성, 계획, 효율성, 통제가 기술관료제적 활동의 슬로건이었다. 그것들이 함께 존 조던John M. Jordan이 '기술시대의 이데올로기machine-age ideology'라고 부른 것의 하부구조를 형성했다.

질서와 예측 가능성, 빠름과 정확성, 표준화, 집중화는 근대 기계시대의 또 다른 핵심 가치들로 인식되어왔다(Toffler 1980). 그러한 가치체계에서 이성은 목표를 달성하는 데서 결정적인 도구가 되었다. 벤담의 파놉티콘, 테일러의 과학적 관리, 포드의 일관조립라인 모두는 사회공학에서 작동하는 **도구적 이성**instrumental reason ― 즉, 이성을 이용하여 목표를 효율적으로 달성하는 것 ― 의 본보기들이다. 도구적 합리성이 산출해온 많은 이익에도 불구하고, 그것은 또한 특정한 숨어 있는 위험들을 숨기고 있다. 순전히 도구적인 추론은 엄밀하게는 몰도덕적이다. 목적 그 자체를 매우 심층적으로 탐구하지 않은 채 목적을 달성할 수 있는 가장 효율적인 수단을 추구하는 것은 일종의 윤리적 반지성주의이다(Rigney 1991). 극단적인 경우에 그것은 자신들의 행위가 초래할 더 큰 결과를 진지하게 성찰하지 않은 채 나치 독일에 효율적인 가스실을 지은 (또는 우리 시대에 대량살상무기를 설계하고 만드는) 사람들이 지녔던 심성이다(Arendt 1963). 편협한 목적의 효율적 달성에 초점을 맞출 뿐, 목적 자체 또는 그 목적 달성이 초래할 결과에 의문을 제기하는 데에는 소홀히 하는 이러한 '공학적 심성'은 독일 로켓 과학자에 대한 톰 레러Tom Lehrer의 음악적 풍자에 포착되어 있다. "베르너 폰 브라운Wernher Von Braun은 말한다네. '나는 로켓

이 올라가게 만들지. 그런데 그 로켓이 어디에 떨어지는지를 살피는 것은 누구지? 그것은 내 일이 아닌데.'"

위르겐 하버마스(Jürgen Habermas 1970)와 여타 학자들은 이러한 종류의 도구합리성은 우리 시대를 지배하는 이데올로기들 중의 하나이며, 도구합리성을 신봉하는 사람들에게는 그것이 대체로 보이지 않기 때문에 이중으로 위험하다고 주장해왔다. 그렇다고 이것이 인간문제를 공학적으로 효율적으로 해결하고자 하는 시도가 항상 잘못이라고 말하는 것은 아니다. 단지 그러한 노력이 윤리적 성찰 없이 착수될 경우 위험하다고 말하는 것일 뿐이다. 산업주의의 발흥에 동반된 기술관료제적 이데올로기는 오늘날 다양한 하이테크 및 탈산업적 버전으로 살아남아 있다. (지금 우리는 내년 초에 업그레이드할 수 있는 테크노크라시 7.1을 운영하고 있다.) 하지만 오늘날과 같은 핵과 환경위험의 시대에 우리는 더 이상 우리가 한때 그랬던 것만큼 테크놀로지를 사회적 만병통치약으로 전적으로 신뢰할 수는 없으며, 몇 십 년 전까지를 지배했던 기술관료제적 낙관주의 또는 '기술적 해결책'을 무비판적으로 받아들일 만큼 순진하지도 않다.

일부 산업 은유는 탈산업시대에도 여전히 살아남아 있다. 이를테면 에드워드 허먼과 노암 촘스키(Edward S. Herman and Noam Chomsky 1988)는 오늘날의 여론을 공학적으로 만들어진 또는 '제조된' 산물의 일종이라고 비유적으로 묘사했다. 이 저자들은 강력한 기업·정부·매스미디어 조직이 공적 소비가 가능한 정보뿐만 아니라 그러한 정보에 가해지는 해석(또는 우리가 말하는 식으로는 '스핀') 또한 통제한다고 주장한다. 유사하게 데이비드 버리너와 브루스 비들(David C. Berliner and Bruce J. Biddle 1995)은 "우리의 공립학교의 위기"와 같은 특정한 국가적 '위기'는 사적 아젠다에 기여하기 위해 특별한 이해관계에 의해 창조된, 제조된 산물과 유사하다고 주장한다. 제조 은유는 여론이 자료의 생산·배포·해석을 가장 효율적으로 통제할 수 있는 사람들에 의해 플라스틱 조각처럼 실제로 틀지어지고 주조된다고 넌지시 말한다. 이를테면 근대 홍보의 창시자인 에드워드 버네이스Edward Bernays는 '동의의 공학engineering of consent'으로서의 여론 속에 숨어 있는 조작에 대해 솔직하게 말했다(Bernays 1947; Ewen 1996: 373~398).

1990년대에 기업계와 경영계에서 크게 유행했던 또 다른 공학 은유로는 **리엔지니어링**reengineering이라는 인기 있는 용어가 있었다. 경영이론가들은 더 많은 효율성과 능률성을 획득하기 위해 중심 기능을 축으로 하여 기업구조를 근본적으로 재편하는 기업 리엔지니어링에 대해 이야기했다. 그 시기에 가장 영향력 있는 경영 베스트셀러 중의 하나였던 마이클 해머와 제임스 챔피(Michael Hammer and James Champy 1993)의 『기업 리엔지니어링Reengineering the Corporation』은 더 많은 효율성과 적응성을 획득하기 위해 기업사회체계를 재설계하는 과제를 묘사하는 데서 공학 은유를 드러내놓고 이용했다.

1990년대에 리엔지니어링과 나란히 인기를 끈 또 다른 전문적 유행어가 바로 **재발명**reinvention이라는 용어였다. 사회체계의 발명자와 재발명자로서의 사회공학자의 이미지는 데이비드 오스본과 테드 개블러(David Osborne and Ted Gaebler 1992)의 중요한 정책개혁 매뉴얼 『정부 재발명하기Reinventing Government』를 통해 크게 주목받았다. 이 매뉴얼은 실험과 경쟁을 통해 미국의 정부기관들을 능률화하기 위한 연방의 'REGO' reinventing government 프로그램에 동력을 제공했다. 사회세계는 하나의 발명품이고 따라서 우리는 그것을 재발명하고 재설계하기로 결정할 수 있다는 이러한 근대적 관념은 여전히 현대 문화에서 인기 있는 관용구이다. 이러한 견해에 의거해서 볼 때, 사회는 하나의 고정된 구조이기보다는 계속 진행 중인 사회적 구성물로, 항상 건설될 뿐 결코 완성되지는 않는다.

미래에 대한 기계 은유

매클루언(McLuhan 1964)은 우리는 도구를 만들고 그다음에는 우리의 도구가 우리를 만든다고 말했다. 과거의 기술혁신은 자주 그 문화를 지배하는 은유를 포함하여 그것의 주변 문화를 틀지어왔다. 우리는 산업사회에서 탈산업적 정보사회로 이행함에 따라(Bell 1973; Toffler 1980; Toffler and Toffler 1995), 우리의 사회 은유도 변화할 것으로 예상할 수 있다. 새로운 탈산업 테크놀로지의 등장은 사회세계에 대한 어떤 새로운 은유적 이미지들을 고무했을까? 그것은 우리가 사회적 삶에 대해 생각하고 이야기하는 방식을 어떻게 다시 틀지었을까?

전자기술에서 도출된 은유들은 이미 일상 어법에서 흔히 발견된다. **인풋**, **아웃풋**, **인터페이스**, **파라미터**, **피드백**, **글리치** 같은 전문 용어들이 컴퓨터와 전혀 관련이 없는 대화들에서 비유적으로 사용되고 있다. 그러한 품위 없는 전문용어들은 이제 행정과 경영의 전문(유사 전문) 언어에서 평범한 것이다. (실제로 나는 이전에 대학의 행정가로 일할 때 나 자신이 하나 또는 두 개의 인터페이스 파라미터를 우선시했었다는 것을 고백해야만 한다.)

전자 은유들은 인지과학과 사회과학에서도 점점 더 유행하고 있다. 이를테면 심리학자들은 인간정신과 컴퓨터 간의 유추에 기초하여 정교한 인지 모델을 개발하는 데 몇 십 년을 보냈다(Lindsay and Norman 1977). 컴퓨터 은유는 정신이 정보를 저장하고 검색하고 처리하는 방식을 강조한다. 이 컴퓨터에 의거한 정신 모델이 엄청나게 많은 연구를 산출해왔지만, 로젠블랫(Rosenblatt 1994: 23)은 이 모델이 심각한 한계를 가지고 있다고 지적한다. 컴퓨터 은유는 "인간 정신 속에서 일어나는 직관적 사고 과정, 인풋이 다중적이고 무질서하고 가변적이고 통제할 수 없다는 점, 그리고 인간 사고에 저장된 것의 불안정성과 다중 변형을 덮어 감춘다". 하지만 그러한 한계에도 불구하고, 정보처리에 근거한 인지 모델은 최근 심리학에서 점점 더 부상되어왔다. 만약 우리 각각이 자료 처리자라면, 인터페이싱 프로세서들로 구성된 네트워크로서의 사회 이미지도 머지않아 가능하지 않을까? (우리는 실제로 이미 절반은 와 있다. 비전자 네트워크로서의 사회 이미지는 이미 사회학이론에서 잘 발전되어 있다. Turner [1998: 520~530]와 David Wilier[1999]를 보라.) 인터넷 시대에 들어서자 시야 안에 있는 모든 것이 정보처리 시스템처럼 보이기 시작하고 있다. 우리는 이전에는 왜 그것을 보지 못했는가?

심리학자와 사회과학자들이 컴퓨터 사용의 세계로부터 이미지를 빌려오듯이, 컴퓨터 과학자들도 심리학의 영역과 사회영역으로부터 자유롭게 은유를 빌려간다. 이를테면 컴퓨터 과학자들은 컴퓨터를 의인화하여 컴퓨터가 기억하고 의사결정을 하고 서로 이야기한다고 말한다. 인공지능 분야의 한 개척자(Minsky 1985)는 루틴과 서브루틴이 동시에 작용하고 상호작용하는 '사회들'로서의 자연적 정신과 인공 정신에 대해 말할 때, 드러내놓고 사회 은유에 의존한다. 이를테면 마빈 민스키Marvin Minsky는 사회가 컴퓨터와 유사한 것이 아니라 오히려 컴퓨터와 그 프로그램들이 사회와 유사하다고 제시한다.

사회이론에서 컴퓨터 은유의 기원은 1940년대 수학과 공학에서 이루어진 일련의 극적인 발전으로까지 거슬러 올라갈 수 있다. 존 폰 노이만

John von Neumann과 오스카 모르겐슈테른Oskar Morgenstern의 수학적 게임이론(1944), 클로드 섀넌Claude Shannon과 워런 위버Warren Weaver의 정보이론(1949), 그리고 특히 근대 컴퓨터 테크놀로지의 발전을 자극한 노버트 위너Norbert Wiener의 사이버네틱스 이론(1948)이 그것들이다. 사이버네틱스cybernetics — 배를 조종하는 키잡이를 뜻하는 그리스어 kubemetes를 어원으로 한다 — 는 기계와 동물의 제어와 통신체계에 대한 연구이다. 보다 구체적으로 말하면, 그것은 에너지체계를 조절하는 정보체계의 연구와 이용이다(Trask 1971: 9~14). 사이버네틱 시스템은 피드백 루프들의 작동을 통해 체계와 외부환경의 관계에서 에너지를 조절한다. 피드백은 부좀적negative일 수도 있고(어떤 목적 상태를 달성하기 위해 체계 아웃풋을 감소시키는 데 기여한다) 정표적positive일 수도 있다(체계 아웃풋을 증폭시키는 데 기여하고 때로는 체계를 통제 불능 상태로 만들기도 한다). 이 용법은 그러한 용어들이 심리학과 대중의 말 속에서 이용되는 방식과 다소 다르다는 점에 주목하라. 사이버네틱 시스템의 단순한 사례가 온도조절장치이다. 온도조절장치는 방을 특정 온도로 유지한다는 프로그램화된 목적(실제로는 기계의 목적이 아니라 설계자의 목적)에 따라 부적 피드백을 통해 난방시스템과 냉방시스템을 조절한다. 사이버네틱 시스템의 보다 복잡한 사례들에는 기계와 (몸의 다양한 생리학적 기능을 조절하는) 인간의 중추신경계를 조정하는 소프트웨어 프로그램들이 포함된다.

 사이버네틱스는 최근 몇 십 년간 다양한 방식으로 사회과학에 영향을 미쳐왔다(Heims 1993을 보라). 1960년대 동안 몇몇 사회이론가는 인간사회 자체를 문화적으로 규정된 목적을 달성하기 위해 생물 에너지와 무생물 에너지, 그리고 여타 물질적 자원을 이용하고 관리하는 일종의 자기규제적 사이버네틱 시스템으로 간주했다(Parsons 1966; Buckley 1967; Etzioni

1968). 이를테면 탤콧 파슨스는 시스템의 목적을 달성하기 위해 세탁기의 컨트롤 장치(정보 위계는 높고 에너지 위계는 낮은)가 전류(정보 위계는 낮고 에너지 위계는 높은)와 다른 자원을 통제하는 것과 얼마간 동일한 방식으로, 사회의 문화와 가치들이 위계가 '더 낮은' 사회체계, 퍼스낼리티체계, 유기체의 에너지를 통제하는 4단계 사이버네틱 위계체계로서의 인간사회를 마음속에 그렸다.

만약 우리가 어떤 테크놀로지 은유가 21세기에도 통용될 가능성이 있는지를 알고 싶다면, 오늘날 연구소들에서 개발하고 있는 새로운 테크놀로지들을 계속 지켜보는 것이 현명할 것이다. 이를테면 가상현실 체계의 발전(Rheingold 1991; Gelemter 1991)은 몇몇 흥미를 자아내는 은유를 가능하게 할 것으로 보인다. 가상현실 체계는 컴퓨터가 만들어낸 시뮬레이션 또는 환상이지만, 너무나도 수긍이 가서 실제로 전통적인 현실과 거의 구별할 수 없다. 인간문화에서도 이와 유사한 흥미로운 점을 발견할 수 있다. 인류학자 클리퍼드 기어츠(Clifford Geertz 1973: 90~91)가 그의 유명한 에세이에서 종교를 하나의 문화체계로 고찰한 것이 떠오른다. 인간정신 속에 생생한 개념들을 창조하는 이 인위적 상징체계는 "그러한 개념들에 사실성의 아우라를 입히고, 그러한 사실성이 강력하고 널리 퍼지고 오래 지속되는 분위기와 동기를 만들어내고, 그리하여 그러한 분위기와 동기가 아주 현실적으로 보이게 한다". 기어츠의 문화체계에 대한 묘사는 현재 가상현실 프로그램과 놀랄 정도로 유사해 보인다.

사회과학에서 사이버네틱 은유와 탈산업 은유가 산업 은유를 점차 능가함에 따라 '하드웨어' 장치로서의 사회라는 산업적 이미지는 (우리로 하여금 점차 기계 자체로부터 기계를 운영하는 추상적이고 창조적인 프로그램으로 관심을 돌리게 하는) 보다 미묘한 '소프트웨어' 은유에 길을 내어주게 될 것이다. 하이테크 산업에서 소프트웨어 프로그래머들은 단지 기술자가 아니라 창조적인 예술가와 디자이너로 간주되고 있다(Rifkin 1987: 208~218). 따라서 탈산업적 미래의 기계 이미지는 산업적 과거의 기계 은유보다 상당 정도 덜 거칠고 더 유연하고 유동적이고 창조적일 것이다. 그리고 탈산업 은유의 미학은 전통적인 산업 은유의 '남성적' 경향과는 대조적으로 보다 젠더 중립적이고 포괄적인 방식으로 호소할 것으로 보인다(Turkle 1984: 109~119; 1995: 50~66).

테크놀로지와 그것의 은유에 관한 관심은 뜻밖에도 일반적으로 테크놀로지 지향을 보이지 않는 것으로 알려진 인문학 분야에서도 일어나고 있다. 이를테면 장 보드리야르(Jean Baudrillard 1983, 1988)와 장-프랑수아 리오타르(Jean-François Lyotard 1984)는 우리의 독특한 시대를 묘사하기 위해 하이테크 은유에 의지해왔다. 특히 보드리야르는 선진 테크놀로지의 세련됨과 빠른 속도, 그것의 변덕과 휘발성, 그리고 그것의 인공적 또는 시뮬레이션된 현실(또는 보드리야르가 '시뮬라크라simulacra'라고 부른 것)의 창조능력에 매혹되었다. 인공현실의 창조는 현실세계real life(RL)의 지위를 의심하게 만드는 것처럼 보인다. 한 젊은 사이버너트cybernaut[컴퓨터 통신망상에 구축된 가상세계를 항해하는 사람 – 옮긴이]가 표현하듯이, "RL은 단지 하나 더의 윈도일 뿐이다. …… 그리고 그것은 대개 나에게 최고의 윈도는 아니다"(Turkle 1995: 13에서 인용).

하이 테크놀로지가 우리 문화에 미친 영향을 셰리 터클Sherry Turkle보다 통찰력 있게 탐구한 이론가는 거의 없다. 그녀가 MIT에서 차지하고 있던 사회학자와 심리학자로서의 지위는 그녀로 하여금 출현하고 있던 사이버문화에 대해 내부자의 시각insider's view을 가질 수 있게 해주었다. 터클(Turkle 1984: 306)은 『제2의 자아The Second Self』(1984: 306)에서 컴퓨터는 "새로운 거울, 즉 첫 번째 심리학적 기계"이며 그 거울에 디지털화되어 반사된 것 속에서 우리는 우리 자신의 이미지를 본다고 주장한다. 유추를 다양화하면, 컴퓨터는 우리가 우리의 더 심층적인 공포와 희망을 투사하는 일종의 로르샤흐 잉크 반점 검사Rorschach ink blot test[성격을 진단하는 심리투사 시험법의 하나로 피시험자에게 잉크 반점으로 구성된 불규칙한 형태들을 해석하도록 요구하여 피시험자의 심리상태를 파악한다 - 옮긴이]이다 (Turkle 1984: 14). 우리는 이 이상한 창조물과 상호작용하면서 기계와 우리 자신에 관한 그리고 둘 간의 관계에 관한 근본적 질문을 재고해야 하는 과제에 직면한다. 기계는 어디에서 끝나고 우리는 어디에서 시작하는가? 터클에게 정보를 제공해준 사람들 중 한 명이 당당하게 논평한 것처럼, 우리가 '프로그램들의 집합' 그 이상의 어떤 것일까? 컴퓨터는 어떤 의미에서 아서 클라크(Arthur C. Clarke 1968)의 인기 있는 소설이자 영화 〈2001: 스페이스 오디세이?2001: A Space Odyssey?〉에서 목성으로 가는 우주선에 승선한 파렴치한 컴퓨터 할HAL처럼 '살아있을' 수 있을까? 우리의 테크놀로지의 변화는 어떤 미묘하고 예기치 못한 방식으로 우리와 우리의 문화를 동시에 변화시키는가?

터클은 『스크린 위의 삶Life on the Screen』(1995)에서 이러한 문제를 더 심층적으로 다룬다. 그 책에서 터클은 익명의 거주자들이 MUD와 MOO로 알려진 열려 있는 상호작용적 롤플레잉 세계와 같은 장소에서 대안적인 정체성을 자유롭게 실험하는 가상공간으로서의 인터넷을 탐구한다. 인터넷은 과거의 보다 단일하고 고정된 정체성들과는 대조적으로 다양한 사회적 정체성이 유동하고 자유롭게 떠도는 탈근대 문화를 반영한다. 그녀는 "출현하고 있는 시뮬레이션 문화 속에서 컴퓨터는 여전히 하나의 도구이지만 해머보다는 [복잡하고 창조적이고 즉흥적인 연주를 할 수 있는,

방대한 미답의 잠재력을 지닌] 하프시코드 같다"고 말한다.

우리는 기계 은유가 기계 자체처럼 시간이 경과하면서 진화, 그리고 심지어는 혁명적 변화를 겪는다는 것을 살펴보았다. 시계장치에서 일관 조립라인을 거쳐 사이버세계에 이르기까지 테크놀로지는 우리에게 우리 자신과 우리 세계에 대한 변화하는 이미지들을 제공해왔다. 각각의 새로운 테크놀로지의 획기적 발전은 좋은 싫든 인류와 사회적 삶에 대한 새로운 이미지의 잠재적 생성자임에 틀림없다. 홀로그램이 발명되자 곧 정신과 사회는 홀로그램과 유사한 것으로 인식되었다(Pribram 1971; Morgan 1997: 100~115). 인터넷이 등장하자 지구는 갑자기 전자신경계를 가지는 것으로 인식되었다. 사람들은 아직 꿈꾸지 않은 테크놀로지가 미래에는 어떤 문화 은유와 사회의 이미지를 고무할 것인지를 궁금해한다.

제4장

전장으로서의 사회

이 글을 쓰고 있는 동안에 거리에서 반자동식 소총소리가 들릴 수도 있다. 라이벌 관계에 있는 거리의 갱들은 갈등이론가들이 오랫동안 공언해 온 것을 직접 겪고 있다. 갈등이론가들은 사회가 영토, 권력, 영광과 같은 희소하고 가치 있는 자원의 통제를 놓고 대항하는 세력들이 싸우는 전쟁터와 유사하다고 주장한다.

사회가 전장과 유사하다는 관념은 언뜻 보기에는 자기모순적인 것처럼 보일 수도 있다. 어쨌든 전쟁의 야만성보다 무엇이 더 **반**사회적일 수 있는가? 전쟁은 사회를 손상시키고 파괴하려는 의도를 가지고 벌어지지 않는가? 만약 그렇다면, 전쟁 은유가 사회조직과 질서보다는 사회적 해체와 혼돈을 함축하는 한, 전쟁은 좀처럼 사회에 대한 적절한 은유일 수 없어 보일 수도 있다. 하지만 이 은유에는 일정한 추한 진실이 숨어 있다. 역설적이게도 전쟁은 인간사회에서 이중의 측면을 지니고 있다. 전쟁은 어떤 측면에서는 사회적 관계를 손상시키고 파괴하지만, 다른 측면에서는 사회적 관계를 강화하고 그 관계에 새로운 활력을 주기도 한다. 전쟁 상태의 파괴적 측면은 특히 오늘날 생물·화학·핵무기의 시대에 두말할 필요도 없이 명백하다. 반면 전쟁의 사회구성적 측면은 그리 분명하지 않고 또한 뭔가 불온하다.

이를테면 전쟁이 사회적 연대에 기여하는 바를 살펴보자. 독일 사회학자 게오르크 짐멜(George Simmel [1908]1955)이 거의 한 세기 전에 지적했듯이, 그리고 그 후 많은 사람들이 검증해왔듯이(이를테면 Coser 1956; Sherif 1966; Collins 1975), 공동의 적의 위협은 자주 집단연대의 유대를 강화한다. 만약 우리가 이 통찰을 수학적으로 표현하고자 한다면, 우리는 일반적으로 한 집단의 내적 응집성의 정도는 직접적으로 외적 위협의 정도에 비례한다고 가정할 수 있다. 많은 정치 지도자가 내적 반대를 누그러뜨리고 그들 내부의 성원들 간의 연대를 강화하기 위해 실제의 또는 가상의 적을 불러내왔다. 하지만 이러한 전략은 전쟁이 나쁜 평가를 받게 될 때 역효과를 초래하기도 한다. 왜냐하면 그럴 경우 지도자는 두 개의 전쟁 ― 하나는 외국과의 전쟁, 그리고 다른 하나는 국내에서의 전쟁 ― 에 직면하게 되기 때문이다.

전쟁의 사회적 이익을 강조하는 일부 이론가는 전투의 처참한 영광을 거의 찬양하듯 해왔다. 독일의 역사가 하인리히 폰 트라이치케(Heinrich von Treitschke [1898]1965: 244~245)는 '전쟁의 위대함'을 서사시적으로 기술했다. 그에 따르면, "전쟁은 그 야만성과 냉혹함에도 불구하고 남자들 간의 사랑의 유대를 만들어내고, 그들이 함께 연대하여 죽음에 맞서게 한다". 유사하게 로버트 니스벳(Robert Nisbet 1973: 13)은 전쟁은 살육과 참화에도 불구하고 영웅적 행위, 용기, 규율, 희생과 같은 사회적 덕성을 불러일으키고, 같은 나라 사람들 사이에 강력한 공동체 유대를 만들어낸다고 진술했다. 우리가 니스벳이 군대 에토스에 대해 드러낸 명백한 열광을 공유하든 그렇지 않든 간에, 우리는 전쟁의 강풍이 사회이론의 경과에 강력한 영향을 미쳐왔다는 그의 주장을 부인할 수는 없다. 니스벳(Nisbet 1973: 11~90)은 전쟁과 사회의 관계는 분쟁으로 찢어진 고대 그리스에서 전쟁이 시작된 이래로 서구 사회철학에서 중심 테마가 되어왔다고 설득력 있게 주장한다. 플라톤 이후 사회이론에서 거둔 가장 위대한 성과들 중 많은 것은 사회의 본성과 미래에 관한 문제가 특히 긴급한 문제로 상정되었던 전쟁과 혁명의 시기 동안 이루어졌다. 따라서 전쟁상태의 형상이 수세기 동안 사회사상에서 반복되어온 테마였다는 것은 우리에게 그리 놀라운 일은 아닐 것이다.

군사적 사회 모델

군대 은유의 힘은 전체 사회가 그 은유를 축으로 하여 조직되어왔다는 사실에서 드러난다. 고대 스파르타는 아마도 가장 분명한 역사적 사례일 것이다. 힘, 엄격한 규율, 충성심, 희생이라는 전사의 덕목에 의거하여 구축된 스파르타는 당시에 가장 막강한 군사강국이었다. 스파르타 사회는 단지 하나의 군대를 가진 것만이 아니었다. 사람들은 스파르타가 하나의 군대**였다**고 말할 수도 있다. 스파르타 이후 많은 사회와 조직들 – (아이러니하게도) 스파르타의 주된 경쟁 상대였던 아테네를 포함하여 – 은 적어도 부분적으로는 군사적 노선을 따라 설계되어왔다(Nisbet 1973: 28~34). 세련된 대화와 영원한 진리에 대한 탈육체화된 사색에 전념하는 평화로운 왕국이라는 고대 그리스의 대중적 이미지와는 대조적으로, 역사상의 아테네는 내적·외적 분쟁의 가마솥이었다. 종족의 혼돈으로부터 질서를 구축하기 위해 기원전 6세기 군 사령관 클레이스테네스Cleisthenes는 전쟁의 의례와 상징들로 넘쳐나는, 분명하게 군사적인 사회질서를 구축할 필요가 있음을 발견했다(Nisbet 1973: 28~34). 플라톤은 『국가The Republic』에서 좋은 사회를 정식화하는 가운데 군사 모델의 원리들을 유지한다. 거기서 플라톤은 자체 선발된 철인-통치자 계급을 정점으로 하는 잘 정의된 계급 위계질서를 마음에 그린다. 그리고 한 단계 아래에는 지혜의 적들에게 명령을 내릴 준비가 되어 있는, 기백이 넘치는 군사 보조자들로 구성된 간부단이 포진하고 있다.

니스벳은 군사적 노선을 따라 조직화된 사회에서는 폭력이 영웅적 행위의 지위를 획득한다고 지적한다. 영웅적 폭력을 찬양하는 사회는 일반적으로 전쟁과 관련된 여타 도덕적 가치들을 찬양한다. 왜냐하면 "용맹, 영웅적 행위, 용기, 희생이 모든 사람에 의해 칭송되기 때문이다. 그리고 그러한 자질들이 생생하게 모습을 드러내는 것도 바로 전쟁시기이다"(Nisbet 1973: 16, 17). 이를테면 일본의 전통문화에서 사무라이의 규약이 그랬던 것처럼, 중세 기사도의 관습도 분명히 군사적 덕목을 낭만화했다(Bloch 1964; Nisbet 1973: 45~53). 이들 사례 각각에서 군사적 행동의 규율은 전사계급의 군사 모험에 신의 은총을 부여하는 신성한 종교적 의미들로 가득 차 있다.

군대조직은 어떤 점에서는 근대 관료제의 원형이다. 군대조직은 막스 베버가 관료제의 구조를 다룬 그의 고전적 에세이에서 규명한 특징들 거의 모두 ─ 잘 규정된 권위의 위계질서, 복잡한 기능의 전문화, 정교화된 규칙체계 등을 포함하여 ─ 를 보여준다. 관료제화된 세계에서는 기업에서 정부기관에 이르기까지 모든 종류의 조직이 그러한 측면에서 군대조직과 닮아 있는 경향이 있다. 이것은 좌파와 우파를 불문하고 강력한 권위주의 국가에 의해 지배되는 사회들에서 특히 그러하다. 소련의 스탈린주의,

중국의 마오주의, 독일의 나치즘, 이탈리아 파시즘은 수많은 차이에도 불구하고, 적어도 그러한 특징을 공유하고 있었다. 강력한 권위주의적인 국가 관료제에 의해 지배된 그러한 사회들은 유사군사적 노선을 따라 질서지어져 있었다.

근대 자본주의 기업들 또한 어떤 점에서는 군대조직과 유사하다. 그러한 기업들은 대체로 전통적인 군사 관료제를 특징짓는 것과 동일한 하향식 권위구조, 그리고 (경쟁 회사에 대한) 전략적 정복과 (시장에 대한) 지배 충동을 드러낸다. 감화경영inspirational management 문헌들(이를테면 Hubbard 1899; Roberts 1985)은 자주 군사적 형상에 의지하여 회사 간부들과 그들의 부하 직원들에게 경쟁자들을 정복하고 시장을 장악할 것을 자극한다.

사회질서와 사회적 통일성은 군사적 모델에 입각한 조직에서 최고의 가치들이다. 따라서 그러한 조직들이 그 구성원들 내에서 발생하는 갈등을 필요하다면 힘으로 단호히 억압하고자 한다는 것은 놀랄 일이 아니다. 하지만 우리는 완전히 조화로운 조직 — 그것이 군사적이든 그렇지 않든 간에 — 은 실제로는 존재하지 않는다는 것을 알고 있다. 서로와 자신들의 부하를 통제하고자 하는 임원들의 노력은 지하저항, 막후 모의, 영역 지키기, 질질 끌기 및 여타 형태의 조직적 얼버무리기 — 특히 그 성원들이 그러한 통제를 원하지 않는 조직에서 — 에 봉착하는 경향이 있다. 권위주의는 전적인 통제에 대항하는 반권위주의적 저항을 낳는다. 결국 완벽하게 질서지어진 군사적 사회에 대한 전체주의적 꿈은 설사 그 꿈이 바람직하다고 할지라도 실현될 수 없을 것이다. **일정** 정도의 갈등은 모든 사회제도에 내재한다. 이것이 바로 우리가 이제 관심을 돌릴 갈등이론의 핵심 통찰이다.

초기의 갈등이론가들

우리가 지금까지 검토해온 군대로서의 사회 이미지는 실제로는 전장으로서의 사회 이미지와는 매우 다른 은유이다. 이상하다고 생각할 수도 있지만, 이 두 군사 은유는 직접적으로 서로 대립된다. 왜냐하면 비록 군대조직이 엄격한 사회**질서**의 전형을 보여주지만, 전쟁은 둘 또는 그 이상의 그러한 질서가 충돌함으로써 초래되는 **무질서**이기 때문이다. 갈등이론가들은 빈번히 후자의 은유에 의지하여 사회를 경쟁하는 분파들이 부와 권력 같은 희소자원의 통제를 둘러싸고 투쟁하는, 비유적인 의미의 전쟁터로 인식한다. 여기서 우리는 특히 세 명의 초기 갈등이론가 ― 니콜로 마키아벨리, 토머스 홉스, 카를 마르크스 ― 의 저작을 검토할 것이다. 그들의 상당한 차이에도 불구하고, 그들 모두는 혼란의 시대를 살았고, 그리하여 갈등을 인간 역사의 중심 동학으로 바라보게 되었다. 이들 사상가를 갈등이론가로 묘사한다고 해서, 그들이 사회적 전쟁상태를 그 자체로 하나의 목적으로 주장했다는 것을 함의하지는 않는다(하지만 그중 싸움을 즐긴 사람들이 분명 있기는 했다). 오히려 우리는 그들 각자가 그 나름으로 갈등의 초월, 그리고 궁극적으로는 이러저러한 형태의 사회적 평화의 달성을 추구했다고 파악할 것이다. 우리는 제5장에서 홉스에 대해, 그리고 제6장에서는 마르크스에 대해 다시 보다 상세하게 논의할 것이다.

전쟁 이미지는 16세기 피렌체의 외교관 니콜로 마키아벨리의 저술에서 내내 되풀이된다. 서유럽의 적대적 도시국가들이 피의 갈등을 겪던 시대를 살았던 마키아벨리는 사회적 현실을 부, 권력, 영광의 축적에 대한 인간의 천부적 열정에 의해 추동되는 잔인한 생존투쟁으로 묘사했다. 마키아벨리는 포악하고 통찰력 있는 피렌체 군주가 그의 옆에 있는 자신과 함께 천년도 더 전에 로마제국이 몰락한 이후 유럽이 보지 못했던, 단일한 군 지휘부하에 이탈리아의 적대하는 국가들을 통합하는 날을 꿈꾸었다. 영광의 그날은 끝내 마키아벨리에게 오지 않았지만, 그의 정치적 냉소주의의 유산은 오늘날에도 살아있다. 그의 가장 유명한 저작『군주론The Prince』([1513]1981)은 그가 총애받고 싶어 했던 메디치의 통치자에게 제출한 정치적·군사적 전략의 대요이다.

마키아벨리는 군주에게 전략적 목적을 추구하는 과정에서 필요할 때면(그러나 그럴 때에만) 무자비하라고 조언했다. 결정적 순간에 강력한 힘을 사용할 것을 주장하는 마키아벨리는 "무장한 모든 예언가는 성공했고 무장하지 않은 모든 예언가는 실패했다"라고 진술했다(Machiavelli [1513] 1981: 27). 그러나 그는 잔인한 힘만으로는 승리를 보장하기에 충분하지 않다고 강조했다. 무력은 교묘하게 그리고 외양을 치밀하게 조작함으로써 적절히 다듬어져야만 한다. 위대한 지도자는 사자이자 여우여야만 한다. 그리스 소피스트의 전통 속에서 마키아벨리는 윤리와 실제 행위를 갈라놓았다. 그는 "나는 공상보다는 사물의 실제적 진실에 충실하는 것이 최선이라고 생각한다"라고 조언하고 "인간들이 살아가는 방식은 인간들이 살아가야 하는 방식과는 아주 거리가 멀기 때문에 누군가가 존재해야 하는 것을 위해 존재하는 것을 버린다면 이는 자신을 보존하기보다는 자신이 몰락하는 길을 따르는 것이다"라고 덧붙였다(Machiavelli [1513] 1981: 56). 이런 연유에서 대니얼 도노(Daniel Donno 1981: 6)는 "정치사상에 대한 마키아벨리의 주요한 기여는 그가 정치적 행위를 도덕적 고려로부터 해방시켰다는 데 있다"고 주장한다. 그것이 대체 어떻게 그리고 누구에게 기여했는지는 여전히 불분명하다. 마키아벨리의 세련된 옹호자들(이를테면 Barzun 2000: 255~259)은 마키아벨리의 저술은 역사에서 그 자신의 시대와 장소의 맥락 – 무질서한 폭력과 배반과 사기의 맥락 – 내에서 이해되어야만 한다고 주장한다. 자크 바르죙Jacques Barzun은 만약 마키아벨리가 악에는 악으로, 그리고 폭력에는 폭력으로 싸우라고 제시했다면 그것은 도덕적으로 혼란스러운 세계에 얼마간 안정적인 질서를 구축하려는 고상한 목적을 지닌 것이었다고 주장했다.

그럼에도 불구하고 마키아벨리는 여전히 불온한 인물로 남아 있다. 삶에 대한 그의 견해에서 근간을 이루는 것은 인간존재로서의 우리의 본성이 우리로 하여금 우리 자신의 이득을 위하여 가차 없이 자기 잇속만 차리게 하는 경향이 있다는 냉소적인 가정이다. 마키아벨리는 다른 방식으로 행동하는 것도 가능하지만, "선하지 않은 사람들이 너무나도 많기 때문에 자신이 하는 모든 행위에서 선을 실현하기 위해 노력하는 사람은 반드시 파멸할 것"이라고 경고했다(Machiavelli [1513]1981: 56). 마키아벨리의 냉혹한 견해는 그가 살았던 폭력적이고 위험한 시대 – 많은 사람이 우리 자신의 시대와 유사한 것으로 인식하는 시대 – 의 맥락 내에서는 이해할 수 있다. 하지만 이기심이 불가피하다는 냉소적인 가정이 행위의 지침으로 취해질 경우 쉽게 자기실현적 예언self-fulfilling prophesy의 형태를 취할 수도 있다. 만약 우리가 다른 사람들의 최악을 당연한 것으로 간주한다면, 우리 자신도 보다 용의주도해지고 적대적이 되고 자기 보호적이 될 가능성이 크다. 따라서 그로 인해 초래되는 공동체 성원들 간의 기본적인 신뢰의 상실은 전체 공동체를 타락시키고 그 성원들 모두를 손상시킬 것이다. 오늘날까지도 우리는 도덕관념 없이 행동하거나 다른 사람들도 마찬가지로 그러할 것이라고 생각하여 보다 파렴치한 세계를 만들어내는 사람들을 '마키아벨리안'이라고 칭한다.

17세기 영국 사회철학자 토머스 홉스는 그의 고전적 저작 『리바이어턴Leviathan』([1651]1964)에서 인간의 본성과 사회에 대해 똑같이 비관적인 견해를 진전시켰다. 스튜어트 군주국과 크롬웰 장군하의 퓨리탄들 간의 영국 내전을 겪으며 격동기를 살았던 홉스는 전쟁상태를 인간사人間事의 자연상태로 보았다. 그는 인간의 삶은 "고독하고 곤궁하고 고역스럽고 야수적이고 단명하다"라고 진술했다. 욕구와 공포에 의해 추동되는 인간은 개인들이 서로를 갈기갈기 찢는 것을 막기 위해 어떤 더 큰 권력을 호출하지 않는 한, 영원한 전쟁상태 — 만인이 만인과 싸우는 상태 — 에 있도록 운명지어져 있다. 만인에 대한 만인의 전쟁을 초월하기 위해 홉스는 사회성원들의 상호이익을 목표로 공동의 동의 또는 **사회계약**에 의해 구성되는 절대적으로 강력한 국가권위의 창출을 마음속에 그렸다. 홉스가 리바이어던이라고 이름붙인 이 강력한 거인이 혼돈의 힘과 맞서는 '공공의 검publick Sword'을 휘두름으로써 질서를 보장하고 인간이 자연상태를 넘어서게 할 것이었다. 홉스가 볼 때, 질서, 그리고 그 질서를 유지하기 위한 권위가 최고의 사회적 가치였다.

만약 홉스가 말한 야수적 자연상태가 '원시'사회가 실제로 살아온 방식을 묘사하기 위한 것이었다면, 그의 인간학은 의심스러울 수밖에 없다. 우리가 수렵-채집사회에 대해 가지고 있는 제한된 증거는 그들 집단은 결코 일반적으로 폭력적이지 않았음을 시사한다. 오히려 그들은 그저 생존하기 위해 서로 간에 그리고 이웃집단들과 협동전략을 발전시켜왔을 것임에 틀림없다. 비록 인간 공동체들 간의 작은 충돌과 대결은 당연히 항상 존재했을 것이지만, 전쟁상태는 아마도 수렵-채집사회의 특징이라기보다는 다른 유형의 사회의 특징이었을 것이다(Lenski and Lenski 1987; 그러나 대조적인 견해로는 Keeley 1996을 보라). 이를테면 그레고리 레빗(Gregory Leavitt 1977)은 충분한 증거가 존재하는 수렵-채집사회의 경우에 단지 27%에서만 전쟁상태가 자주 일어나고 영속적이었던 반면, 곡물을 경작하는 사회에서 전쟁이 점점 더 자주 발생했으며, 보다 발전된 단순재배사회에서는 그 비율이 82%로 상승했다는 것을 발견한다. 적어도 그러한 증거는 우리로 하여금 전쟁이 자연적 인간상태라는 홉스의 가정을 수정할 것을 요구한다. 전쟁상태의 종류와 정도는 그 사회의 기술발전 수준에 따라 현저하게 다르지만, 홉스가 우리의 자연상태라고 믿은 인간사회들 가운데서는 전쟁상태가 결코 만연하지 않았다.

홉스는 또한 사회를 이기적이고 단절된 개인들의 느슨한 집합체로 바라보는 '원자론적' 견해로 인해 비판받을 수도 있다. 개인주의적이고 경쟁적인 투쟁으로서의 사회라는 홉스의 이미지는 확실히 근대적인 관념 — 어쩌면 보편적인 인간본성을 반영하기보다는 개인주의적 문화의 밑에 깔려 있는 가정을 반영하는 관념 — 이다. 아리스토텔레스는 그의 『정치학Politics』(ca. 330 B.C.E.)에서 우리는 선천적으로 공동체적 피조물이라고 진술했는데, 어쩌면 그가 진실에 더 가까웠을 수도 있다. 수렵-채집인이라는 우리의 부족적 기원에 뿌리를 두고 있는 우리는 친족, 관습, 공통의 이익, 그리고 협동과 상호부조의 유대에 의해 묶여진 상호의존관계에 돌이킬 수 없게 결합되어 있다. 아리스토텔레스의 견해는 홉스가 개진한 견해보다는 인간관계를 더 협력적이고 덜 호전적인 것으로 인식한다.

하지만 우리는 부의 축적과 극단적인 계급불평등에 의해 특징지어지는 단순재배사회, 농업사회, 산업사회에서 전쟁이 빈번했고 되풀이되어 발생해왔다는 것을 인정해야만 한다. 그리하여 카를 마르크스와 프리드리히 엥겔스(Karl Marx and Friedrich Engels [1848]1955: 9)는 **기록된** 역사(즉, 단순재배와 글쓰기가 발명된 이후의 역사)를 가진 사회들과 관련하여 "지금까지 존재한 모든 사회의 역사는 계급투쟁의 역사"라는 포괄적인 일반화를 제시할 수 있었다. 마르크스는 그 이전의 마키아벨리와 홉스처럼 인간사회를 사회적 적들이 희소하고 가치 있는 자원들을 놓고 격렬하게 싸우는 전쟁터로 묘사했다. 그러나 마르크스가 볼 때, 이 투쟁은 기본적으로 (마키아벨리에서처럼) 도시국가나 공국들 간의 전쟁 또는 (홉스에서처럼) 개인들 간의 전쟁이 아니라 경제계급들 간의 전쟁이었다. 마르크스의 전쟁 이야기에서 주요 등장인물은 자유인과 노예, 영주와 농노, 자본가와 공장 노동자이다.

> …… 한마디로 억압하는 자와 억압받는 자는 부단히 서로 대립해왔고, 때로는 숨어서 때로는 공개적으로 끊임없이 싸워왔다. 각 시대는 전체 사회의 혁명적 재조직화 또는 경쟁하는 계급의 공동 몰락으로 끝났다.(Marx and Engels [1848]1955: 9)

마키아벨리와 홉스가 사회적 전쟁상태를 강력하고 무자비한 중앙의 권위를 창출함으로써 넘어설 수 있다고 생각했다면, 마르크스는 보다 공평한 사회질서를 낳을 혁명투쟁을 통해 넘어설 수 있다고 생각했다. 마르크스의 역사적 시나리오에서는 산업노동자, 즉 프롤레타리아라는 혁명계급은 계급전쟁의 불꽃이 완전히 꺼질 때까지 불에는 불로 싸우고 폭력에는 폭력으로 맞설 것이었다. 마르크스는 노동계급의 혁명적 승리가 프롤레타리아의, 프롤레타리아에 의한, 프롤레타리아를 위한 일시적 '독재'를 낳을 것이라고 예상했다. 하지만 그는 이러한 프롤레타리아 대다수에 의한 지배가 궁극적으로는 "국가를 위축"시킬 것이라고 믿었다. 억압적 국가는 더 이상 필요하지 않을 것이었는데, 왜냐하면 계급지배의 도구로서의 국가의 역사적 기능이 무계급사회에서는 더 이상 필요하지 않을 것이기 때문이었다. 마르크스는 모든 계급전쟁을 끝내는 계급전쟁으로서의 프롤레타리아 혁명은 우리를 평화와 상호협력의 시대로 안내할 것이라고 낙관적으로 생각했다. 그러나 마르크스는 혁명적 낙관주의에 빠져 국가사회주의라는 억압적 형태가 출현하리라는 것을 예견하지 못했다. 국가사회주의 사회에서 인민의 이름으로 행위하는 국가 당국은 자신이 봉사해야 하는 사회의 이익이 아닌 그 자신의 정치적·경제적 이익을 추구할 수 있었다. 요컨대 마르크스는 이오시프 스탈린을 예상하지 못했다. 그럼에도 불구하고 그의 경제적 계급갈등 분석은 여전히 너무나도 뛰어나서 무시할 수 없다. 왜냐하면 우리가 역사에 대해 문맹이지 않은 한, 그러한 갈등이 인간 역사에서 재현되는 테마였다는 것을 부정할 수 없기 때문이다. 소련의 붕괴와 냉전의 종식은 세계에서 경제적 불평등을 좀처럼 줄이지 못했다. 오히려 사회 내의 불평등과 사회들 간의 불평등 모두는 최근에 더 광범하게 증대할 뿐이고, 사회적·정치적 불안정을 초래할 가능성도 있다. 따라서 마르크스식 분석이 사망했다는 보고는 때이른 것이었다. 하지만 그러한 분석이 경제와 테크놀로지에서 출현하고 있는 글로벌 추세를 설명하기 위해서는 상당한 수정과 갱신을 해야만 할 것이다.

인간의 가능성에 대한 마르크스의 낙관적 견해는 그를 마키아벨리 및 홉스와 구별시켜준다. 후자는 사회이론에서 **냉소적 전통**으로 불릴 수 있는 것을 대표한다. 냉소적인 사람 – cynic이라는 단어의 고대적 의미인 견유학파의 사람이 아닌 근대적 의미의 냉소적인 사람 – 은 인간본성을 근본적으로 이기적이고 부, 권력, 영광의 축적을 지향한다고 간주한다. 철학자 프리드리히 니체(Friedrich Nietzsche [1885]1954)와 정신분석학자 알프레트 아들러(Alfred Adler 1930)도 냉소적 전통에 속한다고 말할 수 있다. 둘 모두는 '권력에의 의지'와 우월함 지향 충동(비록 항상은 아니지만 자주 다른 사람의 지배를 통해 표현되는)을 인간의 근본적 속성으로 간주했다. 우리는 프러시아 군사 전략가 카를 폰 클라우제비츠(Karl von Clausewitz [1834] 1962)의 철학에서도 재차 냉소주의를 발견한다. 그는 전쟁은 다른 수단에 의한 정치의 계속이라는 유명한 논평을 했다. 우리는 유사한 견해를 고대 군사전략가 손무Sun Tsu의 저술에서처럼 비서구적 전통에서도 발견할 수 있다. 그의 『손자병법』([ca. 500 B.C.E.]1963)은 인기를 끌었던 영화 〈월스트리트Wall Street〉에서 기업의 악인 게코Gecko에게 영감을 주었다. 우리 시대에서도 우리는 현대 북미문화(이를테면 Kanter and Mirvis 1989; Goldfarb 1991)에서뿐만 아니라 탈산업사회를 지배하는 사회제도들에 대한 환멸과 신뢰상실을 반영하는 탈근대문화(Sloterdijk 1987)에서도 역시 만연한 냉소주의의 증거를 발견한다.

  카를 마르크스가 자본주의를 맹렬하게 비판하기 때문에 처음에는 그가 마키아벨리와 홉스의 냉소적 전통에 서 있는 것으로 보일 수도 있지만, 그의 입장은 그들의 입장과 다소 달랐다. 마르크스는 인간본성 자체에 대해 냉소적이지 않았다. 왜냐하면 그는 우리의 본성 또는 '유적 존재species being'를 열려 있고 긍정적 가능성으로 가득한 것으로, 그리고 사회의 물질적 또는 기술적 토대의 발전에 보조를 맞추어 발전하는 것으로 보았기 때문이다. 마르크스는 대신에 자신의 비판적인 눈을 자신이 특권계급이 자신들의 이익에 봉사하기 위해 발명한 억압적 사회체계로 간주한 것으로 돌렸다. 따라서 그는 지배이데올로기(도덕적 이데올로기를 포함하여)를 특권계급이 역사적으로 예속계급들을 지배하고 통제하는 데 사용해온 계급전쟁의 무기로 간주했다. (이상하게도 니체는 전통적 도덕을 약자들이 강자들을 막아내기 위해 만들어낸 이기적 이데올로기로 간주하는 정반대의 견해를 취했다.) 마르크스는 억압체계를 변혁시킴으로써 인간이 자신들의 잠재력을 더 충분히 발전시키는 데 필요한 조건을 창조할 수 있다고 믿었다. 그는 공산주의 - 수렵자와 채집자의 원시공산주의가 아니라 보다 극적으로 진전된 기술적 발전의 토대 위에 구축된 공산주의 - 로의 복귀 속에서 우리의 최고의 본성이 가장 완전하게 실현될 것이라고 믿었다.

마키아벨리, 홉스, 마르크스는 그들 간의 차이에도 불구하고 적어도 아래의 것만큼은 공유했다. 그들 각각은 갈등을 인간 역사의 중심 테마로 간주했다. 그리고 그들 각각은 파괴적 갈등이 초월될 수 있기를 바랐다. 마키아벨리는 갈등이 무력, 교활함, 외과수술적 폭력을 통해 방대한 영토를 통일할 수 있는 강력한 군주에 의해 소멸되기를 희망했다. 홉스가 볼 때, 갈등은 이의와 무질서가 발생할 때마다 그것들을 분쇄할 리바이어던이라는 비인격적 국가장치에 의해 소멸될 것이었다. 마르크스의 경우에는 혁명계급(즉, 인도적인 사회주의의 창조자)이 계급전쟁을 폐물로 만들 때 사회적 평화가 도래할 것이었다. 역설적이게도 이 세 이론가 모두는 그중 어느 누구도 폭력을 그 자체로 하나의 목적으로 추구하지 않았음에도 불구하고 특정한 상황하에서 자신들이 선호하는 형태의 평화를 세계에 실현하는 하나의 수단으로 조직화된 폭력을 추천했다.

현대 갈등이론

전쟁터로서의 사회 이미지는 오늘날 현대사회학에서 다양한 형태의 현대 갈등이론들 속에 살아남아 있다. 현대 갈등이론가들, 특히 자신을 마르크스주의 전통에 위치시키는 사람들은 계속해서 희소자원을 둘러싼 경제투쟁을 역사의 중심 동학으로 간주한다. 하지만 오늘날의 갈등이론가들은 좀처럼 자신들의 관심을 전적으로 경제적 계급갈등에 한정시키지 않는다. 그들의 관심은 빈번히 확장되어 정치적 갈등, 인종적·민족적 갈등, 젠더 갈등, 종교적 및 여타 사회적 갈등 역시 포함한다. 비록 그러한 갈등들 역시 거의 항상 경제적 차원을 지니지만, 그 갈등들은 좀 더 조야한 형태의 일부 마르크스주의가 내비추어왔던 것처럼 거의 경제적 요인만으로는 환원될 수 없다. 베버(Weber [1922]1958: 180~195)는 경제 환원론에 대한 고전적 비판에서 경제적 계급, 사회적 신분, 정치적 권력은 적어도 일정 정도 서로 독자적이며, 따라서 한 사회집단의 신분과 정치권력은 그 집단의 경제적 자원의 통제에 의해 완전히 설명되지 않는다고 주장했다. 경제 환원론에 대한 베버의 반박은 오늘날 현대 갈등이론가들의 저술에서 일반적으로 받아들여지고 있다(이를테면 Collins 1975; Zeitlin 1981: 159~163; Dahrendorf 1988).

갈등이론가들은 집단들 간의 관계에 대한 분석에서 다수의 유사군사적 개념을 이용한다. 그들은 갈등하는 집단들의 전략과 전술(공격적인 것과 방어적인 것 모두), 각자가 동원할 수 있는 자원의 비축, 공동의 위협에 대응하여 결성하는 변화하는 동맹, 당파적 이익을 보호하고 증진시키기 위해 수행하는 선전 캠페인, 그리고 각 측의 이익과 손실을 확정짓는 전투와 협상, 그리고 궁극적 해결책 등을 검토한다. 사회운동과 사회갈등의 연구에서 이러한 접근방식은 자주 **자원동원이론**resource mobilization theory이라고 불린다.

갈등이론가들은 당연히 집단들이 그들의 적에 대해 사회적 우위를 획득하고 유지하는 데서 폭력이 수행하는 역할에 관심을 기울인다. 하지만 그들의 관심은 글자 그대로의 물리적 폭력에 한정되는 것이 아니라 비유적 형태의 폭력 역시 포함하는 것으로 확장된다. 갈등이론가들은 자주 사회제도의 일상적 작동에서 발생하는 미묘한 형태의 경제적·정치적·심리적 폭력을 식별한다. 때때로 '체계' 폭력 또는 '구조적' 폭력이라고 불리는 그러한 비가시적인 공격은 글자 그대로의 또는 물리적 폭력 못지않게 인간의 복리에 파괴적일 수 있다. 이를테면 시장체계는 그 효율성에도 불구하고 실직 노동자와 그 가족과 같은, 경쟁우위 투쟁에서 밀려난 사람들에게 자주 '숨은 상처'를 입힌다(Sennett and Cobb 1993). 의료전달체계에서의 계급차별과 인종차별은 의학적 치료에 대한 적절한 접근을 박탈당한 사람들에게 해고만큼이나 치명적일 수 있다. 이와 같은 형태의 체계 폭력은 특정 개인들에게 쉽게 귀속시킬 수 없기 때문에 자주 인식되지 않는다. 그러한 폭력은 주어진 체계 속에서 "단지 일이 처리되는 방식일 뿐"이고, 따라서 특히 그 체계의 일상적 작용으로부터 이득을 얻는 사람들에 의해 문제시되지 않는 경우가 많다. 그러한 경우 은유적 폭력이 끝나고 글자 그대로의 폭력이 시작되는 정확한 지점을 말하기가 쉽지 않다.

현대 갈등이론이 미국사회학에서 부상한 것은 1960년대였다. 그 난폭한 10년 동안 그 시대의 유력한 정설이었던 구조기능주의와 그것의 주도적 제안자 탤콧 파슨스에 대해 이의를 제기하는 목소리들이 강력하게 터져 나왔다. 그 시대에 가장 영향력 있는 갈등이론가가 C. 라이트 밀즈(C. Wright Mills 1956, 1959)와 앨빈 굴드너(Alvin Gouldner 1970)였다. 정치적 좌파 진영에 속한 이 두 사회학자는 지식 노동의 요체는 단지 세계를 해석하는 것이 아니라 세계를 변화시키는 것이라는 마르크스의 언명을 진지하게 받아들였다. 기존의 미국 정치제도와 사회학에서의 구조기능주의 모두에 대한 날카로운 비판에도 드러나 있는 그들의 전투적인 개인적 스타일은 그 시대에 민권운동과 반전운동에 참여하는 젊은 정치적 활동가들 사이에서 많은 지지를 받았다. 밀즈, 굴드너 및 여타 갈등이론가들은 사회학에서 기능주의적 정설을 무너뜨리고 그 자리에 사회적 삶을 전쟁터로, 그리고 이론가들을 정치적 싸움의 한 측 또는 다른 측에 적극적으로 참여하는 사람으로 바라보는 대항정설counterorthodoxy을 수립하는 데 적어도 한동안 대체로 성공했다.

비판사회학의 프랑크푸르트학파Frankfurt school로 집합적으로 알려진 일군의 독일 이론가들로부터도 현대 갈등이론의 또 다른 주요한 세력이 등장했다(Connerton 1976; Dreitzel 1979; Arato and Gebhardt 1990; Agger 1998: 78~98). 막스 호르크하이머Max Horkheimer, 테오도르 아도르노Theodor Adorno, 헤르베르트 마르쿠제Herbert Marcuse를 비롯한 프랑크푸르트학파의 제1세대는 1930년대 독일 나치즘의 물결에 도전했고, 결국에는 미국으로 망명했다. 미국에서 그들은 계속하여 네오마르크스주의적 관점에서 파시즘에 도전하며 『계몽의 변증법Dialectic of Enlightenment』(Horkheimer and Adorno [1944]1990)에서 나치의 반유대주의와 선전활동을 분석했고, 『권위주의적 퍼스낼리티The Authoritarian Personality』(Adorno et al. 1950)에서는 파시즘의 심리적 동학을 폭로했다. 그러나 미국에서 그들은 적어도 자신들이 유럽에서 보았던 것만큼이나 세련된 선전장치, 즉 그들이 '문화산업culture industry'이라고 부른 것과 마주쳤다. 그들은 미국에서 영화, 사진기록, 다른 대중매체의 배포를 조직화하는 문화산업이 미국인의 취향과 여론을 자본주의의 정치적·경제적 이익에 부합하게 효과적으로 조작하고 있다고 경고했다(Horkheimer and Adorno [1944]1990; Marcuse 1964). 특히 마르쿠제의 『일차원적 인간One-Dimensional Man』은 명목상의 '자유'사회에 존재하는 미묘한 형태의 심리적·사회적 억압을 분석하여 1960년대

학생 좌파에 주요한 영향을 미쳤다. 오늘날 비판이론가들은 계속해서 안토니오 그람시(Antonio Gramsci 1971)가 '헤게모니hegemony'라고 부른 것에, 또는 대중매체와 같은 지배적인 문화제도가 주민을 이데올로기적으로 통제하는 방식에 관심을 가지고 있다. 우리는 오늘날 프랑크푸르트학파의 가장 저명한 인물인 위르겐 하버마스를 다루는 제9장에서 프랑크푸르트학파에 대해 다시 보다 자세하게 다룰 것이다.

갈등이론의 또 다른 중요한 변종 중 하나가 세계체계이론world-system theory이다(이를테면 Wallerstein 1974/1980; Chase-Dunn 1989; Frank 1993). 이 이론은 세계체계의 중심부에 있는 지배적인 자본주의사회(이를테면 미국)와 주변부의 덜 발전된 사회 간의 국제적 갈등에 초점을 맞춘다. 세계체계 이론가들은 세계체계의 중심부에 있는 나라들이 상대적으로 힘이 없는 종속적인 개발도상국에서 값싼 노동과 원자재를 착취하고 또 그들 나라를 경제적, 문화적, 그리고 어떤 경우에는 군사적으로 침입함으로써 그들 나라로부터 많은 이득을 얻는다고 주장한다. 우리는 이들 이론가를 시장 은유를 검토하는 제6장에서 다시 마주하게 될 것이다.

갈등이론에서 되풀이되는 은유로서의 전쟁상태는 앞서 제2장에서 논의했던 기능주의의 사회유기체 은유와 날카롭게 대조된다. 유기체 은유는 순조롭게 작동하는 항상적 균형이 사회의 '정상적' 또는 '자연적' 상태라고 가정한다. 체계 내의 갈등은 이러한 균형을 파괴하는 것으로, 따라서 본질적으로 역기능적이거나 병리적인 것으로 인식된다. 이와 대조적으로 전쟁 은유는 우리로 하여금 갈등을 자연스럽고 만연한 현상으로 바라보게 한다. 갈등이론가들은 갈등의 부정적 결과뿐만 아니라 긍정적 결과 역시 검토하며(Coser 1956), 사회적 적대는 사회에 본질적이고 때로는 심지어 이익이 된다고 주장한다. 실제로 근대시대의 모든 중요한 사회적 개혁 또는 혁신은 제시된 변화에 의해 자신들의 이익이 위협받는 집단들의 완강한 반대에 봉착했었다. 이를테면 노예제도의 폐지와 그로 인한 민권의 증진이 전적으로 평화로운 수단에 의해 일어났거나 일어날 수 있었을 것 같지는 않다. 갈등이론가들은 그러한 사회적 대결 없이는 부당한 제도가 도전받을 수 없었을 것이고 따라서 사회가 정체되었을 것이라고 주장한다. 때로는 더 많은 정당한 평화를 획득하기 위해 전쟁을 벌일 수밖에 없었다. 오직 가장 순수한 평화주의자만이 전쟁의 길을 전적으로 포기할 것이다.

공적 담론 속의 전쟁 은유

전쟁 은유는 사회이론에서뿐만 아니라 공적 담론 전반에서도 유행하고 있다. 공적 토론에서 드러나는 은유들은 우리에게 문화의 가장 심층적인 가정에 대해 많은 것을 말해줄 수 있다(Lakoff and Johnson 1980; Lakoff 1996). 이를테면 데버러 테넌(Deborah Tannen 1998: 3)은 미국 문화에서 "우리로 하여금 …… 공적 담론을 마치 하나의 싸움인 것처럼 바라보게 하는, 널리 퍼져 있는 호전적인 분위기"를 감지한다. 이를테면 정치에서 우리는 치열한 선거전쟁을 치르기 위해 군자금을 가득 채우고 무기를 끌어모으는 공직 후보자에 대해 이야기한다. 한편 정치 연설가들은 가난, 약물, 또는 범죄와 전쟁을 치를 것이라고 판에 박힌 듯이 약속한다.

1990년대 동안에 종교, 법, 가족, 예술, 교육과 관련한 문제를 둘러싼 자유주의자들과 보수주의자들 간의 정치적 갈등을 묘사하기 위해 **문화전쟁**이라는 용어가 출현했다(Hunter 1991; Whitehead 1994). 〈크로스파이어Crossfire)처럼 적절하게 이름 붙여진 라디오 토크쇼와 텔레비전 프로그램에서 경쟁관계에 있는 정치캠프의 대표자들은 자신들의 무기인 말을 가지고 서로를 격렬하게 공격했다. 우파의 당파적 전략가들(이를테면 Horowitz 1999)은 자신들의 적에 맞서 폭력의 수사를 차츰 끌어올릴 때면 공개적으로 정치적 전쟁을 주장하고 나섰다. 로빈 레이코프(Robin Lakoff 2000)는 이러한 종류의 대결, 즉 이데올로기 전투원들이 자신들의 이익에 기여하는 방식으로 공적 문제를 제기하고 틀짓기 위해 공격적인 책략을 사용하는 대결을 '말 전쟁language wars'이라고 불렀다. 한편 자신들을 '시민군militia'이라고 부르고 군사조직을 본 따 자신들을 조직한 반정부 집단들은 경찰과 준군사적 정부기관에 맞서 말 전쟁뿐만 아니라 어떤 경우에는 글자 그대로의 전쟁도 벌였다. 제임스 데이비슨 헌터(James Davison Hunter 1991)는 이 격앙된 문화전쟁은 그야말로 나라의 문화적 정체성을 규정하는 투쟁이었다고 주장한다.

군사 은유 역시 우리의 경제 문화에 침투해 있다. 우리는 경쟁하는 회사들 간의 '가격전쟁' 또는 경쟁하는 국가경제들 간의 '무역전쟁'에 대해 이야기한다. 기업 캠페인들은 시장점유율을 확보하고 방어하기 위해 호전적인 전략과 전술을 이용하고, '적대적 인수합병'을 계획하고, 자신들의 적으로부터 직원들을 빼앗기 위해 '기업 사냥꾼'을 보낸다. 『기업의 전사들The Corporate Warriors』(Ramsey 1987)과 『훈족의 왕 아틸라의 리더십 비밀Leadership Secrets of Attila the Hun』(Roberts 1985) 같은 제목의 경영서적들은 베스트셀러 목록에 이름을 올렸다.

한편 학계의 숲(또는 참호)에서도 사상 전쟁이 벌어진다. 학계의 삶을 '현실' 세계에서 벌어지는 삶의 투쟁으로부터 은둔적으로 도피하는 것으로 바라보는 대중적인, 그러나 순진한 견해가 거짓임이 밝혀졌다. 메리

더글러스(Mary Douglas 1980: 1~6)는 형이상학자들과 물질주의자들 간의 세계관 전쟁에 휘말린 한 젊은 철학자의 사례를 묘사한다. 그 젊은 학자가 사회과학에 관심을 보이자, 그의 형이상학적 동료들은 그가 "적의 편으로 넘어갔다" – 단지 형이상학의 영역을 떠난 것이 아니라 배반자처럼 "그것을 떠나 그것에 대한 공격을 준비하기에 좋은 위치로 이동하고 있다" – 고 인식했다. 이러한 종류의 지적 갈등은 지적 전투원들이 상징이라는 수단을 통해 자신들의 공격성을 쏟아내는 일종의 승화된 전쟁상태이다. 태년(Tannen 1998: 256ff)은 이러한 "지식에 대한 적대적 접근방식"을 유치원에서부터 그녀가 학계의 신병훈련소라고 묘사하는 대학원에 이르기까지 교육과정의 모든 단계에서 발견한다.

종교 문화 역시 전쟁 이미지로 가득하다. 이를테면 전통적인 기독교 교의는 흔히 선의 힘과 악의 힘이 맞붙어 싸우는 위대한 전쟁으로 프레임 지어진다. 따라서 우리는 군사 은유가 교회 역사에 깊이 착근되어 있다는 것에 놀라지 않을 것이다. 이를테면 예수회Jesuits – 1540년 스페인의 군 장교 성 이그나티우스 로욜라St. Ignatius Loyola에 의해 창시된 가톨릭 교파 – 는 군사조직을 모델로 하여 조직되어 있고 최고위의 장교가 수도회의 최고위직을 차지한다. 프로테스탄트 단체들 가운데 구세군Salvation Army도 마찬가지로 군대 노선을 따라 조직되어 있다. 프로테스탄트 찬송가들도 종종 잘 요새화되어 있고 잘 무장되어 있다. 마틴 루터Martin Luther는 「내 주는 강한 성이요」라는 찬송가의 가사를 지었으며, 「믿는 사람들은 군병 같으니」는 여전히 프로테스탄트의 대표곡으로 남아 있다. 보수적인 프로테스탄트 신도들은 여전히 신의 군대의 '도덕적 재무장'을 요청하는 소리를 듣는다.

우리의 레크리에이션 역시 전쟁에 의해 고무받고 있다. 인기를 끌고 있는 많은 게임이 전쟁 시뮬레이션이다. 이를테면 체스는 비숍, 나이트, 천한 졸들이 왕을 보호하기 위해 자신의 목숨을 바치는 두 중세 왕국 간의 전쟁을 흉내낸다. 미식축구는 그 물리적 폭력 면에서 글자 그대로의 전쟁상태에 체스보다 훨씬 더 가깝다. 코미디언 조지 칼린(George Carlin 1997: 50~53)이 날카롭게 논평하듯이, 헬멧을 착용하고 유니폼을 입은 난폭한 팀들이 솔저 필드Soldier Field와 워 메모리얼 스타디움War Memorial Stadium 같은 이름을 가진 장소에서 경기한다. 쿼터백은 '야전 사령관'으로 적의 '공세'에 맞서 '극도의 정확성'을 가지고 '공습'을 개시한다. 그들은 '샷건' 포메이션에서 달려 나와 '총알 패스'를 하고 '장거리 폭탄'을 발사하여 적의 전면 방어벽에 구멍을 뚫고 …… 적진으로 전진하고, 필요할 경우 '서든 데스sudden death'를 치른다.

전쟁 은유가 조직화된 폭력을 낭만화하고 찬양하는 문화에서 번성한다는 것은 전혀 놀랄 일이 아니다. 젊은 남자들 — 전통적으로 전사들을 배출한 사회의 부분과 일치하지는 않는 — 이 폭력적인 영화, 텔레비전 프로그램, 비디오와 컴퓨터 게임과 같은 상업적 창작품의 주요 시장이다. 잠재의식 속에 내재하는 그들의 거침과 강함에 호소하는 군사 은유는 전통적인 틀 속에서 성장한 남성들 가운데서 특히 반향을 불러일으키는 것으로 보인다. 하지만 우리가 살펴보듯이, 그러한 은유는 때때로 여성들에 의해서도 사용되고 있다.

젠더 전쟁

은유는 우리가 남성과 여성 간의 관계를 해석하는 방식을 오랫동안 틀지어왔다. 이를테면 초기 영국 페미니스트이자 사회학자인 해리엇 마티노

(Harriet Martineau [1837]1985; Yates 1985: 18)는 19세기 미국사회에서 여성들이 '정치적 비존재'였다는 점에 견주어 여성을 노예에 비유했다. 미국 페미니스트 샤롯 퍼킨스 길먼(Charlotte Perkins Gillman [1898]2000)도 유사하게 여성들이 가정경제에서 일하는 말의 역할을 한다는 점에서 여성의 지위를 사실상의 가축으로 깎아내렸다(Kivisto 2000: 154에서 인용; 또한 Lemert 1997a: 15ff도 보라). 하지만 아마도 우리 문화에서 젠더 관계를 묘사하는 가장 친숙한 은유는 우리의 대중적인 사회적 문헌들에서 다양한 형태로 등장하는 '성 대결battle of the sexes'의 이미지일 것이다. 릴리언 루빈(Lillian Rubin 1990)은 『에로틱 전쟁Erotic Wars』에서 이 테마의 한 변종을 제시한다. 그 책은 섹스혁명sexual revolution — 이 표현 자체가 전쟁 은유의 일종이다 — 에 따른 젠더 관계를 성찰한다. 페미니즘 저술가 수전 팔루디(Susan Faludi 1991)와 메릴린 프렌치(Marilyn French 1992) 또한 자신들의 저술에서 전쟁터의 형상을 소환한다. 두 사람은 그들 책의 제목에서 '여성과의 전쟁'을 부각시킨다. 팔루디가 사용한 군사 은유는 다음의 간략한 분석이 보여주듯이 수사의 관점에서 대단히 잘 발전되어 있다.

팔루디는 자신의 저작 『반격: 미국 여성과 벌이는 선전포고되지 않은 전쟁Backlash: The Undeclared War against America Women』을 최근에 페미니즘 운동이 성취하기 위해 싸워온 "작고 어렵게 얻은 한줌의 승리"를 언급하는 것으로 시작한다. 하지만 그녀는 1980년대 10년 동안 여성의 진군으로 인해 자신의 이익을 위협받는 사람들 측에서 "여성의 권리에 대한 강력한 대항공격, 즉 반격이 행해지는 것을 목도해왔다"라고 지적한다(Faludi 1991: xviii). 종교적 보수주의자들은 자신들이 여성운동과의 '영적 전쟁'이라고 칭한 전쟁을 수행해왔다. 팔루디는 자신의 분석에서 종교적 우파의 군사주의적 수사를 취하여 그 수사를 그녀의 적들에게로 돌린다. 그녀는 종교적 우파의 대다수를 "그들이 주적主敵으로 간주한 것 — 여성 권리의 옹호자들 — 에 맞서 …… 기동훈련을 하며" "워싱턴으로 떼 지어 몰려가는" '근본주의적 병사'[와] '전사'로 묘사한다. '사명'감(종교적 함의와 군사적 함의 모두를 가진 용어)을 가진 '십자군 전사들'인 그들은 가족의 권리라는 '깃발'하에 종군했다. 이 가족옹호 "전략이 신우파 남성들로 하여금 여성의 권리에 대해 간접적인 공격에 나서게 했지만, …… 그들은 또한 직접적인 공격을 택하기도 했다"(Faludi 1991: 237~239). 이렇듯 팔루디는 포위당한 페미니즘의 이미지를 솜씨 있게 그리며, 자신이 다루는 주제를 공세에 시달리고 위험에 처한, 광신적 공격의 표적으로 제시한다. 그 과정에서 그녀는 적의 수사적 무기를 전유하여 그녀 자신의 것으로 만든다.

팔루디의 분석은 또한 보수적인 고전학자이자 1987년 깜짝 베스트셀러 『미국 정신의 종말The Closing of the American Mind』의 저자인 앨런 블룸Allan Bloom을 표적으로 삼는다. 종교적 우파처럼 블룸은 여성운동에 맞서는 자신의 캠페인에서 군사적 수사를 동원해왔다. 그는 여성운동을 "순전히 전통적인 인문주의적 연구의 가치, 방법, 목적을 파괴하는 것을 목적으로 하는 테러의 지배"로 묘사하고, "고전의 활력에 대한 최후의 적은 페미니즘"이라고 썼다(Bloom 1987: 65~101). 팔루디는 다시 한 번 더 전쟁의 수사를 자신의 적에게 되돌려 보낸다. 그녀는 블룸을 "페미니즘의 점령으로 [포탄 충격을 받은] 피난민"이라면서, "실제로 남자들만 있는 벙커"[시카고대학교 사회사상위원회]에 쪼그리고 앉아서 좀처럼 자신의 요새 밖의 "탈군사화된 지역"으로 위험을 무릅쓰고 나가려고 하지 않는다고 묘사한다(Faludi 1991: 291~292). 이처럼 군사적 형상이 이러한 말 전쟁의 양편에서 병기 역할을 하고 있다.

팔루디의 시야에 들어온 또 다른 표적은 남성을 대변하는 시인 로버트 블라이Robert Bly이다. 블라이는 페미니즘의 영향을 '질병'(표준적인 유기체 은유)과 '침입'으로 번갈아 묘사한다(Faludi 1991: 310). 비록 팔루디 비판의 대부분은 블라이 같은 남성우위론자들을 겨냥하지만, 그녀는 자신의 동료 페미니스트들에 대해서도 얼마간 예리한 지적을 한다. 그러한 페미니스트들 가운데에는 자신의 입장보다 덜 호전적인, 그 분야의 개척자적인 저자 베티 프리던(Betty Friedan 1963; 1981)과 영향력 있는 도덕 심리학자 캐럴 길리건(Carol Gilligan 1982)도 포함되어 있다. 팔루디 자신은 분명 일종의 전사이다. 하지만 사려 깊은 저술가인 그녀는 자신과 자신의 적들이 매우 효과적으로 사용한 전쟁 은유의 한계 역시 인정하고 있다.

> 여성의 진군과 후퇴는 일반적으로 승리한 전투, 패배한 전투, 획득하고 넘겨준 요충지와 영토 등 군사 용어로 묘사된다. 이런 맥락에서 전투 은유가 장점이 없는 것은 아니다. 그리고 분명 동일한 종류의 전쟁 결산 어휘들이 이 책에서 이미 그 모습을 드러내고 있다. 그러나 그 갈등을 그 전선의 어느 한편에 잘 도열해 있는 두 대군 간에 벌어지는 일로 간주할 경우, 우리는 여성과 그들이 살고 있는 남성문화 간의 '전쟁'의 뒤얽힌 성격, 즉 그 둘이 서로 꼼짝 못하게 껴안고 있다는 사실을 놓치게 된다.(Faludi 1991: xxi)

이렇듯 팔루디는 전쟁 은유 자체가 공격에 취약하다는 것을 인정한다.

팔루디를 비롯한 일부 페미니스트가 자신들의 대의를 위해 군사 은유에 호소하지만, 다른 사람들은 그러한 은유가 권력 및 폭력과 관련된 전통적인 남성적 가정에 암묵적으로 호소한다고 지적한다(이를테면 Tannen

1998). 남성들은 역사적으로 사회의 전사이고, 역사를 통해 진화해온 전사문화의 원리들이 전통적인 성 역할 속에 보존되어 있다(Barash 1991; Boulding 1992). 니스벳(Nisbet 1973: 16~17)과 일부 학자들은 마치 용기, 규율, 희생과 같은 덕목들이 젠더 특수적이고 그 덕목들을 드러내기 위해서는 전쟁이라는 방아쇠가 요구되기나 하는 것처럼, 이따금 군대생활의 엄격함과 관련된 전통적인 '남성적' 가치들을 낭만화하는 것으로 보인다. 군사 은유의 거친 남성성이 일부에게는 호소력이 있을 수 있지만, 다른 사람들은 우리에게 사회적 삶에 대한 덜 파괴적인 이미지를 추구할 것을 촉구한다. 우리는 사회적 전쟁터 은유가 자주 인간 역사에 적합한 은유였다는 것을 부정하지는 않는다. 하지만 중요한 것은 사회적 삶에 분명 만연한 사회적 갈등을 (가능한 한) 비폭력적으로 해결할 수 있는 방법을 찾아내어 폭력과 그 수사 모두를 승화시킴으로써 그 은유가 더 이상 적절하지 않은 사회를 창조하는 것이다. **이것 역시** 사회적 갈등을 역사의 중심 동학으로 인정한다는 점에서 **일종의 갈등이론**이지만, 그것의 핵심 은유로 전쟁보다는 오히려 비폭력 저항을 취한다. 이것이 바로 사회적 부정의뿐만 아니라 전쟁 은유에도 역시 도전했던 모한다스 간디 Mohandas Gandhi와 마틴 루서 킹 Martin Luther King 같은 역사적 인물들이 진전시킨 전통이다.

인종, 민족성, 그리고 전쟁 은유

젠더 담론에서와 마찬가지로 인종과 민족 담론에서도 은유는 자주 우리가 집단관계를 가시화하는 방식을 틀짓는다. 이를테면 용해점 은유는 민족적 영향의 조화롭고 균질화된 혼합물로서의 미국 문화라는 가공의 이미지를 시사하기 위해 자주 불러내어져왔다. 다른 은유들은 미국에서의 인종과 민족관계가 향미료를 섞었음에도 불구하고 그 자료들이 여전히 별개로 남아 있는 토스트 샐러드나 스튜와 더 유사하다는 것을 시사했다. 당대의 탁월한 아프리카계 미국인 지식인이던 두 보이스(W. E. B. Du Bois [1908]1970)는 "흑백 간의 인종알력"에 대해 서술하면서 더 거칠고 덜 이상화된 인종관계 이미지를 선택했다. 그것보다 훨씬 더 거친 것이 전쟁으로서의 인종관계 이미지이다.

인종전쟁의 형상은 1960년대 민권운동이 한창이던 때에 공적 수사에서 흔히 발견되었고, 그러한 수사는 우파와 좌파 모두의 호전적 집단들로부터 들을 수 있었다. 한편에서 백인지상주의자 집단들은 군사주의의 호전적 수사뿐만 아니라 조직의 복장까지도 채택했고, 오늘날까지도 인종차별주의적인 준군사적 '시민군'의 형태에 살아남아 있다. 블랙 팬더스 Black Panthers와 심바이어니즈 해방군 Symbionese Liberation Army 같은 호전적인 흑인 단체들도 역시 적대적이고 중무장한 주변 사회 분파들의 위협에 맞대응하여 군사 은유를 축으로 하여 스스로를 조직했다. 그 당시의 아프리카계 미국인 지도자들은 전쟁상태 형상과 관련하여 내적으로 분열되었다. 맬컴 엑스(Malcolm X 1970)는 그의 초기 공개적인 선언들에서 혁명적 폭력과 호전적 자기방어의 수사에 빈번히 의지했다. 그와 대조적으로 마틴 루서 킹(Martin Luther King [1963]1970)은 그것 대신 평화와 인종정의의 꿈을 추구하는 상징적 틀로 비폭력 화해의 언어를 선택했다.

20세기 말경 인종전쟁의 수사는 대체로 주류 문화에서 가라앉았다. 하지만 사이버공간에서는 그 수사가 백인 우월주의자 과격파 집단들 사이에서 가시적 존재로 아직 살아남아 있다. 아프리카계 미국인 지도자들은 민권운동의 성과가 더 부식될 경우 여전히 발생할 수도 있는 미래상을 경고할 때를 제외하고는 인종전쟁의 형상을 좀처럼 불러내지 않았다(Rowan 1996). 비록 아프리카계 미국인 공동체가 여전히 엄청난 문제에 직면해 있지만(이를테면 West 1993; Gates and West 1996; Wilson 1999), 그러한 문제에 대해 제시된 해결책들은 이제 좀처럼 전쟁터의 언어로 표현되지 않는다. 이를테면 윌리엄 줄리스 윌슨(William Julius Wilson 1999)은 이제 "인종분할을 이을 다리"를 건설하여 경제적으로 주변화된 모든 인종·민족 집단의 사람들을 공통의 대의로 묶을 필요성에 대해 이야기한다. 새로 출현하고 있는 다문화주의 은유는 폭력적 갈등이 아니라 상보성에 대해, 즉 제시 잭슨Jesse Jackson이 대중화한 두 가지 이미지를 빌려 혁명이 아니라 조각보와 무지개 동맹에 대해 이야기한다. 한편 토니 모리슨Toni Morrison, 앨리스 워커Alice Walker, 마야 엔젤로Maya Angelou 같은 아프리카계 미국 여성들은 전통적인 남성우위론적 전사 은유와 대조적으로 자신들의 견해를 표현하기 위해 출산, 중재, 친족, 영적 재생의 은유에 의지한다(Holloway 1992).

우리가 인종과 민족성에 대한 우리의 공적 토론들에서 선택하여 사용하는 은유들은 우리에게 우리가 맺고 있는 관계들의 상태에 대한 많은 것을 말해줄 수 있다. 특히 전쟁 은유의 진전과 퇴각은 우리가 글자 그대로의 전쟁상태로부터 얼마나 가까이 또는 얼마나 멀리 있는지를 보여주는 지표 역할을 할 수 있다. 항상 그렇듯이, 우리는 은유를 신중하게 선택해야만 한다. 잘못 선택된 은유는 우리를 서로 파괴하는 소용돌이치는 길로 인도할 수 있지만, 적절한 순간의 올바른 은유는 우리의 정신에 새로운 그리고 유망한 가능성을 열어줄 수 있다. 어느 경우이든 인종적·민족적 관계의 미래는 국내적으로든 국제적으로든 우리가 그 관계를 가시화하기 위해 창조하는 은유에 의해 틀지어질 것이다.

전쟁 은유를 넘어서

전쟁 은유가 극적이고 시적으로 강력하다는 점을 부정할 수는 없다. 전쟁 은유는 사회적 현실의 보다 가혹하고 더 고통스러운 여러 측면을 적절히 포착하고, 우리로 하여금 인간관계에 만연한 갈등에 주목하게 한다. 하지만 기능주의의 사회유기체 은유가 현실사회에 존재하는 갈등의 정도를 줄여서 진술하는 경향이 있는 것처럼, 사회적 전쟁터 은유 역시 반대 방향으로 너무 멀리 나아가서 사회가 본질적으로 갈등으로 고통받는 정도를 과장해서 진술할 수 있다. 현실에서 실제로 끊임없이 전쟁상태에 있는 사회는 하나의 사회라고 전혀 불릴 수 없을 것이다.

결국 여성과 남성 간의 (또는 흑인과 백인 간의, 젊은이와 노인 간의, 좌파와 우파 간의, 또는 사회세계에서의 어떤 다른 이원 대립 간의) 관계를 '전쟁'으로 묘사하는 것은 그 관계를 밝혀내는 것일 뿐만 아니라 숨기는 것이기도 하다. 문제에 대한 이러한 정식화는 폭력의 언어로 쟁점을 프레임지음으로써 갈등을 비폭력적으로 해소하고 화해할 기회나 공유된 이해관계를 확인할 기회를 차단할 수 있다. 그러므로 은유는 잠재적으로 자기실현적 예언을 창조할 수도 있다(Merton [1948]1968). 왜냐하면 사회적 행위자들이 전쟁상태를 (글자 그대로이든 또는 은유적으로이든) 필요하고 불가피한 것으로 **규정**할 때, 그리고 그러한 인식에 기초하여 행위할 때, 그들은 파괴적 갈등의 가능성을 증가시키기 때문이다. 미국 외교관이자 역사가인 조지 케넌(George Kennan 1977: 202)이 지적했듯이, "불가피한 것으로 또는 심지어는 있을 수 있는 일로 간주되어 많은 준비가 이루어진 전쟁은 궁극적으로 발발할 가능성이 아주 크다". 폭력의 불가피성을 받아들이는 것은 희소하고 가치 있는 자원을 둘러싸고 갈등이 수반되는 상황에서 우리가 비폭력적인 윈-윈 대안을 상상할 수 있는 능력을 봉쇄할 수 있다.

 일부 이론가들은 전쟁 은유를 보다 건설적인 용도로 전환시키기 위해 노력해왔다. 개척자적 심리학자 윌리엄 제임스(William James 1911: 263)는 젊은 사람들은 다른 국가와 싸우기 위해서가 아니라 천성적으로 인류에게 부여된 한계와 싸우는 은유적 전쟁을 수행하기 위해 몇 년 동안 징집된다고 제시했다. 제임스는 전통적인 전쟁에 대한 이러한 대안을 '전쟁의 도덕적 등가물', 즉 전통적인 군사적 덕목을 평화로운 목적을 추구하는 쪽으로 방향 전환하기라고 불렀다. 환경주의자들은 국가들 간에 전통적으로 전쟁을 수행하기 위해 동원되던 에너지가 생태계를 방어하는 쪽으로 방향을 전환하고 있음을 시사해왔다. 다른 사람들은 우주 탐구 또는 과학적 발견의 추구가 상위의 목표를 고무하는 역할을 할 경우(Sherif 1966), 인류가 단합하여 공유된 승리를 위해 그것을 공동으로 탐구할 수 있을 것이라고 제시해왔다. 이것이 바로 간디가 전쟁 자체에 반항하는 전쟁을 제시한 정신이었다.

 전쟁 은유가 건설적 용도로 전환될 수 있다면, 그것은 보다 건설적이 되어, 장기적으로 전쟁의 형상을 넘어 사회적 삶에 보다 생기를 불어넣어주는 이미지를 추구하는 쪽으로 나아갈 수 있을 것이다. 일례로 법정 '싸움'에서 양측이 서로 맞붙게 하는 전통적인 적대적 사법체계에 대한 일련의 대안들을 발전시키기 위해 최근 법조계에서 일고 있는 운동을 살펴보자. 비용이 많이 들고 파괴적인 법적 전쟁에 대한 하나의 대안으로서의 중재운동은 대립하는 당사자들 간에 협상, 분쟁조정, 화해의 기회를 만들어낸다(Folberg and Taylor 1984; Moore 1986; Fischer and Ury 1983; Dunlop 1984; Fischer and Brown 1988). 실제로 중재운동은 사회적 불화를 해결하는 과정에서 전쟁 은유를 넘어 외교 은유로 나아간다. 중재운동은 사회적 갈등이라는 엄연한 현실을 부정하거나 억압하지 않으면서도 잠재적으로 건설적이고 상호 이익이 되는 방식으로 갈등을 승화시키고자 한다. 이와 같은 노력들은 우리로 하여금 전쟁이라는 암울한 시를 넘어 한 걸음 앞으로 나아가게 한다. 그러나 그러한 노력들은 아마도 틀림없이 계속해서 저항에 직면할 것이다. 왜냐하면 전쟁 은유가 우리의 문화 깊숙이에 참호를 구축하고 있고, 또 쉽게 굴복하지 않을 것이기 때문이다.

제5장

법질서로서의 사회

전쟁터로서의 사회 이미지는 전사의 열정을 자극하기도 한다. 하지만 우리 대부분은 영원한 전투지역에서의 삶은 견딜 수 없다는 것을 발견할 것이다. 일정 정도의 사회적 갈등은 불가피하고 심지어 바람직하기도 하지만, 어떤 사회도 강렬하고 무자비한 투쟁상태에서는 오랫동안 존속할 수 없다. 만약 우리가 사회적 전쟁상태의 은유를 넘어서고자 한다면, 우리는 사회는 무엇이고 어떠할 수 있는지에 대한 보다 생명유지적 모델을 필요로 할 것이다.

일부 사회이론가들은 전쟁터로서의 사회 이미지를 넘어 공유된 규칙과 법 — 파괴적인 갈등을 조정하는 규칙을 포함하여 — 의 공동체로서의 사회라는 보다 희망적인 이미지를 제시해왔다. 그러한 견해에서 보면, 사회적 삶은 전쟁이라기보다는 실제적 또는 잠재적 적들 간의 평화조약 또는 사회계약으로, 그것이 사회적 전쟁상태의 혼란을 생명유지적인 질서로 변형시킨다. 이 은유를 지지하는 사람들이 볼 때는 규칙과 법이 바로 인간사회를 구성하는 재료이다. 규칙과 법 없이는 우리는 참호 속에서 영원히 허우적거리게 될 것이다.

사회를 규칙 또는 사회적 규범의 체계로 가정하는 것은 몇 가지 중요한 함의를 지닌다. 그것은 우리가 우리의 통제권 밖에 있는 비인격적인 '자연법칙'에 의해 지배받을 뿐만 아니라 우리 자신이 만드는 법과 규칙에 의해서도 지배받는다는 것을 함의한다. 이는 우리가 우리 자신을 글자 그대로 '지배rule'할 가능성을 열어놓는다. 그것은 규칙을 만들고 규칙을 해석하고 규칙을 집행하고 규칙을 파괴하는 우리의 문화적 능력이 바로 우리 인간존재의 본성의 핵심이나 다름 없다는 것을 함의한다.

실제로 우리가 행하는 모든 것은 우리에게 기대되는 행동의 규약을 이러저러한 방식으로 지향하고 있다. 은유적으로 말하면, 우리 모두는 우리 삶의 다양한 현장에서 이러저러한 때에 입법자, 변호사, 재판관과 배심원, 경찰관, 교도관, 범법자의 역할을 수행한다. 우리는 모든 사회제도 — 법체계 자체뿐만 아니라 가족, 학교, 직장, 예배당까지도 — 를 인간행동을 지시하거나 억제하는, 그리고 그것을 바람직한 목적으로 인도하는 일종의 규제체계로 볼 수도 있다.

에밀 뒤르켐, 막스 베버, 지그문트 프로이트Sigmund Freud를 포함하여 많은 중요한 이론가가 인간의 에너지와 충동을 규제하는 규칙 또는 사회적 규범의 체계로서의 사회 이미지를 불러내어왔다. 사회를 하나의 규범 체계로 보기 위해서는 먼저 그 정반대, 즉 전적으로 무규범적인 (또는 뒤르켐의 표현으로는 **아노미적인**anomic) 사회를 상상하는 것이 유용할 것이다. 그러한 사회가 실제로 현실에서 오랫동안 존속할 수 있을 것이라고는 상상할 수 없다. 실제로는 어떤 종류의 사회적 동의도 존재하지 않는 그러한 것을 과연 사회라고 적절히 칭할 수 있을지도 의문이다. 그러나 하나의 사유실험으로 그러한 반反사회가 만약 존재한다면 어떤 모습일지를 간략하게나마 살펴보기로 하자.

아노미아

우리의 가상의 사회 — 이것을 아노미아Anomia라고 부르자. 이 말의 그리스어 어원은 '법이 없는'이라는 뜻이다 — 에서 거주자들은 우리가 맘껏 즐길 때처럼 완전한 자유를 향유한다. 한 거주자가 집을 지을 경우, 다른 사람은 힘으로써 또는 필요하다면 이전의 거주자를 죽이겠다고 말로 위협함으로써 그 집을 빼앗을 수 있다. 살인, 강간, 도둑질, 사기 행위는 아노미아에서 흔한 일이다. 왜냐하면 그러한 행위들을 막을 기성 권위가 전혀 존재하지 않기 때문이다. 강한 사람이 살아남는 반면(적어도 그들이 더 강한 사람을 만날 때까지), 약한 사람은 강한 사람의 뜻에 동의하거나 또는 저항하다가 죽는다. 그것은 유토피아적 무정부주의자 표트르 크로포트킨(P'etr Kropotkin [1902]1972)이 마음속에 그린 목가적인 자유사회가 아니라 훨씬 더 불길한 어떤 것이다. 그것은 토머스 홉스(Thomas Hobbes [1651]1964)가 그의 고전적 저작 『리바이어던』에서 인간존재의 자연상태로 상정했던 무시무시한 "만인에 대한 만인의 전쟁" 상태이다. 만인에 대한 만인의 전쟁과 유사한 어떤 것이 윌리엄 골딩William Golding의 소설 『파리대왕Lord of the Flies』에도 묘사되어 있다. 그 책에서는 영국의 한 남학생 집단이 외딴 무인도에 불시착한다. 그리고 그들은 어떻게든 그들 사이에 사회질서를 다시 만들어야만 한다. 남자아이들은 점차 고국 문명의 요소들을 잃어가고, 따라서 그들의 세계는 사납고 야수적인 생존투쟁으로 타락한다. 강한 사람이 마음대로 약한 사람을 약탈하고, 실제로 유일한 규칙은 "힘이 정의를 만든다"는 것이다.

현실세계에서 순수한 무정부상태의 사례를 발견하기란 쉽지 않다. 홉스의 자연상태는 분명 대부분의 실제 '원시'사회에서도 존재하지 않는다.

왜냐하면 그러한 소규모 수렵-채집 공동체는 만약 공격성을 억제하고 협동을 보장하고 분쟁을 해결하는 행동규약을 진전시키지 않았다면 결코 생존할 수 없었을 것이기 때문이다. 인류학자들(이를테면 Keesing and Keesing 1971: 356~359; Tumbull 1972)이 이따금 보다 단순한 사회에서 식민지 권력과의 접촉으로 인해 사회해체가 초래된 사례를 보고해왔지만, 그러한 경우들은 상대적으로 희귀해 보인다.

보다 복잡한 문명들 또한 이따금 심각한 무질서를 목도해왔다. 그러나 그러한 에피소드들은 규칙이라기보다는 예외였던 것으로 보인다. 로마 제국의 붕괴, 프랑스혁명 후기에 파리와 지방을 휩쓸었던 공포시대, 그리고 19세기 미국의 '거친 서부'는 붕괴 또는 공적 질서의 상대적 부재를 보여주는 가상적 상징들이다. 하지만 그러한 에피소드들조차도 순수한 무정부상태의 수준으로까지 떨어진 것은 아니었다. 우리 시대의 사회해체에 관한 보고 또한 존재한다(Kaplan 1994). 최근에 발칸반도와 캄보디아의 대량학살 현장에서, 아프리카와 옛 소련 지역들에서, 그리고 미국 주요 도시 내부의 쇠퇴하는 지역들에서 군벌과 갱들이 실제 행정당국의 공백상태를 틈타 민중을 약탈함에 따라 이들 지역은 큰 혼란에 휩싸여왔다. 하지만 그러한 혼란 상황에서조차 사회조직이 일정 정도 존속하고, 삶은 계속된다. 유토피아처럼 아노미아 역시 어느 곳에서도 단지 일정 정도로만 존재할 뿐 그 순수한 형태로는 존재하지 않는다. 우리는 어쨌든 일정한 조직화 성향을 지니고 있는 종種이다. 홉스가 상정한 자연상태는 경험적 실체가 아니라 가설적 실체이다. 홉스의 본질적 논점은 인간이 함께 사는 곳에서는 만인에 대한 만인의 무서운 전쟁을 막기 위해 강력한 통치규칙을 수립하는 것이 그들 서로에게 이익이 된다는 것이었다. 왜냐하면 그러한 규칙 없이는 우리는 개인적으로든 사회로서든 살아남을 수 없기 때문이다.

아노미아에 사는 가상의 거주자들은 어떻게 홉스의 자연상태를 초월하여 적절한 수준의 사회질서를 확립할 수 있었을까? 그들은 자신들의 공통의 이해관계를 보호하기 위해 서로 결합하기 시작했을 것이다. 힘없는 사람들은 자신들의 수적 우세에서 힘을 발견할 것이다. 왜냐하면 유력한 개인들이 힘없는 개인들을 쉽게 약탈할 수 있지만, 잘 조직화된 그러한 개인들의 **집단**은 그렇게 쉽게 약탈할 수 없을 것이기 때문이다. 홉스는 개인들이 암묵적인 사회계약에 동의하는 것, 즉 사회의 성원들이 서로를 물어뜯는 것을 막기 위해 일정 정도의 개인적 자율성을 초개인적인 중앙집중적 국가권력, 다시 말해 그러한 힘을 갖는 리바이어던 또는 거인에게 양도하는 것은 사회의 대다수 개인을 위한 것이라고 주장했다. 홉스 자신은 완고한 군주제주의자였고, 그의 시대에 그의 주장은 여전히 강력한 중앙집중화된 정부의 권위를 고전적 방식으로 옹호하고 있었다.

홉스의 제안에 숨어 있는 위험은 물론 무력의 실제적 독점권을 가진 국가장치를 통제하는 사람들이 자신들의 이익을 추구하기 위해 국가의 정당한 권력을 찬탈할 수 있다는 것이다. 파시즘과 스탈린주의를 포함하여 우파와 좌파의 전체주의 체제들은 우리가 **하이퍼노미**hypernomie 또는 '과도한 질서excessive order'라고 부를 수 있는 것 — 권위주의적·억압적 수단에 의해 절대적 질서를 수립하고자 하는 시도 — 의 극단적 표현들이다. 그러한 체제는 흔히 공포를 통해 통치된다. 왜냐하면 한나 아렌트(Hannah Arendt [1951]1979: 325)가 지적하듯이, 전체주의 체제는 "외적 수단에 의존하여 통치하는 데 결코 만족하지 않고" "내부로부터 인간을 지배하고 공포에 떨게 하는 수단" 또한 찾기 때문이다.

사람들은 역사적 경험으로부터 하이퍼노미의 위험이 아노미의 위험만큼이나 중대하다고 주장하기도 한다. 하이퍼노미와 아노미는 어떤 의미에서는 정반대이지만, 역설적이게도 그것들은 서로 다른 크기의 프랙털 이미지들fractal images[세부 구조를 확대해 볼수록 전체 구조와 유사한 형태를 끊임없이 반복하고 있는 복잡한 구조의 이미지 – 옮긴이]처럼 서로 유사하다. 아노미아에서는 만인에 대한 각자의 전쟁이 개인들 사이에서 벌어지고, 가장 강력한 악한이 지배한다. 하이퍼노미아에서는 국가(홉스의 리바이어던?)가 잠재적으로 가장 큰 규모의 악한일 수 있으며 계속되는 홉스의 전쟁상태 속에서 자신의 피지배자와 더 약한 국가들을 약탈할 수도 있지만, 그 경우 전쟁상태는 더 심각하고 더 위험한 수준으로 나아간다. 홉스의 추론에 따르면, 국가와 피지배자 간의, 그리고 국가와 국가 간의 이러한 새로운 전쟁은 탐욕스러운 국가들이 자신들의 피지배자와 다른 국가들을 공포에 떨게 하는 것을 막을 수 있는 훨씬 더 큰 리바이어던 – 어쩌면 하나의 글로벌 국가 – 을 필요로 하게 만들 것이다. 그렇다면 그다음에는 무엇이 세계국가가, 그리고 그것을 통제하는 사람들이 그 무시무시한 권력을 남용하는 것을 막을 수 있는가? 우리는 특정 수준에서 악한의 지배를 어떻게 막을 수 있는가?

존 로크(John Locke [1690a]1965: 448)는 "법이 끝나는 곳에서 폭정이 시작된다"고 진술하면서 하나의 가능한 답변을 제시했다. 요컨대 악한의 지배에 대한 하나의 대안은 규칙의 지배라는 것이다. 추상적이고 비인격적인 법에 의해 지배되는 사회라는 관념은 누군가가 가장 힘 있는 성원들의 개인적 변덕에 따라 지배되는 사회를 전망하지 않은 한 그리 호소력이 없어 보일 수도 있다. 정치철학자들은 수세기 동안 특히 혼돈으로부터 질서를 만들어내는 도구로서의 법과 국가의 적절한 범위와 한계에 초점을 맞추어, 홉스가 제기한 질서의 문제에 대한 해결책을 모색해왔다. 우리는 이 장이 끝나갈 무렵 이 문제를 다시 다룰 것이다. 그러나 먼저 실현 가능한 사회질서를 창조하는 데서 규칙이 수행하는 역할 및 그 성격과 관련된 몇 가지 보다 예비적인 질문들을 던져보기로 하자.

도구로서의 규칙

우리가 규칙이라고 부르는 것들은 무엇인가? 우리는 규칙에 대해 불평하기를 좋아하지만, 우리가 규칙 없이 살아갈 수 있을 것처럼 보이지는 않는다. 인류학자들은 **호모 파버**homo faber, 즉 도구 제작자와 사용자로서의 인간 종에 대한 묘사에서 이 질문에 대한 하나의 유망한 단서를 제공한다(Tyrrell 1951). 수세기에 걸쳐 우리의 선조들은 다양한 환경에서 자신들이 직면했던 문제들을 해결하기 위해 수많은 도구를 발명하고 이용해 왔다. 사실 우리는 유용한 인공물을 제조하는 유일한 종이 결코 아니다. 개미와 비버는 훌륭한 건축가이고, 침팬지는 자신들의 손이 닿지 않는 곳에 있는 음식을 확보하기 위해 단순한 도구를 조립하여 만든다. 그러나 어쨌거나 지구상의 어떤 다른 종도 우리 인간만큼 다양하고 복잡한 기술적 발명품 — 해시계에서 수정시계까지, 주판에서 컴퓨터까지, 그리고 활과 화살에서 엄청난 파괴력을 지닌 탄도 미사일에 이르기까지 — 을 만들어낼 수는 없다.

우리의 물질적 테크놀로지 창조 능력이 확실히 인상적이기는 하지만, 훨씬 더 비범한 것은 단지 상징일 뿐인 도구를 만들어내는 우리의 능력이다. 수학방정식, 요리책, 수선 매뉴얼, 사설, 소프트웨어 프로그램이 바로 그러한 종류의 도구이며, 각각은 언어를 매개로 하여 그 자신의 독특한 종류의 문제를 해결하기 위해 설계되었다.

규칙은 상징적 도구이다. 규칙은 통상적으로는 "X라는 조건하에서는 Y이다"라는 형태를 취하고 있는, 언어로 부호화되어 있는 가르침이다. 규칙은 특정한 행동양식을 ("당신은 해야만 한다"라고) 지시하기도 하고, ("당신은 하지 말아야 한다"라고) 금지하기도 하고, 아니면 ("당신은 할 수도 있다"라고) 허용하기도 한다. 하지만 모든 규칙은 처음에는 어떤 사람이 인지된 문제 ― 그것이 교통사고를 피하는 것이든("도로의 우측으로 운전하고 다른 사람들도 마찬가지일 것으로 기대한다"), 건강을 증진시키는 것이든("담배를 끊어야 한다"), 또는 재산을 보호하는 것이든("도둑질을 하면 안 된다) 간에 ― 를 해결하고자 하는 시도였다.

물리적 도구처럼 규칙 역시 문제를 해결하기 위해 설계되기 때문에 그 문제의 상황에 맞게 각양각색의 형태, 규모, 유형을 취한다. 이를테면 일부 규칙은 그 범위가 극히 협소한 반면("어린이에게 안전하도록 고안된 이 병을 열려면 화살표를 누르고 병뚜껑을 시계반대 방향으로 돌려서 들어 올리시오"), 다른 규칙들은 보다 추상적이고 더 광범위한 상황으로 일반화할 수 있다("대접받고 싶으면 남에게 대접하라"). 어떤 규칙(비공식적 규범이라고 불리는)은 글로 쓰여 있지도 말로 언급되지도 않는 반면, 다른 규칙들(공식적 규범)은 성문화·부호화되어 있고, 어떤 경우에는 보다 비공식적인 민속이나 습속으로부터 발전해왔다(Sumner [1906]1940). 일부 규칙은 단일 연령집단이나 조직의 성원들과 같은 단지 구체적인 소집단에만 적용되는 반면, 다른 규칙들은 훨씬 더 폭넓게 적용된다. 일부 규칙은 엄격하게 준수되는 반면, 다른 규칙들은 무시된다. 등등. 따라서 망라적인 규칙의 유형학을 구축하는 것은 실제로 소모적인 일일 것이다.

규칙체계

규칙은 좀처럼 홀로 다니지 않는다. 규칙은 보통 서로 관련된 무리 또는 체계로 살아간다. 일부 규칙체계는 균일하고 예측 가능한 결과를 산출하기 위해 설계되기도 하지만(이를테면 보스턴에서건 베이징에서건 간에 동일하게 빅맥을 만드는 공식적인 절차처럼), 보다 흥미로운 규칙체계들은 그 결과가 잠재적으로 복잡하고 예측 불가능하다. 이를테면 체스의 규칙은 하나의 단일한 통합된 체계로 이루어져 있지만, 복잡한 일련의 전략과 결과가 산출될 수 있다. 유사하게 영어를 지배하는 기본 문법 규칙체계는 초급 중학교grammar school[8년제 초등학교의 상급 4년 - 옮긴이] 과정에서 충분히 학습할 수 있을 정도로 단순하면서도 화자들이 거의 무한한 수의 새로운, 그러나 문법에 맞는 문장 - 시와 물리학의 문장을 포함하여 - 을 만들어내기에 충분할 정도로 복잡하다.

규칙체계는 자주 위계적인 구조를 드러내며, 그 위계의 최상위에는 사명, 원리, 가치에 대한 일반 진술이 자리한다. 이러한 더 높은 서열의 규범이 규범적 위계에서 그 규범 밑에 있는 법령이나 조례와 같은 보다 협소하고 보다 구체적인 규범을 지배하는 것으로 가정된다(Parsons 1951). 헌법은 이러한 종류의 일반 진술이며, 헌법이 설정하는 경계 내에서 보다 구체적인 국가, 주, 지역의 법률이 만들어진다. 원칙적으로 이러한 규칙체계는 합리적으로 성문화되고 내적으로 일관적이다. 하지만 현실에서는 그 규칙체계 역시 궁극적으로는 사법적 심의, 협상, 정치적 투쟁, 또는 심지어는 전쟁을 통해 조절되고 해소되어야만 하는 긴장과 모순을 자주 포함한다.

일부 규칙체계는 (체스의 규칙과 같이) 상대적으로 고정되어 있고 영구적인 반면, 다른 규칙체계들은 자체 내에 그 규칙의 계속적인 변화를 조장하는 메타규칙meta-rule — 더 많은 규칙을 만들거나 이전의 규칙을 수정하는 것과 관련한 규칙 — 을 포함하고 있다. 미국 헌법은 후자의 한 사례이다. 왜냐하면 미국 헌법은 그 조항 속에 헌법수정을 하게 하는 장치 — 추측컨대 수정조항을 수정하는 권한을 포함하여 — 를 포함하고 있기 때문이다. 일반적으로 자신의 변화를 허용하는 규칙체계는 '고정'적이거나 불변적인 체계보다 더 유연하다는 진화적 이점을 지니며, 따라서 변화하는 욕구와 조건에 더 쉽게 적응할 수 있다.

규칙 제정자

규칙을 만들고 적용하는 능력은 인간들에게 보편적이다. 우리 모두는 삶의 이런저런 영역에서 입법자들이다. 어린아이들조차 그들 나름의 규칙이 지배하는 활동들을 만들어내며 그러한 활동이 계속되면서 새로운 규칙 — 때로는 부모라는 최고법정이 무효화해야만 하는 규칙 — 을 창조하기도 한다. 규칙 제정은 가족에서부터 일터, 입법부에 이르기까지 모든 사회제도에서 통상적이고 본질적인 과정이다.

규칙의 사회적 구성

우리는 일상생활의 무수한 입법행위를 통해 사회질서를 창조한다. 피터 버거와 토마스 루크만(Peter Berger and Thomas Luckmann 1966)이 자신들의 영향력 있는 논집 『실재의 사회적 구성The Social Construction of Reality』에서 논급했듯이, 우리는 선천적으로 세계 건설자들로, 주로 사회적 규범을 창조함으로써 우리의 세계를 규정하고 조직한다. 언젠가 불개미 언덕을 부수려고 노력해본 사람이라면 알고 있듯이, 다른 종들 또한 자신들의 세계를 창조하고 재창조한다. 그러나 다른 종들과 달리 우리는 기본적으로 상징이라는 매체를 통해 우리의 세계를 질서짓는다. 각 세대는 상징구조를 만들어내고(또는 자신이 물려받은 상징구조를 윤색하고), 다음 세대에 그것을 객관적 실체로 제시한다.

버거와 루크만에 따르면, 우리가 처음에는 규칙을 다른 사람들이 우리에게 강요하는 외적인 객관적 제약으로 마주칠 수도 있지만, 그러한 제약은 자주 주관적으로 내면화되고 우리 깊숙이에서 우리 자신의 일부가 된다. 우리가 우리의 규칙을 만들고, 그 후 우리의 규칙이 우리를 만든다. 세대를 가로지르는 규범적 질서를 외재화하고 내면화하는 이러한 결정적 능력이 없다면 우리는 곧 사회적 혼돈 속으로 빠져들 것이다.

유아로서의 우리는 이미 규칙과 규칙체계로 거대하게 구축되어 있는 사회체계를 마주한다. 그러한 사회구조의 많은 것은 건축구조처럼 우리가 태어나기 이전부터 오랫동안 그 자리에 서 있었고, 그중 많은 것은 우리가 사라지고 난 후에도 비록 변화하기는 하겠지만 아마도 살아남을 것이다. 노르베르트 엘리아스(Norbert Elias [1939]1978)가 에티켓의 진화에 관한 자신의 연구에서 입증하듯이, 규칙은 역사 ― 자주 길고 복잡한 역사 ― 를 가진다. 물리적 건축물처럼 일부 사회구조는 우리의 생애 동안 부서져 내릴 수도 있지만, 다른 사회구조들은 복구되어 쇄신될 것이고, 또 다른 사회구조들은 근본적으로 철저하게 새롭게 건설될 것이다.

이러한 사회구조들은 결코 전적으로 정적이지 않다. 사회구조의 창조, 보전, 변경, 파괴는 앤서니 기든스(Anthony Giddens 1984)가 '구조화

structuration'라고 칭한 것과 유사한 하나의 계속되고 진행되는 과정으로 가장 잘 인식된다. 사회적 행위자들은 자신들의 일상적 관행 속에서 자신들이 살고 있는 구조를 만들고 개조하며, 다시 그러한 구조 속에서 살아간다. 우리는 사회구조에 전적으로 속박되지 않지만, 그렇다고 해서 우리 마음대로 행위할 수 있는 전적으로 자발적인 '자유로운 행위자'도 아니다. 철학의 언어로 말하면, 우리의 삶은 구조와 행위의 변증법적 상호작용으로부터 출현한다.

우리가 거주하는 (그리고 우리에게 깃들어 있는) 사회구조는 대부분 규칙으로 구성되고, 그 규칙들은 우리의 삶 속에 깊이 스며들어 있어 우리는 그 규칙들을 거의 인지하지 못한다. 이는 우리가 너무나도 깊이 내면화하여 우리 존재 자체의 일부를 구성하고 있는 규칙의 경우에 특히 그러하다. 이를테면 우리는 일상생활 속에서 우리가 다른 사람들과 하는 의사소통을 지배하는 언어 규칙들 - 우리가 발음하는 소리의 생산을 지배하는 음성학적 규칙, 문장에서 단어의 순서를 지배하는 문법적 또는 구문론적 규칙, 어떤 주어진 맥락에서 어떤 종류의 언어 표현이 적절한지를 규정하는 담론 규칙, 그리고 우리가 자주 무의식적으로 사용하는 수많은 다른 해석 규칙과 문화적 절차(때때로 '민속방법ethnomethod'이라고 불렸던) - 을 거의 의식하지 않는다 (Garfinkel 1967; Cicourel 1970). 우리는 그러한 규칙의 위반이 다른 사람들의 반감을 불러일으킬 때에만 종종 그러한 규칙을 의식하게 된다.

규칙과 지배자

우리 모두는 규칙을 만들 수 있는 능력을 가지고 있지만, 우리 모두가 똑같이 그러한 권한을 가지는 것은 아니다. 위대한 독일 사회학자 막스 베버(Max Weber [1922]1958: 180)는 권력을 다른 사람의 저항에도 불구하고 자신의 목적을 실현할 가능성이라고 정의했다. 미국과 같은 법률 존중주의 사회에서 목적을 달성하는 능력은 자주 반대에도 불구하고 그 자신의 이익을 위해 규칙을 만들고 집행하거나 이용하는 능력에 의존한다. 법률·정치 전문직을 포함하여 전체 전문직은 대체로 사적 또는 당파적 이익을 위해 규칙을 조작하는 일에 헌신한다. 규칙은 한낱 도구에 불과한 것이 아니다. 그것은 자주 **권력** 도구이다.

이러한 인식은 일련의 어려운 질문을 던지게 한다. 만약 규칙이 문제해결 도구라면, 무엇이 '문제'이고 무엇이 '해결책'인지를 규정하는 권한을 누가 가지는가? 누가 규칙을 만들고 누가 그 규칙에 따라 살아야만 하는가? 규칙들이 경쟁할 때, 어떤 규칙이 승리하고 그 규칙은 누구의 이익에 봉사하는가? 만약 정치가 근본적으로 사회적 의사결정으로부터 누가 이득을 보고 누가 고통 받을 것인가에 관한 것이라면(Lasswell [1936]1951), 이러한 문제들은 심히 정치적인 문제이다.

규칙은 일반적으로 그것을 만드는 사람들의 이익을 반영한다. 그리고 일반적으로 사회에서 가장 중요하고 포괄적인 규칙을 만드는 사람들은 가장 많은 자원을 통제하는 개인과 조직들이다. 냉소적인 사람은 규칙 제정의 황금률은 금을 가진 사람들이 규칙을 만든다는 것이라고 비꼬아서 말한다. (다른 누가 단연 최고의 입법자를 돈으로 살 수 있는 여유를 가지고 있겠는가?) 이러한 견해의 보다 정교화된 버전이 카를 마르크스와 프리드리히 엥겔스(Karl Marx and Friedrich Engels [1846]1947, [1848]1955)의 이데올로기 이론에서 표현되었다. 그들은 모든 시대의 지배적 관념은 지배계급의 관념이라고 주장했다. 그들은 경제적 권력이 입법권력을 포함하여 다른 모든 형태의 권력과 관련되어 있다고 주장한다. 법은 겉으로는 중립성과 공정성의 외양을 지니고 있지만, 이기적인 계급 편향을 숨기고 있다. 따라서 아나톨 프랑스(Anatol France [1894]1991: 84)는 "법의 위엄 있는 평등은 …… 빈자뿐만 아니라 부자에게도 다리 밑에서 잠자고 거리에서 구걸하고 빵을 훔치는 것을 금지한다"라고 날카롭게 논평했다.

역사 내내 강력한 지배자들은 스스로 법의 역할을 하며 무력 또는 무력의 위협을 통해 자신들의 명령을 집행했다. 실제로 베버(Weber [1921] 1958: 78)가 지적했듯이, 모든 정치국가 — 독재국가이든 민주적 국가이든 간에 — 는 궁극적으로 무력의 행사 또는 위협에 의존한다. 그러나 야만적인 무력은 부도덕하고 비효율적인 통치방법이다. 어디서나 지배자들은 자신들의 피지배자가 자발적으로 순응하는 것을 좋아한다. 따라서 그들은 법이 정당하고 공정하며 존중하고 준수할 만한 가치가 있다고 피지배자들을 설득하기 위해 애쓴다. 사람들이 지도자의 권력행사에 묵묵히 따르도록 설득하고자 하는 이러한 시도는 베버가 지배의 정당화legitimation of domination라고 부른 것, 그리고 안토니오 그람시(Antonio Gramsci 1971)가 '헤게모니'라고 부른 것의 한 측면이다. 지배는 전통(중세 기독교의 왕권신수설과 같은)에 호소함으로써, 지도자의 카리스마에 호소함으로써, 또는 규칙과 법 자체의 합리성에 호소함으로써 정당화되기도 한다(Weber [1921]1958: 79). 그러나 각각의 경우에 지도자들은 원초적 권력raw power을 보다 세련된 형태의 정당화된 권위legitimate authority로 전환시키기 위해 애쓴다.

베버는 근대세계에서 권력은 카리스마나 신성한 전통에 호소하기보다는 자주 세속적 이성에 호소함으로써 정당화된다고 지적했다. 근대세계에서는 관료제적 국가의 비인격적 권위를 통해 관리되는 합리적 법체계가 비록 모든 곳에서는 아니지만 대체로 카리스마적 지도자의 개인적 권위와 종교 지도자들의 전통적 권위를 대체해왔다. 하지만 카리스마적 권위와 전통적 권위의 유물들은 근대 시대에도 살아남았다. 우리는 제2차 세계대전 동안 나치 독일의 아돌프 히틀러에게서 카리스마적 지도력을, 그리고 제국주의 일본의 히로히토 황제에게서 신성한 권위를 목격했다.

전통적인 형태의 사회조직이 여전히 존재하지만, 근대세계에서 관료제적 조직의 부상하는 권력과 그러한 조직의 확산을 처음으로 인식한 주요 사회이론가는 아마도 베버였을 것이다. 근대 관료제는, 실제로는 항상 그러하지는 않지만, 원론적으로는 추상적 규칙에 의해 지배되는 비인격적 조직이다. 좋든 나쁘든 간에 이 추상적이고 합리적으로 정당화된 규칙과 법은 베버의 유명한 표현에 따르면 우리를 보호하면서도 구속하는 '쇠우리iron cage'로, 근대세계에서 우리 대부분은 이제 그 쇠우리 내에서 우리의 삶을 살아가고 있다.

규칙 해석자와 규칙 집행자

우리는 인간으로서의 우리가 선천적으로 입법자 또는 규칙 제정자라고 지적해왔다. 그러나 새로운 규칙을 창조하는 것은 단지 사회적 규제의 시작일 뿐이다. 규칙은 그것이 해석되고 시행되고 집행될 때까지는 완전히 실재하지 않는다. 법적 창조물로서의 우리는 단순한 입법자 그 이상이다. 우리는 재판관이고 실행자이자 또한 집행자이다.

결국 규칙은 스스로 해석하고 실행하지 않는다. 상대적으로 분명한 '블랙레터 법black letter law'[더 이상 논란의 대상이 되지 않을 만큼 잘 확립된 법적 규칙 - 옮긴이]조차도 그 법이 시행되기 전에 먼저 독해되고 해석되어야만 한다. 규칙을 해석할 때, 우리는 주어진 규칙이나 원칙이 어떤 사례 또는 일단의 사실에 적용되는지와 관련한 딜레마에 자주 봉착한다. 국기를 태우는 것이 보호받을 표현의 자유에 해당하는가? 태아는 시민인가? 미국에서 사적 총기 소유자는 무기를 소지하고 휴대하는 헌법적 권리 조항인 수정 헌법 제2조에 명기된 '잘 규제된 시민군'에 해당하는가? 이와 같은 딜레마들은 재판장에서뿐만 아니라 여론 법정에서도 이른바 규칙의 합리적 해석에 대해 걱정과 관심을 불러일으킨다. 우리가 우리의 일상적 삶에서 규칙을 해석하고자 할 때, 우리 모두는 재판관의 역할을 하고 있는 우리 자신을 발견한다.

우리 각각은 또한 이러저러한 때에 규칙의 실행자와 집행자의 역할을 수행한다. 실행자로서의 우리는 규칙을 관리한다. 집행자로서의 우리는 규칙을 준수하도록 하기 위해 제재 — 보상과 처벌 — 를 한다. 왜냐하면 제재 없는 규칙은 효과가 없고 규칙을 강제할 수 없기 때문이다. 제재가 효과적이기 위해 그것이 반드시 형식을 갖추거나 공식적이어야 할 필요는 없다. 모든 유치원 교사들이 알고 있듯이, 때로는 승인 또는 불승인을 나타내는 단순한 얼굴표정만으로도 규칙을 준수하게 하기에 충분하다.

늘 권위 있는 지위에 있었던 사람 — 집에서든 조직세계에서든 간에 — 은 누구든지 다른 사람들을 단속하는 일에 능숙하다. 그러나 사회통제 또는 사회의 '단속'이라는 관점에서 볼 때, 사회를 유지하는 데서 가장 중요한 제재는 우리가 내면화하여 우리 자신에게 가하는 제재이다. 사회적 행위자들이 스스로를 단속하게 하는 것은 막대한 공적 비용을 들여 대규모의 사법체계, 법집행체계, 형벌체계를 유지하는 것보다 훨씬 더 효과적인 사회통제 수단이다. 자기단속 사회에서는 모든 길모퉁이에 경찰이 서 있을 필요가 전혀 없다. 왜냐하면 모든 사람의 머리에 이미 경찰이 존재하기 때문이다.

지그문트 프로이트는 이 내면화된 통제체계를 '슈퍼에고superego'라고 불렀다. 프로이트는 『문명과 그 불만Civilization and Its Discontents』(1930)에서 그러한 내면화된 구속이 사회적 삶의 필요조건이자 보편적 조건이라는 것을 보여주는 설득력 있는 사례를 제시했다. 프로이트가 제시한 인간정신의 삼분모델에서 강력한 **에고**ego(인간정신의 합리적인 계산과정)와 **슈퍼에고**(우리가 우리의 학습된 이상에 부응하지 못할 때 우리로 하여금 죄책감을 가지게 하는 도덕주의적 과정)의 형성은 미개하고 야만적인 **이드**id(우리의 성적 충동과 공격 충동을 포함하여 육체의 생물학적 요구를 표현하는)를 길들이는 데 필요하다. 만약 이드의 고삐가 풀린다면, 사회질서는 억제되지 않는 열정의 범람 속에서 곧 붕괴될 것이다. 그러한 상태가 지속되는 동안은 즐거울 수 있지만, 그러한 상태는 오랫동안 지속되지 못할 것이다. 문명 자체가 곧 해체될 것이다.

프로이트는 우리는 문명을 위해 많은 정신적 대가를 치른다고 말했다. 이드의 충동과 요구는 구속에 저항한다. 따라서 육체의 생물학적 요구와 사회의 도덕적 구속은 항상 내적 전쟁상태에 있다. 들끓고 있는 이러한 심적 갈등의 가마솥은 에고에 의해, 보다 구체적으로 말하면 이드, 슈퍼에고, 외적 현실 간의 상충하는 요구들을 화해시키는 어려운 일을 자신의 임무로 하는 '정신의 집행관'에 의해 조정된다. 우리가 문명을 위해 치르는 대가는 내적 갈등, 죄책감, 불안, 좌절, 불만 속에서 치러진다. 그러나 문명 붕괴의 대가가 훨씬 더 클 것이다. 프로이트는 우리가 개인적·사회적 생존을 위해 대가를 치르는 것이 우리에게 합리적 이익이라고 주장했다. 자신의 성적·공격적 충동을 효과적으로 억제하는 것을 내면화하는 데 실패한 사회성원들은 소시오패스sociopath로 지칭된다. 그러한 내적 억제의 부재는 자주 감옥의 철창이라는 외적 속박을 필요로 하게 한다.

소시오패스의 반대 극단에는 아주 철저하게 **과잉**사회화되고(Wrong 1961) 내적으로 통제된 사람들이 있다. 그들은 자발적이거나 즐거울 수 없는, 프로그램화된 로봇과 유사하다. 우리 대부분은 과잉사회화와 소시오패스 상태라는 두 극단 사이에서 로봇도 짐승도 아닌 그 둘이 얼마간 특이하게 혼합된 혼종의 배역을 수행하며 우리의 삶을 살고 있다.

법 은유를 좀 더 진전시키면, 우리는 프로이트의 슈퍼에고를 일종의 내면화된 사법체계로 마음속에 그려볼 수도 있다. 이 내면화된 사법기관은 우리가 우리에게 기대되는 행동규약을 준수하는지를 감독하는 경찰기관뿐만 아니라 자기심판을 하는 사법기관과 도덕적 규약의 위반에 대해 내적 처벌(죄책감과 자기혐오 같은)을 하는 형벌기관도 포함한다. 외부 법정, 경찰조직, 교도소는 그러한 내적 통제가 비효율적인 것으로 입증된 사건에서 하나의 백업시스템back-up system 구실을 한다. 그러나 **주로** 외적 통제에 의지하여 법의 준수를 보장해야만 하는 사회는 심각한 문제에 봉착한다. 왜냐하면 그것은 그 사회가 일반 민중에게 자기통제의 습관을 심어주는 데 문화적으로 크게 실패했다는 것을 보여주기 때문이다.

프로이트는 인간본성, 특히 짐승 같고 사나운 이드에 대해 비관적인 견해를 가지고 있었다. 이와 대조적으로 다른 사회철학자들은 인간본성을 낭만화하며 문명을 우리의 선천적 선함의 자연적 발전을 억압하고 더럽히는 것으로 간주해왔다. 장-자크 루소(Jean-Jacques Rousseau [1690b]1959)는 『사회계약론The Social Contract』을 시작하면서 "인간은 자유롭게 태어나지만, 우리는 모든 곳에서 속박받고 있는 그를 본다"라고 논평했다. 존 로크(John Locke [1690b]1959)와 같은 다른 철학자들은 인간본성을 본질적으로 중립적인 것으로, 즉 경험이 그 교훈을 써 나가는 백지

상태tabula rasa인 것으로 간주했다. 그러나 프로이트는 그 대신 인간본성 속에서 타고난 사악함을 포착하고, 그러한 잠재적으로 파괴적인 에너지를 사회적으로 건설적인 방향으로 전환시키거나 '승화'시키기 위해 문명화된 제약이 요구된다고 보았다. 탤콧 파슨스가 일찍이 논평했듯이, 세상에 태어나는 모든 새로운 세대는 일종의 야만적 침략을 의미한다. 정신분석학적 관점에서 볼 때, 어린 시절 사회화의 주요한 과제는 슈퍼에고를 형성시킴으로써 젊은이의 미개한 에너지와 충동을 문명을 파괴하기보다는 증진시키는 길로 돌려놓는 것이다.

규칙 파괴자와 규칙 변경자

지금까지 우리의 논의는 규칙에 대한 순응이 사회의 생존에 필수적이기 때문에 그것이 사회적으로 이득이 된다고 시사해왔다. 어떤 사회도 그 성원들이 일단의 일정한 공동의 규칙 또는 사회적 규범을 존중하지 않는다면 존속될 수 없다. 하지만 이것이 모든 규칙이 똑같이 존중받을 가치가 있다고 말하는 것은 아니다. 이와 반대로 우리 대부분은 곰곰이 생각해보니 어떤 상황에서는 규칙을 지키는 것보다 위반하는 것이 더 낫다는 데 동의할 수도 있다.

"길에서 벗어나다"라는 뜻의 라틴어에 어원을 두고 있는 **일탈**deviance이라는 말은 사회학자들이 사회적 규범의 위반 — 그것이 공식적 규범이든 단지 관습적 규범이든 간에 — 에 적용해온 다소 불행한 용어이다. 사회적 분석의 목적에서 **일탈적**이라는 용어가 반드시 '나쁜' 또는 '잘못된'을 의미하지 않는다는 것을 이해하는 것이 중요하다. 일탈은 항상 맥락적이다.

따라서 우리는 어떤 특정한 행위를 사회적으로 일탈적인 것 또는 순응적인 것으로 규정하는 준거틀이 무엇인지를 항상 분명히 해둘 필요가 있다. 나치 독일에서 활동한 지하저항운동의 성원들은 나치체계의 틀 내에서 보면 분명 일탈적이지만, 그 틀로부터 그들의 저항이 도덕적으로 잘못이라는 것이 끌어내어지지는 않는다.

존 스튜어트 밀(John Stuart Mill [1859]1986)과 헨리 데이비드 소로(Henry David Thoreau [1849]1983) 같은 일부 자유주의적 철학자들은 비순응주의자들('일탈자들'이라는 용어보다는 오명을 덜 씌우는 단어)이 사회의 진보에 획기적인 기여를 해왔음을 강조해왔다. 비순응주의자들은 필요한 경우 시민불복종 행위를 통해 기존의 법에 이의를 제기하기까지 했다. 밀과 소로의 견해에 따르면, 이의 없는 사회는 정체되고 숨이 막히고 변화하는 환경에 적응하지 못할 것이다.

역사 내내 문화적 혁신자들 — 소크라테스와 예수, 알베르트 아인슈타인Albert Einstein과 모한다스 간디, 수전 앤서니Susan B. Anthony와 마틴 루서 킹 — 은 모두 자신들이 이의를 제기하고 나선 기존 틀 내에서는 일탈자들이었다. 따라서 한 시대의 일탈자들은 다음 시대에는 영웅이 되기도 한다. 소로는 자신의 생애 동안 시민불복종 행위로 투옥되었고, 죽고 나서 오랜 시간이 지나자 아무 탈 없이 그를 기념하여 우표가 발행되었다. 역사 내내 카리스마적 일탈자들은 문화변화의 주요한 행위자들로, 자주 더 높은 차원의 보다 공정한 법의 이름으로 규칙을 파괴하는 행위를 통해 규칙을 폐기했다.

물론 영웅적 일탈의 역사적 사례들이 모든 일탈행위를 영웅적으로 만드는 것은 아니다. '일탈적'이라는 것이 '나쁨'을 의미하는 것은 아니지만, 그렇다고 해서 반드시 '좋은' 또는 '옳은'을 의미하는 것도 아니다. 규칙 파괴자에는 위대한 혁신자뿐만 아니라 엄청난 사기꾼도 포함되며, 무해한 괴짜뿐만 아니라 흉악한 범죄자도 포함된다. 우리의 문화도 때때로 특정한 일탈적 유형을 무비판적으로 낭만화하는 것으로 보인다. 이를테면 우리는 제시 제임스Jesse James와 빌리 더 키드Billy the Kid에서부터 람보Rambo와 대부Godfather에 이르기까지 반항적 무법자들을 낭만화한다. 하지만 우리는 무법자로만 구성된 사회에서는 살 수 없을 것이다. 우리는 다른 사람들이 생각하는 것을 신경 쓰지 않고 사는 것처럼 보이는 거친 개인들을 감탄하며 바라보지만, 그러한 거친 유형의 사람들로만 이루어진 사회는 실제로 견딜 수 없을 것이다. 우리는 자신의 드럼을 치며 행진하는 사람을 칭찬하지만, 서로 다른 드러머들로만 이루어진 사회는 드럼 지옥일 것이다.

어떤 특정한 일탈행동이 이득이 되든 아니면 파괴적이든 간에, 한 사회에서 일정 정도의 일탈은 정상적이고 자연스럽다. 인간사회가 존재하는 한 행동의 규칙은 존재할 것이고, 행동규칙이 존재하는 한 그 규칙을 위반하는 사람도 존재할 것이다. 뒤르켐(Durkheim [1895]1958)은 더 나아가서 모든 사회는 (선을 넘는 사람들의 사례를 만듦으로써) 허용되는 행동의 한계를 설정하고 또 인지된 위협에 직면하여 집단연대감을 강화하기 위하여 일부 일탈적 성원을 **필요로 한다**고 주장했다. 일탈자가 존재하지 않는다면 우리는 그들을 발명해만 한다는 말을 종종 듣기도 한다. 그리고 실제로 우리가 무엇이 일탈적이고 무엇이 그렇지 않은지를 정의하는 규칙과 범주를 창조할 때, 우리는 그 정의에 의거하여 일탈자를 발명한다. 모든 사회에는 용인되는 행동과 용인되지 않는 행동을 나누는 경계를 설정하기 위해 모래에 선을 긋는 사람들이 존재할 것이다. 그리고 모든 사회에는 그러한 경계를 넘는 사람들이 존재할 것이다. 뒤르켐은 우리가 둘 모두를 필요로 한다고 주장하는 것처럼 보인다.

탈근대적 아노미

무엇이 일탈을 구성하는지에 대한 사회적 정의는 문화마다 아주 다르고, 시간이 지남에 따라 크게 변화한다. 문화적 모래가 이동함에 따라 옛 도덕적 경계는 지워지고 새로운 경계가 그려진다. 미국사회에서 한때 용인되던 행동들(이를테면 노예제도와 아동노동)이 이제는 금지된 반면, 한때 금지되던 행동들(이를테면 낙태)이 이제는 허용된다. 우리가 행동에 부여하는 의미들 또한 끊임없이 변화한다. 우리가 한때 '신체적 규율'이라고 불렀던 것이 지금은 '아동학대'로 문화적으로 재정의되었고, 한때 '부랑자'라고 낙인찍혔던 사람들이 지금은 '노숙인'으로 그 이름이 더 관대하게 바뀌었다.

대니얼 패트릭 모이니한(Daniel Patrick Moynihan 1993)은 우리가 최근 몇 십 년 동안 반달리즘과 십대 임신과 같은 사회적 행동에 한때 붙였던 스티그마stigma를 거두어들임으로써 "일탈을 좁게" 정의해왔다고 주장한다. 그러나 누군가는 어떤 점에서는 우리가 또한 "일탈을 넓게" 정의해왔다고 주장할 수도 있다. 이를테면 우리는 인종차별주의적 또는 성차별주의적 농담, 폐쇄된 공간에서의 흡연, 모피의류 착용, 안전하지 않고 건강에 좋지 않은 제품생산, 환경약탈을 사회적으로 덜 용인한다. 일부 사회적 제약이 느슨해지는 순간에도 다른 사회적 제약들은 강화된다.

탈근대라는 용어는 이처럼 규칙과 의미가 끊임없이 변화하고 게임이 진행되는 순간에도 전통적인 금지 표시들이 바뀌거나 모호해지는 문화적 유동의 시대에 대해 우리가 오늘날 통상적으로 부여하는 이름이다. 탈근대 문화 게임의 참여자들은 상충하는 목적을 달성하기 위해 상충하는 규칙을 따라 게임한다. 그리고 거기에는 어떤 합의된 득점체계도 존재하지 않는다. 일탈 및 전통적인 관습과 관련한 수사가 이제 진정한 다름, 다양성, 대안적 생활양식에 대한 관용의 수사와 경쟁한다. 용인할 수 있는 행동에 대한 분명하게 정의되고 널리 공유된 규칙이 줄어들고 있는 세계에서 실제로 일탈 관념 자체가 그 의미의 많은 것을 상실하고 있다. 뒤르켐(Durkheim [1897]1966: 253)은 이러한 사회적 상황을 **아노미**anomie — "전통적 규칙이 그 권위를 상실한 [도덕적] 탈규제 상태" — 라고 칭했다. 그러한 상황은 우리 시대처럼 급속한 변화와 사회적 탈구를 겪는 시기에 특히 발생한다. 뒤르켐은 자신의 아노미 관념을 통해 우리가 오늘날 탈근대성이라고 부르는 것의 많은 것을 표현하고자 했던 것으로 보인다.

유기체 은유 속에서 사유하면서 뒤르켐(Durkheim [1893]1947)은 아노미를 일종의 사회적 질병으로 간주했다. 오늘날 모든 사람이 그것에 동의하지는 않을 것이다. 탈근대적 삶의 유동성과 사회적 현기증은 일부 사람들에게는 심히 불안감을 주지만, 다른 사람들은 탈근대 문화가 제공하는 수많은 새로운 선택과 새로운 기회를 한껏 즐기는 것으로 보인다. (이를테면 인터넷상의 수많은 상상놀이imaginative play에 대한 터클[Turkle 1995]의 설명을 보라.) 탈근대적 삶은 놀이공원의 탑승용 놀이기구처럼 어떤 사람들에게는 겁이 나게 하지만, 다른 사람들에게는 짜릿한 즐거움을 준다.

누구의 질서? 어떤 가치: 미국의 세 가지 이데올로기

전통적인 문화적 속박의 느슨해짐을 해방과 활력으로 간주하는 사람들조차도 통상적으로 사회질서의 **완전한** 해체를 바라지는 않는다. 우리 모두는 모종의 그리고 일정 정도의 사회질서를 마음속에 그린다. 우리는 솔직히 우리가 어떤 종류의 사회질서를 원하는지에 대해 합의를 볼 수 없다. 우리는 좋은 사회에 대한 누구의 비전을 성취하고자 해야 하는가? 우리는 어떤 핵심적 가치를 유지하기 위해 노력해야 하는가? 이들 질문에 대한 답변은 의견을 말하는 사람의 이데올로기적 지향에 따라 크게 다르다. 실제로 이러한 종류의 질문은 현재 미국에서 섹슈얼리티와 공립학교 기도시간에서부터 환경보호와 젠더 불평등에 이르는 쟁점을 둘러싸고 벌어지고 있는 문화전쟁에서 중핵을 차지하고 있다(Hunter 1991; Gates 1992).

이 문화논쟁의 논객들은 일반적으로 단순한 일차원적인 이데올로기적 연속선(한쪽 끝의 '보수주의자들' 대 다른 한쪽 끝의 '자유주의자들')에 의거하여 기술되지만, 우리는 미국의 이데올로기적 담론을 세 가지 서로 다른 이데올로기적 입장 — 우리가 전통적 보수주의, 자유지상주의libertarianism, 사회민주주의라고 부를 것 — 간의 삼각교환으로 개념화하는 것이 더 통찰력 있다고 생각한다. 이 이데올로기적 삼각형의 각 모서리 위치는 그 이데올로기의 독특한 핵심 가치에 의해 규정된다. 대부분의 미국인은 여러 가치, 그리고 때로는 모순적인 가치들을 지지하기 때문에 그 극단들 사이에 있는 어떤 지점에 자리한다. 다양한 비율로 섞여 미국 이데올로기의 팔레트를 산출하는 세 가지 '기본 색'을 각각 살펴보기로 하자(유사한 분석으로는 파인[Fine 1996]을 보라).

1. **전통적 보수주의**는 무엇보다도 사회질서, 권위, 전통이라는 가치들을 신봉한다. 부분적으로는 프랑스혁명의 과도함에 대한 반발로 생겨난

(Nisbet 1986) 보수주의의 역사적 뿌리는 귀족과 성직자가 유럽을 지배했던 중세시대의 봉건제까지, 그리고 더 나아가서는 2000년도 더 전인 고전적·성경적 전거에까지 거슬러 올라간다. 플라톤의 『국가』와 고전 경전의 테마를 되풀이하는 전통적 보수주의자들은 사회적 위계질서의 필요성과 상급자의 지혜를 안정적인 사회질서의 토대로 단언한다. 그들은 전통적인 종교적 신념을 신봉하고, 규율, 법질서, 애국심, 가부장제, 그리고 권위에 대한 존중과 같은 군사적 가치를 존중한다. 미국사회에서는 종교적·군사적 우파가 이 이데올로기의 현대적 버전들을 대표한다.

2. **자유지상주의** – 고전적 자유주의 또는 19세기 자유주의라고도 알려져 있지만 20세기의 자유주의와 혼동되어서는 안 되는 – 는 보다 근대적인 이데올로기이다. 그 역사가 짧은 이 이데올로기는 과학적 계몽주의와 서구에서의 자본주의의 발흥에 그 뿌리를 두고 있다. 이것의 핵심 가치는 개인적 자유와 개인적 책임이다. 자유지상주의는 두 가지 측면 – 경제적 측면과 시민적 측면 – 을 가진다. **경제적** 자유지상주의자들은 스코틀랜드 경제철학자 애덤 스미스(Adam Smith [1776]1937)의 정신에 따라 자유시장의 작동에 국가가 최소한으로 간섭하는 자유방임("순리에 맡겨라")자본주의를 제창하며, 그러한 개입이 개인의 창의성, 효율성, 혁신을 방해한다고 주장한다. 고전적으로는 영국 철학자 존 스튜어트 밀(John Stuart Mill [1859]1986)에 의해 대표되는 **시민적** 자유지상주의자들은 자신들이 전통과 국가 당국의 부당한 제약으로 인식하는 것에 맞서 언론, 출판, 종교의 자유를 포함하여 자유로운 표현을 주장한다. '진정한' 자유지상주의자들은 이 이데올로기의 경제적 교의와 시민적 교의 모두를 신봉한다.

3. **사회민주주의**는 미국 이데올로기의 팔레트 위에 있는 제3의 기본 색이다. 사회민주주의의 핵심 가치는 미국인의 삶에서 더 많은 정치적·경제적 평등을 이룩하는 것이다. 사회민주주의자들은 절대적 평등이 가능하다거나 심지어 전적으로 바람직하다고 주장하지는 않지만, 극단적인 수준의 기존의 불평등 – 국내적 불평등과 전 지구적 불평등 모두 – 은 도덕적으로 용납할 수 없는 것으로 간주한다. 왜냐하면 그러한 불평등이 국가사회와 세계사회의 서로 다른 분파들 사이에서 실제적 복리와 진보의 기회를 심히 차별적으로 산출하기 때문이다. 조직화된 노동운동, 평등주의적 종교운동, 민주적 정치혁명에 역사적 뿌리를 두고 있는 사회민주주의자들은 일반적으로 부와 권력을 사회적 상층으로부터 아래로 재분배하기 위해 설계된 전략들을 추구한다(이와 대조적으로 보수주의 이데올로기와 자유지상주의 이데올로기는 일반적으로 평등의 이상에 대해 적대적이며 사회적 이익이 상층으로 집중되는 것을 정당화하는 경향이 있다). 일반적으로 사회민주주의자들은 역사적으로 억압받거나 주변화되어온 사람들 – 빈민, 여성, 인종적·민족적·문화적 소수집단을 포함하여 – 의 이익을 옹호한다.

오늘날 미국에서 자신을 보수주의자라고 부르는 사람들은 대체로 전통적 (또는 '진정한') 보수주의와 경제적 자유지상주의를 아우르고 있다. 그중 종교적·군사적 보수주의자들은 전자를 지향하는 경향이 있고, 기업 관계자들은 후자를 지향하는 경향이 있다. 이와 유사하게 오늘날 자신을 자유주의자라고 부르는 사람들은 일반적으로 사회민주주의 이데올로기와 보다 개인주의적인 자유지상주의(특히 시민적 자유지상주의) 이데올로기 사이에서 고민하고 있다. 대부분의 미국인은 세 가지 기본 이데올로기 모두로부터 원리를 차용하며, 따라서 다양한 색조와 색깔의 중간적 견해를 (대체로 무의식적이고 무성찰적으로) 지니고 있다.

이 기본 색깔 이데올로기 각각은 탈근대 시대인 오늘날의 사회적 삶을 어떻게 해석하는가? 전통적인 법질서 보수주의자들은 일반적으로 현대의 문화적 상황을 불안한 마음으로 바라보며, 사회질서, 권위, 도덕이 전반적으로 붕괴했다고 인식한다. 보수적인 사회비판가들(이를테면 Bennett 1994; Kilpatrick 1992; Bloom 1987)은 청소년 범죄, 계획되지 않은 임신, 불법적 약물복용 등에 대한 통계치를 검토하고, 우리 문화가 젊은이들에게 정숙한 습관을 가르치는 데 크게 실패했다고 공개적으로 비난한다. 그들 중에서 보다 비관적인 사람들은 이러한 문화적 실패가 실제로 앞으로 문명이 붕괴될 것임을 보여주는 신호라고 경고한다.

전통적인 보수주의자들은 일반적으로 우리의 현시대를 자신들이 절대적이고 객관적인 도덕적 행동 기준이 보다 널리 인정받고 존중받았다고 믿는 이전의 시대들과 대비시킨다. 그러한 견해에 따르면, 도덕 기준은 끊임없이 부식되어 오늘날 대체로 개인적 또는 하위문화적 취향의 문제가 되기에 이르렀다. 전통적인 보수주의자들은 도덕적 상대주의(즉, 절대적, 객관적 또는 보편적인 도덕적 진리에 대한 회의주의)와 그것으로부터 발생한 '도덕적 무정부주의'가 나라를 문란하게 만들어왔고(Johnson 1983: 4), 자신의 도덕적 지주를 상실한 서구사회는 이제 냉혹하고 위험한 미래를 향해 위험한 비탈길을 내달리고 있다고 걱정한다.

이러한 견해에 대해 비판자들은 그러한 도덕의 황금시대는 결코 존재한 적이 없으며 과거의 전통적·권위주의적 도덕은 너무나도 자주 경제적, 성적, 종교적 및 여타 형태의 극심한 편견과 억압을 정당화하거나 은폐하는 데 기여해왔다고 응수한다. 자유지상주의자들, 그리고 (좀 덜한 정도로) 사회민주주의자들은 탈근대 문화의 유동성과 동요에 더 친숙한 것으로 보이지만, 이는 서로 다른 이유 때문이다. 자유지상주의자들은 탈근대적 상황에서 전통이나 국가의 억압 없이 마음대로 살 수 있는 개인의 자유를 누릴 전례 없는 기회를 발견한다. 그들은 마이클 샌델(Michael Sandel 1996)이 비판적으로 '무연고적 자아unencumbered self'라고 불렀던 것 — 사회적 책임과 공동체적 정체성의 속박으로부터 자유로운 자아 — 을 계발하는 경향이 있기도 하다. 실제로 미국인들 대다수가 자유지상주의적 견해의 원리들을 신봉한다는 증거도 있다. 이를테면 아주 많은 다수가 도덕은 "개인적 문제이고 사회는 모든 사람에게 하나의 기준을 따를 것을 강요해서는 안 된다"는 진술에 동의한다(Rigney and Kearl 1994; Kearl and Rigney 1995).

자유지상주의자들처럼 사회민주주의자들도 일반적으로 문화적 차이에 대한 탈근대적 관용, 그리고 다문화사회에서 주변화된 집단들이 자신들의 용어로 자신들의 정체성을 정의하고 재정의할 수 있는 자유를 기꺼이 받아들인다. 하지만 그들은 미국 문화에서 드러나는 자유지상주의자들의 극단적인 개인주의적 경향에 대해서는 강하게 비판한다. 사회민주주의자들은 때때로 극단적 형태의 도덕적 개인주의(우리 각자가 그 자체로 자신의 도덕적 법이라는 일종의 윤리적 상대주의)가 잠재적으로 비참한 사회적 결과를 초래할 수 있다고 주장한다는 점에서 보수주의자들과 결합한다. 사회민주주의자들은 사회적(그저 개인적인 것과 반대되는 것으로서의) 책임의 가치를 강조하고, "모든 사람이 자신을 위하는" 사회 — 이는 19세기 후반 사회적 다윈주의를 생각나게 한다 — 는 문명으로부터 후퇴하여 홉스의 만인에 대한 만인의 전쟁 쪽으로 나아가는 것이라고 걱정한다.

공동체주의 운동

1970년대 동안에 다양한 이데올로기적 신념을 가진 수많은 사회비평가들이 자유지상주의적 개인주의의 위험에 대해 경고하며 공동체의 가치를 단언하고 나서기 시작했다. 톰 울프(Tom Wolfe 1976)는 '자기중심주의 시대me decade'[사람들이 개인적 행복과 만족을 추구하는 데 골몰한 1970년대를 뜻함 - 옮긴이]에 대해 유명한 비판을 했다. 크리스토퍼 래시(Christopher Lasch 1978)는 불온한 '나르시시즘 문화culture of narcissism'에 대해 기술했고, 대니얼 벨(Daniel Bell 1976)은 소비자본주의 문화의 쾌락주의적 경향에 대해 문제를 제기했다. 보다 최근에는 로버트 벨라Robert Bellah, 리처드 매드센Richard Madsen, 윌리엄 설리번William Sullivan, 앤 스위들러Ann Swidler, 스티븐 팁턴Steven Tipton(Bellah et al. 1985, 1991)이 미국인들에게 편협한 자기이익을 넘어 더 심원한 도덕적 헌신을 추구할 것을 훈계했다. 그들은 우리는 우리의 사회제도와 분리되어 사는 것이 아니라 오히려 그 속에서 그리고 그것을 통해 살고 있으며, 따라서 우리의 개인적 복리는 궁극적으로 우리의 공동체 및 사회의 복리와 분리될 수 없다고 옳게 주장한다.

1990년대에 아미타이 에치오니(Amitai Etzioni 1993) 등은 자유지상주의적 개인주의의 과도함에 맞서 공동체주의 운동을 주도하기 시작했다. 메리 앤 글렌던(Mary Ann Glendon 1991)은 미국 법체계에서 개인적 권리가 갖는 한계에 대해 탐구하면서, 권리는 그에 상응하는 책임을 수반하며 책임 없이 권리에 대해 이야기하는 것은 무책임하다고 주장했다. 로버트 퍼트넘(Robert Putnam 1995, 2000)이 자신이 미국에서 사회적 소속관계 의식의 쇠퇴라고 믿은 것을 '나홀로 볼링bowling alone'이라는 은유로 표현했다면, 진 베스키 엘시테인(Jean Bethke Elshtain 1995)과 샌델(Sandel 1996

은 과도하게 개인주의적인 사회에서의 시민적 덕목의 붕괴와 민주주의의 기능장애에 대해 경고했다. 한편 찰스 테일러(Charles Taylor 1989)와 제임스 콜리어(James Collier 1991)는 자기중심적 개인주의의 역사적 원천을 탐구했다. 공동체주의 운동은 비록 이데올로기적으로 '좌파'도 '우파'도 아니지만, 그것이 점점 더 지배적인 것이 되어가고 있다고 간주한 자기중심적 개인주의의 자유지상주의적 문화에 도전하면서 전통적 보수주의와 사회민주주의의 원리를 혼합해왔다. 공동체주의자들은 특히 대중매체와 대중문화에 반영되어 있는 문화의 '조잡화'와 속류화에, 그리고 그로 인해 미국인의 삶에서 기본적인 예절의 기준과 상호 존중이 사라지는 것에 불안해하고 있다.

미국문화에 대한 공동체주의적 비판들은 우리로 하여금 윤리가 본질적으로 공동체적 노력 — 우리가 어떻게 살아야 하는지에 대한 인간들 **간의** 토론 — 이라는 것을 깨닫게 한다. 윤리는 개인적**이자** 사회적이다. 왜냐하면 "내가 어떻게 살아야 하는가?"라는 질문은 "우리가 **어떻게 함께** 살아야 하는가?"라는 질문과 밀접하게 그리고 언제나 뒤얽혀 있기 때문이다. 극단으로 밀고 나가면, 도덕적 개인주의는 형용모순이다. 왜냐하면 그 용어는 본질적으로 윤리적 담론의 사회적·공동체적 성격을 포착하지 못하기 때문이다. 우리는 수많은 비가시적인 끈 — 언어적, 경제적, 정치적, 문화적 끈 — 에 의해 서로 연결되어 있고, 따라서 실제로 우리가 하는 모든 선택은 좋든 싫든 다른 사람들에게 영향을 미친다. 우리가 제2장에서 시사했듯이, 윤리적 탐구는 단지 당신의 개인적 복리나 나의 개인적 복리와만 관련되어 있는 것이 아니라 생태적·사회적으로 상호의존적인 세계에서 인간의 복리 전반을 틀짓는 조건과 관련되어 있다. "그게 나와 무슨 상관이지?"라고만 묻는 것은 윤리적 질문에서 완전히 벗어나는 것이다.

공동체주의자들은 개인적 차이를 상당 정도 용인하고 존중하는 것은 민주적 제도의 생존에 본질적이지만, 시민들이 적나라한 자기이익을 넘어 일부 핵심적인 공공의 책무 — 시민의식에 의거하여 공동선에 대해 민주적으로 헌신하는 것을 포함하여 — 를 공유하는 것도 마찬가지로 본질적이라고 주장한다. 우리는 공동체주의자들이 미국사회와, 그리고 점점 더 상호의존적이 되고 전자장치로 뒤얽혀 있는 세계 모두에서 더 강한 공동체의식과 상호관심이 필요하다고 역설하는 것은 옳다고 생각한다.

공동체의 건설은 우리를 분할시키는 신념과 가치를 강조하기보다는 우리를 묶어주는 신념과 가치를 검토하여 공통의 근거를 찾는 데서 시작된다. 공동체주의자들은 우리가 만약 파괴적 차이로 인해 찢어진 세계에서 공통의 도덕적 근거를 발견하고자 한다면 서로 분기된 견해들 사이에서 그것들을 조정하기 위한 하나의 수단으로 (더 낮은 수준이 아니라) 더 높은 수준의 공통분모를 기꺼이 찾아나서야 한다고 말할 것으로 보인다.

공동체주의는 그 옹호자들에게 이기적 개인주의와 "모든 사람이 자신을 위하는" 사회의 위험에서 벗어나는 수단을 제공한다. 하지만 공동체주의를 폄하하는 사람들이 보기에, 공동체주의는 농촌의 또는 소도시의 과거에 대한 향수적 환상에 의거하며(Phillips 1993), 공동체의 이름으로 활기 넘치는 개성을 질식시키고 문화적 다양성을 동질화할 위험이 있다. 비판자들은 공동체주의적인 '다수의 전제정치'가 공동체의 드럼 소리에 맞추어 행진하기를 거부하는 사람들을 억압하고 강제할 수 있다고 우려한다.

더 높은 수준의 법이 존재하는가?

오늘날 경쟁하는 가치들(이를테면 전통과 질서, 평등, 개인적 자유, 공동체 등의 가치)을 둘러싸고 벌어지는 많은 철학적·이데올로기적 논쟁에서 근원을 이루는 것이 바로 도덕 자체의 궁극적 원천 또는 토대에 대한 보다 심원한 견해 차이이다. 포스트모더니스트들은 도덕을 대체로 임의적인 사회적 구성물 — 따라서 문화와 역사적 시대마다 크게 다르다는 것을 보여줄 수 있는 — 로 간주하는 경향을 보여왔다. 도덕적 신념의 문화적 상대성을 인정하는 것은 또한 그들로 하여금 윤리적 또는 도덕적 상대주의자가 되어 어떤 보편적 또는 초월적 기준 — 각축하는 도덕체계들의 주장 사이에서 벌어지는 논쟁을 중재할 수 있는 — 의 존재에 대해 회의적인 태도를 지니게 한다. 요컨대 포스트모더니스트들은 일상적인 인간 규칙과 법들을 지배하는 더 높은 수준의 법의 존재에 대해 의심하는 경향이 있다. 정반대의 극단에는 도덕적 절대원리의 전제를 여전히 굳게 믿는 사람들(특히 근본주의적인 기독교적·유대교적·이슬람교적 전통에 속해 있는 사람들)이 있다(하지만 그들은 그러한 절대원리가 무엇이고 그것이 어떻게 해석되어야 하는지에 대해 항상 의견을 같이하지는 않는다). 도덕적 상대주의와 도덕적 절대주의의 사이에는 다양한 철학적·종교적 입장이 자리하고 있다(Bernstein 1983; Stout 1988).

극단적 형태의 도덕적 상대주의와 도덕적 절대주의 모두는 심각한 문제를 지니고 있다. 한편에서 도덕적 상대주의는 보편적 인간윤리의 가능성 자체를 미리 배제하는 것으로 보인다. 어떤 특수한 문화를 초월하는 윤리적 기준이 부재할 경우, 우리는 홀로코스트 또는 과거나 미래에 인간이 경험하는 어떤 다른 잔학행위에 맞서 어떠한 강력한 도덕적 주장도 할 수 없다. 왜냐하면 범죄자의 도덕적 신념이 적절한지를 판단하는 기준이 되는 더 높은 수준의 법이 존재하지 않기 때문이다. 따라서 도덕적 상대주의는 우리에게 인권 개념의 어떠한 근거도 제공하지 못한다. 국제세계와 문화 간 세계에서 도덕적 상대주의는 "힘이 정의를 만든다"는 규칙을 넘어서서 문화적·도덕적 견해 차이를 조정할 수 있는 어떠한 원리도 제공할 수 없다. 다른 한편 호전적인 도덕적 절대주의 또한 두려움의 대상이다. 왜냐하면 경쟁하는 다른 절대주의와의 성스러운 전쟁이라는 명분으로 자주 피의 강물이 흘렸었기 때문이다. 만약 윤리가 근본적으로 사람들의 복리와 그것의 성취에 관한 것이라면, 누군가는 도덕적 상대주의와 도덕적 절대주의 모두 인간 삶을 하락시키는 데 한몫해왔기 때문에 둘다 도덕적으로 의심스럽다고 주장할지도 모른다.

　이러한 위험들을 피하면서 다양하고 상호의존적인 세계에서 하나의 지구윤리의 가능성을 제공하는 중간의 길이 존재하는가? 러시워스 키더(Rushworth M. Kidder 1994) 등은 보편적인 인간윤리의 가능성을 제기하면서 전 세계의 문화들은 진실 말하기, 공정성, 책임과 같은 특정한 핵심 가치들을 공통적으로 공유하는 경향이 있다고 지적했다. 우리는 더 나아가 황금률과 같은 도덕적 규범들이 역사를 통해 다양한 사회의 윤리적 가르침들 속에서 출현해왔다고 지적할 수도 있다. 게다가 도교, 불교, 아리스토텔레스 철학을 포함하여 많은 종교적·철학적 전통은 몇몇 삶의 방식이 당연히 다른 것들에 비해 인간의 복리에 더 이바지하고 있으며, 따라서 거기에는 하나의 자연윤리가 존재한다고 가르쳐왔다. (이것은 부정하기 어려운 주장이다. 왜냐하면 인간은 장미덤불처럼 틀림없이 어떤 조건하에서는 번창하고 다른 조건들하에서는 시들기 때문이다.) 유대교와 기독교 전통은 자연 도덕법의 존재를 지지해왔다(이를테면 John Paul II 1993). 하지만 우리는 노예제도 그리고 여성, 동성애자 및 여타 주변화된 사람들에 대한 억압과 같은 사회적 관행을 '신의 뜻'이라는 데 근거하여 정당화하기 위해 자연법 교의에 대한 그러한 전통적 정식화에 자주 의지해왔다는 것을 솔직히 인정하지 않을 수 없다.

전통적인 유대교적·기독교적 버전의 자연법 교의들이 우리의 도덕적 **책무와 책임**을 강조해왔지만, 존 로크의 계몽주의 철학에 뿌리를 두고 있고 또 미국 독립선언문에서 토머스 제퍼슨Thomas Jefferson에 의해 표현된 보다 근대적인 자연법 전통은 인간으로서의 우리의 도덕적 **권리**를 강조한다. 이것이 근대 민권운동과 인권운동의 많은 것의 근간을 이루는 자연법 전통이며(Laqueur and Rubin 1989), 세계인권선언Universal Declaration of Human Rights의 규약에 국제법으로 다음과 같이 성문화되어 있다(United Nations 1948). "인류 가족의 모든 성원의 고유한 존엄성과 …… 평등하고 양도할 수 없는 권리가 세계의 자유, 정의, 평화의 토대이다." 자연법 교의들은 그 교의가 책임을 강조하든 권리를 강조하든 간에, 그리고 그 기원이 종교적이든 세속적이든 간에 보편적 인간윤리 ― 우리가 경쟁하는 도덕체계 간의 갈등과 마주할 때 우리가 호소할 수 있는 '더 높은 수준의 법' ― 의 가능성을 단언한다.

보수주의자와 자유주의자 모두는 자신들의 정치적 수사에서 자연법 교의에 호소해왔다. 이를테면 보수주의자들은 낙태반대에서 인간의 법보다 더 높은 도덕법에 호소해온 반면, 마틴 루서 킹과 같은 자유주의자들은 인종차별에 대한 반대에서 더 높은 수준의 도덕법에 호소해왔다. 종교적 사상가와 세속적 사상가는 똑같이 자신들 각각의 이상을 추구하면서 더 높은 법의 권위에 의지해왔다. 선의를 가진 지적이고 성찰적인 사람들 사이에서조차 더 높은 법이 무엇이고 그것이 어디에서 나오고 그것이 오늘날의 문제들에 어떻게 적용되어야 하는지와 관련하여 완전한 합의를 이루기는 여전히 요원하다. 문화적으로 다양한 세계에서 영속적이고 보편적인 윤리를 확립하는 것과 관련된 문제는 고통스러울 정도로 어려운 문제이다. 하지만 우리의 차이에도 불구하고 우리 거의 모두는 우리가 윤리 없이 살 수 없다는 것에 동의할 것이다. 왜냐하면 도덕적 규칙이 없다면 우리는 아노미아의 사회적 해체와 홉스의 만인에 대한 만인의 전쟁에 처할 수밖에 없기 때문이다.

제6장

시장으로서의 사회

우리의 선조들은 대대로 자신들의 이마(또는 다른 사람들의 이마)의 땀으로 자신들의 자연환경에 적응하고 자연환경으로부터 양식을 획득했고, 그 과정에서 자연환경을 변화시키며 살아왔다. 이러한 종류의 경제활동은 인간 생존에 필수적이다. 그리고 경제활동이 인간을 생존할 수 있게 하기 때문에, 많은 사회이론가가 경제제도를 사회적 삶의 토대 자체로 간주하게 되었다. 이러한 유물론적 관점에서 볼 때, 가족과 종교에서부터 정치와 교육에 이르기까지 다른 모든 사회제도는 그 제도가 희소자원을 생산하고 유통하고 그리고/또는 소비하는 한 근본적으로 하나의 경제제도이다. 따라서 모든 사회분석은 하나의 경제분석이 되고, 경제적 개념들은 사회적 삶 전체를 이해하고 설명하기 위한 지배적 은유가 된다. 이를 극단으로 밀고 나가서 사회적 삶의 모든 측면을 경제적 용어로 설명하고자 하는 시도는 경제 환원론으로 알려져 있다.

사회의 경제적 이미지는 낭만적 시 또는 감상적 영성의 재료는 아니다. 그러한 이미지는 우리에게 삶에 대해 다소 차갑고 현실적이고 냉철한 견해를 제시하며, 사회적 관계를 계산과 통제와 같은 차가운 언어로 분석하게 한다. 우리가 경제적 렌즈를 통해 인간사회를 바라볼 경우, 사회적 삶은 생존과 경쟁이익을 위한 이기적 투쟁 — 그것이 시장에서 경쟁하는 개인들 간의 자본주의적 투쟁이든 또는 각축하는 경제계급들 간의 사회주의적 투쟁이든 간에 — 으로 그 모습을 드러낸다. 경제이론가들은 그러한 투쟁의 보다 심층적인 동학을 밝혀내고자 하는 '속세의 철학자들'이다(Heilbroner 1972). 특히 지난 두 세기 동안에는 속세의 두 철학자, 애덤 스미스와 카를 마르크스가 경제사상을 지배해왔다. 이 둘 각각을 간략히 살펴보기로 하자.

시장의 철학

애덤 스미스는 스코틀랜드 사람으로, 그의 가장 영향력 있는 저작 『국부론The Wealth of Nations』은 잊지 못할 해인 1776년에 출간되었다[1776년은 미국이 독립을 선언한 해로, 미국의 독립은 영국의 중상주의 식민지 체제가 붕괴했음을 뜻하기도 한다 – 옮긴이]. 그 책에서 스미스는 자유방임("순리에 맡겨라") 자본주의의 대의를 옹호하고, 정부가 최소한으로 개입하는 시장에서 이루어지는 자유로운 교환을 주창했다. 스미스는 인간본성을 본질적으로 이기적인 것으로 보았다. 그는 다음과 같이 썼다. "우리가 우리의 저녁식사를 기대하는 것은 고깃간, 양조장, 빵집 주인의 자비심 때문이 아니라 그들 자신의 이익에 대한 그들의 고려 때문이다. 우리는 그들의 인간성이 아니라 그들의 자기애를 다룬다. 그리고 우리는 그들과 우리가 필요한 것에 대해 이야기하는 것이 아니라 그들의 이익에 대해 이야기한다"(Smith [1776]1937, I: 14).

스미스는 중앙의 국가권력이 적절한 경제적 결정을 할 것으로 믿지 않았지만, 그가 부유한 자본가들의 동기 역시 똑같이 믿지 않았다는 것을 알면 일부 사람들은 놀랄 수도 있다. 그에 따르면, 자본가들의 "타고난 이기심과 탐욕"이 그들로 하여금 "그들 자신의 헛되고 만족할 줄 모르는 욕망의 만족"을 추구하게 한다(Smith [1759]1982: 184~185). 스미스는 이기적 개인주의의 과도함이 최악에 이르는 것을 막을 수 있는 사회적 메커니즘이 필요하다는 것을 인정했다. 그리고 그는 자신이 시장경쟁에서 그 메커니즘을 발견했다고 생각했다. 재화와 용역의 자유로운 교환 속에서 자신의 상품을 터무니없이 비싼 가격으로 팔려고 하는 탐욕스러운 생산자는 곧 그의 경쟁자들로 인해 상품을 싸게 팔 수밖에 없게 될 것이고, 소비자들은 그러한 가격경쟁의 결과 이득을 보게 될 것이다.

스미스는 얼마간 아이러니한 의미에서 자본가들은 자본주의를 바라지 않는다고 이해했다. 그는 자본가들의 욕망은 시장에서 다른 사람들과 경쟁하는 것이 아니라 오히려 독점적 통제권을 확보하여 가격을 엄청나게 올리기 위해 경쟁자들이 문을 닫게 만드는 것이라고 말했다. 그러나 스미스는 시장 메커니즘이 이 문제를 자동적으로 교정할 것이라고 믿었다. 왜냐하면 새로운 경쟁자들이 시장에 진입하여 독점자보다 싼 가격으로 상품을 팔 것이기 때문이다. 스미스는 노동자들 또한 자유시장의 작동으로부터 이익을 얻을 것이라고 믿었다. 왜냐하면 고용주들이 덜 생산적이고 덜 효율적인 기업으로부터 최고의 노동자를 빼오기 위해 노동자들의 서비스를 놓고 경쟁할 때 그들의 임금이 오를 것이기 때문이다. 스미스에 따르면, 시장체계는 효율적인 생산에 대한 보답으로 고용주와 피고용자가 똑같이 공평하게 공유할 풍부한 부를 창출할 것이었다. 그리고 '보이지 않은 손'처럼 시장체계는 사적 이기심을 이용하여 일반적 번영을 창조할 것이었다.

스미스는 경제적 번영의 물결이 고조될 때 모든 배가 떠오를 것이라고 확신했다. 어쨌든 이것이 그의 고전 경제이론이 예측한 것이다. 그러나 현실에서는 모두가 하나의 배를 가지고 있지 않으며, 일부 배는 경제적 경쟁의 소용돌이 속에서 불가피하게 물 속으로 가라앉는다. 경쟁은 정의상 승자와 패자를 만들어내고, 승자가 패자보다 경쟁이 주는 축복을 받는 경향이 있다. 애덤 스미스의 일부 현대 제자들은 때때로 가격, 임금, 산출된 재화와 서비스의 질과 양을 결정하는 메커니즘으로서의 시장에 거의 종교적인 신뢰를 보냈다(시장은 마치 그 결과가 의문이나 비판의 여지가 없는 일종의 오류 없는 신과 같았다). 일부 신자들은 수요와 공급의 법칙을 진정한 자연법칙으로 보는 경향이 있으며, 국가의 '인위적인' 간섭 없이 수요와 공급에 의해 작동하는 자유시장체계가 소비자의 수요에 민감하게 반응하며 어떤 가능한 대안보다도 효과적으로 부를 창출할 것이라고 주장한다.

오늘날 시장체계가 재화와 서비스를 할당하는 유용한 수단으로 기여할 수 있다는 것을 부정하는 사람은 거의 없다. 시장의 생산력은 어떤 역사적 기준으로 보더라도 실제로 인상적이다. 그러나 시장의 보이지 않은 손을 무오류성의 지위로 끌어올리는 것은 자본주의가 승리한 시대에도 근시안적이다. 시장상황이 때때로 사회문제에 대한 만병통치약으로 제시되기도 하지만, 시장은 자주 비용과 위험을 숨기고 있고(이를테면 Henig 1994를 보라), 뒤처져 있는 사람들의 복리에 심각한 문제를 야기한다. 스미스의 고전경제학을 비판하는 사람들은 시장은 쓸 돈 — 그것이 번 것이든 상속받은 것이든 또는 부정하게 얻은 것이든 간에 — 을 가지고 있는 사람들의 욕구와 원망에 응답한다고 지적한다. 그러나 시장은 어떤 이유에서인지 유의미한 경제적 자원을 결여하고 있는 사람들의 욕구나 원망은커녕 그들의 실존에 대해서도 전혀 신경 쓰지 않는다. 비판자들은 제멋대로의 시장체계가 소득과 부의 극단적인 불평등을 산출하는 경향이 있으며, 경제적 이득(뿐만 아니라 불이익까지)이 한 세대에서 다음 세대로 전승됨에 따라 그러한 불평등이 각각의 연속되는 세대 속에서 재생산된다고 지적한다. 경쟁체계가 최초의 이익을 보상하고 그로 인해 시간이 경과함에 따라 불평등을 강화하는 경향은, 부자는 더 부자가 되는 반면 가난한 사람들은 더 가난해진다고 언급한 성경 구절에서 따와서 마태효과Matthew effect라고 불리어왔다(Merton 1973: 439~459).

    카를 마르크스는 시장체계의 본질적 한계와 결함에 애덤 스미스보다 더 관심을 집중해왔다. 하지만 냉전시대 동안에 이데올로기적으로 희화화되어 마르크스의 사상으로 전파되었던 것과는 달리, 마르크스는 근대 자본주의의 성과에도 엄청나게 경의를 표했다. 마르크스는 자본주의의 결함에 대해 비판하면서도, 자본주의체계가 기술적 생산력을 혁명적으로 변화시키고 억압적인 봉건제도를 붕괴시키고 무역과 상업을 통해 세계를 국제화한 것에 갈채를 보냈다(Marx and Engels [1848]1955: 12~13). 그러나 마르크스는 자본주의를 인간 역사의 종착점으로 간주하지 않았다. 그는 자본주의의 결함이 궁극적으로 자본주의 자신을 초월하게 할 것이라고 믿었다. 자본주의가 봉건제를 초월했던 것처럼, 사회주의 그리고 궁극적으로는 발전된 공산주의가 자본주의를 초월할 것이었다.

    마르크스는 시장의 결함 중 하나가 자본과 노동 간의 교환이 공평한 경쟁의 장에서 자연스럽게 일어나지 않는다는 야수적인 사실이라고 지적했다. 마르크스의 시대에도 자본가들은 막대한 자원을 협상테이블에 가지고 왔지만, 비조직 노동자들은 가까스로 삶을 유지할 수 있을 정도로 낮은 수준의 임금을 받는 대가로 제공할 노동력만을 가지고 있었다. 마르크스는 노동자의 노동이 부의 창조의 궁극적 원천이지만 자본주의적 생산과정은 노동자들을 노동의 결실로부터 분리시키거나 '소외시킨다'고 주장했다. 노동자들은 자신들의 노동의 대가로 오직 자신들의 노동이 산출한 가치의 파편만을 받는다. 노동시장에서 단순한 상품으로 축소된 노동자들은 '기계의 부속물'이 되어 자신들의 노동의 결실로부터뿐만 아니라 서로로부터, 그리고 궁극적으로는 그들 자신의 인간성으로부터도 소외되었다.

마르크스는 교환관계에서 그 관계를 지배하는 측이 예속자들을 단지 자신들의 이익을 획득하는 대상 또는 도구로 간주하는 경향이 있다는 것을 분명하게 알고 있었다. 그는 계급불평등체계가 하위계급 사람들을 자본축적 게임에서 단순한 졸의 지위로 축소시키는 등, 생산수단을 소유하고 통제하는 계급의 이익에 봉사한다고 주장했다. 시장체계의 이러한 결함에 대해 마르크스가 제시한 해결책은 산업노동계급(또는 프롤레타리아)을 조직화함으로써 졸의 협상력을 강화하여 시장에서의 불공정한 교환관계에 도전하게 하는 것, 그리고 궁극적으로는 다수 노동계급으로서 자신들의 이익을 위해 그 게임의 규칙을 변화시키게 하는 것이었다. 따라서 카를 마르크스와 프리드리히 엥겔스(Karl Marx and Friedrich Engels [1848]1955: 19, 31, 46)는 자본주의를 전복하고 그것을 소수에 의한 다수의 착취를 금지하는 불특정한 형태의 참여경제적 민주주의로 대체하는, 명실상부하게 민주적인 운동을 벌일 것을 요구했다.

하지만 마르크스는 민주주의를 다소 조야한 다수결주의적 측면에서 프롤레타리아의, 프롤레타리아에 의한, 프롤레타리아를 위한 '독재'로 이해했던 것으로 보인다. 그는 언론·출판의 자유와 같은 '부르주아적 시민

자유'를 공개적으로 경멸하면서, 그러한 자유는 실제로 대체로 특권 있는 소수만 이용할 수 있다고 말했다. (마르크스주의자들은 출판의 자유는 단지 출판사를 소유할 여유가 있는 사람들에게만 존재한다고 말하기를 좋아한다.) 돌이켜보면, 마르크스는 인민의 이름으로 행사되는 중앙집권화된 국가권력의 잠재적 악용을 매우 과소평가했으며, 순진하게도 미래의 무계급사회에서는 국가가 궁극적으로 사라질 것이라고 생각했다. 그의 신봉자들에 의해 수많은 상충하는 방식으로 해석된 그의 저술들은 끔찍한 잔학행위를 정당화하기 위해 불러내어져왔다. 하지만 지난 세기 반 동안에 노동계급이 모든 곳에서 얻은 경제적 이익의 상당 부분 역시 마르크스의 저술에 의해 고무된 조직 노동계급 덕분이라는 점을 언급해둘 필요가 있다.

실제로 우리는 애덤 스미스의 '순수한' 자유시장 자본주의나 카를 마르크스의 '순수한' 사회주의를 어느 곳에서도 발견할 수 없다. 두 체계는 실제로 결함을 지니고 있다. 시장체계는 경제적 자원 경쟁에서 창조성과 효율성을 보상하면서, 일반적으로 비시장체계보다 부를 생산하는 데에서 훨씬 더 성공해왔다. 그러나 시장체계는 부의 공정한 배분에서는 훨씬 덜 성공해왔으며, 그 대신 부자와 빈자 간에 엄청난 그리고 잠재적으로 폭발할 가능성이 있는 불평등을 산출했다.

실제로 행해지고 있는 관행의 측면들을 놓고 볼 때, 모든 근대사회는 **혼합경제** 형태를 취하고 있다. 근대사회는 자유시장 자본주의와 사회적 계획의 원리를 서로 다른 비율로 혼합하여 혼종체계를 낳았으며, 국민들의 기본적 욕구를 충족시키는 데 서로 다른 정도로 성공하고 있다. 만약 우리가 전체 국내총생산의 정부지출 비율을 국가경제의 사적 원리와 공적 원리(또는 자본주의적 원리와 사회주의적 원리)의 혼합을 보여주는 대략적인 척도로 삼는다면, 우리는 공적 지출이 미국 전체 경제의 약 4분의 1을, 그리고 서유럽 사회민주주의 경제의 30~60%를 차지한다는 것을 발견한다(Kurian 1991: 91). 혼합경제에서는 극심하게 과도한 살인적 경쟁이 사회적 입법(이를테면 사회안전법, 공공의료보호법, 빈민지원법, 노동법)에 의해 얼마간 약화되는 한편, 사회주의의 극심한 비효율성도 시장의 경쟁 활력에 의해 축소된다.

스탈린주의가 붕괴되고 냉전이 종식됨에 따라 어쩌면 우리는 지금 스미스와 마르크스의 경쟁하는 비전 각각의 장점과 약점을 새로 정직하게 고찰하기 시작할 수도 있을 것이다. 어쩌면 우리는 인간의 발명품으로서의 자본주의와 사회주의 모두가 심각한 결함을 지니고 있지만, 그럼에도 불구하고 인간 욕구를 충족시키는 데 부분적으로는 성공한 전략이라고 인정하기 시작할 수도 있을 것이다. 그리고 또한 우리는 어쩌면 각각의 사회와 문화의 독특한 상황에 맞게 손질된 둘의 어떤 혼합 형태가 가장 번창한 그리고 인도적인 경제를 달성할 수 있을 것이라는 희망을 가질 수도 있을 것이다(Kuttner 1997).

교환이론

사회이론들은 그 이론이 출현한 사회의 문화적 가정을 반영하는 경향이 있다. 따라서 우리는 자본주의적인 문화적 환경이 지배하는 미국에서 사회이론가들이 사회가 경제적 시장과 유사하다고 제시한다고 하더라도 전혀 놀라지 않을 것이다. 사회학에서 교환이론가와 합리적 선택 이론가들은 자신들의 분석에서 드러내놓고 그러한 경제 은유를 이용한다. 그들은 많은 점에서 고전경제학자 애덤 스미스와 그의 공리주의 경제철학의 후예들이다(Collins 1994: 133~189).

교환이론가와 합리적 선택 이론가들이 사회적 삶에서 교환관계가 갖는 중요한 의미를 처음으로 인식한 것은 결코 아니다. 애덤 스미스 이전에도 토머스 홉스(Thomas Hobbes [1651]1964), 존 로크(John Locke [1690a] 1965), 장-자크 루소(Jean-Jacques Rousseau [1762]1973)와 같은 초기 사회계약 이론가들은 이미 사회를 일종의 교환관계 ― 우리가 무제한적 자유의 수단과 상호안전의 수단을 교환하기로 우리끼리 동의한 ― 로 바라보았다. 많은 고전 인류학자의 연구 또한 교환의 사회적 이용에 초점을 맞추어왔다. 이를테면 서태평양 사람들 사이에서 행해지는 쿨라Kula라는 선물교환 링의 사회적 기능에 대한 브로니슬라프 말리노프스키(Bronislaw Malinowski 1922)의 분석, 선물 주고받기에 관한 마르셀 모스(Marcel Mauss [1925] 1990)의 에세이, 그리고 여성 교환에서의 사회적 호혜성에 관한 클로드 레비-스트로스(Claude Lévi-Strauss 1958)의 연구가 그것들이다. 이들 연구 각각은 사회 내에서 또는 사회들 사이에서 상호책무라는 사회적 유대를 형성하는 데서 교환이 수행하는 결정적인 역할을 나름의 방식으로 탐구했다.

사회학적 교환이론은 분석의 관심을 집합체 수준에서 개인 수준으로 돌림으로써 이전의 인류학적 접근방식으로부터 분기된다(Ekeh 1974). 이러한 점에서 교환이론은 그 이론이 출현한 개인주의적인 영미문화를 반영한다. 교환이론은 그것에 앞선 영국 사회계약이론처럼 사회를 호혜관계에 의해 결합된 자율적 개인들의 느슨한 집합체로 '원자론적'으로 묘사하는 경향이 있다.

사회학적 교환이론의 주요 설계자인 조지 호먼스(George Homans 1958,

1961, 1974)는 사회가 개인들 간의 무수한 교환거래로부터 건설된다는 것을 입증하고자 했다. 호먼스는 그 당시 가장 발전한 (또는 그가 그렇게 믿었던) 행동과학의 개념과 가정을 빌려와서 개인 수준의 분석에서 시작하여 위로 올라가는 방식으로 연구함으로써 사회에 대한 엄격한 과학을 확립하기를 열망했다. 따라서 그는 신고전경제학의 원리와 행동주의 심리학의 원리를 결합하여 사회적 행동에 대한 심리경제학적 설명을 창안했다. 작고한 케네스 볼딩(Kenneth Boulding 1962: 458)이 재치 있게 말했듯이, 호먼스의 저작에서 "경제인은 심리학적 비둘기와 교배되어 어떤 심술궂은 사람이 인간 상호작용에 대한 경제학적 비둘기 이론이라고 부를 수도 있는 것을 만들어낸다".

호먼스는 고전경제학으로부터 인간은 본래 자신의 행복을 극대화하고자 한다는 공리주의적 가정을 빌려왔다. 이익은 극대화하고 비용은 최소화하고자 하는 자본가들처럼, 사회적 행위자들은 자신들의 이익을 추구하는 데서 본질적으로 합리적이고 계산적이다. 하지만 호먼스는 많은 경제학자와 달리 협소하게 금전적 이익에만 초점을 맞추지 않았다. 그는 인간을 "오직 돈과 물질적 재화에만 관심을 가지고 그것들을 얻기 위해서는 자신의 늙은 어머니도 기꺼이 희생시키는 반사회적이고 물질주의적인" 존재로 보는 순전히 금전적인 개념을 비판했다(Homans 1961: 79). 호먼스는 우리는 단지 물질적 만족뿐만 아니라 사랑과 다른 사람들의 인정 같은 심리적·사회적 만족 역시 추구한다고 옳게 말했다.

하지만 호먼스는 대부분의 다른 점들에서는 사회를 보상과 비용에 대한 합리적·이기적 계산에 기초한 개인들 간의 교환관계의 네트워크로 바라보는, 사회에 대한 경제적 이미지를 받아들였다. 특히 그는 경제적 이익(거래에서 얻은 보상에서 그 거래에서 발생한 비용을 뺀 것) 개념을 전유하여 그 개념을 비금전적 이익을 포함하는 것으로 넓게 정의했다. 호먼스는 "두 당사자가 이익을 획득하지 못하는 한 어떠한 교환도 계속되지 않는다"라고 주장했다(Homans 1961: 61). 이 가정은 비록 암시적이지만 실제로는 검증하기 어렵다. 우리는 통화 단위를 일반화된 교환수단으로 사용하는 경제적 거래를 편리하게 측정할 수 있지만, 비금전적 거래의 심리적 '이익률'을 산뜻하게 계산할 수 있는 편리한 측정수단 — 즐거움이나 고통에 대해 공통적으로 받아들여지는 표준 척도 — 은 전혀 존재하지 않는다.

호먼스는 경제적 교환은 단지 사회적 교환 일반의 한 특별한 사례일 뿐이라고 주장했다. 따라서 호먼스는 사회학을 경제학으로 환원하고자 하지는 않는다. 오히려 그는 경제적 거래와 비경제적 거래 모두를 지배하는 일반적 교환원리를 발견하고자 했다. 그리고 자신이 하버드 동료인 스키너B. E Skinner의 행동심리학에서 그러한 근본 원리를 발견했다고 생각했다. 스키너는 비둘기와 쥐의 학습된 행동에 대한 실험실 연구로 유명했고, 1960년대경 그의 이름은 사람들의 입에 오르내리는 논쟁적 단어가 되었다(Bjork 1993). 1950년대 동안 실험심리학을 지배한 스키너의 행동주의는 유기체의 행동 — 그것이 비둘기이든 쥐든 또는 인간이든 간에 — 을 외적 자극에 대한 반응으로 바라보았다. 따라서 행동주의는 때때로 '자극-반응stimulus-response' 심리학 또는 S-R 심리학으로 불린다.

행동주의 용어법에서 특정한 반응의 발생 빈도를 증가시키는 자극은 강화(또는 보다 대중적인 용어로는 보상)로 불리는 반면, 반응의 빈도를 감소시키는 자극은 처벌로 지칭된다. 스키너는 우리가 원하는 결과를 얻기 위해 외적 자극을 조작하여 유기체의 행동을 길들일 수도 있다는 것을 입증했다. 우리는 심지어 유기체 길들이기에 적극 가담해서 그 유기체가 어떤 특정한 행동을 드러내게 함으로써 더 많은 보상을 받게 하기도 한다. 이를테면 우리는 효과적인 길들이기를 위해 비둘기가 금속 막대기를 쫄 때마다 비둘기가 음식을 보상받는 장치를 급히 만들기도 한다. 비둘기는 자신의 행동이 더 많은 먹이로 보상받는 한, 또는 그 먹이에 물릴 때까지 계속해서 막대기를 쫄 것이다(Skinner 1974; Shaw and Costanzo 1982: 23~40).

이러한 종류의 실험적 입증을 통해 스키너는 '정신', '인지', 또는 '의식'처럼 유령과도 같은 개념에 의거하지 않는, 순전히 관찰 가능한 행동에 기초한 하나의 객관적 과학으로서의 심리학을 발전시키고자 했다. (이것은 일부 비판자들로 하여금 단지 반농담조로 행동주의를 '생각 없는 심리학'으로 묘사하게 했다.) 이러한 방식으로 우리가 자극(S)을 유기체(O)에 가할 때, 우리는 객관적으로 반응(R)을 관찰할 수 있다. 스키너가 볼 때, 이러한 S-O-R 모델에서 유기체의 내부 작동은 우리가 결코 직접 관찰할 수 없는, 그러므로 진정한 행동에서 어떠한 위치도 차지하지 않는 하나의 신비한 '블랙박스'이다.

행동주의는 심리학에서 경쟁하던 접근방식들에, 특히 1960년대에 그 장을 장악한 인지혁명에 흡수되거나 밀려나서 이제는 다소 시대에 뒤진 것이 되었다(Gardner 1985). 행동주의자들과 달리 인지심리학자들은 정신의 블랙박스를 해독하는 데 전념하는데, 그들은 컴퓨터와 사이버네틱 시스템과의 유추에 도움을 받아 그 블랙박스를 해석한다. 행동주의는 이제 자신이 누렸던 영광의 많은 것을 잃었지만, 호먼스가 교환이론을 발전시키고 있을 때에는 여전히 대단했다. 호먼스는 행동주의 심리학으로부터 자극, 반응, 보상, 처벌 같은 개념을 빌려왔다. 그는 그러한 개념들을 신고전경제학의 개념들과 결합하여 일단의 단순한 (어떤 사람들이 보기에는 분명한) 명제들을 만들었고, 그 명제로부터 보다 복잡한 사회현상에 대한 설명을 도출하고자 했다. 아래에 제시된 것은 호먼스 이론의 토대를 이루는 명제들의 일부이다.

- **성공 명제**: "사람들이 취한 온갖 행위 가운데서 어떤 사람의 특정한 행위가 자주 보상받을수록 그 사람은 그 행위를 할 가능성이 크다"(Homans 1974: 16).
- **자극 명제**: "과거에 특정 자극 또는 일단의 자극이 발생했고 그에 대응한 어떤 사람의 행위가 보상을 받았다면, 현재의 자극이 과거의 자극과 유사할수록 그 사람은 지금 그 행위 또는 그와 얼마간 유사한 행위를 할 가능성이 크다"(Homans 1974: 23).
- **박탈-포만 명제**: "최근에 어떤 사람이 특정한 보상을 자주 받았을수록 추가적으로 주어지는 동일한 보상은 그에게 덜 가치 있을 것이다"(Homans 1974: 29). 행동주의 심리학으로부터 빌려온 이 명제는 경제학의 한계효용 개념과 아주 유사하다.

호먼스는 이러한 종류의 단순한 심리학적 명제들로부터 교환관계를 지배하는 보다 복잡한 명제들을 도출한다. 이를테면

- **합리성 명제**: "대안적인 행위들 사이에서 선택을 할 때, 사람들은 당시에 특정 행위의 결과가 갖는 가치와 그 결과를 획득할 확률을 곱해보고 자신이 그 값이 더 크다고 지각한 행위를 선택할 것이다"(Homans 1974: 43). 이 명제는 고전경제학의 합리성 가정에 분명하게 상응한다. 합리적 행위자는 특정한 행위경로를 통해 획득할 잠재적 이익뿐만 아니라 추정된 성공 확률 역시 가늠한다. 이를테면 사람들은 새로운 사업의 성

공확률이 극히 낮아 보일 경우 일반적으로 그 사업에 투자하지 않는다.
- **분배정의 규칙**: "다른 사람과 교환관계에 있는 사람은 각자의 보상이 자신의 비용과 비례할 것으로 …… 그리고 각자의 순보상 또는 순이익이 자신의 투자와 비례할 것으로, 즉 투자가 많을수록 이익도 많을 것으로 기대한다." 따라서 "분배정의의 규칙이 실현되지 않아 어떤 사람의 손해가 클수록 그는 우리가 화라고 부르는 감정적 행동을 드러낼 가능성이 크다"(Homans 1961: 75). 이 분배정의 개념은 공정성이론equity theory으로 알려진 일단의 사회심리학적 문헌과 직접 관련되어 있다(Walster 1972). 실제로 그 이론은 우리가 어떤 사회적 관계에 기여해온 것보다 매우 적게 돌려받는다고 믿을 때 우리는 화가 나게 된다고 말한다.

교환이론 비판과 정교화

호먼스는 이와 같은 명제들에 근거하여 사회적 행동에 대한 일반과학을 구축하고 싶어 했다. 그러나 비판가들은 몇 가지 근거에서 호먼스의 교환이론 정식화에 이의를 제기해왔다(Turner 1991: 317~322; Scott 1995). 호먼스의 신고전경제학적인 합리성 가정은 인간은 냉정하게 계산하는 방식으로 이득과 비용을 가늠하며 그가 받은 보상과 비용은 그러한 계산의 결과라고 간주한다. 따라서 그의 이론은 비합리적 동기를 고려하지 않으며, 사람들이 의식적으로 선택하지 않았으나 의도하지 않게 받게 된 보상과 비용도 고려하지 않는다.

더 나아가 비판자들은 호먼스 이론의 가정은 동어반복적이고 따라서 검증할 수 없다고 지적한다. 그 이론의 핵심 개념들이 서로와 관련되어 정의되기 때문에, 그 핵심 명제들은 그 정의에 의해 당연히 타당하다. 이를테면 교환이론에 따르면, 사람들은 자신에게 가치 있는 것에 기초하여 선택한다. 그리고 우리는 그들이 선택한 것을 관찰함으로써 그들에게 무엇이 가치 있는지를 안다. 호먼스 명제들의 순환논리를 감안할 때, 그러한 명제들이 어떻게 논박될 수 있는지를 상상하기는 어렵다.

마지막으로, 호먼스의 이론은 복잡한 사회적 현상을 개인 심리학의 수준으로 환원하여(이 전략은 때때로 심리학적 환원론 또는 방법론적 개인주의라고 불린다), 사회구조가 개인의 행동을 지배하는 원리를 넘어서는 그것 나름의 더 높은 질서의 원리를 따라 출현할 수 있다는 점을 미리 배제한다. 심리학적 환원론은 사회적 전체가 그 부분들의 총합 이상이라는 것을 인정할 수 없다. 왜냐하면 그 부분들(즉, 개인들) 간의 관계는 별개로 고려되는 부분들 자체 내에 포함되어 있는 것이 아니라 그 부분들의 상호작용을 통해서만 출현하기 때문이다.

사회구조는 그 사회를 구성하는 개인들의 속성을 넘어서는, 그것 자체의 속성을 지닌다. 따라서 동일한 일단의 개인들이 서로 다른 다양한 형태로 조직화되기도 한다. 이를테면 그들은 여러 권위의 층들로 이루어진 높은 피라미드 구조로 정렬될 수도 있고, 아니면 보다 평편하고 보다 평등주의적인 형태로 정렬될 수도 있다. 즉, 동일한 개인들이 서로 다른 사회구조로 정렬될 수 있다. 호먼스의 교환이론은 우리에게 개별 행위자들의 동기와 선택에 대해서는 많은 것을 이야기해줄 수 있지만, 그들의 선택을 제한하고 그들의 행위를 제약하는 더 큰 사회구조를 설명하는 데서는 그리 성공하지 못한다. 요컨대 호먼스의 이론은 우리에게 미로보다는 생쥐에 대해 더 많은 것을 말해준다.

사회적 행위자들이 일상적으로 마주치는 외적 제약 가운데 하나가 모든 인간집단에 실제로 존재하는 구조화된 권력불평등이다. 일부 행위자들은 사회구조 내에서 자신들이 차지하고 있는 지위 때문에 다른 행위자들보다 경제적·정치적·상징적 자원에 훨씬 더 많이 접근하며, 그러한 권력불평등이 더 권력 있는 사람들이 덜 권력 있는 사람들과 교환하는 과정에서 유리한 협상 위치에 서게 해준다. 호먼스는 그러한 일방적인 권력관계에 대해서는 그리 이야기하지 않는다. 피터 블라우Peter Blau는 개선된 형태의 교환이론에서 권력 이점이 사회적 교환에서 수행하는 역할에 대해 호먼스보다 더 주목했다. 블라우는『사회적 삶에서의 교환과 권력 Exchange and Power in Social Life』(1964)에서 권력불평등이 사회집단들 사이에서 엄청난 갈등 가능성을 야기한다고 지적했다. 지배집단은 자주 자신들의 이익을 위해 예속집단들이 공정하고 정당한 것으로 받아들일 수 있는 호혜성의 규범을 수립한다. 그렇게 하지 않을 경우, 바람직한 보상의 교환 대신 노동쟁의, 시민 소요, 심지어는 사회혁명의 형태로 처벌의 상호 교환이 야기될 수 있다.

블라우의 사회적 교환 이론은 또 다른 점에서 호먼스의 이론을 능가했다. 호먼스가 주로 개인들 간의 미시 수준의 상호작용에 자신의 분석을 한정했다면, 블라우는 자신의 분석을 거시 수준으로 끌어올려서 사회적 교환의 원리를 대규모 집단들 간의 관계, 그리고 심지어 전체 사회에까지 적용했다. 이렇듯 블라우는 개인 심리학의 한계를 넘어 개인들의 선택을 다른 방향으로 돌리게 하거나 제약하는 더 큰 사회구조 — 권력구조를 포함하여 — 의 분석으로 나아갔다.

항상 호먼스의 이론과 블라우의 이론의 형식적 맥락 내에서 수행된 것은 아니지만, 다양한 연구들이 교환관계를 탐구해왔다. 이를테면 캐럴 스택(Carol Stack 1974)이『나의 모든 친족All My Kin』에서 물질적 재화와 개인적 지원의 호혜적 교환을 아프리카계 미국인 공동체들에서 활용되는 경제적 생존전략으로 검토했다면, 존 스캔조니(John Scanzoni 1982)는 『성의 협상Sexual Bargaining』에서 친밀한 관계를 권력정치 및 협상된 교환의 산물로 비감상적으로 분석한다. 호먼스와 블라우 외에도 많은 사람이 자신들의 사회학적 분석에서 경제적 개념들을 이용했다. 이를테면 킹슬리 데이비스와 윌버트 무어(Kingsley Davis and Wilbert E. Moore 1945)의 영향력 있는 사회계층이론은 수요와 공급이라는 경제적 개념에 암묵적으로 의존하여 직업들 간의 보상에서 나타나는 불평등한 배분을 설명한다 (Grandjean 1975). 로버트 머튼(Robert Merton [1948]1968: 73~138)의 구조기능주의의 고전적 정식화는 비용-이득 분석과 유사하다. 이를테면 그는 지속되는 사회적·문화적 형태들은 (숨어 있는 또는 잠재적인 비용과 이득을 계산해볼 때) 특정 사회체계에 대해 긍정적 결과들의 순균형을 보여준다고 가정한다. 다른 학자들은 '사회적 자본'이라는 경제 은유에 의지하여 사회집단들이 자신들의 이익을 위해 사용하는 비경제적 자원(이를테면 위세, 신뢰, 공동체 정신)을 묘사한다(이를테면 Bourdieu 1984; Coleman 1990; Fukuyama 1995; Putnam 1995, 2000). 그렇기는 하지만 호먼스와 블라우는 경제적 개념을 사회적 관계의 연구에 처음으로 명시적·체계적으로 적용한 사람들이었다.

쥐에서 합리적 선택으로

한때 교환이론으로 알려져 있던 것이 오늘날에는 합리적 선택 이론(Heath 1976; Elster 1986; Coleman and Fararo 1992) ― 또는 이 이론을 폄하하고자 하는 사람들에게는 '쥐의 선택rat choice' 이론 ― 으로 알려진 더 크고 더 강력한 이론적 운동에 의해 대부분 대체되거나 그것에 흡수되고 있다. 합리적 선택 이론은 경제학에서 기원했지만, 1980년대 레이건 시대쯤에 그 이론은 사회과학 전반을 휩쓸었다. 교환이론처럼 합리적 선택 이론은 신고전경제학으로부터 핵심 가정들을 빌려온다(Green and Shapiro 1994: 13~17; Abell 1996). 이들 접근방식에 공통적인 것이 바로 인간은 자기이익을 추구하는 과정에서 보상과 비용의 합리적 계산에 기초하여 선택을 한다는 가정이다. **합리적**이라는 단어가 이 집단에서는 마치 이성과 이기적임 간에 어떤 필연적 관계가 존재한다는 듯이 일반적으로 "교활하게 이기적인"의 완곡어법으로 사용된다는 것을 깨닫는 것이 중요하다. 이를테면 한 합리적 선택 이론가(Elster 1989: 28)는 "합리적으로 행위한다는 것은 가능한 한 자기 자신을 위해 행동하는 것이다"라고 진술하며, 이성과 이기심을 무비판적으로 등치시킨다. 그러나 사람들이 가능한 한 가장 지적인 방식으로 다른 사람들의 복리를 추구할 경우에도, 실제로 사람들은 마찬가지로 합리적으로 이타적일 수 있다. 우리는 **합리성**이라는 용어의 경제적 남용에 대해 앞으로 더 많은 이야기를 할 것이다.

합리적 선택 이론은 처음에는 정치학에서 경제적 용어를 통해 정치행동을 설명하려는 시도로 출현했다(이를테면 Arrow 1951; Downs 1957; Buchanan and Tullock 1962; Olson 1965). 이 관점에서 볼 때, 투표자는 정치시장에서 '소비자'로 간주되고(Green and Shapiro 1994: 1), 선거 기부금과 여타 정치행동은 미래의 정치적 결과에 대한 '투자'로 인식되었다(Snyder 1990). 합리적 선택 접근방식은 때때로 공공 선택, 사회적 선택, 또는 단순히 정치와 인간행동에 대한 경제적 접근방식 같은 또 다른 이름으로 불리기도 한다(Becker 1976; Elster and Hylland 1986; Bonner 1986; Hindness 1988; Monroe 1991).

합리적 선택 이론은 그 주장의 기술적 정교화라는 면에서 교환이론을 능가하며, 오늘날 자주 세련된 수학방정식과 도형으로 표현된다. 이를테면 제임스 콜먼(James Coleman)의 기념비적 저작 『사회이론의 토대 Foundations of Social Theory』(1990)는 근대 경제학자들이 경제현상에 대한 논리적·수학적 모델을 구축하기 위해 의지하는 분석적 장치의 많은 것을 사회학에 들어온다. 신고전경제학 비판가들은 자주 신고전경제학의 추상적 모델이 모래 같고 어지러운 실제 경제의 현실과 부합하지 않음을 지적한다. 그러나 경제이론의 옹호자들은 그러한 이상화된 형식 모델들이 다른 과학에서만큼이나 경제학에 필수적이며, 그 모델들이 적어도 경제체계의 실제 작용을 일정 정도 예측해준다고 반격한다. 형식적인 경제분석을 사회학에 수입한 콜먼은 사회분석을 보다 높은 과학적 엄격성과 명망의 수준으로 끌어올리고 싶어 했다.

합리적 선택 이론은 이전에 호먼스가 분명하게 말한 바 있는 다음과 같은 가정에서 시작한다. 즉, 선택의 가능성은 다음 두 가지 요소와 함수관계에 있다. (1) 특정한 선택이 가져다줄 잠재적 보상과 이윤에 대한 행위자의 계산이 (2) 바람직한 결과를 획득할 확률과 곱해진다. 이를테면 내가 복권을 구입할 것인지를 결정하는 중이라면 나는 잠재적 이득(이를테면 100만 달러)과 복권의 비용(1달러)뿐만 아니라 복권에 당첨될 확률(200만 분의 1)도 역시 고려할 것이다.

합리적 선택 이론은 수학적 게임이론의 원리 – 우리는 이에 대해 다음 장에서 고찰할 것이다 – 를 자신의 분석에 끌어들인다(Abell 1996). 전략 게임을 할 때 우리는 다른 사람들이 할 것이라고 생각하는 선택을 내다보면서 선택하는데, 이는 다른 플레이어들도 마찬가지이다. 따라서 내가 복권에 당첨될 가능성이 얼마나 많은 다른 사람들이 같은 당첨금을 놓고 경쟁하는가에 달려 있다면, 나는 소수의 사람들이 같은 복권을 살 것이라고 생각할 때 그 복권을 구입할 가능성이 더 크다. 왜냐하면 그때 나의 투자가 성공할 확률이 더 크기 때문이다.

우리는 매일 이러한 종류의 투자 결정을 한다. 실제로 합리적 선택 관점에서 볼 때 우리 삶의 모든 측면 — 심지어는 우리의 영적 삶을 포함하여 — 이 일종의 투자 포트폴리오로 보일 수도 있다(Iannaccone 1995; Spickard 1998). 우리 각자는 우리의 제한된 시간, 에너지, 돈 및 여타 자원들을 가지고 최대한의 이득을 획득하기 위해 그것들을 어디에 투자할 것인지를 결정하는 일에 종사한다. 우리는 우리의 경력을 끌어올리는 데 더 많은 시간을 써야 하는가, 아니면 친구나 가족과 즐기는 데 더 많은 시간을 써야 하는가? 우리는 종교단체에 더 헌신해야 하는가, 아니면 우리의 제한된 자원을 레크리에이션 활동을 추구하는 데 쓰는 것이 더 나은가? 우리의 선택은 우리가 애초에 가지고 있던 선호, 우리가 투자해야만 하는 자원의 양, 대안적인 투자를 함으로써 얻을 수 있는 수입에 관한 우리의 지식, 위험을 감수하고자 하는 우리의 의지를 포함한 수많은 고려사항에 의해 영향을 받는다. 합리적 선택 이론은 또한 분석에서 **기회비용**이라는 경제적 개념을 이용한다. 어디에 투자할지를 결정할 때, 나는 A에 대한 투자의 잠재적 이익뿐만 아니라 내가 A 대신 B에 투자하지 않음으로 인해 잃을 기회 또한 고려해야만 한다. A에 투자하지 않은 모든 자원(시간, 에너지, 돈 등)은 내가 더 높은 수익률로 다른 곳에 투자할 수 있었던 자원이다.

만약 우리 각자가 투자자라면, 사회는 우리가 우리의 거래를 하기 위해 만나는 시장이다. 이러한 유추를 수행한 경제사회학자 게리 베커(Gary Becker 1976, 1991)는 겉으로 보기에 비경제적인 사회현상에 경제원리를 독창적으로 적용했다는 이유로 노벨상을 받았다. 이를테면 베커는 배우자 선택을 수요와 공급에 의해 지배되는 '결혼시장'에서 장래의 파트너들이 서로 보상과 비용을 합리적으로 계산하는 것으로 해석한다. (유사한 분석이 '미트 마켓meat markets'[섹스 상대를 물색하는 장소 - 옮긴이]으로서의 독신자 술집에 관한 연구에도 적용될 수 있다.) 누군가가 누군가와 결혼하는 일은 앞으로 결혼시장에서 마주칠 상품의 질 및 이용 가능성과 각각의 장래 파트너가 제공할 자원에 달려 있다. 따라서 로맨스, 정치 참여, 종교적 몰입 및 여타 사회현상들이 대부분 경제학의 법칙 — 물리학의 법칙이 물질세계를 지배하는 것과 동일한 방식으로 사회세계를 지배하는 것으로 여겨지는 법칙 — 으로 축소된다.

교환이론처럼 합리적 선택 이론은 인간본성에 대한 상업적 또는 자본주의적 이미지를 제시한다. 사회적 삶은 우리 각자가 소비자인 동시에 상품이 되는 일련의 거래이다. 합리적 선택 이론은 일반적으로 인간이 이기적인 행동을 할 것으로 '기대하고', 따라서 이타적이거나 자기희생적인 행동을 '비합리적인' 것으로 해석하는 경향이 있다. 합리적 선택 이론의 세계에서 합리성과 이기심의 결합은 사람들은 이기적으로 행위하게 되어 있다는 교활한 메시지, 즉 많은 윤리적·종교적 전통의 가르침과는 명백히 대조되는 메시지를 전달한다. 윌러(Willer 1992: 72)가 논평하듯이, 만약 어떤 이론도 가치자유적이지 않고 어떤 가치도 이론자유적이지 않다는 것이 사실이라면, 합리적 선택 이론이 헌신하는 숨어 있는 가치는 무엇인가? 합리적 선택 이론은 이기심의 덕목 — 사적 이기심을 효율적으로 추구하는 것이 궁극적으로는 공공선에 기여한다는 애덤 스미스의 믿음에 의해 합리화된 — 을 암묵적으로 승인하는 것으로 보인다(Rand 1964).

일부 이론가들은 이기적 개인에서 출발하면서도 외견상 이타적으로 보이는 사회적 헌신을 합리적 선택의 용어로 설명하고자 해왔다. 이를테면 마이클 헥터(Michael Hechter 1987)는 『집단 연대의 원리Principles of Group Solidarity』에서 합리적 선택 이론의 도구를 이용하여 개인들이 자신들 너머로 확장된 사회적 헌신을 형성하는 조건들을 탐구해왔다. 헥터는 사회 성원들이 재화를 생산하고 소비하는 과정에서 서로에게 의존하고 공공선에 대한 서로의 기여를 효과적으로 감시하고 제재할 수 있는 집단에서 강력한 사회적 헌신 의식이 발생할 가능성이 가장 크다는 것을 발견한다. 역으로 그 성원들이 재화의 생산과 소비에 서로 그리 의존하지 않고 서로의 행동을 감시하고 제재할 수 없으며 대안적 기회를 찾아 보다 자유롭게 떠날 수 있는 집단에서는 사회적 연대가 가장 약하다. 집단 연대를 촉진하는 조건은 일반적으로 대규모이기보다 소규모인 집단에서(Turner 1991: 364), 특히 이질적이기보다 동질적인 집단에서, 그리고 그 성원의식이 자발적이기보다 의무적인 집단에서 더 충족될 가능성이 크다. 일부 사회(이를테면 일본)가 다른 사회들(이를테면 미국)보다 집단 연대의 조건을 더 충실히 충족시킨다면, 우리는 전자가 보다 공동체적이고 사회의 응집력이 더 클 것이라고 기대할 수 있다.

합리적 선택 이론가들이 대규모의 거시적 수준의 현상을 분석할 때, 그들은 일반적으로 사회집단을 개인 행위자들처럼 자신의 집합적 이익을 합리적으로 추구하기 위해 행동하는 '법인 행위자'로 간주한다(Coleman 1990). 이를테면 기업법인, 국가관료제, 그리고 다른 대규모 조직들 역시 개인 행위자들처럼 잠재적 보상, 비용, 그리고 추구하는 특정 행위노선의 성공 가능성을 따져보고 자신들의 목적을 추구한다고 본다. 그러나 개인 행위자라는 미시적 수준에서든 법인 행위자라는 거시적 수준에서든 간에, 합리적 선택 이론은 사회적 삶을 자기이익의 극대화를 추구하는 것으로 바라보는 경향이 있다.

생쥐와 미로에 대하여

합리적 선택 이론가들이 자신들의 관심을 공공정책의 설계로 돌릴 때, 그들은 개인 행위자와 법인 행위자들이 선택에서 마주하는 유인과 탈유인 구조에 특히 초점을 맞춘다. 이 문제를 은유적으로 표현하면, 그들의 관심은 개별 생쥐의 이기적 심리학에서 생쥐들이 달릴 미로와 치즈의 위치로 이동한다. 합리적 선택 이론가들이 서로 다른 생쥐들이 서로 다른 종류의 치즈를 좋아할 수 있는 것과 마찬가지로 인간들이 서로 다른 여러 종류의 보상을 추구할 수 있다는 것을 기꺼이 인정함에도 불구하고, 그 이론은 생쥐가 치즈를 좋아한다고 그냥 가정한다. 합리적 선택 관점에서 볼 때, 정책결정의 열쇠는 어떤 바람직한 행동을 산출하는 방식으로, 다시 말해 개인 행위자 또는 법인 행위자가 사회적으로 이롭게 행위하도록 유도하는 방식으로 미로를 짜고 치즈의 위치를 정하는 것이다. 따라서 정책결정자는 선택적 유인을 전략적으로 사용함으로써(Olson 1965) 공적 결과를 산출해내고 싶어 한다.

합리적 선택의 맥락에서 논란이 되었던 정책분석 중 하나가 1960년대 동안 그리고 그 후에 발전한 미국 복지체계에 대한 찰스 머리(Charles Murray 1984)의 비판이다. 머리는 복지 프로그램이 의도하지 않게 복지 프로그램에 대한 과도한 의존을 보상하고 복지 수혜자들이 유급 일자리를 찾지 않게 했으며 (특히 남편과 아버지들 사이에서) 가족의 복리에 대한 개인적 책임을 약화시키는 유인 구조를 산출했다고 주장한다. 머리는 복지 수혜자가 본질적으로 게으르거나 무능하다고 주장하는 것이 아니라 오히려 그들이 복지 게임의 주요한 규칙들 내에서 합리적으로 행위하고 있었다고 주장한다(때때로 "체계와 게임하기"로 알려진 관행). 이 문제에 대해 머리가 제시한 해결책이 바로 실제로 빈민에 대한 모든 공적 지원을 없애서 그들이 공적 지원 대신 자신들의 개인적 자원과 가족 및 공동체의 자원에 의지하게 하도록 게임의 규칙을 근본적으로 재구조화하는 것이었다.

자유지상주의와 보수주의의 원리를 혼합한 머리의 제안은 많은 독자로 하여금 19세기 후반의 사회적 다원주의 이데올로기 — '적자생존'을 보장하기 위해 정부가 자연의 경쟁에 '인위적으로' 개입하는 것을 반대하는 (Spencer [1864~1867]1966: 630) — 를 떠올리게 했다. 하지만 이것이 공공정책에 대한 모든 합리적 선택 접근방식이 그러한 이데올로기를 공유하고 있다고 말하는 것은 아니다. 합리적 선택 이론을 적용한 다른 정책 연구들은 오염 기업들의 환경 행태를 틀짓기 위해 세금우대와 벌금조치를 전략적으로 사용하거나 공공 관료제의 효율적이고 즉각적인 업무 수행을 보상하는 유인책을 전략적으로 사용하는 방안들을 제시하기도 했다 (Osborne and Gaebler 1992).

사람들이 머리의 가혹한 제안에 동의하든 그렇지 않든 간에, 그의 분석은 합리적 선택 이론이 공공정책에 접근하는 방식의 하나를 예증한다. 머리는 합리적 행위자들이 직면하는 유인과 탈유인을 조작함으로써 (이 경우에는 계속 의존하게 만드는 정부의 유인을 제거함으로써) 사회적 행동을 틀지을 것을 제안한다. 사람들은 생쥐를 직접 변화시키고자 하는 것이 아니라 미로의 형태를 바꾸거나 치즈의 위치를 다시 설정함으로써 생쥐의 행동을 틀짓는다. 어떤 점에서 이 접근방식은 공공정책 수준으로 끌어올려진 스키너식 행동수정과 유사하다. 다만 여기서는 합리적 선택 정책 결정자가 실험자의 역할을 하고 합리적 행위자가 피실험자(즉, 생쥐)의 역할을 하고 있을 뿐이다.

합리적 선택 이론이 인간본성에 관한 일단의 기본 가정들을 분명하게 표현하고 그러한 가정들이 갖는 함의를 논리적·수학적으로 엄격하게 탐구함으로써 새로운 사회탐구의 노선을 열어놓았다는 데에는 의문의 여지가 없다. 은유적 관념의 시장에서 합리적 선택 이론은 최근에, 특히 1980년대 레이건-대처 시대 이후 상당한 성공을 거두었다. 그 이론의 변종들이 신고전 시장경제학의 메카인 시카고대학교에서 번성했다는 것은 결코 우연이 아니다. 그 대학의 교수진에는 밀턴 프리드먼Milton Friedman, 게리 베커, 제임스 콜먼 및 여타 애덤 스미스의 탁월한 지적 후손들이 포함되어 있었다.

하지만 합리적 선택 이론의 미래는 결코 밝지만은 않다. 도널드 그린과 이안 사피로(Donald Green and Ian Shapiro 1994)는 그 이론을 적용한 정치학 연구를 매우 광범하게 비판한 연구에서 합리적 선택 이론이 정치학에서 하나의 지배적 세력이 되었음을 문서로 증명한다. 1990년대 초반경 ≪미국정치학회보American Political Science Review≫에 실린 논문의 거의 40%가 그러한 연구에 해당했다. 하지만 그들은 우리가 설령 그 의심스러운 가정을 받아들인다고 하더라도 합리적 선택 이론은 정치행동을 다소 허접하게 설명해왔다고 주장한다. 합리적 선택 이론의 이론적 정교화에도 불구하고, 지금까지 그 이론의 경험적 성공은 빈약했다. 피터 아벨(Peter Abell 1992)은 다음과 같이 묻는다. "합리적 선택 이론은 이론에 대한 하나의 합리적 선택인가?" 아벨은 합리적 선택 이론이 이론 시장의 진열대에서 입수할 수 있는 다른 제품에 비해 상대적으로 건전한 선택이라고 생각하지만, 많은 다른 사람은 여전히 그 이론을 마음에 들어 하지 않는다.

비판받는 호모 에코노미쿠스

사회적 교환 이론과 합리적 선택 이론이 신고전경제학의 기본 가정을 받아들이고 그 가정 위에 구축되는 한, 그 이론들은 호모 에코노미쿠스homo economicus에 대해 제기되었던 것과 동일한 많은 비판을 면치 못할 것이다. 호모 에코노미쿠스라는 경제학자들의 모델은 합리적으로 자기이익을 추구하는 인간을 단순하게 표현한 것이다. 신고전 경제분석은 일반적으로 인간행동에 관해 얼마간 단순한 가정들을 만들어낸다(이를테면 Arrow 1951; Friedman 1953; Green and Shapiro 1994: 13~17). 비록 그러한 가정들이 분석마다 다소 다르기는 하지만, 그 가정들은 일반적으로 다음과 같은 것들을 포함하고 있다.

1. **이기심**. 우리가 앞서 지적했듯이, 신고전 경제모델은 인간인 우리가 당연히 우리 자신의 개인적 이기심을 추구한다고, 즉 다른 사람들의 이익이 우리 자신의 이익과 양립될 수 있는 경우를 제외하고는 다른 사람들의 이익을 고려하지 않고 우리 자신의 만족과 즐거움을 추구한다고 (또는 "우리의 효용utility을 극대화한다고 — 여기서 **공리주의적**utilitarian이라는 용어가 나왔다) 가정한다. 이를 극단으로 밀고 나가면, 이 가정은 진정한 이타주의, 즉 다른 사람들을 위해 자기 자신의 이익을 희생할 가능성에 대해 의문을 제기한다. 고전경제학자들은 남을 돕는 것이 때때로 우리의 '계몽된' 이기심일 수 있다는 것, 즉 우리에게 전체적으로 그리고 장기적으로 이익이 된다는 것을 인정한다. 그러나 계몽된 이기심은 실제로 진정한 이타주의와는 아주 다르다(하지만 이 둘은 자주 혼동된다). 왜냐하면 전자는 어떠한 자기이익의 장기적인 순회

생도 포함하지 않기 때문이다. 이타주의적 자기희생은 그 용어의 협소한 경제적 의미에서 볼 때 '비합리적'이며(가정 4를 보라), 따라서 사회현실에 대한 그러한 합리적 모델에서는 어떠한 자리도 차지하지 못한다.

2. **분명한 선호**. 이 모델은 일반적으로 각각의 경제적 행위자는 어떤 주어진 순간에 분명하게 정의되고 확실하게 위계화된 선호 또는 관심의 체계를 가지고 있다고 가정한다.

3. **대안들에 대한 지식**. 이 모델은 공통적으로 각 행위자들이 시장에서 이용할 수 있는 대안적 선택과 관련한, 그리고 이러저러한 대안적 선택을 추구하는 것으로부터 발생할 수 있는 보상 및 비용과 관련한 완전한 지식을 가지고 있다고 가정한다. 이로 인해 이 모델은 때로는 행위자들이 완전한 정보를 가지는 것으로 가정한다고 알려져 있다.

4. **'합리성'**. 더 나아가 이 모델은 각각의 행위자는 자신의 선호를 '합리적으로' 추구한다고 가정한다. 즉, 행위자들은 이러저러한 대안을 추구할 때 발생할 것으로 예상되는 보상과 비용의 균형을 합리적으로 계산하여, 기대된 보상과 비용의 비율을 극대화하는 대안을 선택한다. 따라서 합리성은 무비판적으로 개인적 이기심과 등치된다(이를테면 Elster 1989: 28).

5. **자유로운 교환**. 마지막으로, 이 모델은 경제적 행위자들이 강제나 강제의 위협 없이 스스로 선택하는 자유로운 교환 시장이 존재한다고 공히 가정한다.

현실에서 이러한 가정들 각각은 몇몇 상황에서는 명백히 허위이다. 첫째, 인간은 때때로 다른 사람들을 위해 자신의 이익을 희생한다. 이를테면 불타는 집에서 한 아이를 구하기 위해 죽는 소방관은 진정한 희생을 하는 것으로 보인다. 냉소적인 사람은 이타주의적 행위도 실제로는 가장된 이기적 행위라고 주장하는 식으로 그러한 희생을 설명하기도 한다. 어쩌면 그 소방관이 영웅적 행위의 평판을 추구했을지도 모른다. 어쩌면 마더 테레사가 실제로는 이기적인 명성을 좇는 비열한 사람이거나 (그녀의 종교적 믿음을 감안할 때) 자신의 영원한 미래를 내다본 영리한 투자 전략가였는지도 모른다. 재치 있는 냉소적인 사람은 이런 식으로 외적으로는 가장 비이기적인 행위에서조차 이기적인 동기를 찾았다고 주장할 수 있다. 이 냉소적인 사람의 추론은 결국 반증 불가능하다(다시 말해 그 추론은 설사 그것이 허위이더라도 그것이 허위임을 입증할 수 없는 방식으로 진술된다)(Popper 1963). 그러한 추론은 우리에게 행위 자체보다는 행위의 해석자에 대해, 그리고 보다 넓은 차원에서는 인간본성보다는 우리 문화의 냉소주의에 대해 더 많은 것을 말해주는 것일 수도 있다.

    신고전경제학의 둘째 가정, 즉 인간은 분명하게 정의된 선호의 위계를 가진다는 가정은 경험에 위배된다. 우리 중 많은 사람이 항상 우리가 **무엇**을 원하는지를 전적으로 확신하지 못한다. 우리는 망설이고 흔들리고 양가적이고 확실하게 알지 못한다. 우리가 분명한 선호를 가질 경우에도 신고전경제학은 그러한 선호를 주어진 것으로 간주할 뿐, 그러한 선호가 어떻게 생기는지 또는 왜 우리가 어떤 것을 다른 것보다 더 좋아하는지를 설명하는 어떠한 이론도 제시하지 않는다. 개인들은 그저 자신들이 좋아하는 것을 좋아할 뿐이다. 따라서 신고전경제학은 광고와 다른 형태의 수사 및 선전을 통해 우리의 의식적 자각과 통제 수준 밑에서 이루어지는 선호의 조작에 대해서는 거의 언급하지 않는다.

    셋째, 신고전 모델은 인간은 자신들의 선호를 합리적으로 추구한다고 가정한다. 하지만 실제로는 우리 인간은 단지 합리적인 비용-이득 분석뿐만 아니라 충동, 습관(중독을 포함하여), 그릇된 믿음, 그리고 무의식적 동기 ― 이기심의 관점에서 볼 때 비록 비합리적이지는 않더라도 무합리적일 수 있는 ― 에 의거해서도 결정을 내린다.

합리성이라는 용어의 경제적 용법은 그 자체로 문제가 있다. 경제학자들은 이 용어를 어떤 선호된 목적을 추구하는 데서 비용 대비 보상을 가장 효율적으로 극대화하는 수단을 선택하는 것으로 협소하게 적용한다. 그러나 하버마스(Habermas 1970)와 여타 학자들이 주장했듯이, 이 순수하게 도구적인 이성 개념은 특정 수단을 통해 추구하는 목적을 비판적으로 성찰하는 것을 가로막는다. 이를테면 만약 어떤 남자가 강간이 매우 즐겁다는 것을 발견한다면, (협소하게 도구적인 의미에서) 그의 '합리적인' 행위 경로는 잡히거나 처벌받지 않고 가능한 한 효율적으로 많은 여성을 성폭행하는 것이 될 것이다. 이것이 실제로 우리가 합리적이라고 부르고자 하는 것인가? **합리성**과 **효율성**이라는 단어는 우리 문화에서 긍정적 함의를 지니기 때문에, 우리가 경제분석에서 그러한 용어들을 무비판적으로 사용할 경우, 순수하게 도구적인 행위가 초래할 수도 있는 파괴적 결과가 은폐될 수도 있다. 경제학자들이 그 용어를 남용할 경우, 그 어떤 선택(자살 또는 대량학살을 포함하여)도 가설적으로는 이러저러한 이기적인 관점에서 볼 때 '합리적'이라고 해석될 수 있다(Riker 1990: 173; Green and Shapiro 1994: 18).

신고전경제학의 넷째 가정, 즉 행위자들은 이용 가능한 대안들과 그것들의 결과에 대한 완전한 지식에 기초하여 합리적 선택을 한다는 가정은 분명히 허위이다. 신고전경제학자들은 완전한 지식에 대한 이론적 가정이 현실에서는 좀처럼 충족될 수 없다는 점을 기꺼이 인정한다. 우리는 유한한 존재로서 대안들과 이러저러한 행위노선들을 추구할 때 발생할 궁극적 보상과 비용에 대한 제한된 지식에 기초하여 선택을 한다. 우리의 선택은 하나의 '제한된 합리성'이며(Simon 1983), 우리가 가진 지식의 경계는 자주 고통스러울 정도로 제한되어 있다.

신고전 모델의 다섯째 가정 — 자유시장에서의 완전경쟁 — 은 그 어디에도 순수한 형태로 존재하지 않는다. 신고전경제학의 옹호자들도 이 가정과 다른 가정들이 현실세계에서 충분히 정당화되지 않는다는 것을 기꺼이 인정한다. 그러나 그들은 어떤 일단의 단순화한 가정이나 기본 공리 없이는 인간행동에 대한 어떠한 과학도 가능하지 않다고 주장한다. 그들은 물리학과의 유추를 통해 완벽한 진공상태는 자연에서는 그 어디에서도 존재하지 않지만 물리학자들은 가설적 또는 이상화된 조건하에서의 물질의 작용을 예측하기 위해서는 완벽한 진공상태를 **가정**해야만 한다고 지적한다. 마찬가지로 신고전경제학자들도 자신들이 이상화된 일단의 가정에 기초하여 인간의 선택을 예측하며, 그러한 예측이 실제 인간의 실제 행동에 대략적으로 근접한다고 주장한다. 그들은 자신들의 가정의 궁극적 타당성이 아니라 자신들의 예측의 정확성에 근거하여 자신들을 판단하라고 말한다. 이 점에 관한 한, 경제학은 엇갈리는 기록을 가지고 있다. 경제학자들이 지난 세 번의 경기침체가 일어나는 동안 여덟 번이나 경기침체를 예측했다는 것은 오래된 농담 중 하나이다.

우리가 지적했듯이, 스미스의 추종자들은 때때로 시장의 법칙을 자연법칙의 지위로 끌어올려온 것으로 보인다. 최근 시장경제의 전 지구적 지배는 의심할 바 없이 그 추종자들의 노력에 상당한 위세를 부여했다. 그러나 시장경제 비판자들은 계속해서 그 세계관을 이루는 중심 가정들의 일부에 대해 이의를 제기한다. 그들은 시장의 법칙은 역사의 보편적인 법칙이 아니라 오히려 역사적으로 특수한 인간의 발명품 — 인간의 다른 모든 발명품처럼 적용 가능성에서 한계가 있는 — 이라고 주장한다. 시장은 전지전능하거나 오류가 없는 신이 아니다. 그리고 그 결과는 항상 공평하지도 공정하지도 않다. 처음부터 유리한 입장에서 협상 테이블에 나오는 사람들은 불리한 위치에 있는 사람들과의 교환에서 자신들의 이익을 크게 증가시키는 경향이 있다. 이를테면 일부 플레이어는 5000달러와 상당한 재산을 가지고 시작하는 반면 다른 플레이어들은 아무런 재산 없이 단 100달러만 가지고 시작하는, 조작된 모노폴리 게임game of Monopoly을 상상해보라(Beeghley 1989: 71~72). 더 많은 자원을 가지고 시작하는 사람들은 길에 있는 모든 것을 살 수 있는 반면, 그 뒤를 좇는 불운한 사람들은 자신들의 빈약한 자원으로 임대료를 내야만 하고, 그리하여 부자들을 더 부유하게 만든다(돈이 돈을 번다는 오랜 장사 격언이 여기서 유래한다). 그 게임의 거의 불가피한 결과(원래의 파커 브라더스 게임Parker Brothers game보다도 훨씬 더 현실적인 미국사회의 시뮬레이션)가 바로 우리에게 친숙한 마태효과이다(Merton 1973: 439~459). 처음에 유리한 위치에 있는 사람의 인정사정없는 계산 때문에 부자는 더 부자가 되고 가난한 사람은 더 가난해진다. 각각의 새로운 세대가 이전 세대의 문화적 자본(또는 결함)을 상속받기 때문에 경제적 유리함뿐만 아니라 교육적·문화적 유리함 역시 시간이 지남에 따라 재생산된다(Bourdieu 1984). 게임 은유에 변화를 주면, 어떤 사람은 투 스트라이크 상태에서 태어나는 반면, 다른 사람은 3루 베이스에서 태어났으면서도 자신이 3루타를 쳤다고 생각한다. 그리고 게임에서 모든 사람이 **일정한** 성공 기회(아무리 하잘것없더라도)를 가지는 것은 사실이지만, 게임은 분명 훨씬 멀리 떨어져서 똑같이 기회에 접근할 수 있는 어떤 것을 제공하지는 못한다. 이것이 바로 나 자신처럼 초기 유리함의 정당한 몫 이상을 누려온 사람들 때문에 인정할 수밖에 없는 냉혹한 진실이다. 합리적 선택의 용어로 말하면, 정직한 통찰이 항상 개인적으로 이로운 것은 아니다.

시장체계에서 심각한 불평등은 사회 내뿐만 아니라 사회들 간에도 존재한다. 세계체계 이론가들(이를테면 Wallerstein 1974/1980; Chase-Dunn 1989; Frank 1993)은 역사적으로 국제시장의 출현은 사회들 간에 지배와 종속 관계를 산출하는 경향이 있어왔다고 지적한다. 세계체계는 세계의 중심부에서 특권 있는 지위를 차지하고 있는 강대국과 태양 주변을 도는 행성들처럼 강대국의 주변부를 도는 종속된 사회들로 구성되어 있다. 세계체계 이론가들은 중심부와 주변부의 관계에서 그 관계를 지배하는 사회들이 착취적 이익을 향유해왔으며 불공평한 협상력의 행사, 보다 발전한 테크놀로지, 우세한 군사력, 정교하고 이기적인 이데올로기의 보급을 통해 그러한 이익을 영속화하고 확대해왔다고 진술한다.

비판자들에 따르면, 시장체계는 국제적 수준에서부터 개인 간 수준에 이르기까지에서 인간을 상품의 지위로 축소시키고, 자기 자신의 이익을 추구하기 위해 다른 사람들을 이용 대상 또는 심지어는 소비대상으로 바라보는 도구적 견해를 조장하고, 그럼으로써 인간 주체가 갖는 도덕적 가치를 훼손하는 경향이 있다. 이러한 과정에서 우리 모두는 '시장 판매에 알맞은 자아marketable self'가 되며(Swanson 1977), 현재 요구되는 자원 — 그것이 금전적 자원이든 교육적 자원이든 아니면 개인적 자원이든 간에 — 을 결여하고 있는 사람들은 사회적 주식시장에서 패자의 지위에 처할 수밖에 없게 된다.

문화의 어떠한 영역도 시장의 가치들로부터 자유로울 수 없다. 순수한 시장 관점에서 볼 때, 개인적 관계들도 기업의 이상과 유사해진다. 결혼은 배우자 시장에서 협상을 통해 이루어지는, 본질적으로 하나의 계약 장치이다. 정치 영역에서 투표자들은 순전히 정치적 결정의 이기적 '소비자'가 되고, 정치인들은 상업적으로 광고되는 상품이 된다. 마찬가지로 종교 영역에서도 영적 헌신은 종교 슈퍼마켓의 진열대 위에서 경쟁하는 포장된 제품들 사이에서 취향과 선호에 따라 소비자가 선택하는 것이 된다(Berger 1967; Spickard 1998). 그러한 사회에서는 모든 것이 판매를 위한 것이며(Kuttner 1997), 모든 사람이 자신을 위해 존재한다.

이러한 사회적 희화화가 전적으로 들어맞든 그렇지 않든 간에, 시장으로서의 사회 이미지가 현재 미국사회, 즉 자본주의 세계의 수도를 지배하는 강력한 문화 은유라는 것은 부정할 수 없다. 글로벌 기업의 지배와 함께 시장체계에 대한 마르크스주의적 대안은 퇴각 중에 있다. 하지만 아이러니하게도 정통 마르크스주의와 자본주의는 인간행동은 기본적으로 물질적 이익에 의해 동기지어진다는 가정, 그리고 인간의 운명이 과학에 의해 발견될 수 있는 법칙 — 그것이 마르크스의 역사 단계의 법칙이든 아니면 스미스의 수요와 공급의 법칙이든 간에 — 에 의해 지배된다는 가정을 포함하여 많은 가정을 공유한다. 만약 시장으로서의 인간사회 이미지에 대한 하나의 강력한 대안이 존재하게 된다면, 그 비판은 자본주의와 마르크스주의가 자주 공유해온 물질주의와 경제적 환원론의 경향에 도전하는 것임에 틀림없을 것이다. 그 같은 방향 말고 어디서 그러한 도전이 일어날 수 있겠는가?

제7장

게임으로서의 사회

> 적어도 두 가지 종류의 게임이 존재한다. 하나는 유한한 게임이라고 불릴 수 있고, 다른 하나는 무한한 게임이라고 불릴 수 있다. 유한한 게임이 승리를 위해 게임을 한다면, 무한한 게임은 게임을 계속하기 위해 게임을 한다.
>
> _제임스 카스(James P. Carse 1986: 3)

네덜란드 사회철학자 요한 하위징아Johan Huizinga가 그의 도발적인 저작 『호모 루덴스Homo Ludens』('놀이하는 인간')에서 주장했듯이, 놀이는 인간 문명의 원천이다. 하위징아는 연극과 종교의례, 법, 철학, 심지어는 전쟁과 같은 다양한 문화적 현상의 기원을 진기한 놀이에 탐닉하고자 하는 보편적 인간 충동에까지 거슬러 올라가 추적했다. 하위징아가 볼 때, 놀이는 단지 하찮은 오락이 결코 아니다. 동물, 어린아이, 또는 성인들이 놀이할 때, 그들은 자주 진지하게 놀이를 한다. 하위징아는 자유로운 놀이는 역설적이게도 무의미하지만 그럼에도 불구하고 의미 있다고 지적했다

(Huizinga [1938]1950: 16). 게임을 하는 것에는 매혹적이고 사람을 사로잡는 무언가 – 우리를 그 게임의 상상의 세계로 끌어들여 그 밖의 세계로부터 우리를 봉쇄하는 어떤 것 – 가 있다. 어떤 운동, 체스, 또는 컴퓨터 게임에 완전히 사로잡혔던 적이 있는 사람이라면 누구라도 진기한 놀이 속에서 자신을 잃어버린 경험이 있을 것이다. 게임은 그 게임의 마력에 빠져 있는 사람들에게 상상의 것인 동시에 생생한 실재이다.

일 또한 진지한 놀이의 일종일 수 있다. 일/놀이 구별은 우리가 복잡한 업무의 매력에 빠져 우리 자신을 잃었을 때 해체되는 것으로 보인다. 특히 지적 노동은 헤르만 헤세(Hermann Hesse 1949)가 그의 유명한 소설 『놀이의 대가Magister Ludi』에서 마음속에 그린 미스터리하고 무한히 복잡한 '유리구슬 게임'처럼 하나의 강렬하고 복잡한 게임일 수 있다. 가장 진지한 독일 철학자 임마누엘 칸트Immanuel Kant는 그의 저술에서 게임 은유에 의지하여 '상상 게임'과 '아이디어 게임'에 대해 반복적으로 언급했다 (Huizinga [1938]1950: 38). 반면 언어철학자 루트비히 비트겐슈타인 (Ludwig Wittgenstein 1953)은 생애의 후반기를 '언어게임'으로서의 문화공연을 분석하며 보냈다.

기업세계에서 기업경쟁은 빈번히 하나의 게임, 즉 부, 권력, 영광이라는 상을 받기 위해 금융우위와 시장지배를 놓고 벌이는 격렬한 경쟁으로 묘사된다. 어쩌면 놀랍지도 않지만, 마이클 마코비(Michael Maccoby 1976)는 기업경영자에 대한 한 심리학적 연구에서 가장 성공한 기업인들은 자신들의 일을 강렬한 경쟁 놀이의 한 형태로 간주하는 '기업게임 선수들'인 경향이 있다는 것을 발견했다.

놀이는 일종의 가장하기pretending이고, 가장하기는 우리가 문화를 창조하는 데서 극히 중요하다. 우리가 재화와 교환하는 돈, 우리가 정치적 지도 위에 그리는 경계, 그리고 우리가 무대와 스크린에서 보는 이야기들을 우리가 신뢰할 수 있는 것은 오직 우리가 그것들이 가장하고 있는 것에 동의하기 때문이다. 게임 — 그리고 사회 자체 — 을 가능하게 만드는 것은 이러한 가장 능력, 그리고 그러한 가장하기에 고도의 진지성을 부여하는 우리의 능력이다. 인류학자 클리퍼드 기어츠(Clifford Geertz 1973)는 발리 섬의 닭싸움이라는 '심층놀이deep play'에서 경쟁자와 구경꾼은 그 게임만이 아니라 발리 사회 자체를 진심으로 실행한다는 것을 발견했다. 그 게임은 단지 그 사회의 '실제' 삶으로부터 벗어나는 것이 전혀 아니었다. 그것은 고도로 양식화되고 의례화된 형태로 표현된 현실이었다.

사회적 게임 학습하기

놀이와 게임은 아이들의 사회화 과정에서 매우 중요한 요소들이다. 어린 아이들이 '엄마' 놀이, '아빠' 놀이, '옷 입히기' 놀이, '레모네이드 가판대' 놀이, 또는 '전쟁' 놀이를 할 때, 그들은 자신들이 나중의 삶에서 차지할 것을 요구받을 수도 있는 지위들을 실행한다. 아마도 보다 중요하게는 그들은 그러한 게임들이 기초하고 있는 문화적 가정을 내면화하는 중이다. 경쟁적이고 개인주의적인 시장사회에서의 삶을 준비하는 데서 모노폴리 게임을 학습하는 것보다 더 좋은 방법이 무엇이 있는가? 그 게임 속에서 플레이어들은 적어도 게임을 하는 동안은 삶은 다른 사람들을 희생하여 물질적 이익을 사적으로 축적하는 것을 주요 목적으로 하는 게임이라고 무비판적으로 가정할 것을 요구받는다. 아이들이 하는 게임은 사회적 게임과 성인의 삶의 체계를 교묘하게 주입한다.

개척자적 사회심리학자이자 철학자 조지 허버트 미드(George Herbert Mead 1934)는 특히 게임이 아이들의 사회화에서 수행하는 역할에 흥미를 가졌다. 그는 어린아이들은 가상의 놀이친구와 하는 가장하기 게임make-believe game[이를테면 엄마, 아빠인 것처럼 해보기 – 옮긴이]에서 시작하여 궁극적으로는 체스나 야구 같은 조직화된 게임으로 나아간다고 지적했다. 야구와 같은 복잡한 게임에서 어린아이들은 자신들의 지위뿐만 아니라 자신들의 지위와 관련된 다른 사람들의 지위도 학습할 것이 틀림없다. 유추해보면, 사회는 다른 사람들의 관점을 내면화할 수 있는 능력을 요구하는 하나의 게임이다. 미드에 따르면, 어린아이들은 게임에 능통하게 되는 과정을 통해 "다른 사람들의 역할을 취하는" 능력을 발전시키고, 전체로서의 게임이라는 보다 전반적인 맥락에서 자신들의 지위를 바라보는 것을 학습하고, 상호협력과 팀플레이를 위한 자신들의 재능을 계발한다. 어린 시절에 하는 팀 게임에 숙달되는 것은 성인의 삶에서 이루어지는 진지한 게임에 대비하는 즐거운 준비이다.

  어린아이들이 경쟁적인 시장경제에서의 삶을 준비하기 위해서는 역설적이게도 경쟁과 협력 모두를 훈련할 것이 요구된다. 청소년 리그 야구나 축구처럼 기업의 삶도 라이벌 팀 플레이어들과의 격렬한 경쟁이 요구되는 순간 자신의 회사 팀 동료와의 높은 수준의 협력이 요구된다. 기업의 수사도 스포츠 은유로 가득 차 있다. 주요 기업은 자신을 팀 제록스Team Xerox로 부르고, 베스트셀러 책들은 기업 경영자를 코치로 극구 칭찬한다(Miller 1994). 스포츠 형상은 정치적 경쟁의 장에서도 분명하게 드러난다. 이를테면 경쟁하는 정당과 이익집단들은 '강경조치hardball'를 취하고, 선거 게임 계획을 고안하고, 공정경쟁의 장level playing field을 조성하기 위해 로비하고, 주요 입법에서 승리하기 위해 분투한다. 고대 그리스인들 못지않게 미국인들에게서도 운동경기는 자신과 다른 사람들에 대한 지배력을 획득하는 투쟁을 표현하는 강력한 은유이다. 모든 게임이 그것 나름의 독특한 은유적 표현양식을 제공하는 것으로 보인다. 이를테면 미식축구와 야구는 매우 다른 시적 기회를 상징한다. 왜냐하면 미식축구가 대격전을 치르는 헬멧 쓴 전사의 이미지를 불러낸다면, 야구는 집에 안전하게 있는 주자를 생각나게 하기 때문이다(Carlin 1997).

우리는 어떤 문화가 호의를 보이는 은유를 검토하는 것으로부터 그 문화에 대해 많은 것을 학습할 수 있다. 신문이 일반적으로 다른 모든 문화적 노력들(이를테면 교육, 종교, 과학, 예술)이 합쳐진 것보다 운동경기에 더 많은 지면을 할애하는 것은 우리 문화가 설정한 우선순위를 보여준다. 오늘날 북미 문화에서는 인생은 이기기 위해 열심히 뛰고 또 뛰는 하나의 게임이라는 관념이 인기를 끄는데, 이는 우리가 열심히 일하고 즐기고 경쟁을 독려하는 것에 할당하는 긍정적 가치를 반영한다. 좀 더 지치고 좀 더 냉소적인 형태의 게임 은유는 우리의 일과 삶을 "**그저** 하나의 게임**일 뿐**"인 것 — 즉, 일부러 꾸며낸 것, 어쩌면 사기적인 것, 그리고 너무 진심으로 받아들이지 말아야 하는 것 — 으로 묘사한다. 따라서 우리 중에서 세상물정에 밝은 사람들은 '정치게임', '데이트 게임', '아카데미 게임'이라는 식으로 빈정대는 투로 말한다. 이 말들은 그러한 피곤하고 넌더리나는 일상이 실존적으로 공허하다는 것을 함축한다. 이 다양한 용법은 게임 은유가 일반적인 은유처럼 서로 다른 맥락에 있는 서로 다른 사람들에게 서로 다른 것을 의미할 수 있다는 것을 함의한다.

게임하기와 시뮬레이션

모노폴리와 미식축구 같은 게임은 사회체계에 대한 **시뮬레이션**이거나 사회체계를 단순화시킨 모형이다. 그러한 게임들은 그것들이 기초하고 있는 상업 또는 전쟁상태와 같은 사회적 현상의 특정한 두드러진 측면들을 선택적으로 표현한다. 전쟁 게임을 전략적 훈련 장치로 이용하는 군사조직들은 시뮬레이션의 가치를 오래 전부터 알고 있었다. 사회관계를 모델로 하여 게임을 구성할 수 있음을 인식한 사회과학자들은 사회적 삶의 본질적 특징을 포착하기 위한 노력으로 자신들의 게임을 고안해왔다. 이를테면 정치학자 버텔 올먼(Bertell Ollman 1978)은 계급투쟁 — 모노폴리에 대한 민주적-사회주의적 대안 — 이라고 불린 보드 게임에서 마르크스주의적 사회분석을 모방하고자 했다. 보다 인기를 끈 사회 시뮬레이션이 미시건대학교에서 정치학자 윌리엄 갬슨(William Gamson 1972)에 의해 강의도구로 개발된 SIMSOC Simulated Society이다. SIMSOC에서는 각각의 목적을 추구하기 위해 서로 경쟁하거나 협력하는 7개 집단(두 개의 산업집단, 두 개의 정당, 하나의 피고용자 이익집단, 하나의 매스미디어 집단, 규칙을 해석하는 사법부)이 중요한 역할을 수행한다. 이 게임의 목적은 단지 자기 자신의 집단의 목적을 달성하는 것뿐만 아니라 (비록 플레이어들이 선택해서 정의하기는 하지만) 사회의 '성공' 또한 달성하는 것이다(Gamson 1972: 4). SIMSOC와 다른 사회 시뮬레이션들은 사회체계의 근간을 이루는 동학을 분명히 밝히고 분석하기 위해 사회체계를 그것의 본질적인 속성으로 환원하고자 한다(Raser 1969).

컴퓨터 게임의 출현과 함께 사회 시뮬레이션(또는 '가상 사회')은 앞으로 분명 급격히 늘어나고 새로운 정교화의 수준으로 진화할 것이다. 최초의 그러한 컴퓨터 시뮬레이션 중의 하나가 MIT 인구학자들이 개발한, 세계체계 동학에 관한 획기적인 컴퓨터 모델인 '성장의 한계' 모델이었다(Meadows et al. 1972). 이 모델은 과거의 인구증가, 자원고갈, 오염 추세가 누그러들지 않고 계속된다면 21세기에는 지구가 경제적·생태적으로 붕괴할 것으로 예측했다. MIT 모델의 가정과 결론이 극심한 비판을 받아왔지만(Meadows et al. 1992), 그 모델은 비록 그 예측의 정확성 때문은 아니겠지만 그 야심찬 범위와 혁신적 방법으로 오랫동안 기억될 것이다.

보다 최근에는 1989년 도시설계 게임 심시티 SIMCity(Wright 1989)로 첫발을 디딘 SIM 시리즈 컴퓨터 시뮬레이션 게임들이 젊은이들 사이에서 많은 열렬한 추종자들을 끌어들였다. 이러한 종류의 시뮬레이션들은 복잡한 사회체계의 기본 원리와 동학을 분명하게 밝히는 데 매우 유용할 수 있다. 최고의 시뮬레이션들은 단지 재미를 위한 수단이나 현실 문제에서 도피하기 위한 수단에 불과한 것이 아니다. 그것들은 또한 플레이어들이 실제로 도전에 직면한 실제 공동체와 사회에 적극적으로 그리고 책임 있게 참여하기 위한 준비를 하는 데 도움을 줄 수 있다.

정보 게임

게임 은유는 현대 사회이론에서 분명 점점 더 증가하고 있는 것으로 보인다. 클리퍼드 기어츠(Clifford Geertz 1983)는 19세기 사회물리학의 꿈에서 깨어난 오늘날의 많은 사회이론가가 신선한 은유를 위해 인문학에 기대를 걸었고 영감을 얻기 위해 게임, 연극, 언어와 같은 문화현상에 의지해왔다고 지적했다. 일부 사람들은 자신들이 하고 있는 종류의 연구를 묘사할 때 '문화연구'와 같은 용어를 선호하여 '사회과학'이라는 용어를 그만 사용하기까지 했다. 기어츠(Geertz 1983: 23)는 게임 유추에 대한 기대를 넌지시 비추며, "물리학에서 지렛대가 했던 일을 사회학에서 체스의 수가 해줄 수도 있다"라고 논평했다.

이러한 문화 은유로의 전환이 작고한 어빙 고프먼의 지적 경력에서보다 더 분명하게 나타나는 곳은 어디에도 없다(Manning 1992). 고프먼은 초기 연구에서는, 셰익스피어의 표현을 빌리면, 일종의 연극작품으로서의 사회적 삶을 마음속에 그렸다. 그는 중기에는 전략적 게임으로서의 사회적 삶의 이미지를 탐구했다. 고프먼은 후기에는 자신의 관심을 점점 사회적 삶의 언어적 측면으로 돌렸다. 고프먼의 연극학적·언어적 시기는 나중의 장들에서 다룰 것이다. 우리는 여기서는 그가 사회적 삶의 은유로서의 게임 — 그리고 특히 사기극 — 에 매혹된 시기를 다룰 것이다. 그러한 은유들은 『만남Encounters』(1961b), 『상호작용 의례Interaction Ritual』(1967), 그리고 『전략적 상호작용Strategic Interaction』(1970)에서 드러난다.

고프먼은 우리가 우리의 꾸며낸 그리고 자기 잇속을 차리는 프레젠테이션을 통해 다른 사람들의 신뢰를 얻기 위한 책략을 세울 때면 우리 모두가 사기꾼 같다고 시사한다. 고프먼은 특히 스파이와 도박꾼의 문화적 세계에 매료되었다. 스파이와 여타 첩보원들은 자신의 적들과 항상 '정보 게임'을 하며, 자신에 대해서는 가능한 한 적게 드러내면서도 남들로부터 가능한 한 많은 정보를 얻기 위해 공모한다. 어떤 의미에서 보면, 우리 모두는 일상생활의 사회적 음모에 빠져 있는 첩보원으로, 우리가 전달하고자 하는 주의 깊게 계발된 인상에 해를 끼칠 우려가 있는 우리 삶의 측면들은 숨기고, 그와 동시에 다른 사람들의 약점과 숨기고 있는 점을 밝혀내기 위해 술책을 쓰고 있는지도 모른다.

때때로 고프먼은 우리가 간교와 전략적 사기를 통해 우리의 이득을 극대화하고자 하는, 그리고 다른 사람들의 복리에 대해 별 관심 없이 그러한 행위가 이끄는 대로 행동하는 카지노 도박꾼과 같다고 암시한다. 이렇게 볼 때, 우리 모두는 우리의 사적 목적을 추구하기 위해 "계략, 책략, 허세, 기만, 공모, 완전한 사기"를 이용하는 사기꾼들이다(Geertz 1983: 24~25).

공정하게 말하기 위해서는 고프먼이 이 같은 냉소적인 견해와, 사회적 삶을 유지하는 데에는 건전한 상호 신뢰의 수단이 필요하다는 인식을 조화시키고자 했다는 점을 언급해두어야 한다. 만약 우리 각자가 깨어 있는 모든 순간에 조작과 사기의 가능성을 항상 경계해야만 한다면, 우리의 삶은 토머스 홉스(Thomas Hobbes [1651]1964)가 상상했던 것처럼 지옥 같은 만인에 대한 만인의 전쟁 상태에 빠지게 될 것이다. 문명은 우리가 다른 사람들로부터 적절한 수준의 신뢰를 기대하고 다시 우리가 그들이 우리를 신뢰할 수 있게 하는 방식으로 행동할 것을 요구한다.

고프먼 분석의 한쪽이 마키아벨리적이라면, 다른 한쪽은 자기 일생의 대부분을 우리를 사회의 성원들로 하나로 묶어주는 연대의 끈을 탐구하는 데 바친 초기 프랑스 사회학자 에밀 뒤르켐을 생각나게 한다. 마키아벨리적 고프먼이 우리의 기만에 관심을 기울였다면, 뒤르켐적 고프먼은 일상적 삶의 규범과 관습 — 이를테면 에티켓의 규칙, 공통 예절의 의례화된 교환 — 에 부호화되어 있는 상호 신뢰와 존중의 의례화된 표현들에 똑같이 관심을 기울인다. 실제의 인간사회는 완전한 냉소주의와 완전한 신뢰라는 양극단 사이에서 항상 유동하는 어떤 지점에 존재한다. 만약 "두 명의 고프먼" — 하나는 냉소적인, 그리고 다른 하나는 보다 희망적인 — 이 있다면, 그것은 아마도 그가 두 축의 힘, 즉 각기 우리에게 영향을 미치기 위해 경쟁하는 힘을 깊이 인식하고 있었기 때문일 것이다. 우리의 일상적 삶에서 우리는 마키마벨리적일 때도 있고 다른 사람들의 욕구를 배려할 때도 있다. 즉, 계산적일 때도 있고 예의바를 때도 있는 것이다(Manning 1992: 60). 고프먼은 일상적 삶의 게임과 의례에 대한 자신의 분석에서 그러한 두 순간 모두를 포착했다.

비록 고프먼이 자신의 관심의 대부분을 사회적 행위자들 간의 대면적 만남에 쏟았지만, 삶에 대한 그의 전략적 견해는 개인적 상호작용을 훨씬 넘어서는 함의를 지닌다. 1950년대 후반 냉전이 거의 최고조에 달했을 때, 고프먼은 하버드대학교에서 1년 동안 경제학자이자 군사전략가인 토머스 셸링Thomas Schelling과 공동 연구를 하며 보냈다. 고프먼의 영향은 셸링의 주요 저작 『갈등의 전략The Strategy of Conflict』(1960)에 깊은 흔적을 남겼다(Manning 1992: 60~64). 그 책 서문에서 셸링은 "이 책의 철학은 갈등 연구를 통해 볼 때 말하자면 제한전쟁에서의 군사행동과 교통체증 시의 운전 간에, 그리고 러시아인들 단념시키기와 우리의 아이들 단념시키기 간에는 깨달음을 주는 유사성이 존재한다는 것이다"라고 썼다(Schelling 1960: v). 대인 간 전략 못지않게 국제적 핵전략도 '체면 세우기'의 요소를 포함하며, 상대방이 할 것 같은 행동을 추측하면서 다음과 같은 일련의 추론을 한다. "그는 내가 정당방위로 자신을 죽일 것이라고 생각해서 정당방위로 나를 죽이려고 했고, 따라서 나는 그를 정당방위로 죽여야만 했다"(Schelling; Schell 1982: 200에서 인용).

이러한 일련의 추론이 초래하는 충격적인 결과는, 핵 대결과 같은 생사 게임에서는 만약 상대방이 우리를 전멸시키겠다고 위협한다면 우리도 겉으로 보기에는 '합리적인' 근거에 의거하여 상대방을 전멸시키겠다고 위협함으로써 서로의 전멸 위험을 감수하는 행위를 비합리적으로 준비해야만 한다는 것이다. 핵 시대에 한 측의 파괴는 상대방의 최후의 보복 공격을 촉발할 가능성이 있고, 그리하여 실제의 승자가 전혀 존재하지 않을 수도 있다. 하지만 각 측은 전략적으로 '합리적인' 억제 논리를 따라 "냉정하게 미치광이가 되기로 결정"하고(Schell 1982: 204), 자기 자신이 파괴될 경우 다른 모두를 확실하게 파괴할 최후의 날 기계를 고안하고 나서야만 한다. 대인관계에서 최후의 날 전략은 "내가 낭떠러지에서 떨어진다면 너도 데리고 갈 것이다"와 같은 절망적인 최후통첩에 함의되어 있다. 국제적 수준에서 최후의 날 전략은 "이성: 1, 인간: 0"이라는 최종 점수의 핵 게임을 초래할 수도 있다.

현실 게임은 그 게임이 고프먼의 대인 수준에서 행해지든 아니면 셸링의 국제적 수준에서 행해지든 간에 자주 진지하게 수행되며, 그 결과가 치명적일 수 있다. 사회이론이 '현실' 세계에 대해 전혀 '실천적' 함의를 지니지 못한다고 믿는 사람들은 솔직히 그러한 사회이론들, 그리고 특히 게임 은유에 기초한 이론들이 핵 시대의 전략적 정책에까지 침투해왔다고는 생각하지 않을 것이다. 실제로 우리가 이제 돌아갈 수학적 게임 이론은 냉전 직전에 태어났으며, 최고의 기업, 정치, 군대의 수준에서 전략적 사고에 크게 영향을 미쳐왔다.

수학적 게임 이론

핵 전략은 강력한 형태의 게임이론 – 게임의 양적 측면을 분석적으로 엄밀하게 탐구하는 – 을 적용하고 있는 사례의 하나일 뿐이다. 수학적 게임이론은 헝가리 수학자 존 폰 노이만John von Neumann과 오스트리아 경제학자 오스카 모르겐슈테른Oskar Morgenstern — 두 사람 모두 미국으로 망명한 사람들이다 — 이 『게임이론과 경제적 행동The Theory of Games and Economic Behavior』을 출간하여 커다란 지적 관심을 불러일으켰던 1944년에 다소 갑자기 부각되었다. 폰 노이만과 모르겐슈테른은 포커와 체스 같은 일상적 전략게임과의 수학적 유추에 근거하여 자신들의 게임이론을 구축했다. 최근에 그들의 접근방식은 경제학, 정치학, 그리고 진화생물학에 이르기까지 다양한 분야를 장악해왔다. 이 버전의 게임이론은 많은 점에서 앞 장에서 논의한 신고전경제학과 합리적 선택 이론과 합치되며, 따라서 동일한 장점과 한계를 공유한다. 우리가 그 게임이론이 의존하는 가정에 대해 그 어떤 비판을 할지라도(그리고 그러한 비판은 많다), 수학적 게임이론이 최근 몇 십 년 동안 사회과학과 생명과학의 광범한 스펙트럼을 가로지르며 엄청난 영향을 미쳤다는 것은 인정해야만 한다.

전략적 플레이를 포함하는 모든 형태의 상호작용(그리고 그렇지 않은 것은 거의 없다)은 게임이론의 용어들로 해석될 수 있다. 우리가 차량들 사이에서 운전하고 가격을 정하고 계약을 위해 교섭하고 법정에서 사실을 주장할 때나 또는 전쟁을 할 때면, 우리는 이러한 전략적 의미에서 '게임을 하고' 있다(Binmore 1992: 3). 포커와 체스 같은 게임을 해본 사람들은 게임이론의 핵심 개념의 많은 것 — 플레이어, 전략, 수, 결과, 이득(즉, 상품) 등 — 과 이미 친숙하다. 플레이어들이 자신의 수를 선택하면서 다른 플레이어들이 썼던 것으로 또는 앞으로 쓸 가능성이 있는 것으로 믿는 수를 고려할 때마다 전략적 상호작용이 발생한다. 따라서 전략적 상호작용은 귀납추리, 즉 과거의 경험에 기초하여 현재에 관해 추론하는 것뿐만 아니라 '역행귀납추리backward induction'(Poundstone 1992: 228~230), 즉 가설적 미래로부터 현재에 대해 추론하는 것도 포함한다. 플레이어들은 다른 플레이어들이 과거에 썼던 수에 대해 완벽하지 못한 지식을 가지며, 그들은 분명히 다른 플레이어들이 앞으로 쓸 수에 대해서도 완벽하지 못한 지식을 가질 것이다. 그러므로 전략적 상호작용은 항상 일정한 불확실성의 요소를 포함한다.

전략게임에서 플레이어들은 다른 플레이어들의 행동에 반응하여 자신의 행동을 계속해서 재조정한다. 오래된 농담의 하나가 전략 플레이의 역동적 성격을 예증하는 데 기여할 수 있을 것으로 보인다. 음식점 해피 디너Happy Diner의 음식을 좋아하지만 아주 붐비고 오랫동안 줄서서 기다리는 것을 몹시 싫어하는 식당 이용자들을 상상해보자. 그 농담에 따르면, "어느 누구도 더 이상 해피 디너에 가지 않는다. 그곳이 너무나도 붐비기 때문이다". 우리는 즉각 이 주장에서 재미있는 모순을 발견한다. 만약 어느 누구도 식사하러 가지 않는다면, 그곳은 붐빌 리가 없다. 따라서 지금이 배고픈 손님이 다시 그 식당에 갈 적기일 것이다. 그러나 게임 이론가들은 만약 모든 사람이 동시에 이런 식으로 추론한다면 그 식당은 다시 붐빌 것이고 따라서 가지 않는 것이 더 나을 것이라고 재빨리 지적한다. 이 예에서 식당 이용자는 자신의 사회적 비용(붐비는 상태)을 최소화하는 가운데 자신의 이득(맛있는 음식)을 극대화하는 전략게임을 하고 있는 중이다. 앞서 논의한 교환이론과 합리적 선택 이론의 대부분의 버전에서처럼 게임이론은 일반적으로 각 플레이어가 합리적으로 자기이익을 추구한다고, 또는 덜 매력적으로 표현하면 교활하게 이기적이라고 가정한다.

전략 플레이는 자주 사기 또는 엄포 놓기의 요소를 포함한다. 이를테면 식당 게임에서 교활하게 이기적인 플레이어는 식사 손님이 붐빈다는 말을 퍼뜨리고(포커에서 엄포 놓기와 유사한 수를 쓰고) 나서 살금살금 가서 붐비지 않게 식사를 즐기는 식으로 자신의 이득을 향상시키고자 할 수도 있다. 그러나 엄포 놓기로 한결같은 평판을 얻은 플레이어는 화를 입는다. 왜냐하면 사기의 전략적 가치가 곧 떨어지고, 따라서 플레이어의 이득은 감소할 것이기 때문이다.

주식시장은 또 다른 예를 제공한다. 연방준비제도이사회의 의장조차 인정했듯이(Cassidy 2000: 174), 주식시장은 플레이어들이 유망한 주식을 낮은 가격에 샀다가 높은 가격으로 팔고자 시도하는, 합법화된 도박의 한 형태로 간주된다. 개별 투자자의 금전적 이익은 주식시장이 다른 바이어들로 붐비지 않을 때 그곳에 '방문'했다가 수많은 바이어들이 도착해서 주가를 끌어올려놓고 나면 그곳을 떠나는 것에서 발생한다. 물론 이 문제는 다른 모든 사람도 "낮은 가격에 사서 높은 가격으로 팔기" 전략을 구사하며 각자 모두가 다른 투자자들보다 한 수 앞서가고자 한다는 사실에 의해 복잡해진다. 주식을 최적기에 사고파는 전략을 신호로 알려주는 시장의 내부 정보 – 내부자 거래와 같은 불법적인 관행을 포함하여 – 는 예리한 투자자들의 이익을 위해 작동한다. 게임이론가들과 시장분석가들은 주식시장 게임의 내부 작동을 묘사하는 정교화된 수학적 모델을 고안해왔다. 하지만 그러한 모델들 중 그 어떤 것도 지금까지 일관된 정확성을 가지고 시장의 반응을 성공적으로 예측하지 못했다.

월스트리트에서 실행되는 것과 같은 현실 게임은 지저분하고 복잡하고 변덕스러우며, 그렇기 때문에 분석하기 어렵다. 따라서 게임이론가들은 현실의 현상에서 드러나는 두드러진 특징들을 시뮬레이션하는 다수의 가설적 '토이 게임toy game'을 발명하는 방법에 의존하여, 현실에서 일어나는 일을 (보다 손쉬운 방식으로 엄격하게 분석할 수 있게 해주는) 고도로 추상적이고 단순화된 용어들로 진술해왔다. 그중에서 지금까지 가장 유명한 게임이 1950년대 캘리포니아의 군사 싱크탱크인 랜드 코퍼레이션RAND Corporation에서 일하던 두 과학자 메릴 플로이드Merrill Floyd와 멜빈 드레셔Melvin Dresher가 발명한 **죄수의 딜레마**prisoner's dilemma이다(Poundstone 1992: 8). 죄수의 딜레마는 남을 속이는 단순한 게임으로, 그 후 무수한 연구와 분석을 낳았다.

죄수의 딜레마에서 우리는 두 용의자가 범죄 혐의로 체포되었다고 상상할 것을 요구받는다. 경찰은 적어도 둘 중 한 사람을 설득하여 다른 사람에게 불리한 증언을 하게 하지 못한다면 어느 용의자에 대해서도 유죄를 입증할 만한 충분한 증거를 가지고 있지 못하다. 경찰은 용의자들을 별개의 독방에 수감하고 서로 소통하지 못하게 한다. 그런 다음 경찰은 각 용의자에게 다음과 같이 지시한다.

1. 만약 둘 다 자백한다면, 둘 다 (예를 들면) 3년 징역형을 선고받을 것이다.
2. 만약 단지 한 사람만 자백하면, 자백한 사람은 석방될 것이지만, 다른 사람은 10년 징역형을 선고받을 것이다.
3. 만약 어느 누구도 자백하지 않으면, 둘 다 다소 가벼운 혐의로 1년 징역형을 선고받을 것이다.

만약 당신이 용의자 중 한 사람이라면, 이 상황에서 어떻게 하겠는가?

이 딜레마는 다음에서 보여주는 것과 같은 단순한 이득 매트릭스로 요약될 수 있다. '협력'전략은 죄수들이 서로 입을 닫음으로써 (경찰과가 아니라) 서로 협력한다는 것을 의미한다. '배신'전략은 한 죄수가 서로 협력하기를 거부하고 그 대신 다른 사람에게 불리한 증언을 하기로 선택하는 것을 말한다. 매트릭스의 숫자는 각 용의자가 각각의 공동 결과에 기여하게 될 징역형의 햇수를 나타낸다.

		용의자 X	
		협력 (침묵)	배신 (증언)
용의자 Y	협력	1\1	10\0
	배신	0\10	3\3

이 죄수의 딜레마의 기본 버전은 다양한 방식으로 수정될 수 있다. 이를테면 우리는 이득 매트릭스에서 보상(또는 이 사례에서는 처벌)의 규모를 변화시키고, 보상 정도에 따라 플레이어가 선택을 바꾸게 할 수도 있다. 우리는 용의자들이 미리 의사소통을 하게 하여 서로 협력할 것인지 여부에 대해 '칩토크cheap talk'[선택 이전에 하는, 의사결정에 직접 영향을 미치지 않는 알맹이 없는 말을 가리키는 게임이론의 용어 – 옮긴이]를 하게 할 수도 있다. 우리는 플레이어를 둘 이상으로 늘려 동맹의 가능성을 만들 수도 있다. 우리는 '단판'게임으로 조건을 지정할 수도 있고, 아니면 시간을 늘려 게임을 반복하게 함으로써 플레이어들이 다른 플레이어의 전략에 대응하여 자신들의 전략을 조정할 기회를 줄 수도 있다. 그러나 어떤 경우에라도 게임의 본질적인 논리는 여전히 동일하게 유지된다. 각 플레이어는 다른 플레이어가 어떻게 할 것인지에 대한 불확실한 지식에 기초하여 협력 또는 배신을 감행하기로 결정해야만 한다.

죄수의 딜레마는 일상생활에서도 많은 유사물을 가지고 있다. 우리가 다른 사람들과 협력할 것인지의 여부를 결정해야만 하는 상황에 직면할 때마다(이를테면 사업계약에 사인할 때, 결혼서약을 할 때, 또는 정치연합을 결성할 때), 우리는 죄수의 딜레마와 유사한 게임을 수행한다. 우리는 우리의 파트너들이 앞으로 어떻게 할 것 같은지에 대한 판단에 기초하여 결정해야만 한다. 왜냐하면 우리의 선택이 그들의 선택에 영향을 미치는 것과 마찬가지로 그들의 앞으로의 선택이 우리의 미래의 결과 또는 이득에 영향을 미칠 것이기 때문이다.

모든 추상적 인간행동 모델처럼 죄수의 딜레마도 얼마간 단순화된 가정에 기초한다. 컴퓨터의 아웃풋의 질이 인풋의 질에 달려 있는 것처럼(유명한 'GIGO garbage in/garbage out' 원칙[컴퓨터에 불완전한 데이터를 입력하면 불완전한 결과가 나올 수밖에 없다는 것을 일컫는 말 – 옮긴이]), 모델의 결론의 타당성은 그것의 초기 가정의 타당성에 달려 있다('AICO assumptions in/conclusions out' 원칙). 죄수의 딜레마도 예외가 아니다. 게임은 현실에서는 충족될 수 없는, 현실을 단순화하는 수많은 가정을 만들어낸다 (Axelrod 1984: 11~12). 그중 하나가 플레이어들은 다른 플레이어를 해치는 전략을 선택하는 것에 대해 어떠한 도덕적 가책도 가지지 않을 것이라는 가정이다(Axelrod 1984: 125). 게임이론가들은 자신들의 적의 복리에 마음을 쓰고 도덕적 신념을 유지하고자 하는 플레이어 또는 자신의 선택에 대해 죄책감을 느끼는 플레이어들은 실제로 죄수의 딜레마 게임을 하는 것이 아니라 다른 이득을 얻는 어떤 다른 게임을 하는 중이라고 본다 (Binmore 1992: 313). 달리 표현하면(하지만 게임이론가들은 이런 식으로 표현하는 것을 분명 좋아하지 않을 것이다), 죄수의 딜레마와 다른 많은 토이 게임들에서는 플레이어들을 정신과 의사들이 **소시오패스**라고 부르는 사람들, 즉 양심이나 도덕관념이 전혀 없는 사람들이라고 가정한다. 이것이 바로 게임이론가들이 죄수의 딜레마의 논리를 현실의 인간 상황에 적용할 때 가정하는, 그리고 어쩌면 부지불식간에 조장하는 인간본성 모델이다. 죄수의 딜레마 같은 게임의 소시오패스적 가정은 게임이론가들에 의해 널리 떠벌려지지 않는데, 이는 아마도 전략적 이유 때문일 것이다.

게임이론의 가정이 비록 완전히 부도덕하지는 않지만 몰도덕적이라고 비난하는 사람들에게 켄 빈모어(Ken Binmore 1992: 382~383)는 게임이론가들도 "애플파이와 자신들의 어머니를 다른 어떤 사람들만큼 좋아한다"는 말로 응답한다. 어떤 사람들은 이 진부한 응답에서 게임이론의 도덕적 공허함을 확인하는 징후를 발견하기도 한다. 빈모어는 그 보상 매트릭스가 협력적인 '비둘기' 전략을 보상하는, 따라서 덜 이기적으로 보이는 가설적 게임의 사례들을 제시한다. 그러나 그러한 사례들은 어떤 상황에서는 자신들의 상호이익을 위해 서로 협력하는 것이 전적으로 이기적이고 몰도덕적인 두 플레이어 각자에게 이익이 될 수도 있다는 것을 입증하는 데 성공할 뿐이다(Fudenberg and Tirole 1991: xiii).

앞 장에서 논의한 신고전경제학자들처럼 게임이론가들도 장기적으로 자기이익('계몽된' 자기이익을 포함하여)의 계산을 전문 영역으로 삼고 있다. 그들은 일반적으로 이타주의에 덜 관심을 가지는 것으로 보이며, 이기적이지 않은 행동을 '비합리적인' 것으로 간주하는 경향이 있다. 진정으로 이타적이라는 것은 기꺼이 자신의 이익 — 그것이 노골적인 자기이익이든 계몽된 자기이익이든 간에 — 에 **반하여**, 다른 사람들의 복리를 위해 자기이익의 일부 또는 전부를 희생하는 행위를 하는 것이다.

게임이론가들은 이타주의적인 행동은 이용과 악용에 심히 취약하다고 옳게 지적한다. 이를테면 황금률에 따라 지조 있게 삶을 살아가기 위해 노력하는 어떤 사람은 죄수의 딜레마와 같은 게임에서 매파적 약탈자에 의해 이용당하거나 괴멸당할 것이다. 따라서 게임이론가들은 이타주의(계몽된 이기심과 혼동해서는 안 되는)가 어리석은 사람의 전략임을 입증하는 증거들을 다수 가지고 있다. 이러한 점에서 게임이론과 신고전 자본주의 경제학의 가르침은 사랑을 베풀고 비용을 계산하지 않는 진정한 자기희생의 도덕적 가치를 가르치는 유대교나 기독교 같은 윤리체계 및 종교체계와 직접적으로 충돌하는 것으로 보인다. 경제적 가르침과 종교적 가르침 간의 이러한 명백한 문화적 모순은 좀처럼 미국에서 공개적으로 인정되거나 논의되지 않는다. 아마도 그러한 것에 대해 생각하는 것은 이익이 되지 않아서일 것이다.

게임이론가들은 도덕적 비판에 직면하여 하나의 대안적 방어전략을 취하기도 한다. 그들은 게임이론이 실제로 인간 그 자체에 관한 것이 아니라고 응답하기도 한다. 게임이론가들에 따르면, 이론적 게임의 공간에 거주하는 플레이어들이 비록 존이나 메리 같은 가명을 가지고 있지만, 그들은 실제로 피와 살을 가진 인간이 아니라 단지 상상의 구성물일 뿐이다. 그리고 그들이 사용하는 전략은 실생활에서는 결코 완전하게 실현될 수 없는, 엄격하게 규정된 조건하에서만 타당한 수학적 추상물일 뿐이다. 하지만 게임이론가들이 이런 탈출로를 통해 빠져나갈수록, 게임이론은 현실세계에 적용할 수 없는 순수하게 수학적인 게임과 유사해질 것이며, 따라서 실제 상황의 실제 사람들의 삶과 더 멀어지고 무관해질 것이다.

설사 우리가 게임이론의 한계를 염두에 둔다고 할지라도, 우리는 여전히 게임이론으로부터 가치 있는 통찰을 끌어낼 수 있다. 실제로 인간의 본성이 근본적으로 이기적이고 달리 어떻게 할 수 없는 한, 그리고 인간이 '합리적' — 교활하게 이기적이라는 의미로 이해되는 — 으로 자신들의 이익을 추구하는 한 게임이론은 실제로 인간행동을 분석하는 일단의 강력한 도구를 제공한다.

많은 게임, 많은 전략

게임이론의 대저택에는 많은 방이 있고, 각 방에는 서로 다른 일단의 게임 조건이 갖추어져 있다. 표준적인 유형학들(이를테면 Morgenstern 1968; Davis 1970; Michener 1992)은 플레이어의 수와 같은 다양한 기준에 따라 게임을 구별한다. 게임에는 단일 플레이어가 운과 경쟁하는 1인 게임(솔리테어와 같은)이 있고, 2인 게임(체스와 같은)이 있고, 두 사람 이상이 할 수 있는 게임 또는 n-사람 게임(포커와 같은)이 있다. 세 사람 또는 그 이상이 하는 게임은 규칙이 허용할 경우 동맹의 여지가 있다.

순수한 전략 게임(체스 같은), 순수한 운수 게임(보통 맨 먼저 플레이하기를 거부하는 것이 가장 성공적인 전략인 무작위 제비뽑기와 같은), 그리고 포커처럼 전략과 운 모두의 요소를 포함하는 혼합된 게임도 있다. 우리가 일상적 삶에서 하는 대부분의 게임은 순수한 전략 게임과 순수한 운수 게임 사이의 어딘가에 위치한다.

게임은 또한 그 이득 구조에 따라 분류될 수도 있다. 포커와 체스 같은 제로섬zero-sum 또는 정합constant-sum 게임에서는 이득이 고정되어 있기 때문에 승자가 획득하는 총량은 패자가 잃는 양과 정확히 동일하다. 이를테면 체스에서는 승자가 전체 게임을 이기고 패자가 전체 게임을 잃는다. 포커 한판에서는 승자가 거는 칩이 그 밖의 다른 사람들이 잃은 칩이다. 딴 이득액과 잃은 손실액을 더하면 제로이다. 여기서 **제로섬**이라는 용어가 나왔다.

제로섬 게임이 항상 이기거나 진다win-lose면, 변합 게임variable-sum game은 윈-윈win-win 결과가 가능하다. 이를테면 경제학자 레스터 서로(Lester Thurow 1980)는 정체된 경제가 일종의 제로섬 게임이라면 성장하는 경제는 변합 게임이라고 주장했다. 제로섬 경제에서는 사회의 모든 분파가 고정된 경제적 파이의 양을 놓고 싸워야만 하고, 이는 심각한 결과를 초래한다. 왜냐하면 한 분파의 이득은 반드시 다른 분파의 손실일 수밖에 없기 때문이다. 레스터 서로는 '윈-윈' 대안은 전체 이득(경제적 파이의 규모)을 키우기 위한 경제성장을 자극하고, 이는 가설적으로 사회의 모든 분파가 번영의 더 큰 몫을 향유할 수 있게 한다고 지적한다.

제로섬 게임은 총력전all-out war과 유사하다. 즉, 제로섬 게임은 그 이득 구조의 본성 자체로 인해 경쟁적이다. 제로섬 게임에서는 이타주의는 고사하고 협력의 여지도 거의 없다. 다시 한 번 더 체스 — 두 왕국 간의 제로섬 전쟁을 모델로 한 게임 — 를 살펴보자. 체스에서 나의 목적은 단지 이기는 것이고, 그럼으로써 나의 적을 패자로 만드는 것이다. 만약 내가 나의 어린아이와 체스를 하면서 이타적으로 아이가 이기게 한다면, 게임이론가는 내가 **실제로는** 전혀 체스를 하는 것이 아니라 전적으로 다른 보상구조를 갖는 어떤 다른 게임(어쩌면 '부모의 사랑'이라고 불릴 변합 윈-윈 게임)을 하고 있는 것이라고 말할 것이다.

어떤 유형의 게임(제로섬 게임을 포함하여)은 분명 경쟁적이지만, 다른 유형의 게임 — 토머스 셸링(Thomas Schelling 1960)이 '협력게임coordination game'이라고 부르는 — 은 협력을 보상하도록 구조화되어 있다. 차량들 사이에서 운전을 하는 것이 하나의 분명한 사례이다. 이 게임의 목적은 각 운전자가 다른 운전자들과의 충돌 없이 자신의 목적지에 도달하는 것이다. 모두에게 이득이 되는 공익을 위해 자신들의 행위를 조정하는 것이 모든 운전자에게 계몽된 자기이익이 된다. 이 변합 게임의 사례는 모든 사람이 승리할 가능성을 제공한다. 인간사회에서 대부분의 게임은 경쟁과 협력의 요소 모두를 포함하는 '혼합동기' 게임이다(Schelling 1960; Manning 1992: 62). 어떤 의미에서 규칙의 지배를 받는 모든 게임은 경쟁적인 동시에 협력적이다. 왜냐하면 규칙의 지배를 받는 모든 경쟁에서 플레이어들은 자신들의 경쟁을 떠받치는 규칙을 준수하기 위해 일제히 협력해야만 하기 때문이다. 그렇지 않으면 게임은 붕괴된다.

많은 종류의 게임이 존재하는 것과 마찬가지로 많은 종류의 전략이 존재한다. 이를테면 제로섬 게임에서는 일반적으로 '미니맥스minimax' 전략이 추천된다. 이 보수적인 전략에서 플레이어들은 자신이 입을 수 있는 최대 손실을 최소화하는 옵션을 선택한다. 하지만 심리학자들은 플레이어의 퍼스낼리티에 따라 전략이 다를 수 있다는 것을 발견한다. 어떤 플레이어는 ('미니맥스'처럼) 위험을 최소화하는 전략을 선택하는 경향이 있는가 하면, 다른 플레이어들은 더 큰 이득 가능성을 제공하는 더 위험한 전략을 선택하기를 좋아한다. 어떤 플레이어는 일관되게 단일한 전략을 쓰는가 하면, 다른 플레이어들은 타자들을 헷갈리게 하기 위해 투구법을 바꾸는 투수처럼(Poundstone 1992: 59), 또는 통상적으로는 고지식하게 수를 쓰지만 때때로 너무 예측 가능해지는 것을 피하기 위해 허세를 부리는 포커 플레이어처럼 자신들의 전략에 변화를 주거나 전략을 혼합하기도 한다.

실생활에서의 게임은 죄수의 딜레마 같은 토이 게임보다 훨씬 더 복잡하다. 실생활에서 플레이어들은 많은 다른 종류의 이득(이를테면 돈, 사회적 인정, 자존심, 또는 다른 사람들의 복리)을 평가하기도 하고, 수많은 서로 다른 게임(직업적·전문적 게임, 가족 게임, 정치 게임, 종교 게임)에 동시에 관여하기도 한다. 일을 하는 모든 부모가 잘 알고 있듯이, 이로 인해 플레이어들이 자신이 수행하는 각각의 게임의 상충하는 요구들을 한꺼번에 잘 처리하고자 할 때 자주 문제가 발생하기도 한다.

실생활에서는 어떤 게임도 인위적인 진공상태에서 실행되지 않는다. 게임은 서로 연결되어 있거나 포개져 있다(이를테면 게임 내의 게임). 하나의 게임이 어디서 끝나고 다른 게임이 어디서 시작되는지도 항상 분명하지 않으며, 따라서 플레이어의 행위를 분석하기가 어렵다(Tsebelis 1990). 어떤 플레이어의 행동은 한 게임의 맥락 내에서는 비합리적으로 보일 수도 있지만, 다른 맥락 내에서는 합리적일 수도 있다. 이를테면 전염병으로 시달리는 개발도상국에서 환자를 돌보기로 결심한 의료 선교사는 "자신의 건강을 보호하는" 게임의 맥락 내에서는 비합리적으로 행동하는 것이지만, "종교적 헌신" 게임의 맥락 내에서는 (특히 그 선교사가 그러한 헌신의 궁극적 보상이 신성한 이득 매트릭스에서의 영생이라고 믿는다면) 그것은 충분히 이해할 수 있는 행동이다. 그들의 선택을 동기짓는 것은 손에 넣을 수 있는 이득 – 그 이득이 실현되든 그렇지 않든 간에 – 에 대한 플레이어의 지각이라는 점에 주목하라.

비극적 게임

아마도 게임이론으로부터 출현한 가장 중요한 이론적 통찰은 개인적인 자기이익의 관점에서는 합리적인 것으로 보이는 전략이 전체로서의 집단에, 그리고 궁극적으로는 그 집단의 개별 성원들에게는 비극적인 결과를 초래할 수도 있다는 역설적인 깨달음이다. 이를테면 고전적인 단판 죄수의 딜레마 게임에서 각 플레이어가 다른 플레이어에 대해 불리한 증언을 함으로써 처벌을 피하고자 하는 시도는 각 플레이어가 합리적으로 자기이익적인 것으로 보이는 전략을 추구할 경우 역설적으로 두 플레이어 모두에게 최대 손실을 초래할 것이다(Poundstone 1992: 277).

개릿 하딘(Garrett Hardin 1968)은 '공유지의 비극 tragedy of the commons'이라는 유명한 우화에서 동일한 교훈을 가르친다. 각자 자신의 소를 가진 일군의 가축지기들이 공동 목초지를 무제한적으로 이용하기로 한다고 가정하자. 공동 목초지에 가능한 한 많은 소를 방목하는 것이 가능하다면 가축지기 각자에게 단기적으로는 이익이다. 그러나 만약 각 가축지기가 그러한 방식으로 자신의 개인적 자기이익을 추구한다면, 목초지는 곧 고갈되고 가축지기들은 공멸하게 된다. 다시 한 번 공익이 개인의 이기심 추구에 의해 파괴된다. (만약 가축지기들이 보다 협력적이고 공동체적 사고를 지닌 일군의 여성들이었다면 하딘의 사유실험의 결과가 달랐을까!)

유사한 문제가 잘 알려진 '무임승차자 free rider' 딜레마에서도 제기된다(Poundstone 1992: 125~129). 당신이 대량 운송수단인 지하철 이용자라고 가정해보자. 당신은 아무도 보지 않을 때 개찰구를 뛰어넘어 무임승차하기를 좋아한다. 편협한 경제적 관점에서 볼 때, 그러한 행동은 개인적으로는 이익이 된다. 그러나 모든 사람이 동일한 이기적 전략을 추구할 경우 지하철은 곧 파산할 것이고, 당신도 다른 어느 누구도 그 이득을 누릴 수 없을 것이다. 탈세 문제도 유사한 딜레마를 제기한다. 모든 사람이 거리와 고속도로, 치안과 소방 같은 다양한 종류의 공공 서비스를 원하지만, 그것에 대해 기쁜 마음으로 비용을 지불하려는 사람은 거의 없다. 여기서 탈세와 무임승차의 유혹이 발생한다. 그러나 만약 모든 사람이 무임승차를 한다면, 그 시스템은 곧 파산하게 되고 서비스는 중단된다. 이와 같은 무임승차 문제는 실제 공공정책을 결정하는 세계에서 계속해서 발생한다.

　게임이론은 민주적 체계에서 투표행동을 분석하는 데서도 유용할 수 있다. 순전한 자기이익의 관점에서 볼 때, 선거가 아주 박빙이라고 예상되지 않는 한, 투표하는 것은 '합리적'이지 (즉, 예리하게 말하면 자기이익적이지) 않다. 왜냐하면 한 사람의 투표가 결과에 영향을 미칠 가능성이 적고 따라서 그 사람은 투표과정에서 소중한 시간과 에너지를 낭비한 것일 수 있기 때문이다. (이러한 이유에서 한 저명한 정치학자는 자신은 박빙의 투표로 예상될 때에만 투표소로 갔다고 자랑한 것으로 유명하다.) 하지만 역설적이게도 만약 대부분의 투표자들이 그러한 원리를 따라 투표소에 가지 않는다면, 투표를 하지 않은 각자가 결과에 영향을 미칠 가능성은 커지고, 따라서 투표가 가지는 잠재적 이득도 커질 것이다.

　전술한 분석은 선거 결과를 결정하는 것 이외에는 투표장으로 가는 다른 이유가 전혀 존재하지 않는다고 전제한다. 그러나 사실 모든 투표행위는 실제로는 두 가지에 대해 투표를 하는 것이다. 하나는 후보자들에 대한 투표이고, 다른 하나는 민주적 과정 그 자체에 대한 투표이다. 어쩌면 누군가는 투표를 하지 않기로 결정하는 것은 민주적 과정에 반대하는 투표를 하는 것과 매한가지이고 따라서 그것은 시민적 책임을 보다 진지하게 수행하는 사람들을 희생시키며 민주적 체계에 '무임승차'하는 것이라고 주장할 수도 있다.

　게임이론에서 가장 비극적인 시나리오의 하나가 '치킨' 게임game of 'chicken'이다. 두 운전자가 직선으로 서로를 향해 질주하고, 각자는 다른 사람이 가능한 마지막 순간에 갑자기 방향을 바꾸기를 바란다. 만약 한 사람이 갑자기 방향을 바꾼다면, 다른 사람이 '승리한다'[상대방이 돌진할 것에 겁을 먹고 핸들을 돌리는 사람이 게임에서 지게 되고 겁쟁이, 즉 서양에서 겁이 많은 동물로 여겨지는 '치킨'이 된다 - 옮긴이]. 만약 둘이 반대방향으로 갑자기 방향을 바꾼다면, 무승부이다. 만약 어느 누구도 방향을 바꾸지 않는다면, 둘 다 게임뿐만 아니라 생명도 잃는다. 유추하면 핵 치킨 게임에서 서로의 전멸을 위협하는 두 국제 강국은 그들 모두를 멸망시킬 우려가 있는 게임에서 이기기 위해 노력함으로써 서로와 셀 수 없는 무수한 구경꾼을 멸망시킬 수도 있는 위험을 감수한다. 핵 시대에는 대규모 전쟁에서 '승리'할 수 있다는 전통적 관념이 점점 더 시대에 뒤진 것이 되고 있다(Schell 1982). 치킨 게임 딜레마에 대한 진정으로 합리적인 해결책은 보다 능란하게 게임을 수행하는 것이 아니라 오히려 그 게임 자체를 일체 피하는 것이다.

어떤 게임들은 악순환을 초래할 수도 있다. 이를테면 마틴 슈빅(Martin Shubik 1971)의 달러 경매를 살펴보자. 1달러가 최고 입찰자에게 낙찰되는 게임을 상상해보자. 게다가 2위 입찰자 역시 입찰금액을 지불하도록 되어 있지만 전혀 돌려받지 못한다고 가정하자. 그런 까닭에 두 입찰자는 각자가 2위가 되는 것을 피하기 위해 계속해서 다른 사람보다 높은 가격으로 입찰하는 악순환에 돌입하고, 그리하여 투자금액 전부를 잃게 된다. 게임이론가들은 실제 상황에서 경쟁자들이 자신들의 입찰금액이 1달러를 넘은 후에도 오랫동안 계속해서 서로에 맞서 높은 가격을 부른다는 것을 발견한다. 각각의 입찰자들은 "모든 것이 허사가 되지 않게 하기" 위해 계속해서 헛돈을 쓴 데다가 또 돈을 쓴다. 왜냐하면 둘 다 너무나도 많이 투자해서 그만 포기하고 손실을 줄일 수가 없기 때문이다. 달러 경매와 유사한 상황이 미국의 베트남전쟁 개입과 핵무장 경쟁을 비롯하여 현실세계에서도 관찰되어왔다(Poundstone 1992: 270~272). 이 두 경우에 갈등의 각 측이 전쟁과 핵 경쟁에 매몰된 투자를 계속해서 확대하고 나섰기 때문에 통제 불능 상태에 빠져들 위험이 있었다. 누구라도 옳게 주장할 수 있듯이, 죄수의 딜레마와 공유지의 비극에서처럼 가장 현명한 전략은 애초에 게임을 피하는 것이었을 것이다.

냉소주의와 희망

이제 게임이론이 단순한 지적 놀이 그 이상의 것임을 잘 알 수 있을 것이다. 게임이론은 단지 하나의 게임이 아니다. 지구의 운명은 게임의 기본 원리에 대한 우리의 이해와 적절한 적용에 달려 있을지도 모른다. 그리고 죄수의 딜레마, 공유지의 비극, 치킨 게임, 달러 경매 같은 비극적 게임이 지닌 더 심각한 비극은 아무리 노력하더라도 우리가 항상 그것들을 피할 수 없다는 것이다. 일단 우리가 이득 매트릭스 속에 있는 한, 우리는 어렵고 고통스러운 선택을 피할 수 없다. 그리고 우리 모두는 원하든 원치 않든 간에 항상 이런저런 종류의 이득 매트릭스 속에 있다.

존 폰 노이만과 존 내시 같은 초기 게임이론가들은 게임이론이 실생활에 중대한 함의들을 갖는다는 것을 잘 알고 있었다. 인간본성에 대한 그들의 냉소적이고 비관적인 견해는 그들의 수학적 분석과 결합되어 그들을 다소 괴상한 몇몇 결론으로 이끌었다. 폰 노이만의 극심한 냉소주의는 그의 다음과 같은 논평에서 분명하게 드러난다. 실생활은 "허세부리기, 얼마간의 사기전술, 그리고 다른 사람들이 내가 무엇을 하려고 한다고 생각할 것인지를 스스로에게 묻기로 구성된다. 그리고 이것이 나의 이론에서 게임이라는 것에 대해 말하는 것이다". 다른 곳에서 그는 "사람들이 이기적이라고 불평하는 것은" 자기장이나 전기장의 작용에 대해 불평하는 것만큼이나 "어리석다"고 논평한다(Poundstone 1992: 6, 235에서 인용). 냉전 초기의 세계에 대한 폰 노이만의 냉정한 전망은 그로 하여금 미래의 소련의 핵 위협을 막기 위해 미국이 소련에 (인간의 삶에 헤아릴 수 없는 비용을 초래하는) 선제 핵 공격을 가할 것을 권고하게 하기도 했다. C. 라이트 밀즈(C. Wright Mills 1958)가 미국의 파워엘리트 가운데 '미치광이 현실주의자들'이 있음을 경고할 때 염두에 두었던 사람이 바로 폰 노이만과 같은 마키아벨리적인 안보 지식인들이었다. 폰 노이만은 그 시대의 호전적 피해망상을 심술궂게 풍자화한 스탠리 큐브릭Stanley Kubrick 의 영화 〈닥터 스트레인지러브Dr. Strangelove〉의 주연 모델 중 한 명이었던 것으로 널리 알려져 있다(다른 한 모델은 헨리 키신저Henry Kissinger이다). 그 시대의 또 다른 유명한 게임이론가인 존 내시는 실제로 망상증 치료를 위해 정신병원에 입원하고 있었지만(Poundstone 1992: 167), 랜드 코퍼레이션에서 일하는 그의 동료들은 적어도 부분적으로는 게임이론의 가정과 결론에 의거한 그들의 권고에 기초하여 제2차 세계대전 후의 방위전략을 틀짓는 일을 계속해서 하고 있었다.

폰 노이만과 그의 동료들은 전후 시대 동안에 우리가 게임이론의 '매'파라고 부를 수 있는 사람들을 대표했다. 일반적으로 이론적 매파는 죄수의 딜레마와 유사한 게임에서 보다 비둘기파적인 '협력'전략에 비해 '배신'전략을 선호한다(Poundstone 1992: 128). 매파는 협력을 감행하는 것은 무임승차자(복지 사기꾼과 같은)나 외부의 적(옛 소련과 같은)에게 이용될 수 있는 아량을 베푸는 것이라고 주장한다. 다른 한편 비둘기파는 보다 타협적이고 관대한 전략을 채택하려는 경향이 있고, 협력이 화답받을 것이라는 낙관적인 희망 속에서 위험을 무릅쓰고 기꺼이 더 협력하고자 한다. 파운드스톤(Poundstone 1992: 128)은 게임이론가들 가운데 매파는 정치적 보수주의 경향을 보이는 반면 비둘기파는 자유주의 경향을 보인다고 지적한다.

　게임이론의 비둘기파는 갈등을 해소하는 데서 협력 가능성을 적극적으로 탐구하는 이론가들에 의해 대표된다(이로부터 선도적인 게임이론 정기간행물의 하나인 ≪갈등해결The Journal of Conflict Resolution≫의 제목이 나왔다). 아나톨 래퍼포트Anatol Rapoport는 이 운동의 주도적 인물 중 하나였다. 래퍼포트는『싸움, 게임, 그리고 논쟁Fights, Games and Debates』(1960)에서 협력전략이 단기적으로 손실을 초래할 수 있을 때조차 장기적인 신뢰와 상호이득을 위해 협력전략을 감행하는 지혜에 대해 찬성하는 논지를 펼친다.

　보다 최근에 정치학자 로버트 액설로드Robert Axelrod는 래퍼포트의 논지를 더욱 발전시켰다. 액설로드는『협력의 진화The Evolution of Cooperation』(1984)에서 단판으로 행해지는 죄수의 딜레마 게임이 배신을 보상하는 반면 플레이어들이 반복되는 라운드에서 계속해서 서로 만나는 반복적 게임은 당연히 상호협력을 보상할 것이라고 지적한다. 액설로드는 이 가능성을 검증하기 위해 라운드로빈 토너먼트round-robin tournament를 조직하고, 여러 분야의 게임이론가들에게 죄수의 딜레마 전략을 제출할 것을 요청한 후 컴퓨터의 도움을 받아 서로를 경쟁시켰다. 경쟁은 매 게임당 200라운드로 이루어지고, 매 라운드당 최대 5점 또는 매 게임당 최대 1000점의 이득을 얻을 수 있게 구성되었다. 제출된 14개 전략 가운데 가장 단순한 전략, 즉 다름 아닌 바로 래퍼포트가 제출한 '팃포탯tit for tat' 전략(맞대응 전략)이 토너먼트의 승자로 입증되었다.

　'팃포탯'은 한 플레이어에게 죄수의 딜레마의 첫 라운드에서는 (침묵을 유지하여 다른 플레이어에게 불리한 증언하기를 거부함으로써) 협력을 하고,

그다음부터는 다른 플레이어가 이전 라운드에서 했던 것이 무엇이든 그대로 따라하라고 지시한다. 요컨대 이 전략은 '친절한' 첫 수를 요구하고, 그 후에는 다른 플레이어의 행동을 반영한다. 첫 수 후에 다른 플레이어는 자신도 모르게 자기 자신의 '거울 이미지mirror-image' 놀이를 하게 된다. 따라서 다른 플레이어의 전략이 어떤 '퍼스낼리티'를 지니든 간에(관대하든 아니면 사악하든 간에) 그것은 곧 되돌아와서 그 플레이어를 돕거나 괴롭힌다.

'팃포탯'은 황금률 — 사악한 적이 쉽게 이용할 수도 있는 일관된 협력전략 — 이 아니라 차선책이다. 즉, 팃포탯은 "다른 사람이 당신에게 한 대로 하라, 그렇지 않으면 **고통 받을 것이다**"라는 것이다(Poundstone 1992: 240). 이런 점에서 팃포탯은 구약성서의 격언 "눈에는 눈으로, 이에는 이로"와 유사하지만, 어쨌든 그 이전의 규칙 "하나의 눈에 천 개의 눈으로, 하나의 이에 천 개의 이로"보다 향상된 것이었다. '팃포탯'은 배신을 즉각 응징하지만, 적이 협력의 길을 따르기로 결심하자마자 과거의 배신을 '잊는다'는 점에서 또한 '관대한' 전략이기도 하다.

후속 토너먼트에서 액설로드는 게임이론가들에게 '팃포탯'을 이길 수 있는 전략을 제출해줄 것을 요구했다. 여섯 개의 나라에서 62명의 참가자들이 최선의 노력을 다했음에도 불구하고, 다시 '팃포탯'이 승리했다. 이것은 '팃포탯'이 모든 경우에 완벽한 전략이라고 말하는 것은 아니다. 팃포탯은 다른 전략들보다 일부 전략들에 더 잘 대응했다(Poundstone 1992: 244~246). '팃포탯'을 현실세계에 적용할 때 발생하는 하나의 문제는, 한 측이 그 대응을 상대의 이전의 수에 준하는 균형 잡힌 것으로(즉, 팃포탯으로) 간주하지만 상대는 각 플레이어가 특정한 행위에 부여하는 의미의 심리적 또는 문화적 차이로 인해 동일한 대응을 불균형적인 것으로(한 번의 탯에 세 번의 텃으로) 해석할 수도 있다는 것이다. 나는 "눈에는 눈으로" 대응한다고 **생각**할 수 있지만, 다른 플레이어의 관점에서 볼 때는 내가 "하나의 눈에 세 개의 눈으로" 대응하고 있을 수도 있다. 이러한 잘못된 소통의 논리적 결과가 거듭 강화되는 폭력의 악순환이다. 하지만 이러한 종류의 한계에도 불구하고, '텃포탯'은 여전히 경쟁하는 전략들 가운데 주요 경쟁자로 남아서, 상호협력이 장기적으로는 매파의 냉소주의와 단기적 이기심에 맞서 싸워 이길 수 있다는 희망을 제공한다.

문명은 그 자체로 상호협력 위에 구축된 것이고, 따라서 갈등해결을 위해 협력전략을 추구하는 것은 모든 곳에 사는 문명화된 사람들의 관심사이다. 액설로드는 협력을 증진시키기 위한 일련의 실제적 제안을 한다 (Axelrod 1984: 124~141). 그는 협력의 전망은 플레이어들 각자가 앞으로 서로 다시 만날 가능성이 있음을 인지할 때 증가한다고 말한다. 플레이어들은 '미래의 그림자' 아래서는 미래의 보복 때문에 서로를 현재의 이득을 위해 덜 이용하게 된다. (이를테면 과거 몇 십 년간 범죄율이 증가한 이유 중 하나가 사람들이 점점 더 대규모 메트로폴리탄 지역의 익명의 환경 속에서 살았기 때문이라고 제시되었다. 그곳에서는 범죄자가 미래에 잠재적 피해자를 만날 가능성이 적다.) 따라서 미래에 마주할 가능성을 증가시키는 정책은 협력행동의 가능성을 증대시킨다.

액설로드는 협력의 가능성은 또한 우리가 협력의 이득과 배신의 처벌 수준을 높임으로써 이득 매트릭스를 변화시킬 때 증가한다고 진술한다. 정부정책은 친사회적 행동(에너지 절약과 같은)에 대해서는 더 많은 우대조치를 하고 반사회적 행동(범죄 또는 환경적 무책임과 같은)에 대해서는 더 많은 벌을 가함으로써 협력을 증진시키는 데 중요한 역할을 할 수 있다. 협력의 기회는 시민들이 되도록 어려서부터 타인의 복리에 마음을 쓰도록 가르침을 받을 때 더 증가한다. 인간의 선호는 상당 정도 순수하게 타고나기보다는 학습된다. 우리가 우리 자신뿐만 아니라 다른 사람들에게도 도움이 되는 장치들을 선호하도록 아이들을 가르치고 그들에게 다시 가르침을 받을 때, (진정으로 이타적인 동기에서건 또는 호혜성의 원리에 기초한 자신의 계몽된 이기심에서건 간에) 우리가 협력행동을 할 가능성은 커진다. 마지막으로, 액설로드는 우리가 과거에 다른 사람들이 했던 행동을 인식하고 대응할 때, 또는 달리 말하면 다른 사람들이 과거에 행동했던 방식과 그들이 미래에 협력적 상호작용을 할 전망과 관련하여 가능한 한 많은 정보를 가지고 선택할 때 우리가 협력할 가능성이 커진다고 결론짓는다.

생물학적 게임

액설로드의 연구와 최근 진화생물학의 문제에 대한 게임이론의 적용은 많은 점에서 서로 합치한다. 대중 속에 자리 잡고 있는 다윈식 진화의 이미지, 즉 가차 없고 사악하고 폭력적인 생존투쟁 — "인정사정 봐주지 않는 치열한 다툼" — 의 이미지와는 대조적으로, 우리는 실제로 자연에서 경쟁과 갈등의 사례들뿐만 아니라 유기체와 종들이 상호 이득을 위해 서로 협력함으로써 생존하고 번영하는 사례를 무수히 발견한다. 게임이론은 어떻게 그러한 협력과 갈등 유형을 분석할 수 있을까?

존 메이너드 스미스(John Maynard Smith 1982)와 리처드 도킨스(Richard Dawkins 1989)를 비롯한 몇몇 탁월한 진화생물학자들은 게임이론을 자연에서의 '전략'에 적용할 수 있는 독창적인 방법을 발견해왔다. 그들의 분석의 중심에는 게임이론의 균형개념과 유사한 '진화적으로 안정적인 전략evolutionarily stable strategy: ESS'이라는 개념이 자리하고 있다. 개체군의 성원들 대부분이 채택한 어떤 전략이 유전적 생존과 재생산이라는 측면에서 그 어떤 대안적 전략보다도 뛰어날 때, 그 유기체의 개체군은 ESS를 수행하고 있는 것으로 지칭된다(Dawkins 1989: 69~70).

이를테면 특정한 종의 개체군 내에 갈등해결을 위해 이용할 수 있는 두 전략이 있다고 가정하자. 매 전략은 유기체에게 갈등상황에서는 항상 싸우고 심각하게 상처를 입을 때에만 후퇴하라고 지시한다. 비둘기 전략은 유기체에게 상대에게 위협을 가되 절대 상대를 해치지 말고 싸움이 시작되면 퇴각하라고 지시한다. 따라서 한 매 전략가가 다른 매 전략가와 승부를 벌일 경우, 한 전략가는 승리하지만 다른 전략가는 심각하게 상처를 입는다. 매파가 비둘기파와 플레이할 경우에는, 비둘기파는 달아나고 매파가 부전승을 거둔다. 그리고 비둘기파가 비둘기파와 플레이할 경우에는 그들의 이득은 (잘못된 위협을 교환하는 데 지출한 시간과 에너지 ― 보다 이득이 되는 다른 곳에 소비했을 수도 있는 시간과 에너지 ― 의 손실을 제외하고는) 공평하게 나뉜다. 진화의 기준에서 볼 때, 이 두 전략, 즉 매 전략과 비둘기 전략 중 어떤 것이 우위에 있는가?

게임이론은 그 답이 개체군에 속한 매와 비둘기의 상대적 비율에 달려 있다고 말한다. 거의 전적으로 비둘기로 구성된 개체군에서는 소수의 매들이 (그들이 항상 비둘기를 이기기 때문에) 신나게 즐길 것이다. 그리고 그들의 생존 이득이 다음 세대에 유전적으로 재생산되기 때문에, 그들의 수는 곧 극적으로 증가할 것이다. 그러나 매 개체군이 증가함에 따라, 매들은 점차 서로 비용이 많이 드는 전투를 하고 있음을 발견한다. 그리고 그들이 서로에게 입힌 부상은 곧 비둘기 전략에 비해 매 전략의 이득을 감소시킨다. 따라서 비둘기 전략의 이득이 매 전략의 이득과 같아질 때까지 비둘기의 비율은 증가할 것이다. 이 지점에서 매와 비둘기의 비율은 안정적인 균형에 도달한다. 따라서 비둘기 개체군이 더 이상 증가하는 것은 매의 비율 증가를 촉발할 것이고, 그 역도 마찬가지이다.

이제 제3의 전략가, '보복자'가 상황에 들어온다고 가정하자. 그 보복자는 다른 매가 공격할 때는 매처럼 행동하지만, 비둘기를 만나면 비둘기처럼 행동하는 조건부 전략을 구사한다. 그 보복자는 결코 폭력을 개시하지 않지만, 래퍼포트의 '팃포탯' 전략에서처럼 다른 플레이어의 수를 그저 따라서 한다. 비록 다른 혼합 전략이 그 보복자 전략보다 우수했지만, 그 보복자의 전략은 비둘기 전략을 수행하는 것과는 동일하고 매 전략보다는 나은 것으로 나타났다(Dawkins 1989: 283).

게임이론에 대한 주요한 비판들 중 하나는 게임이론이 플레이들의 완전한 합리성을 가정한다는 것이었다(Peterson 1994). 흥미롭게도 게임이론의 생물학적 적용은 게임이론에서 합리성 가정이 필요한지에 대해 심각한 의문을 던진다. 현재 진화생물학자들이 게임이론을 응용하면서 게임이론은 의식적 이성 능력을 거의 또는 전혀 갖지 않는 종의 행동(심지어는 식물 종)을 설명할 수 있게 되었다. 생물학자들은 유전적 변이를 일으키는 자연선택이 의식적 합리성의 산물이 아니면서도 빈번히 합리적 설계의 결과처럼 보이는 것을 산출한다는 점을 상세히 설명해왔다. 이를테면 도킨스(Dawkins 1986)는 자연선택을 어떤 종류의 의식적 목적이나 합리적 계획 — 그것이 신의 것이든 인간의 것이든 간에 — 을 전제로 하지 않고서도 정밀한 설계를 할 수 있는 일종의 '눈먼 시계공blind watchmaker'으로 묘사한다.

진화생물학자들이 유기체와 종이 '게임'을 하고 '전략'을 수행하고 정밀한 '설계'를 한다고 말할 때, 그들은 통상적으로 계획과 목적이라는 표현을 재치 있게 은유적인 단축어로 이용하여 근본적으로는 비목적론적인 설명을 비유적으로 하고 있는 것이다. 그들은 생물의 세계가 **마치** 의식적 설계의 산물**인 것처럼** 행동한다고 말할 수도 있다. 그리고 우리가 그들이 말하는 것을 일종의 과학적 시詩라고 이해한다면 자연의 '목적'에 대해 이야기한다고 해도 그것에는 아무런 문제가 없을 것이다. 하지만 최근 한 탁월한 진화론자(Wright 2000)는 진화가 비제로섬 게임 또는 협력(즉, 잠재적으로 윈-윈)게임을 창조할 경우 그 진화가 궁극적 방향을 지닌다고, 즉 훨씬 더 복잡하고 상호의존적인 형태의 삶 – 생물학적 삶과 문화적 삶 모두 – 을 산출하고자 하는 목적을 지닌다고 말할 수 있는지에 대해 숙고해왔다. 더 나아가 우리는 인간과 같은, 진화가 창조한 몇몇 형태의 생명체는 실제로 스스로 목적과 목표를 창조하며 따라서 그러한 생명체는 자연의 목적론의 특별한 예라고 주장할 것이다. 목적을 가지는 피조물인 인간은 의식적으로 진화의 경과를 작게나마 얼마간 변경시킬 수 있다. 그러므로 자연이 전적으로 목적을 가지지 않는 것은 아니다.

게임으로서의 삶

플레이어들이 의식적으로 합리적이라는 가정이 게임이론에 필요한 것이 아님에도 불구하고, 게임이론은 플레이어들이 어떤 의미에서 '이기적' – 자신들의 생식 성공을 극대화하기 위해 노력하는 것처럼 행동하는 유전자의 맹목적인 '이기심'이든(Dawkins 1989) 아니면 인간 행위자들의 좀 더 사리 있는 이기심이든 간에 – 이라고 가정한다. 게임이론은 제6장에서 논의한 신고전 경제학과 동일한 몇몇 한계로 인해 고통 받는다. 한 플레이어의 관심이 다른 플레이어의 관심과 일치하는 일이 생길 때, 게임이론가들이 **계몽된** 이기심에 대해 이야기할 수는 있다. 그러나 게임이론가들은 남을 위한 도덕적 희생의 가능성에 대해서는 합리적 자기이익의 관점에서 볼 때 그러한 이타적 행동은 어리석은 사람의 전략이라고 말하는 것 외에는 할 수 있는 말이 거의 없다.

게임이론은 그 자체로 하나의 매력적인 지적 게임이다. 그리고 그 통찰도 대단하다. 그러나 게임이론이 그 플레이어들에게 이기적 합리성의 필요성 내지 불가피성을 인간본성에 대한 묘사로뿐만 아니라 (보다 미묘하게) 규범적 기대와 판단기준으로까지 무비판적으로 받아들이도록 부추길 때, 그것은 정도를 벗어난다. 경쟁 게임의 세계에서는 현명한 사람이라면 이기적으로 행동**하도록 되어** 있다. 이 지적 미궁에 들어간 사람들은 게임을 이길 수는 있지만 자신들의 윤리적 감성은 상실한다.

노벨상을 수상한 물리학자 리처드 파인먼Richard Feynman은 자신이 수학적 게임이론의 원로인 존 폰 노이만에게 큰 빚을 지고 있음을 고백하면서 자신도 모르게 다음과 같이 언급했다.

> 폰 노이만은 나에게 하나의 흥미로운 아이디어를 제공했다. 그것은 당신은 당신이 사는 세상에 대해 책임질 필요가 없다는 것이었다. 따라서 나는 폰 노이만의 충고의 결과로 매우 강한 사회적 무책임 의식을 발전시켰다. 그것은 그 후 줄곧 나를 매우 행복한 사람으로 만들었다. 그러나 나의 **자발적인** 무책임이 자라도록 씨앗을 뿌린 것도 바로 폰 노이만이었다. (Poundstone 1992: 26에서 인용)

경쟁 게임 이론의 도덕적 깊이를 이보다 더 잘 보여주는 증거를 찾기란 쉽지 않다.

철학자 루트비히 비트겐슈타인(Ludwig Wittgenstein 1953)은 우리 모두는 우리가 사회의 성원으로서 학습해온 '언어게임'에 사로잡혀 있다고 진술했다. 게임이론은 그 자체로 하나의 언어게임 — 즉, 게임에 대한 게임으로, 언어게임의 목적은 사람들이 하는 게임에 대해 통찰력 있는 무언가를 말해주는 것이다 — 이다. 빈모어(Binmore 1992: 3)는 "모든 사회과학이 게임이론의 분과학문에 불과"할 수 있다는 오만함을 드러내기까지 한다.

역사에서 우리 시대가 우리에게 모든 삶을 하나의 거대한 정교한 게임 — 또는 더 적절하게는 탈근대 철학자들(이를테면 Lyotard and Thebaud 1985)이 때때로 제시하는 것처럼 서로 이해할 수 없는 게임들의 느슨하고 파편화된 집합체 — 으로 바라보게 한다는 것은 무엇을 말하는가? 게임으로서의 삶에 대한 언급은 대중심리학(이를테면 Berne 1964)에서부터 〈더 게임The Game〉 같은 인기 있는 영화에 이르기까지 우리의 대중문화에 침투해 있다. 운동게임, 비디오게임, 컴퓨터게임이 전 국민을 사로잡고 있다. 비즈니스도 하나의 게임이다("나는 보험 게임에 종사하는데 너는 어떤 게임에서 일해?"). 관료제적 규칙을 자신의 이득에 맞게 조작하는 것도 하나의 게임이다(여기서 **체계와 게임하기**라는 용어가 나왔다). 개인적 관계도 '플레이어'들 간의 하나의 게임이다("너 점수 땄어?"). 정치, 교육, 심지어는 전쟁도 이제 게임 언어로 은유적으로 묘사되고 있다. 그리고 심지어는 '전쟁게임'이 비디오게임과 점점 더 닮아가는 분쟁에 대비하기 위해 최첨단 군대를 훈련시키고 있다. 우리가 이 은유를 통제하는가, 아니면 이 은유가 우리를 통제하는가? 우리가 사회적 게임과 놀이하고 있는 중인가, 아니면 사회적 게임이 우리와 놀이하고 있는가?

놀이가 문명의 원천이라는 하위징아의 주장이 옳았든 그렇지 않든 간에, 게임은 분명 오늘날 북미 문명의 중심 테마이며, 이는 우리 삶의 모든 영역에서 분명하게 드러난다. 아마도 사회이론의 어떤 은유도 빠르게 진행되고 자극적이고 경쟁적이고 공격적이고 에고 추동적이고 목표 지향적이고 몰도덕적인 탈근대 소비주의 사회의 성격을 사회적 게임의 은유보다 더 적절하게 포착하지는 못할 것이다.

제8장

연극으로서의 사회

모든 세상은 무대이고,

모든 남자와 여자는 단지 배우에 지나지 않는다.

그들은 이 세상에 등장했다가 퇴장한다.

그리고 개개인은 일생 동안 여러 가지 역할을 한다.

_윌리엄 셰익스피어, 『뜻대로 하세요 As You Like It』(II, vii)

셰익스피어는 당대에 많은 역할을 했다. 특히 그 가운데 하나가 사회이론가의 역할이었다. 스탠퍼드 라이먼과 마빈 스콧(Stanford Lyman and Marvin Scott 1975)이 언급했듯이, 셰익스피어의 희곡은 연극작품일 뿐만 아니라 이론적 작품이었기 때문이다. 이를테면 셰익스피어의 『맥베스 Macbeth』는 냉소적이고 사기적인 수단을 통해 획득한 사회적 직함의 공허함에 대한 이론적 성찰로 읽히기도 한다. 살인행위를 저지름으로써 스코틀랜드 왕위에 오르고 '빌린 대례복'에서 자신의 삶의 어리석음을 깨닫는 맥베스 왕은 우리의 사회적 상태에 대해 다음과 같은 후회하는 듯한 생각에 이르게 된다.

> 인생은 걸어 다니는 그림자일 뿐, 한 가련한 배우가
> 무대 위에서 자기 시간 동안은 뽐내고 조바심 내지만
> 그다음에는 더 이상 들리는 게 아무것도 없지. 그건 백치가
> 들려주는 이야기이지. 크게 소리 지르고 격분하지만,
> 아무런 의미도 없지.
>
> _맥베스(V, ii)

사회적 외양과 실체 간의 불일치에 대한 이 유명한 성찰에서 셰익스피어는 그의 시대의 실존적 절망, 냉소주의, 그리고 도덕적 불확실성에 대해 이야기한다. 그의 작품 도처에서 우리는 사회학이 하나의 독특한 연구 분야로 존재하기 훨씬 이전부터 셰익스피어가 사회학적 테마를 탐구하고 있었음을 발견한다. 그는 거기서 인간행동을 때로는 희극으로, 때로는 비극으로, 그러나 항상 사회적 드라마로 바라본다.

연극적 이론가로서의 셰익스피어의 역할에 견주어 볼 때, **연극**과 **이론**이라는 두 단어가 공통의 기원을 가진다는 지적은 흥미롭다. 고대 그리스에서 테오리아theoria는 다양한 사건들 — 외국의 게임, 공적 광경, 종교 의식 — 을 목격하고 돌아와서 보고서를 제출하고 그 사건들의 의미를 해석하기 위해 보내진 대사였다(Lyman and Scott 1975: 1~2). 현대의 사회이론가들은 그들의 고전적 선조처럼 사회적 삶의 수수께끼 같은 현상을 관찰하고 해석하며, 그러한 해석을 다시 자신들이 관찰해온 사회세계에 끼워 넣고자 한다. 이론가들은 눈앞의 장면을 단지 수동적으로 구경하는 사람이 아니라 오히려 전개되고 있는 사회현실의 드라마에 적극적으로 참여

하는 사람들이다.

　셰익스피어는 연극이 사회적 삶을 흉내 내고 다시 사회적 삶이 연극을 흉내 낸다는 것을 최초로 알아챈 사람도 아니고 최후로 알아챈 사람도 아니었다. 연극 은유는 이미 고대 그리스인들에게 친숙했으며, 셰익스피어의 시대에는 진부한 것이었다(Burns 1992: 107~108). 그러나 셰익스피어는 그 이전에도 또는 그 이후에도 좀처럼 포착해내지 못한 깊이와 미묘함으로 연극 은유의 함의를 발전시킴으로써 그 은유에 새 생명을 불어넣었다. 보다 최근에 20세기 사회이론가들은 연극 은유를 다시 논의하며 그 은유를 독특한 방식으로 발전시켜왔다. 특히 두 이론가, 즉 사회학자 어빙 고프먼과 인류학자 빅터 터너Victor Turner는 특히 사회적 삶에 대한 그들의 연극학적 분석으로 유명하다. 우리는 그들의 공헌을 곧 살펴볼 것이다. 그러나 먼저 잠시 동안 우리 나름으로 그 은유를 탐구하고 그 은유에 숨어 있는 몇몇 함의를 끌어내보기로 하자.

연극 유추와 역유추

우리가 사회적 삶이 연극과 어떻게 유사한지를 물을 수 있기 위해서는 먼저 연극 자체의 본성을 고찰해야만 한다. 전통적인 연극작품은 (비록 항상 그런 것은 아니지만) 일반적으로 다음과 같은 요소들을 드러낸다. (1) 배우 또는 배우들은 (2) 상상의 캐릭터들의 역할을 맡아 (3) 그 장면의 배후에서 일하는 다양한 협력자들(연출자, 감독, 무대 스태프, 후원자 등)의 지원과 지도로 (4) 극작가가 쓴 (5) 대본의 이야기를 연습하고 공연하고 (6) 소품, 의상 등을 이용하여 (7) 관객(비평가를 포함하여)을 앞에 두고 무대 위에서 공연하고 (8) 관객(비평가)은 공연을 평가하며 (9) 박수갈채, 비평 등을 통해 그러한 평가들을 소통한다. 이러한 피드백 루프는 (10) 관객 평가가 그 공연을 무대에 올릴 사람들에게 도달하여 그 공연을 반복하거나 변경하거나 막을 내리게 할 때 폐쇄된다. 이처럼 연극은 공연자와 관객이 서로에게 상호 영향을 미치는 하나의 순환과정이다. 이런 점에서 연극은 모든 사회적 상호작용의 기본 형태를 취하고 있다. 우리는 연극 속에서 소규모 사회를 목도한다.

전통적인 연극의 이러한 특징들 중 일부는 다른 특징들보다 더 결정적이다. 폴란드의 실험주의자 예지 그로토프스키(Jerzy Grotowski 1968: 19)가 평하듯이, 연극은 "분장 없이도, 독자적인 복장이나 무대배경 그림 없이도, 별도의 공연장(무대) 없이도, 조명과 음향효과 등등이 없이도 존재할 수 있다". 그러나 그로토프스키는 연극은 배우-관객의 관계 없이는 절대로 존재할 수 없다고 주장한다. 관객이 존재하지 않는 곳에는 볼 사람이 없고, 따라서 쇼는 진행될 수 없다.

연극에 또한 필수적인 것이 상상이라는 요소이다. 배우는 실제로는 또는 그대로는 존재하지 않는, 적어도 부분적으로는 창조적 허구인 등장인물을 연기하기 위해 노력한다. 연극에는 항상 얼마간 가공과 환상이 존재하고, 그러한 가공과 환상이 실체와 그 실체의 단순한 외양 사이를 갈라놓는다. 연극은 "가공의 것"이다. 따라서 공연자들은 관객들로 하여금 자신들의 공연을 믿게 만들려고 애쓴다. 차례로 관객들은 환상에 "동의하는 체할" 것을 요구받고, 가장을 공유한다(즉, 배우들이 가장하고 있는 것이 실제라고 믿지 않는 일을 일시적으로 중지한다).

하지만 관객은 제인 캠피언Jane Campion의 영화 〈피아노The Piano〉에 나오는 순진한 관객들처럼 실체와 외양을 혼동할 정도로 가장에 너무 속아 넘어가지는 말아야 한다. 그 관객들은 무대의 작품과 글자 그대로의 사건을 혼동하고 상상의 살인자로부터 상상의 희생자를 구하기 위해 무대로 돌진한다. 성공적인 연극 공연은 관객 측의 과도한 믿음(이 사례에서처럼)과 너무 적은 믿음(형편없는 배우가 전혀 설득력 없는 연기를 할 때처럼) 양 극단 사이의 어딘가에서 이루어진다.

연극과 일상적인 사회적 삶 간의 몇몇 유사점을 보다 상세히 살펴보기로 하자.

사회적 역할

가공의 세계는 무대의 가장자리에서 끝나지 않는다. 역할이론가들은 오랫동안 사회적 행위자들이 무대 위의 배우처럼 가공의 배역을 취하고 다른 사람들과 협력하여 상상된 역할을 (설득력 있게 또는 그렇지 않게) 연기한다고 지적해왔다. 사회적 역할은 관객이 어떤 특정한 사회적 지위를 차지한 사람에게 기대하는 일단의 행동들이다. 그리고 우리 각자는 사회질서 속에서(이를테면 경제, 정체政體, 가족 등에서) 다중의 지위를 차지하기 때문에, 우리 시대에 우리 각자는 많은 역할을 수행한다.

우리가 수행하는 다중의 사회적 역할은 때때로 우리로 하여금 서로 대립되는 방향으로 나아가게, 즉 역할이론가들이 **역할긴장**(하나의 단일한 역할이 사회적 행위자에게 상충되는 요구를 할 때의) 또는 **역할갈등**(둘 또는 그 이상의 역할이 행위자를 대립되는 방향으로 나아가게 할 때의)이라고 칭하는 상황에 처하게 한다. 이를테면 부모들은 자주 직장, 가족, 그리고 다른 요구들에서 비롯되는 상충되는 기대들 사이에서 고통 받고 있으며, 따라서 어떤 역할도 제대로 수행하기 어렵다고 불평한다. 서커스의 저글러처럼 우리는 때때로 공중에서 몇 개의 공을 동시에 지킬 것을 요구받는다. 그리고 그러한 기대들이 사회적 행위자로서의 우리의 제한된 능력을 넘는다는 사실에 두려움을 느낄 때, 우리는 공연불안(무대공포)을 경험하기도 한다.

일부 역할은 사회적으로 상속되거나 **귀속**되지만(이를테면 아들이나 딸의 역할), 다른 역할들은 일정 정도 선택되거나 **성취**된다(이를테면 근대사회에서의 부부 간의 역할이나 직업적 역할). 전통사회에서 사람들이 수행하는 역할은 대체로 개인적 통제권을 벗어나 있다. 이를테면 전통적인 인도 사회에서 누군가의 결혼은 흔히 사전에 정해져 있고, 직업도 젠더와 카스트에 의해 미리 운명지어져 있다. 이와 대조적으로 근대사회에서 우리는 결혼에서건 일에서건 간에 우리가 수행할 역할을 얼마간 더 많이 선택하고, 우리가 그 역할을 수행하는 방식에서 더 많은 예술적 자유를 누린다. 하지만 근대사회에서조차 이처럼 명백히 자유로운 역할 선택도 자주 특정 행위자가 특정한 역할에 접근하는 것을 제한하거나 확대하는 성, 경제적 계급, 인종 같은 요소에 의해 심히 제약받는다.

대부분의 사회적 역할은 우리가 태어나기 오래 전부터 존재했고, 우리가 죽은 후에도 오랫동안 계속될 것이다. 미국 대통령의 직책을 살펴보라. 대통령 역할의 기본적 특징들은 헌법에 명기되어 있다. (한 명의 할리우드 배우를 포함하여) 40명이 넘는 재직자들이 대통령직을 수행했다. 그리고 각각의 재직자가 그 역할의 수행에 대해 독특한 해석을 했지만, 그 역할은 지금까지 행위자들보다 오래 살아남았다. 행위자들은 오고가지만, 역할은 많은 세대를 통해 (비록 변하지 않는 것은 아니지만) 지속되기도 한다.

때로는 역할들 자체와 그 역할들을 서로 연결시키는 사회적 각본이 근본적으로 변화하기도 한다. 특히 사회혁명의 시기에 그러하다. 이를테면 프랑스혁명은 군주의 역할을 파괴했고, 프랑스 사회에 민주적 시민의 역할을 창조했다. 테크놀로지 혁명은 마차 제작자의 역할을 파괴했지만, 베타테스터beta tester[컴퓨터 업체에서 자사의 제품을 판매하기 전에 제품에 결함이 있는지 여부를 검사하는 사람 - 옮긴이]의 역할을 창조했다. 비혁명적인 시기에도 우리는 항상 우리의 사회적 역할과 각본들을 다른 사람들과 협력하여 수정하며, 새로운 역할을 발명하고 종래의 역할을 새로운 방식으로 수행한다. 우리가 사회적 각본을 수행하는 그 순간에도 서로 다른 행위자들이 주어진 순간마다 서로 다른 버전의 각본을 따르기 때문에 우리의 사회적 각본은 계속해서 다시 쓰이는 것처럼 보인다. 삶의 극장에서 우리 모두가 동일한 페이지 위에 또는 심지어는 동일한 연극 속에 있는 것은 아니다.

리허설

무대의 배우처럼 우리는 실제로 역할을 수행하기 이전에 우리의 역할을 연습한다. 다가오는 어떤 공연을 마음속으로 준비하면서 거울 또는 자기 자신과 이야기해본 경험이 없는 사람이 우리 가운데 누가 있는가? 이처럼 비록 육체적으로는 아니지만 정신적으로 미래를 리허설하거나 연습하는 능력은 사회적 행위자로서의 우리의 능력에 필수적이다. 사회적 리허설은 삶의 아주 초기에 아이들이 성인의 역할을 흉내 내는 것에서부터 시작된다. 사회철학자 조지 허버트 미드(George Herbert Mead 1934)는 오래 전에 소년소녀의 역할놀이는 사회적 발전에서 결정적 단계라고 지적했다. 아이들은 상상적 놀이를 통해 "타자의 역할 취득하기" - 다양한 관점에서 사회적 상호작용 상상하기 — 를 학습하고, 그것을 통해 자신이 나중에 삶 속에서 실행할 사회적 각본 속 역할들 간의 상호관계를 대략적으로 이해한다. 이를테면 수렵채집사회에서 어린아이들은 '사냥하기 놀이'를 한다. 어떤 아이들이 막대기로 동물을 찾고 있는 동안 다른 아이들은 동물 가죽으로 만든 옷을 입고 그 모습을 지켜본다(Lenski and Lenski 1982: 125). 한편 선진산업사회에서 특권을 지닌 아이들은 개인용 컴퓨터로 '회사 놀이'를 하면서 경쟁적인 정보경제에서 요구하는 경력을 준비한다. 어느 경우이든 놀이는 어린아이들의 일이고, 놀이행위는 삶 속에서 나중에 수행할 역할을 준비하는 것이다.

무대 지시

연극에서처럼 일상생활에서도 어떤 사람들은 공연을 지시하는 반면, 다른 사람들은 지시받거나 아니면 배역에서 제외될 위험을 감수하고 지시를 거부한다. 우리 대부분은 감독인 동시에 감독을 받는다. 이를테면 기업 환경에서 중간 관리자는 자기 아랫사람들의 감독이면서 동시에 윗사람들의 감독을 받는 배우이다.

지시받는다는 것은 선택에 의한 것이든 아니면 상황에 의한 것이든 간에 원격통제하에 있다는 것이다. 유순한 피고용자, 준비된 각본에 따라 일하는 텔레마케터, 기본 군사훈련을 받는 신병, 카리스마적 지도자의 광신적 추종자 모두는 다소 삐딱한 각도에서 보면 삶의 꼭두각시 쇼에서 외적으로 통제받는 인형들로 보일 수도 있다. 감독 자신조차도 외적으로 통제받는다. 왜냐하면 규칙과 문화적 전통이 그들의 선택지를 제약하기 때문이다. 따라서 연극 은유는 우리로 하여금 우리가 인정하고 싶지 않을 정도로 우리 모두가 우리의 의식적 자각 또는 통제를 크게 넘어서서 우리를 지도하는 힘에 의해 움직이고 있다는 심란한 생각에 빠지게 한다.

캐스팅

연극에서처럼 일상생활에서도 우리는 우리의 개인적·공적 드라마에서 필요한 역할을 맡기기 위해 다른 사람들을 캐스팅한다. 취업 면접, 배우자 탐색, 아이의 입양과정 모두는 배우들과 그들 각각의 역할 간을 잘 맞추기 위해 연극에서 실시하는 캐스팅 콜casting call과 유사하다. 우리가 실제로 우리의 레퍼토리를 얼마간 확장하고 우리의 캐릭터를 새로운 방향으로 발전시킬 때, 우리 대부분은 자신이 '배역에 고정되어 있다typecast' — 과거에 해왔던 역할에 갇혀 있다 — 는 경험뿐만 아니라 다른 사람들이 우리에게 수행할 것으로 기대해온 역할에 자신이 '잘못 캐스팅되어 있다miscast'는 경험도 해본 적이 있을 것이다. 고등학생에서 대학생이 될 때 또는 한 일자리나 현장에서 다른 일자리나 현장으로 옮길 때와 같은 사회적 이행기는 많은 사람에게 옛 페르소나를 벗거나 새로운 페르소나를 성장시킴으로써 자신들의 사회적 정체성을 바꾸거나 고쳐 쓰는 기회이다. 흥미롭게도 영어 단어 person, personality, persona 모두는 '배우의 가면'을 뜻하는 동일한 그리스어 어원에서 파생했다. 이는 우리가 사회적 가면무도회에서 상황에 맞게 페르소나를 쓰고 벗으면서 시간과 상황에 따라 우리의 정체성을 바꾼다는 것을 의미한다.

의상과 소품

연극에서처럼 일상생활에서도 우리는 역할을 수행하는 과정에서 의상과 소품을 착용한다. 장교 유니폼, 임원들의 정장, 판사의 법복, 교수의 서류가방, 운동선수의 장비 모두는 신뢰할 만한 사회적 공연을 수행하는 데 필요한 표준적인 무대장치이다. 표준 소품들은 기술적으로 필요하지 않을 때조차 공연을 지원한다(만약 그렇지 않다면, 그러한 소품들을 기대하도록 훈련받은 관객의 신뢰를 받지 못해 그 공연이 아무런 호응을 얻지 못할 수도 있다). 옷이 사람을 만든다는 진부한 표현에는 하나의 특정한 사회학적 진리가 존재한다. 그리고 또한 립스틱이든 벌목꾼 복장이든 간에 '분장'은 배우가 하나의 캐릭터를 구성하고 그 캐릭터를 실제처럼 보이게 하는 데 도움을 준다고 인식된다. 경계를 위반하는 여장 남자의 역할과 같은 특정한 '색다른 역할'을 연기할 때에는 복장이 분명 결정적이지만(Butler 1990), 연극에서 자주 높이 평가받는 이성애적인 '보통 남자'의 역할과 같은 보다 세속적이고 전통적인 연기에서도 복장은 그것에 못지않게 중요한 하나의 구성요소이다.

❧

연극 은유의 인기와 지속성은 연극과 일생생활 간에 이러한 종류의 유사점이 존재하고 또 우리가 그것을 인식할 수 있기 때문에 대체로 쉽게 설명될 수 있다. 그러나 연극과 사회적 삶은 모든 점에서 완전히 유사하지는 않다. 그 둘의 경계선은 그 둘의 유사성을 드러내는 바로 그 지점들에서 분기된다. 궁극적으로 연극적 성격은 삶의 전부가 아니라 삶의 하나의 측면일 뿐이다. 그리고 다른 은유와 마찬가지로 연극 은유도 한계를 가진다(Wilshire 1982: 258~281). 그렇다면 연극과 사회적 상호작용 간에는 어떤 **역유추**가 존재하는가?

배우와 관객

전통적 연극에서 배우와 관객의 구분은 일반적으로 분명하고 뚜렷하다. 사람들은 무대 위에 있거나 관객석에 앉아 있지만, 동시에 그러하지 않는다. 반면 일상적인 사회적 상호작용에서는 배우와 관객의 구분이 덜 분명하다. 이를테면 당신이 집안에서 벌어지는 멜로드라마 — 어쩌면 저녁 식사 테이블에서 벌어지는 열띤 가족 토론 — 에 참여하고 있다고 상상하라(Wallerstein and Blakeslee 1995: 173). 그 사건은 아마 틀림없이 열정적인 대화와 연극적인 제스처로 넘치는 연극과 같을 것이다. 이 가족 드라마에서 무대는 어디서 끝나고 관객석은 어디서 시작되는가?

일상적 상호작용은 우리가 배우**와** 관객, 즉 참여자와 관찰자의 역할을 번갈아 수행한다는 점에서 일종의 이중의 연극이다. 따라서 일상적 상호작용은 전통적 연극보다는 참여 연극 — 다른 누구보다도 독일 극작가 베르톨트 브레히트Berthold Brecht가 개척한 — 과 유사하다. 참여 연극에서 배우와 관객의 구분은 의도적으로 파괴된다. 참여 연극에서는 일상생활에서처럼 무대와 관객을 분리시키는, 처음에는 눈에 보이지 않는 '제4의 벽'이 다시 사라진다. 배우는 관객에게 직접 말을 걸거나 심지어는 관객석으로 가서 관객들을 (때로는 마지못해) 공연에 끌어들임으로써 전체 관객석을 무대로 바꿔놓기도 한다.

찰스 호턴 쿨리(Charles Horton Cooley 1902)의 영상자아looking-glass self

관념은, 관객이 사회적 거울과 유사하다고 제시한다. 우리는 관객이라는 사회적 거울을 통해 우리 자신의 공연을 모니터링하고 평가한다. 좀 더 글자 그대로의 의미에서 자크 라캉(Jacques Lacan 1977: 1~8)은 어린아이들이 거울에서 자신들의 이미지를 처음 인식하는 것이 그들의 성장에서 결정적인 순간이라고 제시한다. 왜냐하면 그들이 처음으로 자신이 수행하는 공연의 관객이 되는 것이 바로 그때이기 때문이다. 거울 속에서 배우와 관객은 하나이다. 이것은 더욱 성찰할 가치가 있는 논평이다.

각본과 즉흥연기

일상생활과 연극의 또 다른 주목할 만한 차이는 일상생활에서는 행위와 대화가 엄격한 대본에 따르는 연극작품에서의 행위와 대화보다 거의 항상 더 즉흥적으로 이루어진다는 것이다. 이러한 점에서 우리의 일상적 삶은 전통적 연극보다 즉흥 연극과 훨씬 더 유사하다. 확실히 우리는 우리의 삶에서 가장 중요한 선택에 영향을 미치는 일반적인 실존적 각본(Steiner 1974)에서부터 우리가 자동차를 운전하거나 레스토랑에서 식사를 주문할 수 있게 하는 구체적인 규약(Schank and Abelson 1977; Schank 1990)에 이르기까지 문화적 각본과 표준적 관례에 의지하여 하루를 생활한다. 그리고 우리는 우리의 공유된 문화에 의해 규정된 상호작용 의례상 우리가 "그다음에 해야 하는" 것을 서로에게 상기시키는 사회적 단서를 계속해서 서로 주고받는다(Goffman 1967). 우리 자신의 문화적 각본이 대안적 각본들이나 다른 사람들의 문화적 기대와 충돌하지 않는 한(이를테면 우리가 우리의 문화적 규약과 현저하게 다른 문화적 규약을 가진 나라를 여행하다가 의도하지 않게 우리의 관객을 모욕하고 있음을 발견할 때처럼), 우리는 자주 우리의 문화적 각본을 온전히 의식하지 않는다.

일부 뮤지컬 공연이 편곡되고 면밀하게 연습되는 반면 다른 공연들은 임의적인 즉흥 연주로 이루어지듯이, 일부 사회적 행사는 다른 행사들보다 덜 엄격하게 각본화되어 있다. 출산절차, 운동경기, 법정 드라마, 외과수술, 결혼식, 장례식 — 이 모든 것은 거의 예측 가능한 규약에 따라 진행된다. 하지만 이러한 각본화된 행사들도 불확실성과 어쩔 수 없는 즉흥연기의 요소들을 포함하기도 한다. 이를테면 분만실에서 뜻하지 않은 곤란한 문제가 생기기도 하고, 신랑이나 신부가 행방불명되기도 한다. 제아무리 정교한 각본이라고 하더라도 모든 가능한 상황을 예측할 수는 없다. 연극과 삶에 감정적 드라마가 스며들게 하는 것도 바로 이러한 예측 불가능성과 불확실성의 요소들이다. 게다가 가장 잘 짜인 각본조차 개인적인 미묘한 차이와 해석의 여지, 그리고 채워넣어야 할 명기되지 않은 세부사항은 있기 마련이다. 왜냐하면 두 연극배우가 정확히 동일한 방식으로 햄릿을 연기하지 않는 것과 마찬가지로, 두 사회적 행위자가 동일한 문화적 각본을 동일하게 해석하고 실행하지 않기 때문이다.

따라서 우리의 일상적 상호작용에서는 많은 것이 즉흥적일 수밖에 없다. 일상적 상황은 우리에게 동일한 순간에 배우이자 작가일 것을 요구한다(Edie 1967: 225; Brown 1977: 154). 다시 저녁식사에서 벌어지는 가족 논쟁을 살펴보자. 배우들은 식탁에서 각본화된 기대를 할 것이다. 그리고 그들은 공연에 앞서 자신들의 정신적 스크린 앞에서 자신들의 발언을 리허설할 것이다. 그러나 공연 자체는 대체로 즉흥적이다. 다시 말해 공연은 다른 사람의 예측할 수 없는 즉흥연기에 반응하여 즉석에서 창작된다. 그 장면은 치밀하게 편곡된 작품보다는 즉흥 재즈 연주와 더 유사할 것이다(Sudnow 1979 참조). 거기에는 어떤 쓰인 각본도 어떤 단일한 감독도 없다. 다만 그때그때 임의적으로 대화를 창조하는 배우의 재치만이 있을 뿐이다. 이러한 상황에서 전통적 연극을 규정하는 특징의 많은 것이 붕괴되는 것처럼 보인다. 상호작용은 극작법의 통상적 요소들 — 쓰인 각본, 감독 등 — 이 무너진 일종의 원시적 또는 미분화된 연극이 된다. 사회적 상호작용은 지금 여기의 연극, 즉 모든 참여자가 거의 동시에 배우, 관객, 극작가, 감독 역할을 하는 딱 한 번만의 공연이 된다. 그것은 일상 생활의 즉흥 연극이다.

우리는 보다 전통적인 사회의 사회적 행위자들과 대조적으로 근대사회의 사회적 행위자들은 결혼, 경력 선택, 종교적 선호와 같은 문제에서 자신들의 삶의 각본에 대해 얼마간 더 많은 자유와 개인적 통제권을 향유한다고 지적해왔다. 전통적인 사회적 역할과 정체성에 확고하게 뿌리박고 있지 않은 근대 사회적 행위자들은 그들의 전임자들보다 더 유동적이고 더 유연할 것을 요구받는다. 즉, 그들은 점점 더 복잡해지고 항상 변화하는 사회환경에 부합하게 더 '끊임없이 변화하고'(Zurcher 1977) 더 '변화무쌍할' 것(Lifton 1993)을 요구받는다. 적어도 1960년대 이후로 젠더 관계, 가족구조, 종교적 정설과 같은 문제를 지배하던 전통적 각본은 확고한 기대라기보다는 옵션 또는 선택지로 널리 간주되게 되었고, 전통의 요구하에서 고통 받던 사람들은 좋은 싫든 간에 이전보다 자신들의 대안적 삶을 더 자유롭게 창조할 수 있게 되었다. 사회적 삶은 항상 문화적 각본과 즉흥연기의 상호작용을 통해 이루어져왔다. 그러나 오늘날 우리는 문화적 각본에 덜 의존하고 즉흥연기에 더 의존하는 우리 자신을 발견한다. 이제 우리는 아마도 어느 때보다도 즉흥적인 사회를 살아가며 자신의 삶을 구성해나갈 것이다.

이것들은 우리가 발전시킬 수 있는 연극 은유의 몇 가지 방향일 뿐이다. 이전의 이론가들은 이 은유를 매우 다양한 맥락에 적용시켜왔다. 이를테면 인류학자 마르셀 모스Marcel Mauss가 연극과 의례 간의 유추를 탐구해왔다면(Burns 1992: 109), 정치이론가 머리 에덜먼(Murray Edelman 1988)은 정치적 행사를 연출된 쇼 또는 상징조작을 통해 구성된 공적 드라마로 분석했다. 철학자 케네스 버크(Kenneth Burke 1945)는 어떠한 사회현상도 다음과 같은 다섯 가지 핵심 질문을 제시함으로써 드라마처럼 분석될 수 있다고 제시하기까지 했다. 어떤 일이 있었는가(연기), 그 일이 언제 어디서 있었는가(장면), 누가 그 일을 했는가(행위자), 어떤 수단(매체)에 의해 왜(목적) 그 일이 일어났는가?

아마도 금세기의 사회이론가 가운데 캐나다계 미국인 어빙 고프먼보다 더 연극 유추를 탐구하는 것으로 유명한 사람은 없을 것이다. 우리는 이제 그를 조명할 것이다. 연극학적 분석으로 알려진 그의 민족지적 조사 스타일은 정신병원, 학교 교실, 산부인과 진찰실을 포함하여 다양한 사회적 환경을 연극적 행위의 현장으로 분석하는 수많은 매력적인 연구들을 산출해왔다(이를테면 Emerson 1970; Henslin and Briggs 1971; Brissett and Edgley 1975를 보라).

고프먼의 일상 속의 연극

고프먼은 『일상생활에서의 자아표현 The Presentation of Self in Everyday Life』(1959)과 다른 저작들(Goffman 1961a, 1961b, 1963, 1967, 1971, 1974)에서 사회적 삶을 복잡하게 연출된 연극작품으로 바라보는 견해를 발전시킨다. 그 속에서 사회적 행위자들은 관객에게 자신들이 가장하는 인물로 행세하고자 한다. 고프먼 책의 페이지들은 일상생활의 일상적인 평범한 환경에서 다른 사람들의 인정을 받기 위해 (때로는 자신만만하게, 때로는 조마조마하게, 때로는 필사적으로) 노력하는 행위자들로 채워져 있다.

고프먼의 세계에서 관객은 강력하다. 왜냐하면 그들은 모든 순간에 우리 공연들의 불일치를 인지하고 우리에게 도전하여 우리에게 고통스러운 굴욕감과 당혹감을 유발하기 때문이다. 따라서 사회적 행위자들은 자신들의 관객을 능숙하게 조작하고, 자신들이 전달하는 정보를 통제하고, 언제나 '인상관리'의 기술을 기민하게 계발하기 위해 노력한다. 관객은 때때로 자신들의 외양을 꾸며냄으로써 행위자들을 지원하기도 한다. 이를테면 어떤 관객은 행위자가 실수를 저지르거나 사회적 스티그마를 드러낼 때 '시민적 무관심civil inattention'을 실행함으로써, 즉 눈길을 돌리거나 못 본 척함으로써 실수하는 행위자를 당혹감이나 굴욕감으로부터 구해주기도 한다(Goffman 1963, 1971). 그러나 배려 깊은 행동이 전적으로 이타적인 것은 아니다. 왜냐하면 관객의 성원들은 자신들 역시 무대 위에서 위험한 순간을 마주할 것이고 자신들 역시 곧 낯선 사람의 친절함에 상당히 의존할 것임을 알고 있기 때문이다.

고프먼이 바라보는 사회적 삶 속에서는 이미지가 실재만큼 중요하다. 실제로 이미지와 실재는 실제로 서로 분리 불가능하다. 고프먼의 관점은 어떤 측면에서 보면 사회적 삶에 대한 일종의 마키아벨리적 전망이다. 왜냐하면 생존이 그가 어떤 사람인지보다는 그가 어떤 사람으로 보이는지에 더 달려 있기 때문이다. 이는 우리 자신의 문화와 같은 상업적 문화 — 우리 자신을 광고하는 것(Mailer 1959)을 포함하여 이미지의 생산과 소비에 몰두하는 문화 — 에 전적으로 적합한 전망이다(Ewen 1988, 1996; Denzin 1991). 고프먼 비판가들(이를테면 Gouldner 1970; MacIntyre 1984; Manning

1992: 51~55)은 고프먼의 냉정한 눈으로 바라본 분석은 그러한 사회를 도덕적으로 비판할 수 있는 어떠한 기준도 제공하지 못한다고 지적한다.

고프먼이 사람들이 실제로 자신들의 역할을 취하고 유지하는 방식을 도덕화하는 데보다는 그 방식을 분석하는 데 더 관심을 두고 있다는 것은 분명 사실이다. 고프먼은 누군가가 아주 오랫동안 충분히 납득할 만하게 써온 가면은 마침내 누군가의 얼굴이 된다고 시사한다. 보다 전통적인 용어로 표현하면 누군가의 페르소나(글자 그대로 '가면')는 누군가의 퍼스낼리티 또는 더 오래된 어법으로는 누군가의 성격이 된다. 종국적으로 우리는 우리의 가면들**이다**. 고프먼은 우리는 우리를 인정하는 다른 사람들 앞에서 우리의 모습을 가장함으로써 우리 자신이 된다고 제시한다. 우리는 다른 사람들과의 연극적인 협력 속에서 자신을 발명하고, 그들은 다시 우리와의 협력 속에서 그들 자신을 창조한다. 따라서 사회적 현실은 공동의 창조물이고, 하나의 집합적 상상의 행위이며, 우리가 일상생활의 세속적 관습, 의례, 책략 속에서 유지하는 거대한 환상이다.

고프먼의 세계에서 우리는 포스트모더니즘의 많은 테마와 조우한다. 전적으로 고정된 것은 아무것도 없다. 고정되거나 완전하게 통일되거나 완벽하게 통합된 자아는 전혀 존재하지 않는다. 오히려 우리는 우리가 처하는 다양한 상황에 맞는 서로 다른 많은 정체성을 지니는 '지주회사'와 유사하다(Goffman 1961b: 90). 나는 지금은 '아이'이고, 지금은 '부모'이고, 지금은 '학생'이고, 지금은 '선생'이고, 지금은 '투표자'이고, 지금은 '소비자'이고, 지금은 '환자'이고, 지금은 '친구'이다. 이러한 역할들 중 어떤 것이 실제의 나인가? 고프먼의 세계에서는 '실제의 나'는 결국 존재하지 않으며, 전문화된 실행적 자아 specialized executive self — 내가 어떤 가면을 써야 중요한 관객을 바로 지금 만족시킬지를 결정하는 지루한 일을 하는 일종의 정체불명의 개인적 시스템 관리자 — 에 의해 관리되는 자아들의 집합체만이 존재하는 것으로 보인다.

역할 받아들이기

고프먼은 배우가 수행하는 역할뿐만 아니라 배우가 자신들의 역할을 대하는 태도 역시 고찰한다. 어떤 경우에 사회적 행위자들은 자신들의 역할을 냉정하고 초연한 태도로 일정한 거리를 두고 수행하며, 자신들이 수행하는 일에 아주 깊이 빠지지 않으려고 하기도 한다. 다른 경우에는 행위자들이 실제로 자신들이 가장하는 존재에 녹아들 정도로 성심껏 자신들의 역할을 받아들인다(Goffman 1959: 17ff, 1961b). 전자의 경우에 가면은 하나의 가면으로 남아 있다. 후자의 경우에 우리가 지적했듯이 가면은 실제로 누군가의 얼굴이 된다.[1] 이를테면 베트남전쟁 동안 군 복무에 징집된 사람들은 군 복무에 자원한 사람들보다 병사의 역할을 자주 덜 열심히 받아들였다. 일부 신병들은 단지 병사의 역할을 **연기**했지만, 다른 신병들은 (적어도 자신의 마음속에서나마) 그 역할이 **되었다**. 고프먼은 "하나의 역할을 받아들이는 것은 그 역할에 둘러싸이는 것"이라고 논평한다.[2]

대부분의 역할 수행은 역할 수락과 역할 거리두기, 신뢰와 불신, 성심과 냉소의 축들 사이 어딘가에서 이루어진다. 사회적 행위자들은 때때로 자신들의 역할을 수행하는 과정에서 이 축들 사이를 오가는 것으로 확인되었다(Goffman 1959: 20~21). 이를테면 의과대학에 들어간 이상주의로 넘치던 학생들은 고된 훈련과정에서 자신들이 점점 더 무감각하고 초연해지고 있음을 발견하고, 졸업이 가까워져서야 자신들의 초기 이상주의를 얼마간 되찾기도 했다(Becker and Geer 1958).

무대 앞면과 무대 뒷면

고프먼은 우리가 수행하는 역할의 상황적 가변성에 대해서도 주의를 기울이며, '무대 앞면'에서의 공연과 '무대 뒷면'에서의 공연을 구별한다. 무대 앞면에서의 공연은 외부 관객의 시야 내에 있는 영역에서 발생하는 반면, 무대 뒷면의 공연은 관객의 시야와 관람 범위 밖에서 자주 문이나 벽과 같은 물리적 장벽 뒤의 숨어 있는 영역에서 동료 배우들 사이에서 일어난다. 무대 뒷면의 활동은 일반적으로 무대 앞면의 활동보다 더 격식 없고 비공식적이다. 왜냐하면 배우들이 무대 앞면의 가면을 벗고 연출된 외양의 배후에 있는 현실을 함께 공유하기 때문이다. "여기서 공연자는 느슨해질 수 있다. 그는 외양을 버리고 대사 외우기를 그만두고 배역에서 벗어날 수 있다"(Goffman 1959: 112).

그러나 무대 뒷면은 침입자가 그 현장에 들어오고 배우가 허겁지겁 공적 외양을 복원할 때 곧바로 무대 앞면이 된다. 고프먼은 무대 뒷면에서 무대 앞면으로의 갑작스러운 전환을 전시 조선소에서의 노동생활에 대한 캐서린 아치볼드(Katherine Archibald 1947: 159)의 설명에서 따온 재미있는 구절로 예증한다. 그녀는 휴식을 취하고 있던 한 무리의 노동자들이 조선소 임원이 다가오고 있다는 경고를 받으면 갑자기 바쁜 것처럼 보이게 하는 방식을 발견했다고 보고한다.

"그가 네가 앉아 있는 모습을 보지 못하게 해"라는 것은 일반적인 경고였다. 그리고 일이 없는 곳에서는 괜히 파이프를 열심히 구부려서 끼워넣거나 이미 제자리에 잘 조여 있는 나사를 불필요하게 더 세게 조였다. 그것은 순시 때마다 직공장이 항상 바치는 공식적인 조공이었다. 그리고 그 관례는 오성장군의 시찰을 호위하는 관례만큼이나 양측 모두에게 친숙한 것이었다. 이 거짓되고 공허한 쇼의 어떠한 세부사항도 소홀히 하는 것은 있을 수 없는 무례함의 표시로 해석될 수 있었다.

무대 뒷면과 무대 앞면의 행동은 전통적인 성 역할 수행에서도 분명하게 드러난다. 이를테면 시몬 드 보부아르(Simone de Beauvoir 1953: 543)는 여성의 삶은 그녀가 남성들과 멀리 떨어져서 무대 뒷면에서 다른 여성들 사이에 있을 때 보다 진정하고 진실해진다고 주장한다.

여성들은 남성들과 마주 대하면 항상 연기를 한다. 그녀가 중요하지 않은 타자로서의 자신의 지위를 받아들이는 척할 때, 그녀는 거짓말을 한다. 그녀가 모방, 의상, 깊이 생각한 표현을 통해 상상해낸 어떤 인물을 그에게 소개할 때, 그녀는 거짓말을 한다. 이러한 연극조의 언동은 항상 긴장을 요구한다. 남편이나 연인과 함께 있을 때, 모든 여성은 거의 의식적으로 이렇게 생각한다. "나는 지금 나 자신이 아냐." 남성의 세계는 가혹하고, 모질고, 주장이 너무 세고, 재능은 너무나도 형편없고, 관계는 거칠다. 여성들은 다른 여성들과 함께 있을 때 무대의 뒷면에 있다. 일부 여성에게는 이 따뜻하고 사소한 친밀성이 남성과 함께하는 엄숙한 화려함보다 더 소중하다.

남자들의 경우를 살펴보면, 남자들 역시 무대 뒷면 상황에서는 자신들의 다른 측면들을 표현한다. 남자들은 탈의실에서 농담할 때면 남녀가 함께 있는 무대 전면에서는 통상적으로 거북스러워할 감상을 무대 뒤에서 표현하면서 때때로 사실적이고 탐욕적인 용어로 여성을 묘사하는 것으로 알려져 있다. 그렇다면 이러한 무대 뒷면에서의 발언이 남성들이 친밀한 일단의 여성들 사이에서 하는 발언보다 더 '진실'한가? 아니면 남성들이 그곳에서 다른 남성들의 인정을 받기 위해 탐욕적인 각본을 연기할 수밖에 없다고 느낀다면 그 무대 뒷면은 단지 또 다른 무대 앞면인가? 연극 은유는 흥미로운 문제를 제기한다. "이 시나리오에서 '진실한' 사람은 어디에 있는가?"

우리는 흔히 우리의 사회적 가면 아래에 보다 진정한 자아가 있다고 가정한다. 아프리카계 미국인 시인 폴 던바(Paul Dunbar [1896]1993)는 「우리는 가면을 쓰지 We Wear the Mask」라는 시에서 사회적 외양을 보호하는 표면 아래에 있는 상처받기 쉬운 자아에 대해 언급한다.

> 우리는 비굴하고 쓰라린 마음으로 웃는다,
> 입가에 수많은 미묘함을 지닌 채.
> 세상은 왜 슬기로워야 하는가?
> 우리의 모든 눈물과 탄식을 헤아리면서 말이다.
> 아니다, 그들이 우리를 보게 하라, 우리가 가면을 쓰고 있는 동안.

던바의 시는 사회적 가면이 때때로 생존에 필요하지만 보다 공정하고 인정 있는 세계에서는 덜 필요할 것임을 시사한다. 최근의 한 여성 시 선집(Howe 1993)은 도전적인 슬로건을 제시한다. "더 이상 가면은 없다." 그러나 우리의 사회적 가면 뒤에는 어떤 실제적 또는 진정한 자아가 존재하는가라는 답하기 어려운 질문을 다시 한 번 더 제기한다. 무대 뒷면의 자아 또한 단지 또 다른 가면 — 비록 우리가 더 편안하게 그리고 별 어려움 없이 쓸 수 있는 가면이기는 하지만 — 일 뿐인가? 그렇지 않다면, 어떤 의미에서 그것이 실제의 우리인가?

가면 은유는 또 다른 함의들 역시 가진다. 가면 쓰기가 있다면, 가면 벗기 또한 있을 수 있다. 고프먼이 묘사하고 있는 사회적 가면무도회에서 사회적 행위자들은 가면이 벗겨지거나 자신들이 드러내 보이고자 하는 것과는 다른 어떤 것으로 보이게 될 때 굴욕감을 느끼기 쉽고 또 그러한 굴욕을 두려워한다. 불법적인 일에 관여한 고위 공직자, 적대적 환경 속에서 자신을 숨기고 있는 동성애자, 스파이나 비밀 요원, 가명을 쓰고 있는 범죄자 모두는 자신이 공중의 눈앞에 '드러나'거나 노출되는 것이 초래할 사회적 결과를 두려워할 것이 틀림없다. 그러나 이것은 우리가 이러저러한 경우에 실제의 우리와 다른 사람들이 기대하는 우리 간의 어쩔 수 없는 불일치를 공중의 눈에 감추거나 속이고자 할 때 우리 **모두**가 인간으로서 공유하는 공포이지 않은가?

우리 모두가 가면이 벗겨짐으로써 상처 입을 수 있는 것과 마찬가지로 우리 모두는 다른 사람들의 가면을 벗길 수도 있다. 우리가 다른 사람들의 겉치레와 허식을 벗기기 시작할 때, 우리 자신은 사회적 불안의 한 원천이 된다. 형사와 폭로 기자같이 전문적으로 가면을 벗기는 사람들은 생계수단으로 그러한 종류의 일을 하지만, 다른 사람들은 아마추어적으로 위선적인 행위를 추적한다. 도덕적, 종교적, 정치적, 그리고 여타 문화적 가장에 대한 공격적인 가면 벗기기 작업은 이제 탈근대사회의 냉소적인 문화를 지배하는 모티프의 하나이다(Sloterdijk 1987: 22~100).

내면 연극

만약 우리의 사회적 가면 모두가 벗겨진다면, 우리에게 무엇이 남을 것인가? 우리는 사회적 가면 뒤에 실제적 또는 진정한 자아가 있는지, 아니면 우리의 무대 뒷면 자아가 비록 다른 가면보다 더 편안하게 쓸 수 있는 가면이기는 하지만 단지 또 다른 가면일 뿐인 것은 아닌지를 다시 한 번 더 물어야만 한다. 우리가 무대 앞면에서든 아니면 무대 뒷면에서든 어떤 관객을 위해서도 전혀 연기하지 않을 때, 아마도 우리는 가장 '진실할' 것이다. 우리가 단지 우리 자신 앞에만 있을 때, 즉 우리의 사적 독백에 빠져 있을 때, 아마도 우리는 가장 진정할 것이다. 하지만 우리는 홀로 있을 때조차 우리가 연기를 수행하고 있음을 발견한다. 거울 앞에서 리허설할 때, 우리는 배우이자 동시에 관객이다. 우리가 자신에게 비밀 고백을 할 때, 우리는 고백자이자 동시에 고백을 듣는 사람이다. 우리의 상상 속에서 우리는 환상의 창조자이자 소비자이다. 그리고 우리는 우리 공연의 관객 — 우호적으로 또는 비판적으로 보고 평가하고 논평하는 — 으로 홀로 있을 때조차 여전히 사회적 삶의 연극에 적극적 참여자로 남아 있다.

고프먼에게 중요한 영향을 미친 조지 허버트 미드(George Herbert Mead 1934)는 우리의 가장 사적인 자아조차도 심히 사회적이라고 예리하게 인식하고 있었다. 우리의 개인적 정체성은 어린 시절부터 계속되는 (처음에는 우리의 부모들로부터 시작되는) 다양한 '중요한 타자들'(Mead 1934)과의 만남을 통해 형성된다. 그리고 자기 것으로 받아들여진 그러한 중요한 타자들의 이미지와 목소리가 우리의 삶 내내 우리와 함께한다. 이러한 '마음의 목소리들'(Wertsch 1991)이 대체로 우리가 누구인지를 구성한다.

우리의 내면 연극은 등장인물들로 붐빈다.[3] 우리는 화가 나서 상관과 벌인 말다툼, 연인과 나눈 잠깐 동안의 로맨스, 또는 열렬하게 환호하는 수많은 군중 앞에서 치른 훌륭한 경기나 음악공연을 상상하기도 한다. 우리가 우리 자신과 이야기할 때조차, 그 내면의 대화 속에서 유혹의 목소리가 도덕적 제약의 목소리와 다투는 경우나, 제3의 목소리, 즉 절제와 합리적 타협의 목소리가 그 다툼을 해결하기 위해 개입하는 경우(또는 프로이트 용어로는 이드와 슈퍼에고의 상충하는 요구가 에고에 의해 중재되는 경우), 우리는 다중의 목소리를 듣는다. 미드는 내면 연극에서 다중의 역할을 상상하고 수행하는 이러한 능력은 '정상적일' 뿐만 아니라 사회적 삶이라는 외부 연극에 참여하는 본질적 조건이라고 인식했다. 이렇게 볼 때, 자신과 이야기하기는 사회적으로 정상임을 보여주는 하나의 표시이다.

터너와 역사의 드라마

고프먼은 사회적 연극에 대한 자신의 흥미로운 분석을 주로 대면적 상호작용이라는 미시적 드라마에 한정시킨다. 그러나 미시적 분석이 수천 수백만 명이 출연하고 우리 대부분은 단역에 불과한 더 큰 역사적 드라마에 관해 우리에게 과연 얼마나 많은 것을 말해줄 수 있겠는가? 그러한 더 큰 드라마를 간파하기 위해 우리는 영향력 있는 인류학자 빅터 터너에게 눈을 돌릴 것이다.

고프먼과 달리 터너는 우리의 개인적 이야기들을 대양의 파도 속 작은 조각들이거나 하듯 앞뒤로 몰아치는 극적인 거시서사macronarrative 또는

'큰 이야기big story' — 정치적 격변, 제도적 혁명, 문화적 전환 — 에 관심을 가지고 있다. 그리고 고프먼의 사회적 연극에 대한 설명이 일반적으로 현대 영미문화에서의 삶을 검토하는 것에 한정된다면, 터너는 교차문화적·역사적 비교의 광각렌즈를 사회적 드라마에 대한 자신의 분석에 들여온다. 『드라마, 장, 그리고 은유Dramas, Fields, and Metaphors』(1974)와 후속 저작들(Turner 1982, 1986)에 상술되어 있는 터너의 사회적 드라마 이론은 특정한 사회에서 각축하는 사회집단들 사이에서 발생하는 극적인 갈등을 중심에 두고 있다. 터너는 수많은 민족지적·역사적 사례연구에 대한 자신의 분석에 기초하여, 사회적 갈등의 드라마는 일반적으로 네 가지 다소 예측 가능한 단계들로 전개된다고 제시한다(Turner 1974: 37~42).

1단계: 위반breach. 사회적 드라마는 한 집단 또는 집단의 이름으로 행위하는 어떤 사람이 어떤 잘 확립된 규범을 드러내놓고 의도적으로 위반함으로써 일상의 사회적 관행을 깨트릴 때 시작된다. 이러한 승인된 관행의 위반은 각축하는 집단들 내에서 그리고 집단들 간에 매우 강렬한 감정을 촉발하는 '상징적 도화선symbolic trigger'의 역할을 한다. 이를테면 누군가는 1955년 겨울에 앨라배마주 몽고메리에서 로자 파크스Rosa Parks가 시내버스 뒷자리에 앉기를 지조 있게 거부한 것을 머리에 떠올릴 것이다. 그것은 지역의 관습과 법에 명기된 전통에 대한 작지만 매우 강렬한 위반이었다.

2단계: 위기crisis. 위반 단계의 다음에 사회적 위기가 고조되는 시기가 뒤따른다. 이 위기 단계에서는 위반을 막고 이전의 사회질서를 회복하기 위한 방어적 노력이 이루어진다. 그 노력이 실패할 경우, 위기는 계속해서 악화된다. 이를테면 로자 파크스의 상징적 거부에 뒤이어 마틴 루서 킹 주니어Martin Luther King Jr라는 이름의 젊은 목사와 여타 인사들이 몽고메리 버스시스템의 보이콧을 조직화했다. 행정당국은 재빨리 파크스와 다른 보이콧 지도자들을 투옥시키는 조치를 취했다. 보이콧 반대자들은 네 곳의 흑인교회에 폭탄을 투척했고, 킹의 집 현관에서 산탄총 폭약을 터트리기도 했지만, 이전의 질서를 회복하고자 하는 시도는 확대되는 저항을 억누르는 데 실패했고, 위기는 악화되었다(Zinn 1980: 442~443).

위기 단계는 위험과 고도의 긴장감의 순간이다. 이것이 바로 터너가 '경계적liminal' 순간 – 안정된 단계들 사이의 불안정한 막간 – 이라고 부르는 것이다. 경계 단계 동안에 주요한 사회적·문화적 혁신이 일어나기도 한다. 우리는 '위기'를 뜻하는 중국어 단어危機가 '위험'과 '기회'를 나타나는 한자의 결합으로 구성되어 있다고 기억한다. 출산의 순간처럼, 경계 단계는 위험에 처하게 만들기도 하지만, 그것은 또한 세상에 새로운 삶과 새로운 가능성을 제시하기도 한다.

3단계: 교정 조치redressive action. 사회적 위기가 확산됨에 따라, 그리고 불안이 쉽게 억눌러질 수 없다는 것이 분명해짐에 따라, 분열된 사회체계의 대표자들은 반란 집단의 불만의 씨를 시정하고 공식적 또는 비공식적 수단을 통해 갈등을 해소하고자 하는 조치를 취한다. 교정 조치는 외교술, 공식적 협상, 비공식적 중재, 사법처리, 공적인 연대 의례를 포함하기도 한다. 몽고메리의 경우에 교정 조치는 주로 사법처리를 통해 이루어졌다. 연방법원은 몽고메리에서 시행된 버스 분리 조례를 헌법에 위배되는 것으로 판결하여 폐지하는, 미국 민권법에서 중요한 획기적 조치를 취했다. 교정 시도가 실패할 경우, 체계는 대체로 위기 단계로 복귀한다. 이 경우 갈등하는 집단들 사이에서 침울하고 응어리진 형태의 분노가 발생하거나 전쟁, 혁명, 이견에 대한 피의 억압과 같은 보다 폭력적인 형태의 갈등이 발생할 수 있다. 하지만 교정 시도가 성공할 경우, 드라마는 네 번째 단계로 나아갈 수 있다.

4단계: 재통합reintegration. 이 마지막 단계에서 사회는 교정 조치에 맞추어 재구조화에 들어간다. 터너는 이 재구조화를 '재통합'이라고 부른다. 이 단계에서는 새로운 동맹이 결성되기도 하고, 권력이 한 집단에서 다른 집단으로 이전되기도 하며, 사회의 부분들이 새로운 사회적 현실에 맞게 재배열되기도 한다. 1950년대와 1960년대의 민권운동은 몇몇 측면에서는 미국 사회제도의 재통합(터너의 의미에서의)으로 귀결되었다. 하지만 그 변혁은 결코 전면적이지 않았다. 많은 측면에서 국가가 여전히 인종적으로 분할되어 있었기 때문에 옛 질서의 요소들이 새로운 질서의 요소들과 나란히 지속되었다. 터너는 재통합이 성공하지 못할 때 사회는 만성적인 파벌 싸움의 상태에 빠져 각축하는 파당들이 돌이킬 수 없게 분열되거나 종국적으로는 분리 또는 탈퇴를 향해 나아갈 수도 있다고 지적한다.

결국 사회체계는 이러저러한 상대적으로 안정적인 형태로 틀을 잡고, 그 후 또 다시 다음의 위반, 다음의 위기, 다음의 교정 조치, 그리고 다음의 재통합 시도가 준비된다. 이렇듯 터너에 따르면, 사회적 드라마는 예측 가능한 사이클로 전개된다. 비록 상황은 역사적 드라마마다 다르지만, 사회적 갈등과 해소의 일반적 유형은 일정한 보편적 (적어도 빈번히 반복되는) 요소들을 드러낸다. 배우, 대화, 무대장치, 의상은 다를 수 있지만, 본질적 플롯은 비교적 일정하게 유지된다.

터너의 연극학적 분석은 외견상으로는 매우 다양한 독특한 역사적 사건들을 어떻게든 하나의 단일하고 상대적으로 단순한 개념틀 내에서 해석한다. 이를테면 그는 그 틀 내에서 1170년 헨리 2세King Henry II의 기사가 캔터베리 대주교 토머스 베켓Thomas Becket을 살해한 것을 둘러싼 사건들 속에서 벌어진 교회와 국가 간 관계의 역사적 드라마, 1810년 파드레 히달고Padre Hidalgo의 지도하에 일어난 스페인으로부터의 멕시코 독립혁명의 정치적 드라마, 그리고 남부 아프리카 은뎀부Ndembu 사람들 사이에서 발생한 사회적 갈등의 드라마를 고찰한다. 이 사회적 드라마 각각은 구체적인 내용에서는 독특하지만, 모두가 시간, 공간, 문화의 차이를 초월하는 것으로 보이는 유사한 논리를 따라 전개된 것으로 드러난다.

터너의 분석은 인간 역사는 하나의 독특한 서사구조를 갖는다고 시사한다. 그 서사구조는 갈등과 더 높은 차원에서의 갈등해소라는 테마를 축으로 하여 조직화되고, 각각의 잠정적 갈등해소는 미래의 갈등과 그 갈등의 해소라는 다음 단계를 준비한다. 그의 사회적 드라마 이론은 어떤 점에서는 역사는 테제와 반테제(터너는 그것 대신에 '구조'와 '반구조'에 대해 이야기한다)의 연속적 계승이며 그 과정에서 새로운 역사적 종합이 발생할 수 있다고 파악하는 독일 철학자 헤겔G. W. F. Hegel의 변증법적 역사관과 유사하다. 유사하게 마르크스의 계급갈등이론도 역사의 무대 위에서 때로는 비극으로 때로는 희극으로 자신들의 이야기를 연기하는 대립하는 행위자들의 변증법적 충돌에 의거한다(Marx [1852]1963: 15). 터너 이론의 비판자들은 그의 이론이 역사에 관해 과도하게 정연한 관념을 제시하고 있다는 점, 그리고 각각의 문화와 역사적 시대의 특수성이 너무나도 깔끔하게 보편화되고 있다는 점을 들어 반발하기도 한다. 그렇지만 갈등과 그 갈등의 해소, 그리고 갱신된 갈등의 재개라는 드라마가 역사 내내 그리고 문화를 가로지르며 되풀이되어 발생해왔다는 점, 또는 인간 드라마가 계속해서 전개되는 한 그러한 드라마가 계속될 것이라는 점을 누가 부정할 수 있겠는가?

심층 이야기

우리가 사회적 드라마를 (터너처럼) 제도적 관계라는 거시 수준에서 바라보든 아니면 (고프먼처럼) 상호 개인적 관계라는 미시 수준에서 바라보든 간에, 우리는 양쪽 모두에서 펼쳐지고 있는 이야기들 – 그리고 이야기 내의 이야기들 – 을 발견한다.[4] 연극 은유가 지닌 호소력의 많은 것은 삶에 극적 효과와 의미를 불어넣고자 하는 우리의 인간적 욕구 내지 욕망에서 비롯되는 것으로 보인다. 그리고 우리 역시 우리 자신에 대한 극적인 이야기들을 만들어내고, 사회적 무대 위에서 일상적 삶이라는 극장의 배우이자 관객으로 서로에게 그 이야기들을 실연한다.

우리는 본래 이야기하는 종種이다. 우리의 선조들은 우리의 기록된 역사가 시작되기 이전부터 깜박거리는 난로 불빛 옆에서 이야기를 창조하고 연기해왔다(Brockett 1977). 우리의 서사의 내용들은 문화마다 크게 다르지만, 스토리텔링의 전반적인 관행은 문화적으로 보편적이다. 그렇다면 왜 그러한가? 이야기는 우리에게 어떤 일을 하는가?

이야기는 우리의 경험의 조각과 단편들을 일관되고 의미 있는 전체로 연결시켜주는 기능을 한다. 우리는 우리의 서사 없이는 거의 살아갈 수 없을 것이다. 왜냐하면 서사가 없다면 우리의 삶은 어떤 분명한 의미가 없는 일련의 단절된 사건들에 지나지 않는 것으로 보일 것이기 때문이다. 일반적인 예를 하나 들어보면, 만약 내가 "왕도 죽었고 왕비도 죽었다"고 말한다면, 나는 단지 단절된 두 가지 사실을 열거했을 뿐이다. 그러나 만약 내가 "왕이 죽었고 왕비가 **슬픔으로 인해** 죽었다"고 말한다면, 나는 인간 행위자들을 사랑과 고통의 드라마에 끌어들이는 의미 있는 이야기를 시작하는 말을 한 것이다.

심리학자들은 이야기가 인간의 인지와 기억에서 필수적인 조직화 장치라는 것, 그리고 일관된 서사구조의 도움 없이는 우리가 어떤 것을 실제로 이해하거나 기억할 수 없다는 것을 발견한다. 인지심리학자들은 그러한 서사구조를 '스키마schema' 또는 '각본'이라고 부른다(Schank and Abelson 1977; Schank 1990). 이야기들을 통합하는 것은 우리 시대처럼 정보가 지나치게 많은 시대에 특히 중요하다. 그런 곳에서는 우리는 매일 수많은 단편적이고 일관성이 없는 메시지들의 폭격을 받는다(Gergen 1991). 이야기들은 또한 젊은이들에게 한 문화의 핵심적인 신념과 가치를 가르치는 데서도 효과적이다(Postman 1989). 이것이 바로 신화와 전설이 역사 도처에서 수행해온 역할이다.

만약 이 같은 주장이 사실이라면, 이야기와 신화적 서사에 대한 우리의 욕구는 더욱 커질 것이다. 미르체아 엘리아데(Mircea Eliade 1975)와 조지프 캠벨(Joseph Campbell 1988) 같은 신화학자들은 우리의 문화와 같은 선진 과학문화에서조차 계속해서 신화가 수행하는 본질적 역할에 대해 지적해왔다. 계몽주의라는 합리주의 시대에는 **신화**라는 용어가 그릇된 또는 미신적 믿음을 의미했으나 최근에는 보다 긍정적이고 광대한 의미를 띠기 시작했다. 신화는 다른 기능들 중에서도 특정 문화의 이상과 열망을 부호화하는 데 점점 더 기여하는 강력한 상징적 서사로 인식되고 있다. 신화는 버나드 리(Bernard Lee 1995)가 우리의 **심층 이야기**deep story라고 부른 것 ─ 즉, 우리의 삶에 활력을 주고 의미를 불어넣는 서사 ─ 과 유사하다. 심층 이야기에 대한 우리의 욕구가 매우 강력하기 때문에, 우리가 우리의 문화로부터 극적인 서사를 물려받지 않을 경우 우리는 우리 자신의 문화 위에서 그러한 서사를 재발명할 것으로 보인다. 최근 몇 십 년 동안 영토권과 정복에 대한 그들 나름의 조야한 극적 서사를 가진 청년 갱단들이 증식한 것은 우리의 문화가 강력하고 목적의식을 부여해주는 문화적 이야기들을 만들어내어 유지하고 그 이야기들을 젊은이들에게 효과적으로 전달하는 데 실패했음을 알리는 것일 수도 있다. 많은 어린아이가 최근에 〈스타워즈Star Wars〉 영웅 이야기와 여타 그러한 서사시적 이야기에 열광하는 것도 우리 시대에 신화적 의미에 대한 갈망이 여전히 심대하지만 대체로 그 갈망이 실현되지 않고 있다는 것을 말해준다.

무수한 세기 동안 종교는 인간 행위자들에게 그들의 위치를 정해주고 그들의 삶에 의미를 부여해주는 거대한 신화적 서사를 제공해왔다. 근대 시대에 경제적·정치적 이데올로기들(자본주의 이데올로기와 사회주의 이데올로기 모두, 권위주의 이데올로기와 민주주의 이데올로기 모두)는 자주 그와 동일한 기능의 많은 것을 수행해왔다. 한편 거대한 과학적 서사("옛날 옛날에 …… 빅뱅이 있었다")가 출현하여 고대의 창조 이야기를 무색하게 하며 그것 나름의 극적인 대항서사를 제공해왔다.

하지만 탈근대 시대에는 종래의 그러한 거대서사들이 특히 서구사회의 교육받은 엘리트들 사이에서 점점 더 회의적인 시선의 대상이 되었다. 과학적 회의주의의 결과, 많은 사람이 전통적인 종교적 서사를 믿지 않게 되었다. 파시즘과 공산주의의 결과, 많은 사람이 총체화 이데올로기totalizing ideology를 믿지 않게 되었다. 히로시마와 나가사키, 그리고 핵 증식의 그늘 아래에서 많은 사람이 과학의 자비로움을 믿지 않게 되었다. 따라서 장-프랑수아 리오타르(Jean-François Lyotard 1984)와 같은 일부 탈근대 철학자들은 종교, 이데올로기, 과학의 거대서사들에 대한 우리의 믿음은 우리가 그것들이 남겨놓은 살육과 파멸을 조사함에 따라 해체되고 있다고 주장한다. 순진한 낙관주의와 과장된 확실성의 시대는 갔다. 환멸의 시대가 도래했다. 이제 우리는 과거의 거대서사보다 더 회의

적이고 더 잠정적이고 더 지역적이고 더 일시적이고 더 온건한 서사들에 의지한다.

우리 시대에 대한 이러한 성격규정에는 진실처럼 들리는 것이 많이 있다. 그것이 리오타르의 프랑스나 미국과 같은 탈산업사회의 많은 부분에 만연한 몹시 지친 듯하고 냉소적인 태도를 묘사할 때 특히 더 그러하다. 하지만 리오타르는 신화와 심층 이야기에 대한 인간의 욕구가 얼마나 심원한지에 대해 과소평가하고 있는지도 모른다. 리오타르가 환멸과 거대서사의 상실에 대한 자신의 대담한 이야기(그 자체가 거대서사의 한 종류인)를 하고 있는 동안에조차 격렬한 종교적·민족주의적 서사가 여전히 세계의 많은 지역에서 번성하고 있다. 이데올로기는 새로운 형태로 지속되고 있고, 근대 과학이라는 초대형 트럭은 달리고 있다.

이처럼 탈근대세계는 우리에게 하나의 단일한 일관된 이야기가 아니라 다수의 이야기들 ― 다수의 다양한 사회집단의 경험을 표현하는 큰 이야기와 작은 이야기 모두, 심층적인 이야기와 표층적인 이야기 모두 ― 을 제시한다. 서로 교차하고 때로는 충돌하는 이러한 서사들은 각각의 사회적 분파가 자신의 과거를 재발명하고 자신의 미래를 재상상하고 자신의 방식으로 자신의 이야기를 하기 위해 분투함에 따라 계속해서 수정된다. 그리고 우리 역시 좋든 싫든 간에 우리의 삶의 무대 위에서 우리의 시간 동안 뽐내고 또 조바심을 내면서 계속해서 의미와 드라마를 추구한다.

주

1. 실제로 확신과 신뢰를 가지고 역할 연기를 학습하는 과정은 러시아 극작가 콘스탄틴 스타니슬랍스키(Konstantin Stanislavski)에 의해 훌륭하게 탐구되었다. 그

의 연기 철학은 20세기 연극의 흐름을 바꾸어놓았다(Funke and Booth 1961; Moore 1976). 스타니슬랍스키는 『성격 구축하기(Building a Character)』(1949)와 『역할 창조하기(Creating a Role)』(1961) 같은 저작에서 당시의 연극을 지배하던 강요되고 기계적인 스타일의 연기에 대해 드러내놓고 반대했다. 그는 훌륭한 연기는 비록 연극무대 위에서 이루어지지만 과도하게 '연극조'이거나 '연극같아'서는 절대 안 되고, 오히려 등장인물의 내적 '영혼과 삶'을 자연스럽게 표현해야 한다고 주장했다(Stanislavski 1963: 95, 158). 자신이 맡은 배역의 내적 삶에 들어가기 위해 배우는 가능한 한 등장인물이 **되어**야만 한다. 배우는 등장인물이 살아온 역사 속의 시간과 장소를 연구하여 그 밑에 깔려 있는 '서브텍스트(subtext)' ─ 즉, 등장인물의 더 깊은 생각, 느낌, 삶의 맥락 ─ 를 창조하고 연기할 책임이 있다. 따라서 훌륭한 배우는 하나의 역할에 완전히 빠져들고 그 역할에 매우 깊이 심취하기 때문에, 배우가 그 배역 안에 있는 바로 그 순간 배역이 배우 안에 있다(Stanislavski 1963: 27).

2. 상상의 역할에 완전히 빠지는 것은 연극적 용도뿐만 아니라 치료요법적 용도도 가진다. 소시오드라마에서(Sternberg and Garcia 1989), 그리고 유사한 역할연기 기법에서 참여자들은 개인적 통찰을 얻고 관계문제(relational problem)에 대한 창조적 해결책을 발견하기 위해 친숙하지 않은 역할을 떠맡아서 일시적으로 자신들의 정체성을 상실한 채 그 역할을 생생하게 연기할 것을 요구받는다.

3. 내면 연극에서 서로 다른 등장인물들이 마구 늘어나는 경우, 그것은 다중인격장애 ─ 분명하게 분화된 등장인물들로 이루어진 전체 '사회'가 하나의 단일한 개인 내에 거주지를 확보하는 상태 ─ 로 병리적으로 표출된다. 흥미롭게도 이 다중 페르소나들은 서로 다른 이름, 나이, 인종, 성적 특성을 채택할 뿐만 아니라 서로 다른 안경 처방전을 요구하고 동일한 약물치료에 다르게 반응하는 방식으로 서로를 구별하기도 한다(American Psychiatric Association 1987; Chase 1990).

4. 이상하게도 고프먼은 우리가 대면적 상호작용에서 만들어내고 훌륭하게 수행하는 이야기 또는 사회적 서사에 대해서는 거의 말하지 않는다. 세넷(Sennett 1977: 36)이 지적했듯이, 고프먼은 "무대는 있지만 플롯은 전혀 없는" 사회의 이미지를 제시하는 경향이 있다.

제9장

담론으로서의 사회

만약 최근 몇 십 년간 문화분석을 지배해온 어떤 단일한 은유가 있다면, 그것은 언어적 창조물로서의 인간사회 이미지일 것이다. 언어로서의 사회 – 텍스트로서의 사회, 대화로서의 사회, 보다 광범한 의미에서는 **담론**으로서의 사회 – 이미지는 이제 인문학과 문화연구에 종사하는 많은 이론가 사이에서 하나의 확립된 정설이 되었다. 이들 이론가는 사회적 삶의 연구에 대한 자신들만의 특별한 언어학적 접근방식들을 전개하며 서로 간에 분명한 의견을 드러내기도 한다. 그러한 차이에도 불구하고, 그들은 사회적 실재는 전적으로는 아니지만 대체로 사회적 상징 매체들을 통해 구성된다는 확신을 공유한다. 따라서 최근에는 많은 이론가가 자신들을 사회적 구성주의자 또는 구성론자라고 부르게 되었다.

사회이론에서의 탈근대적 전환

사회적 구성주의자들은 일반적으로 객관적 실재가 의식이나 언어와 무관하게 '저기 바깥에' 존재한다는 전통적 관념을 거부하고, 실재를 특정한 언어 공동체 내에서 동의를 확보한 협상된 합의로 바라보는 견해를 지지한다. 상이한 문화적 공동체들은 서로 다른 상징세계를 건설하여 그속에 거주할 수도 있다. 그리고 "사회적으로 구성된 세계를 아는 유일한 방법은 그 세계 내부로부터 그 세계를 아는 것이다"(Smith 1990: 22). 이러한 탈근대적 관점에서는 과거에 당연한 것으로 간주되던 가정들이 이제 따옴표로 묶여서 표현된다. 사람들은 이제 더 이상 순진하게 실재(실체는 두말할 것도 없고)에 대해 말하지 않으며, 오히려 언어를 통해 유지되는 다중의 대안적인 '실재들'에 대해 이야기한다. 앤더슨(Anderson 1990)이 재치 있게 표현하듯이, "실재는 그것이 과거 한때 그러했던 대로가 아니다".

포스트모더니스트들은 그러한 상징적으로 구성된 실재를 본질적으로 불안정하고 모호하고 다수의 해석에 열려 있고 항상 유동하는 것으로 바라보는 경향이 있다(Tracy 1987). **포스트모더니즘**이라는 용어가 어지러울 정도로 다수의 방식으로 이해되어왔고(이를테면 Lyotard 1984; Denzin 1991; Jencks 1992; Seidman and Wagner 1992; Docherty 1993; Dickens and Fontana 1994; Lemert 1997b) 어떤 확고한 또는 권위 있는 정의도 가지고 있지 않지만(만약 그러한 정의가 내려졌다면 그것은 탈근대적인 것이 아닐 것이다!), 대부분의 사람들은 그 용어가 다른 무엇보다도 선진 산업사회에서 안정적이고 보편적인 문화적 의미체계를 규정하는 주요 사회제도들(이를테면 종교, 정치, 그리고 심지어는 과학)의 권위에 대한 회의주의가 점점 더 증가하고 있다는 것을 의미한다는 데에는 동의할 것이다. 포스트모더니즘 비판가들은 그러한 권위의 쇠퇴가 우리를 문화적 파편화, 도덕적 상대주의, 사회적 혼돈으로 나아가는 위험한 비탈길로 인도하지나 않을까 두려워한다. 다른 한편 포스트모더니즘의 옹호자들은 권위의 탈중심화가 공유된 이해관계를 지닌 지역 공동체들이 새로운 의미세계와 사회적 삶의 형태들을 창조하고 유지할 자유를 향유할 수 있게 해줌으로써 창조적 다원주의가 펼쳐질 새로운 기회를 열어줄 것이라는 희망을 표명한다.

가장 극단적인 형태를 취하는 구성주의적 견해는 모든 인간현상을 언어 또는 담론의 산물로 설명하고자 함으로써 일종의 언어 환원론이나 '담론 결정론'에 빠질 위험이 있기도 하다(Best and Kellner 1991: 27; Lupton and Barclay 1997: 21; Holstein and Miller 1993). 인간경험의 일부, 실제로는 **많은** 현상이 언어로 구성되고 언어 바깥에는 아무것도 존재할 수 없다고 가정해보자. 이를테면 체스 게임은 상징적으로 부호화된 규칙들의 체계로 구성되고, 규칙이 없이는 게임이 전혀 존재할 수 없다. 구성주의자들은 법, 과학, 종교에서부터 일상생활의 세속적 관습과 관례에 이르기까지 수많은 사회적 게임도 마찬가지라고 주장한다.

그러나 일부 실재들은 실제로 언어적으로 구성되지만, 다른 실재들은 언어나 의식에 전혀 의존하지 않는 것으로 보인다. 우리는 그것들을 원할 수도, 정의할 수도, 그리고 그것들과 수다 떨 수도 없다. 이를테면 거의 가장 외고집인 구성주의자 외에는 모두가 중력은 하나의 힘이라는 것, 즉 중력은 **중력**이라는 단어와는 무관하게 작용하고 그러므로 중력은 중력에 대한 우리의 이해나 사회적 구성을 조건으로 하지 않는다는 것을 인정할 것이다. 중력 **이론**, 그리고 어쩌면 심지어 중력에 대한 주관적 **경험**의 일부 측면에 대한 이론이 문화적·언어적으로 되기는 하지만, 중력 자체는 우리가 벼랑 끝에서 넘어지거나 떨어질 때 중력에 대해 생각하거나 이야기하는 것과는 전혀 무관해 보인다. 중력은 순진한 실재론자의 코를 납작하게 만드는 것만큼이나 재빨리 구성주의자의 코를 납작하게 만들

것이다.

　언어적 구성주의자들은 우리는 언어와 의식에 외재하는 자연세계(중력과 같은 자연적 힘을 포함하여)의 존재를 단지 언어와 의식 **내부**로부터 가정할 수 있을 뿐이라고 말한다. 임마누엘 칸트와 에밀 뒤르켐을 따라 그들은 외부 세계에 대한 직접적인 지식은 그러한 지식이 우리의 사고 범주와 언어를 통해 매개될 때를 제외하고는 있을 수 없다고 주장한다(Brown 1987: 95). 따라서 우리의 중력과 인과관계 개념을 공유하지 않는 사회는 낙하의 인식이나 경험을 그 나름의 문화에 의해 규정할 것이다. 그러나 이것은 경험의 근원이 언어에 의존한다는 것을 뜻하지는 않는다. 철학자 존 설(John Searle 1995)과 일부 학자들은 우리가 언어와 독자적으로 존재하는 실재와 언어적·사회적으로 구성되는 실재 간을 구별해야만 하고 이 두 종류의 현실이 존재한다는 점을 인정해야만 한다는 것을 설득력 있게 주장한다. 일부 실재는 사회적으로 구성되고, 일부 실재는 그렇지 않고, 또 다른 실재는 얼마간 그 둘을 혼합하고 있다. 흥미로운 문제는 바로 이것이다. 언어적 실재는 어디서 끝나고 비언어적 실재는 어디서 시작되는가, 그리고 그 두 종류의 실재는 서로 어떻게 관련되어 있는가?

　대부분의 인간현상은 체스와 중력의 양 극단 사이의 어딘가에 자리하지, 언어에 전적으로 의존하지도 또 언어와 전적으로 독자적으로 존재하지도 않는다. 언어적 구성주의의 초기 견해들을 비판하는 문학 이론가 테리 이글턴(Terry Eagleton 1983: 111)은 정확한 질문을 제기한다. "존재하는 모든 것에 그것에 해당하는 언어가 실제로 존재했는가? 노동, 섹슈얼리티, 정치권력은 어떠한가? 그러한 실재들 자체는 담론과 풀 수 없게 얽혀 있을 수 있었지만, 그 실재들은 분명 그 담론으로 환원될 수 없었다."

　어쨌든 언어의 힘은 20세기 후반 지적 삶에서 중심적인 관심이 되었고,

마땅히 그럴 만했다. 언어는 인간의 삶에서 비록 유일한 힘은 아니지만 하나의 강력한 힘이다. 언어가 갖는 이러한 매력은 어디서 와서 어디로 가고 있을까? 간략한 역사적 개관이 몇 가지 단서를 제공할 수 있을 것이다.

언어에 대한 언어들

언어적 구성물로서의 사회 이미지는 20세기의 초기 몇 십 년 동안에 여러 학문에서 동시에 갑자기 생겨났던 것으로 보인다. 지나고 나서 보니, 그것은 자신의 시대가 도래한 관념이었다. 힐러리 로슨(Hilary Lawson 1985)은 탈근대 시대의 시작은 우리가 언어의 세계에 살고 있다는 것과 우리가 언어 **속**에서가 아니고는, 즉 더 많은 언어를 창조하지 않고는 우리의 언어세계에 대해 이야기할 수 없다는 것을 성찰적으로 깨닫는 것에 의해 특징지어진다고 말한다. 우리는 우리가 우리 자신이 짜온 의미의 망에 매달려 있고(Geertz 1973: 5) 우리가 상징과 해석의 망으로부터 벗어날 수 있는 수단은 전혀 존재하지 않는다는 것을 점점 더 분명하게 깨닫고 있다. 따라서 우리는 사회적 실재의 광범한 언어적 성격에 대해 이야기하기 위해 언어에 대한 언어들, 다시 말해 '메타언어metalanguage'를 창조한다.

언어철학

언어에 대한 관심이 이처럼 증대하는 현상은 20세기 초반 동안 영미철학과 대륙철학 모두에서 뚜렷하게 드러났다. 제1차 세계대전 이후 몇 년이

지나 캠브리지, 옥스퍼드, 비엔나에서 언어철학이 출현한 것은 리처드 로티(Richard Rorty 1967)가 근대 철학에서의 '언어적 전환linguistic turn'이라고 부른 것을 예기하는 것이었다. 특히 언어철학자인 루트비히 비트겐슈타인(Ludwig Wittgenstein 1953)은 그의 후기 저술에서 언어적 구성주의를 예견했다. 비트겐슈타인은 자신의 『철학적 탐구Philosophical Investigations』에서 언어를 객관적 실재의 '묘사' 또는 '거울'로 바라보던 초기 견해를 버렸다. 대신에 그는 언어가 실제로 어떤 의미에서는 실재를 '창조한다'고 제시했다(Bartley 1985: 139). 단어는 그 단어가 외적인 실재와 일대일로 대응한다는 점이 아니라 오히려 그 단어가 특정한 문화공동체의 '언어게임'(관례적인 규칙과 용법) 내에서 일반적으로 받아들여지는 쓰임새를 가진다는 점에서 고유한 의미를 지닌다. 인간 공동체는 언어게임을 창조하고 유지함으로써 자신들의 '삶의 형태'를 유지하며, 인간 언어는 "서로 다른, 종종 상호작용하는 수많은 언어게임으로 이루어진다. 그리고 각각의 언어게임은 그 자신의 '문법' 또는 사용규칙을 가진다"(Bartley 1985: 140). 비트겐슈타인의 추종자 중 한 사람인 피터 윈치(Peter Winch 1958)는 사회과학자들이 비트겐슈타인의 도전을 계속 이어가며 자신들의 언어적 관행을 탐구함으로써 인간 공동체를 삶의 형태로 연구할 것을 촉구해왔다. 또 다른 저명한 철학자 넬슨 굿먼(Nelson Goodman 1978)은 언어의 '세계구성' 능력, 즉 실재의 이미지뿐만 아니라 사회적 실재 자체를 구성하는 능력에 대해서도 설득력 있게 진술해왔다.

사회현상학

20세기 초에 유럽 철학의 또 다른 집단이 역시 언어의 사회구성 능력에 점점 더 관심을 기울이고 있었다. 의식의 내부구조를 체계적으로 연구하던 현상학자들이 자신들의 관심을 점차 언어현상으로 돌린 것이다. 언어를 '존재의 집the house of Being'으로 유명하게 묘사한 독일 철학자 마르틴 하이데거Martin Heiddeger는 우리가 거주하는 언어세계가 실재에 대한 우리의 의식을 창조한다고 지적했다. 이를테면 그는 이렇게 언급한다. "우리 유럽인들은 아마도 동아시아 사람들과 완전히 다른 집에서 살 것이다." 왜냐하면 우리 각각의 언어가 근본적으로 달라서 "집과 집 간의 대화가 여전히 거의 불가능하기 때문이다". 이는 "하나의 단일한 원천으로부터 우러나온 어떤 것"이 [언어 속에] 있을 것이라는 전망에 의해서만 벗어날 수 있다(Heiddeger 1971 : 5~8). 대서양 건너에서는 언어인류학자 에드워드 사피어Edward Sapir와 벤저민 워프Benjamin Whorf가 우리가 말하는 언어가 실재에 대한 우리의 인식을 크게 틀짓는다고 시사하는 비교문화적 증거에 기초하여, 이와 관련된 언어관을 전개하고 있었다(Whorf 1956; 이 견해에 대한 날카로운 비판으로는 Pinker 1994를 보라).

한편 알프레트 슈츠(Alfred Schutz 1967), 그리고 피터 버거와 토머스 루크만(Peter Berger and Thomas Luckmann 1966) 같은 사회현상학자들은 언어적 분류 또는 '유형화'가 다른 사람들에 대한 우리의 경험과 반응을 틀짓는 방식을 탐구하기 시작했다. 버거와 루크만은 그들의 영향력 있는 저작 『실재의 사회적 구성The Social Construction of Reality』에서 "내가 다른 사람들을 '남자', '유럽인', '바이어', '쾌활한 유형' 등으로 파악할 [때] …… 그러한 유형화가 계속해서 나의 상호작용에 영향을 미친다"라고 진술했다(Berger and Luckmann 1966: 31). 유형화는 우리가 다른 사람들을 주관적으로 인식하는 방식, 우리가 그들이 행동할 것으로 예상하는 방식, 우리가 다시 그들에게 반응하는 방식을 결정한다는 점에서 언어적 렌즈와 유사하다. 비록 유형화가 우리의 주관적 인식을 틀짓기는 하지만, 버거와 루크만은 유형화는 그러한 인식에 대해 얼마간의 객관성을 지닌다고 지적한다. "언어는 나에게 정형화된 양식을 강요하고" "방대하게 축적된 의미와 경험의 저장소가 될 수 있으며, 그리하여 시간 속에 보존되어 다음 세대에 전해질 수 있다"(Berger and Luckmann 1966: 37~38). 그들은 사회구조가 만들어지고 유지되고 사라지는 것도 대체로 그러한 유형화를 통해서라고 주장했다(Berger and Luckmann 1966: 33).

상징적 상호작용론

버거와 루크만이 시사하듯이, 만약 사회가 하나의 사회적 구성물이라면, 사회를 구성하는 개인적 자아와 사회관계들 역시 그러하다. 이러한 시각에서 볼 때, 언어는 그 자체로 우리의 정체성이 만들어지는 재료이다. 자아의 언어적 구성은 1930년대에 시카고대학교의 실용주의적 사회철학자 조지 허버트 미드(George Herbert Mead 1934)에 의해 고무된 사회사상학파의 특별한 관심사이다. 이 이론적 전통은 '상징적 상호작용론'이라고 불리게 되었다(Blumer 1969).

미드는 정신, 자아, 사회는 모두 심원한 의미에서 사회적 상호작용의 산물들이며, 우리의 사회적 정체성과 상호작용은 모든 곳에서 상징에 의해 매개된다고 확신하게 되었다. 만약 당신이 당신 자신의 정체성 의식이 사회적이고 언어적이라는 것을 의심한다면, 당신은 다음과 같은 간단한 지필검사를 요구받게 될 것이다. 그러한 검사를 받는 행위가 그 자체로 하나의 상징적·사회적 행위라는 점에 주목하라. 왜냐하면 그 검사는 전적으로 상징으로 구성되고 다음의 지시에 대한 당신의 독해와 반응으로 구성된 소통행위에 의해 인도되기 때문이다.

> 백지의 맨 위에 "나는 누구인가?"라는 말을 쓰시오. 그 종이의 위에서부터 아래로 '1'에서 '20'까지 번호를 매기시오. 20개의 공란에 (당신 자신에게 하는) 단순한 질문, 즉 "나는 누구인가?"에 답하여 20개의 서로 다른 진술을 하시오. 당신이 다른 누군가가 아니라 마치 당신에게 답하는 것처럼 답하시오. 생각나는 순서대로 답을 쓰시오. 논리나 중요성에 대해서는 신경 쓰지 마시오. 아주 빨리 진행하시오. (McPartland 1959)

당신이 쿤의 20가지 진술 테스트Kuhn twenty-statements test라고 알려진 이 과제를 마쳤을 때, 잠시 멈춰서 당신이 쓴 것을 생각해보라. 자발적이고 직관적인 주체(미드가 '주격 나I'라고 부르는 것)로서의 당신은 당신 자신을 사회적 대상(미드가 '목적격 나me'라고 부르는 것)으로 삼아, '당신'을 일련의 단어 또는 구절 형태로 언어적으로 묘사했다. 이 과제의 암묵적 문법은 동사 '~이다to be'의 활용과 결합된 주어와 목적어의 문법이다(이를테면 나는 이것이다, 나는 저것이다). 미드는 자기 자신을 하나의 언어적 대상으로 삼는 인간의 능력이 인간의식에, 그리고 사회적 존재로서의 우리의 정체성을 발전시키고 성찰하는 우리의 능력에 근본적이라고 믿었다. 사회적으로 획득된 언어 없이 우리는 복잡한 정체성을 형성하기는커녕 우리 자신에 대해 결코 생각할 수조차 없다. 상징적 상호작용론자들은 이 테스트에 대한 반응을 우리의 변화하는 사회적 정체성을 드러내는 지표로 분석한다(Zurcher 1977).

낙인이론labeling theory의 기본 전제를 이루는 것이 바로 우리의 정체성이 언어적으로 정의되고 재정의된다는 상징적 상호작용론의 관념이다

(Lemert 1967; Schur 1980; Gove 1980; Glassner 1982). 태어나는 순간부터 우리에게는 다양한 딱지가 붙는다. 우선 우리는 '남자' 또는 '여자'로 범주화된다. 그다음에 우리는 우리의 생식기에 의거하여 적절한 이름 – '남자아이의 이름'이나 '여자아이의 이름' – 을 부여받는다. 젠더 라벨은 부모나 다른 성인들이 유아를 대하는 방식에서 뚜렷한 차이를 만들어내는 것으로 알려져 있다. 이것이 바로 '베이비 X' – 애매한 성을 지녀 성인세계에서 수많은 불안과 혼란을 야기한 아이 – 의 우화에서 재미있게 탐구된 현상이다(Seavey et al. 1975).

요점은 타자들에게 라벨을 붙이거나 유형화할 때까지 우리는 그들에게 어떻게 행동해야 하는지를 알지 못한다는 것이다. 낙인이론가들은 이러한 사실을 부정적 견지에서만 바라보지 않는다. 오히려 그들은 언어적 창조물인 우리는 솔직히 우리의 일상생활에서 우리가 만나는 사람과 사물에 단어를 적용하지 않고는 살아갈 수 없다고 이해한다. 특정 라벨은 파괴적이기도 하고 건설적이기도 하고 중립적이기도 하지만, 이러한 종류의 라벨 붙이기는 사회적 상호작용에 필요한 것이자 불가피하게 요구되는 것이다. 우리는 사람들의 범주를 지칭하는 명사들을 포함하여 우리를 지칭하는 명사를 필요로 한다.

낙인이론가들은 라벨과 그 라벨에 대한 사회적 반응이 사회적 삶에 강력한 영향을 미친다고 주장한다. 이를테면 친구들의 꼬임에 넘어가서 당신이 공공기물 파손행위를 범한다고 가정하자. (낙인이론가들은 당신이 '1차적 일탈'의 초기 행위를 범했다고 말할 것이다.) 이제 당신이 경찰에 체포되어 경찰서로 잡혀가서 지문을 찍고 입건되고 판사 앞에 불려나가서 유죄판결을 받고 확정된 형기를 마치고 부모나 보호자에게 인도되었다고 가정하자. 청소년 사법제도의 여정 속에서 당신은 실제로 '비행 청소년'으로 낙인찍혔을 것이다. 낙인이론가들은 당신이 그 낙인을 내면화하여 통상적으로 그 낙인에 수반되어 기대되는 자아 개념을 가지고 그 개념으로부터 결과하는 행동을 할 가능성이 크다고 경고한다. 그 후 당신은 계속되는 '2차적 일탈' 행위, 다시 말해 낙인이 찍힘으로 인해 영향 받은 일탈 행위들을 할 가능성이 더 커진다.

일탈은 어떤 의미에서는 정의에 의해 창조된다. 모든 사회는 이런 또는 저런 일단의 행동들을 받아들일 수 없는 것으로 정의한다. 하지만 일단의 존경의 범주 밖에 존재하는 것은 문화마다 크게 다르고 심지어는 동일한 문화 내에서도 시간이 경과함에 따라 달라진다. 최근에는 혼외임신 같이 전에는 일탈적인 것으로 낙인찍혔던 일부 행동들이 훨씬 더 묵인받는 반면, 공공장소에서의 흡연 같은 행동들은 점점 더 받아들여질 수 없는 것으로 간주된다. 이렇듯 우리는 일부 행동에 대해서는 "일탈을 하향해서 규정하는" 반면, 다른 행동에 대해서는 보다 엄격한 기준과 기대를 채택하여 일탈을 상향해서 규정한다(Moynihan 1993).

낙인이론가들이 볼 때, 사회적 권력은 대체로 누가 또는 무엇이 일탈인지를 정의하고 그러한 사회적 정의를 강요하는 권위 속에 자리한다. 북미 문화에서 정상성과 일탈을 정의하는 권력은 전통적으로 법정, 입법부, 기업, 종교단체, 매스미디어와 같은 제도 속에 자리하고 있으며, 역사적으로 볼 때 그러한 제도들은 경제적으로 유리한 위치에 있는 백인 이성애자 남성에 의해 통제되어왔다. (이를테면 미국 상원의 인구구성이나 ≪포춘≫지 선정 500대 기업 최고경영자의 인구구성을 살펴보라.) 놀랄 것도 없이 일탈의 정의는 전통적으로 사회의 그러한 강력한 분파들의 관점과 이해관계를 반영하는 경향이 있어왔다. 그러한 지배집단에 대항하여, 인종적·민족적 소수집단, 게이, 여성 및 주변화된 집단들 사이에서 전통적인 사회적 정의에 도전하고 그들 자신의 이해관계를 반영하는 방식으로 문화적 의미를 재정의하고자 하는 대항운동들이 발생해왔다. 그러한 운동의 대부분이 이데올로기적으로 자유주의적이거나 급진적이었지만, 보수적 집단 또한 문화적 의미를 재정의하고자 해왔다. 이를테면 보수적 집단은 '시민'이라는 법적 라벨을 확대하여 태아를 시민에 포함시키고자 했는가 하면, '범죄자'의 라벨을 확대하여 낙태를 하거나 낙태를 받아들이는 사람을 범죄자에 포함시키고자 했다. 일탈을 정의하고 재정의하는 것은 하나의 격렬한 정치적 과정이 될 수 있다. 그리고 사람들은 단어와 그 단어의 문화적 의미를 위해 그간 많은 피를 흘렸다.

낙인이론가들은 일반적으로 다른 사람들이 우리를 볼 때(또는 보다 정확하게는 다른 사람들이 우리를 본다고 **믿을** 때) 우리는 우리 자신을 보며, 다른 사람들이 우리에게 라벨을 붙일 때 우리는 우리 자신에게 라벨을 붙인다고 주장한다. 이 상징적 상호작용의 기본 원리는 한 세기 전에 찰스 호턴 쿨리(Charles Horton Cooley 1902)의 '영상자아'라는 광학 은유 속에서 진전되었다. 쿨리는 우리의 정체성은 우리가 다른 사람들로부터 받는 구두적·비구두적 반응에 의해 틀지어지며, 따라서 다른 사람들은 우리가 우리 자신을 이해하는 거울 또는 영상과 같다고 진술했다. 쿨리를 따라 낙인이론가들은 우리가 우리에게 (특히 권위 있는 인물에 의해) 붙여진 라벨에 맞추어 살아가는 경향이 있다고 강조해왔다. 하지만 우리는 또한 우리의 라벨을 벗어나기 위해 분투할 수도 있다. 즉, 우리 자신이 선택한 라벨을 위해 다른 사람이 부여한 라벨에 저항하거나 거부하는 노력을 할 수도 있다. 많은 경우에 다른 사람들이 우리에게 부여한 라벨들은 (낙인이론가들이 일반적으로 예언하듯이) 자기**실현**예언이 아니라 오히려 자기**부정**예언으로 작용하기도 한다(Merton [1948]1968: 475~490). 그러나 어떤 경우이든 우리는 다른 사람들이 우리에게 붙인 라벨에 반응하고 있으며, 이는 우리의 행위를 틀짓는 데서 언어가 행사하는 힘을 확인시켜 준다.

나이가 들어감에 따라 우리는 다른 사람들이 우리에게 부여해온 정체성을 받아들이거나 거부하기도 하고 또 우리 자신에 대한 대안적인 정체성을 구성하기로 결정하기도 한다. 인류학자 메리 캐서린 베이트슨(Mary Catherine Bateson 1989)은 『삶 구성하기Composing a Life』에서 이 과정을 탐구하며, 작곡 또는 문학 창작으로서의 자아 은유를 발전시킨다. 베이트슨은 다른 사람들과 협력하여 필요할 때면 자신들의 정체성을 즉석에서 '편집'하고 '고쳐 쓰는' 다섯 명의 여성이 그들의 삶을 살아가는 이야기를 추적한다. 이 과정은 우리가 계속해서 현재의 필요와 이해관계에 견주어 우리의 과거를 재해석하는, 버거(Berger 1963: 54~65)가 말하는 전기의 재구성biographical reconstruction 관념과 유사하다.

상징적 상호작용론자들은 우리가 우리의 정체성을 정의하는 방식뿐만 아니라 우리가 우리 자신이 처한 상황을 정의하는 방식에도 관심을 가진다. 유명한 토머스 정리Thomas theorem는 만약 우리가 "상황을 실재하는 것으로 정의한다면 그 결과 그것은 실재한다"라고 진술한다(Thomas and Thomas 1928: 572). 이 정리는 우리가 상황에 부여한 의미가 '객관적으로' 사실인 것보다 인간행동을 이해하는 데 더 중요할 수도 있다는 것을 시사한다. 왜냐하면 우리는 무엇이 실제로 사실인지와는 무관하게 우리가 사실이라고 **믿는** 것에 근거하여 행위하기 때문이다. 중세의 마녀사냥에 휘말린 여성들을 생각해보라. 사탄에 홀린 것으로 고발된 많은 사람이 당시의 종교당국과 행정당국에 의해 사형을 선고받고 처형되었다. 그들이 사탄에 홀려 있다는 고발자의 믿음은 사탄의 실제적 존재나 부재와는 무관하게 그들의 운명을 결정짓기에 충분했다. 무수한 다른 사례들에서와 마찬가지로 이 사례에서도 상징적 상호작용론자들은 힘 있는 사람들의 정의가 일반적으로 힘없는 사람들의 정의를 압도한다고 말한다.

상징적 상호작용론자들이 때때로 말했듯이, 하나의 상황에 대해 **하나의 정의만** 이야기하는 것은 사실은 잘못이다. 왜냐하면 어떤 주어진 상황에서는 동일한 장면에 대해 다수의 해석이 가능할 수 있기 때문이다. 또는 고프먼(Goffman 1974, 1981)의 표현으로는 거기에는 많은 가능한 해석 '프레임'이 존재할 수 있다. 심지어는 단일 행위자가 몇 가지 다른 해석 프레임을 통해 동일한 장면을 대안적으로 바라보기도 한다. 다중의 해석과 다중의 정체성으로 이루어지는 탈근대 세계에서 쿨리의 영상자아는 훨씬 더 거울 집house of mirrors 안에서 움직이는 사람처럼 보인다.

민속방법론

상징적 상호작용론처럼 민속방법론도 사람들이 어떻게 의미를 구성하는지에 관심을 두고 있는 일단의 이론과 조사이다. 민속방법론은 글자 그대로 사람들ethno의 방법, 보다 구체적으로는 사람들이 일상생활에서 일상적 활동을 만들어내고 이해하는 방법에 대한 체계적 연구ology를 의미한다. 민속방법론자들은 다른 사람들의 방법을 밝혀내는 그들 나름의 독특한 방법을 가지고 있다. 그들이 선호하는 조사전략 가운데 하나가 통상적으로 특정한 상황에서 널리 받아들여지는, 당연한 것으로 간주되는 가정을 방해 또는 '파괴'하고 사람들이 그러한 사회적 파열에 어떻게 반응하는지를 관찰하는 것이다. 해럴드 가핑클Harold Garfinkel은 자신의 개척적인 저작『민속방법론 연구Studies in Ethnomethodology』(1967)에서 그러한 자연적 실험 또는 증명의 하나를 서술한다. 그는 자신의 UCLA 학생들에게 휴일 동안 집에 가서 머물면서 자기 집에서 마치 이방인처럼 행동하고 다른 사람들이 그것에 대해 보인 반응을 보고하라고 지시했다. 학생들은 돌아와서 자신들의 행동이 "경악, 당황, 충격, 불안, 곤혹, 화"의 반응을 유발했으며 "학생들이 품위 없고 예의범절을 모르고 이기적이고 심술궂거나 무례하다"는 비난을 받았다고 보고했다(Garfinkel 1967: 47).

이러한 종류의 증명은 우리가 통상적으로 당연한 것으로 간주하는 사회질서가 불안정할 정도로 취약하다는 점을 극적으로 보여준다. 사물의 '정상적' 질서가 방해받을 때, 우리는 흔히 정신적 혼란과 고통의 기색을 드러내고 상황을 정상상태로 회복하기 위한 일을 시작한다. 어떤 (반드시 정치적이지는 않은) 의미에서 가핑클의 증명은 인간본성에는 일상생활의 질서와 안정성을 유지하고자 하는 심히 보수적인 긴장이 존재한다고 시사한다.

가핑클의 조사는 또한 의미에 대한 인간의 욕구가 매우 강렬해서 우리는 어느 누구도 존재하지 않는 곳에서조차 의미를 만들어낸다고 시사한다. 한 고전적 증명에서 가핑클은 자원한 학생들에게 '카운슬러'(실제로는 실험자)를 짝지어주었다. 각각의 학생들은 불투명한 칸막이로 카운슬러와 분리되었고, 카운슬러에게 '예' 또는 '아니요'로 답할 수 있는 질문을 하라는 지시를 받았다. 아래는 그 실험에서 따온 대화의 일부이다.

> 피실험자: 나는 공교롭게도 유대교인이고, 유대교인이 아닌 소녀와 데이트를 해왔어요. …… [아빠는] 결코 그녀와 데이트를 하지 말라고 말하지는 않았지만, 아빠는 바로 그 순간에도 그녀와 데이트하는 것에 대해 나를 빈정대거나 내가 매우 불편하게 느낄 말을 찾아낼 거예요. …… 당신

은 내가 그 여자와 계속해서 데이트를 해야 한다고 생각하나요?

실험자: 나의 답은 '아니요'입니다.

피실험자: '아니요'라고요. 거 참, 재미있네요. …… 아마 내가 이 순간에 보지 못하는 어떤 것이 제3자에게는 더 쉽게 보이겠죠. …… 이제 나는 두 번째 질문을 하고 싶어요. …… 유대인이 아닌 소녀와 데이트하는 것을 놓고 내가 아빠와 더 토론을 해야 할까요?

실험자: 나의 답은 '예'입니다.

피실험자: 그래요, 나도 그게 온당하다고 생각해요.

(Garfinkel 1962: 80~81)

이 학생은 카운슬러가 자신의 질문에 사려 깊게 반응하고 있다고 믿지만, 그 카운슬러의 응답은 사실은 난수표로부터 산출되고 있었다. 따라서 그 학생은 그 자신의 의미를 부지불식간에 만들어내고 있었다. 이 증명 및 이와 유사한 다른 증명들(이를테면 McHugh 1968; Blum and McHugh 1971)은 우리가 무의미한 것을 이해하려고 하고 실제로 아무 의미도 없는 곳에서 의미 있는 메시지를 발견해낼 정도로 본래 '의미 제조자'라는 것을 시사한다.

일부 민속방법론자들은 우리가 문법규칙과 유사한 특정한 심층 규칙이나 해석적 절차에 따라 의미를 구성한다고 믿었다. 에런 시커럴(Aaron Cicourel 1970, 1974: 80)은 우리에게 의미 있는 문장들을 산출할 수 있게 해주는 심층구조적 문법규칙이 존재하는 것(Chomsky 1965)과 마찬가지로 우리가 다양한 상황에 적절하게 반응할 수 있게 해주는 기본 규칙 또는 해석절차가 존재할 수 있다고 제시한다. 이를테면 가까운 친구들과의 일상적 대화에서 우리가 다른 사람의 단편적이고 약술적인 표현을 이해할 때, 또는 우리가 하나의 대화주제에서 다른 대화주제로 순조롭게 이동할 때 우리는 그러한 절차들을 직관적으로 이용한다. 대화분석가들은 때로는 비디오 테크놀로지의 도움을 받아 일반 사람들이 일상적 대화에서 일상적으로 사용하는 광범위한 무언의 규칙과 방법들 — 대화의 지속시간, 순서, 대화 중단의 허용 정도를 지배하는 규범을 포함하여 — 을 아주 상세하게 검토해왔다(Handel 1982; Heritage 1987; Tannen 1990, 1994; Silverman 1998). 이러한 종류의 연구를 통해 언어 지향적인 사회학자들은 사회적 삶에 숨어 있는 구문구조나 문법구조를 밝혀내고 싶어 한다.

해석학

민속방법론자들이 주로 대화적 상호작용이나 대면적 상호작용에 관심을 기울여왔다면, 보다 오래되고 보다 확립된 하나의 학문적 전통은 쓰여 있는 텍스트의 해석에 초점을 맞추어왔다. 해석학Hermeneutics(즉, 해석의 기술과 기교)이라는 이름은 신의 메신저인 전설적인 그리스 인물 헤르메스Hermes에 경의를 표하여 붙여졌다. 해석학은 19세기 초에 독일에서 성스러운 경전들의 해석에 대한 역사적 접근방식으로 등장했다. 오늘날 해석학의 방법은 모든 방식의 텍스트에 적용되지만, 특히 '고전적' 텍스트 — 세속적 텍스트와 성스러운 텍스트, 고대 텍스트와 현대 텍스트 모두 — 에 적용된다(Mueller-Vollmer 1989; Tracy 1981).

현대 해석학의 주요 인물로 거론되는 사람이 독일 이론가 한스 게오르크 가다머Hans Georg Gadamer이다. 가다머는 『진리와 방법Truth and Method』 (1975)에서 고전 텍스트의 독해는 일종의 과거와의 대화이며, 그러한 모든 대화는 역사적으로 상황지어진다고 제시한다. 모든 텍스트는 역사적으로 특수한 인식과 관심의 '지평' 내에서부터 기술된다. 마찬가지로 모든 독자도 자신들의 독특한 인식과 관심을 가지고 텍스트에 다가간다. 그러므로 모든 진정한 해석의 시도는 통상적으로 독자와 텍스트를 분리시키고 있는 시간적·문화적 거리를 가로지르는 '지평들의 융합'을 요구한다. 따라서 내가 플라톤학파의 대화나 부처의 가르침과 만날 때, 나는 불가피하게 나 자신의 전前이해, 선입견, 현재의 관심을 문화적·역사적으로 멀리 떨어진 맥락에서 생산된 어떤 텍스트의 독해 행위에 가지고 들어간다. 가다머는 우리가 다른 방법으로는 텍스트를 독해할 수 없다고 주장한다. 나는 독해 행위 속에서 나 자신과는 다른 인식 및 관심과 마주한다. 나는 다른 장소와 시간에서 살아온 사람의 '타자성'과 만난다(Gadamer 1989: 270). 그리고 나는 타자에 근거하여 타자를 이해하기 위해 나 자신의 지평을 확장할 것을 요구받는다.

가다머는 특히 전통적 세계관에 관한 과학적 계몽주의의 회의주의와 과거의 '편견'에 대한 계몽주의의 경멸에 특히 비판적이었다. 그는 계몽주의의 합리성은 그 자체로 그 자신의 독특한 편견 — 그것도 편견에 대항하는 자기모순적 편견 — 을 지니고 있는 하나의 해석적 전통이라고 지적한다. 심지어 전통에 대한 계몽주의적 합리주의자의 회의주의조차 하나의 해석적 전통(그리고 그것도 다소 도그마적인 전통)이다. 마지막으로, 해석의 '해석학적 순환'으로부터 탈출할 수 있는 방법은 없다. 우리는 어떤 역사적으로 특정한 해석 전통 내에서 텍스트의 부분을 전체와 관련하여,

그리고 전체를 그 부분들과 관련하여 이해한다. 우리는 어떤 텍스트를 적대적으로 독해하여 그 텍스트에 숨어 있는 동기와 이해관계를 '폭로' 하기도 하고(리쾨르가 '의심의 해석학hermeneutics of suspicion'이라고 불렀던 것) 관대하고 동정적인 독해('회복의 해석학hermeneutics of recovery')를 하기도 한다(Ricoeur 1970, 1981). 그러나 어떤 경우이든 텍스트의 의미는 텍스트와 독자 간의 만남으로부터 나온다. 즉, 텍스트의 의미는 텍스트가 독자에게 가지고 오는 것뿐만 아니라 독자가 텍스트에 가지고 오는 것에 의해서도 영향을 받는다. 최근 몇 십 년간 문학이론가들은 저자, 텍스트, 독자, 해석공동체가 그들을 둘러싸고 있는 역사적 **맥락**context(글자 그대로 'with-texts') 내에서 맺는 복잡한 관계에 큰 관심을 기울여왔다(이를테면 Fish 1980; Eagleton 1983).

텍스트 해석에 대한 가다머의 접근방식은 문화현상 전반의 해석에 광범하게 적용될 수도 있다. 하지만 가다머는 그렇게 하는 어떠한 단순한 기계적인 방법도 제시하지 않는다(Bleicher 1982). 고전 텍스트와 여타 복잡한 문화적 인공물들은 그렇게 하기에는 너무나도 미묘하다. 앤서니 기든스(Anthony Giddens 1984)가 지적하듯이, 문화분석은 대단히 복잡하다. 왜냐하면 그것은 '이중의 해석학double hermeneutic'을 요구하기 때문이다. 우리는 사회의 겉으로 드러난 객관적 표현을 해석해야 할 뿐만 아니라 그 성원들의 내밀한 해석을 재구성하고자 시도하기도 해야 한다. 후자가 바로 전통적으로 이해Verstehen 또는 해석적 이해interpretive understanding로 알려진 방법론적 원칙이다(Weber [1904~1917]1949). 지질학자들은 바위가 자신의 존재조건을 어떻게 해석하고 그러한 해석을 통해 그 존재조건을 어떻게 수정하는지를 연구하지 않고도 바위에 대해 연구할 수 있다. 자연과학자들과 대조적으로 사회과학자들은 훨씬 더 복잡한 과업에 직면한다. 왜냐하면 사회적 행위자의 주관적 해석은 그들이 창조하고 유지하는 표면상 객관적인 구조와 깊이 연루되어 있기 때문이다. 사회과학자들의 경우 (실제로는 사회적 행위자 일반의 경우) 솔직히 그들이 해석으로부터 또는 해석의 해석으로부터 탈출할 수 있는 방법은 전혀 존재하지 않는다.

구조주의와 기호학

해석학이 독일의 종교적·철학적 학문에서 기원했다면, 프랑스 구조주의는 근대 언어학에 의해 크게 고무된 지적 운동이다. 20세기 과학의 하나로서의 언어학의 출현은 사회체계의 속성과 언어체계의 속성 간에 새로운 일련의 방대한 암시적 유추를 할 수 있는 길을 열어주었다. 1950년대에 주목을 받은 프랑스의 구조주의 인류학자 클로드 레비-스트로스Claude Levi-Strauss는 그러한 새로운 가능성을 처음으로 인식한 사람들 중의 하나였다.

레비-스트로스는 페르디낭 소쉬르Ferdinand Saussure와 로만 야콥슨Roman Jakobson의 구조언어학에 의지하여, 인간 뇌의 신경경로에 부호화되어 있는 언어구조 속에서 인간문화의 기원을 찾고자 했다. 레비-스트로스는 문화체계가 무의식적인 언어규칙체계에 의해 산출된다고 믿었다. 여기서 그는 소쉬르(Saussure [1916]1966)의 추상적 규칙체계로서의 언어(랑그la langue)와 그러한 규칙에 의해 지배되는 실제 말의 실행(파롤la parole) 간의 구분에 의지한다. 체스 유추는 이 구분을 명료히 하는 데 도움을 줄 수 있다(Harland 1987: 12). 체스 게임을 구경할 때, 체스의 수를 의미 있게 만드는 규칙을 먼저 이해할 때까지는 우리는 플레이어가 두는 일련의 수를 이해할 수 없다. 같은 이유로 우리는 사회적 행위자들의 행위를 산출하는 구조적 규칙체계를 먼저 이해하지 않고서는 그들의 말과 행위를 이해할 수 없다. 레비-스트로스는 관찰 가능한 현상을 보다 심층적인 언어체계의 표현으로 간주함으로써 인간정신의 근본(그러나 주로 무의식적인)구조를 밝힐 수 있기를 바랐다.

소쉬르와 야콥슨은 언어는 본질적으로 차이의 체계라고 주장했다. 언어의 모든 요소 — 언어의 소리, 단어, 문법, 의미 — 는 언어가 아닌 것에 의해 정의된다. 따라서 이를테면 소리 **오**oh는 **아**ah 및 다른 모든 소리와 다르고, **녹색**이라는 단어는 '녹색이 아닌' 다른 모든 것과 대비되어 정의된다. 요컨대 언어는 이원대립의 체계 — 즉, X인 것과 X가 아닌 것, Y인 것과 Y가 아닌 것 — 로 간주될 수 있다. 레비-스트로스는 이 통찰을 한 걸음 더 밀고나가 인간문화도 마찬가지로 그러한 이원대립(남자/여자, 성스러운 것/세속적인 것, 날것/요리된 것 등)을 축으로 하여 조직화된다고 주장했다. 우리가 이원적 구분을 하고 현실을 그러한 구분에 따라 범주화하는 능력은 우리가 '원시'사회에 살든 아니면 '근대'사회에 살든 간에 인간정신과 문화에 근본적인 것이다. 레비-스트로스는 우리가 세상을 이처럼 이원대립의 체계로 분류함으로써 자연으로부터 인간 문화가 출현하게 되었다고 주장했다.

레비-스트로스와 여타 학자들(이를테면 Leach 1970, 1976)은 친족체계, 음식관행, 신화를 포함하여 광범위한 문화현상을 구조언어학의 렌즈를 통해 분석해왔다. 이를테면 레비-스트로스는 우리가 사회를 하나의 의사소통체계로 바라볼 때 "언어의 규칙이 메시지의 순환을 [보장하는]" 것과 마찬가지로 "친족과 결혼의 규칙들이 집단들 간의 여성의 순환을 보장하는 데 기여하여" 집단들 사이에 상호성과 협력관계를 확립한다고 주장했다(Levi-Strauss 1968: 83; Clarke 1981: 157~183). 유사하게 레비-스트로스는 신화체계를 이원대립에 기초한 정교한 언어적 구성물로 분석했다. 그는 악보가 오케스트라 공연을 산출한다고 말할 수 있는 것과 얼마간 동일한 방식으로 신화가 문화적 공연을 산출하는 강력한 정신적 모델을 상징적 형태로 표현하고 있다고 믿었다.

수많은 인류학적·사회학적·문학적 연구들이 문화현상을 이원적 측면에서 분석하고자 해왔다. 이를테면 메리 더글러스Mary Douglas는 『순수와 오염Purity and Danger』(1966)에서 많은 문화적 분류체계가 질서를 깨끗함과 연관시키고 무질서와 혼돈을 더러움과 연관시키는, '깨끗한 것'과 '더러운 것'의 구분을 축으로 하여 조직화되어 있다고 주장한다. 보다 최근에 피에르 부르디외(Pierre Bourdieu 1984)는 엄청난 분량으로 진술된 책 『구별짓기Distinction』에서 프랑스 사회계급체계를 이원대립의 측면에서 분석하면서 사람들의 계급성원의식을 특징짓는 구체적인 취향과 관행을 놀랄 만큼 구체적으로 도식화했다. 피에르 부르디외(Pierre Bourdieu 1984: 6~7)가 비판적으로 언급하듯이,

> 취향은 분류한다. 그리고 취향은 분류한 사람들을 분류한다. 자신들의 분류에 의해 분류된 사회적 주체들은 음악과 음식, 회화와 스포츠, 문학과 헤어스타일에 대한 [자신들의] 선호에 따라 아름다운 것과 추한 것 간에, 고귀한 것과 천한 것 간에 자신들이 만들어낸 구별에 의거하여 그들 자신을 구별짓는다. …… 저급하고 조잡하고 천박하고 돈으로 얻을 수 있고 독창성이 없는 즐기기(한마디로 자연 그대로의)를 거부하는 것이 문화의 성스러운 영역을 구성한다. 그리고 그것이 세속적인 사람들에게는 영원히 폐쇄되어 있는, 승화되고 세련되고 사욕 없고 이유 없고 고귀한

즐거움을 누릴 수 있는 사람들이 우월하다는 것을 확증한다.

요컨대 부르디외의 비판은 사회계급이 '고급'문화와 '저급한' 또는 '저속한' 자연 간의 이원적 구별을 축으로 하여 조직화되어 있음을 보여준다.

기호와 상징체계를 연구하는 기호학은 프랑스 구조주의와 긴밀한 친화성을 가지며, 그 자체로 프랑스 지성계에서 고급예술의 한 형태가 되었다. 기호학의 주도적 실천자인 문학이론가 롤랑 바르트Roland Barthes는 광범한 유형의 문화현상들 — 비록 그 문화현상들이 문학비평 형태로 독해되고 분석된 '텍스트'이기는 했지만 — 을 분석해왔다. 바르트의 기호학적 분석(이를테면 Barthes 1972)에는 레슬링 경기, 할리우드 영화, 헤어스타일·음식·옷의 유행, 아이들의 장난감, 스트립쇼, 세탁용 세제 광고 같은 다양한 현상에 대한 연구가 포함되어 있다. 이 현상들 모두가 상징체계로 분석되었다. (만약 당신이 직접 기호학적 분석을 해보고 싶다면, 다양한 사회적 배경을 지닌 미국인들이 할로윈데이, 추수감사절, 크리스마스, 쓰리 킹스 데이, 부활절, 노예해방 기념일, 독립기념일과 일반적으로 연관시키는 상징체계들을 분석하고 비교해보라.) 사회연구로까지 이어진 기호학이라는 문학 도구는 문화분석에 다양하고 흥미로운 새로운 가능성을 열어준다(Hodge and Kress 1988).

해체주의와 후기구조주의

1960년대경 프랑스 구조주의는 인류학 이론에서 하나의 주요한 힘이 되었다. 그러나 그것은 또한 곧 비판의 주요한 표적이 될 소지를 지니고 있었다(이를테면, Kurzweil 1980; Clarke 1981; Harland 1987). 레비-스트로스는 문화의 근간을 이루는 정신적 모델과 언어적 모델이 어떤 의미에서는 그 모델들이 산출한 문화현상보다도 더 실재한다고 말하는 것처럼 보였다. 몇몇 비판가는 정신적 모델에 초점을 맞추는 레비-스트로스의 이론이 그 모델과 모순되는 불편한 경험적 현상들을 무시한다고 불평했다. 주요 비판가 중 한 사람인 프랑스 문학이론가 자크 데리다(Jacques Derrida 1976, 1978)는 다른 방침을 채택하여 레비-스트로스 이론의 중핵에 자리하고 있는 이원대립이라는 구조주의적 교의에 이의를 제기했다. 레비-스트로스는 이원대립을 문화체계의 토대를 이루는 거의 안정적인 구조로 보아왔다. 하지만 데리다는 자연/문화 또는 말하기/글쓰기와 같은 이원대립을 면밀히 고찰하면 외견상으로는 예리하고 뚜렷한 그러한 이분법이 희미하고 모호하고 불안정해진다고 진술했다. 면밀한 비판적인 정밀조사가 이루어질 경우, 그러한 대립은 카드로 만든 집처럼 심지어는 붕괴될 수도 있다.

데리다는 이원대립의 두 측면 간의 변화하는 불안정한 관계를 지칭하기 위해 **차연**differance이라는 용어를 주조했다. 프랑스어에서 **차연**은 복잡한 말장난을 만들어낸다. 우리가 구별짓기를 할 때, 우리는 대립되는 측면들 간의 **차이**difference뿐만이 아니라 그 측면들 간의 **존경**deference의 관계 — 한 측면이 다른 측면에 비해 특권을 부여받는 — 또한 암시한다. 게다가 우리가 이원대립에 의문을 제기할 때, 우리는 그 이원대립이 갖는 의미에 대한 어떤 최종 결정을 무한히 **연기**defer하거나 미룬다. 데리다는 대부분의 구별(이를테면 고급/저급, 남성/여성, 백인/흑인)이 암묵적으로 그리고 정당한 근거 없이 한 측면의 다른 측면에 대한 우위성을 시사한다고 인식했다. 이러한 종류의 불공평한 구별은 일반적으로 그 구별을 만들어낸 사람들의 이해관계를 반영한다. 따라서 이를테면 상층 백인 남성들의 이해관계 속에서는 백인 남성의 우위성을 시사하는 불공평한 구별이 유지되고 미묘한 언어 권력을 통해 그들의 특권적 지위가 강화된다.

데리다는 전통적 구별을 추궁하거나 그 구별에 대해 의문을 제기한다. 우리는 각 측면들의 지위를 뒤집음으로써, 이를테면 남성에 비해 여성에게 또는 백인에 비해 흑인에게 특권을 부여함으로써 그러한 불공평한 구별을 **해체**하기 시작할 수도 있다. 그러나 이것은 단지 전통적인 사물의 질서를 반전된 거울 이미지 속에서 재생산할 뿐이다. 보다 급진적인 조치는 애초의 이원적 구별이 지닌 의미를 부정하는 것이다(Norris 1987). 게다가 하나의 유력한 구별을 해체하는 것은 단지 그 구별을 뒤집는 것일 뿐만이 아니라 또한 그 구별의 존재 자체까지 의문시하는 것이다. 그것은 단지 언급된 것에 이의를 제기하는 것일 뿐만이 아니라 감추어져온 것을 폭로하는 것이고, 전통적인 쓰기와 말하기 방식에 의해 침묵을 강요당한 사람들에게 목소리를 부여하는 것이다. 이렇듯 해체주의는 세계를 개념화하는 전통적인 방식이 누린 권위에 근본적으로 이의를 제기한다. 언어학자 소쉬르를 따라 데리다는 기표signifier(이를테면 단어)와 기의signified(그 단어가 지칭하는 관념이나 경험) 간의 관계는 본질적으로 느슨하고 불안정하고 맥락 의존적이라고 주장한다. 데리다 분석의 요지는 언어에 보전된 의미는 본질적으로 불안정하고 '결정 불가능하고' 항상 다수의 독해와 언어의 자유로운 작동에 열려 있다는 것이다.

비판가들은 언어에 대한 이러한 견해가 문화적 함의의 면에서 전복적이고 심지어는 무정부주의적이라고 우려한다. 그들은 데리다가 모든 의미는 독자의 해석적 관심에 달려 있으며 어떤 해석도 다른 해석보다 더 낫지 않으며 어떤 것도 진실이 아니라는 급진적 상대주의를 조장한다고 비난한다. 데리다에 동정적인 일부 독자들은 그의 입장에 대한 이러한 희화화가 데리다의 저술에 대한 진지한 고찰이라기보다는 특권 있는 해석 전통을 방어하려는 열정에 의해 추동된 정치적 논박이라고 주장한다. 또 다른 옹호자들은 데리다 사상 속의 전복적이고 위반적이고 무정부적인 충동을 아주 즐겁게 받아들이는 것으로 보인다. 한편 데리다 저술의 도덕적·정치적 함의는 여전히 (상당 정도) 불분명하고 애매하여 여러 해석의 가능성이 남아 있다(Lilla 1998).

데리다의 구조주의 비판은 후기구조주의 시대에 문학연구와 문화연구를 선도해왔다. 그는 작고한 사회역사가 미셸 푸코Michel Foucault와 함께 여전히 후기구조주의이론에서 매우 중대하게 여겨지는 존재로 남아 있다. 푸코는 엄청난 범위와 깊이를 지닌 역사학자로, 문화사를 인도해온 담론들에 매혹되었다. 푸코가 사용하는 용법으로는, 담론은 어떤 특정한 지식 영역과 관련한 일단의 언어이다. 하나의 언어 단위로서의 **담론**은 단어보다 크고, 문장보다 크고, 단락 또는 책보다 크다. 담론은 특정 언어공동체가 역사의 특정 시기와 장소에서 특정한 일련의 현상들에 대해 생각하고 기술하고 말하는 방식들 모두를 나타낸다. 푸코는 그의 생애 내내 의학, 행형학, 섹슈얼리티와 같은 다양한 영역의 담론들을 탐구했다. 기록보관소에 소장된 연속되는 역사적 시기들의 관련 기록들의 검토에 기초한 그의 연구들은 사람들이 그러한 영역들을 개념화해온 방식들 속에서 일어난 심층 변화 ─ 지구 표면 아래 심층에서 발생하는 지각판의 거대한 이동을 생각나게 하는 ─ 를 추적한다. 게다가 푸코(Foucault 1980, 1984, 1990)는 자신의 연구에서 줄곧 지식(전문화된 담론 속에 새겨져 있는)과 권력 간의 긴밀하고도 분리할 수 없는 관계에 초점을 맞추어왔다.

푸코는 이를테면 『광기와 문명Madness and Civilization』(1965)에서 중세 이후 정신이상insanity 개념의 변화를 반영하는 담론들을 검토한다. 중세 유럽에서 정신이상자는 보통 감금되지 않고 자주 시골에서 자유롭게 돌아다니는 것이 허용되었다. 광기의 개념은 과학적 계몽주의 시대에 광기가 이성과의 이원대립 관계에서 이해되면서 변화했다. 계몽된 이성은 사회에서 비합리적인 힘을 분리하고 감금할 것을 요구했다. 따라서 18세기경 정신이상자는 일반적으로 '정상적인' 주민과 분리되어 수용소에 감금되었다. 그곳에서 그들은 합리적·체계적·집중화된 통제하에 놓이게 되었다. 19세기와 20세기에 광기에 대한 담론은 다시 변화했다. 이 시기에 광기의 담론은 과학의 기치하에 업무를 수행하는 의학 전문가들에 의해 정신병원에서 '치료'를 받아야 하는 정신'질환'으로 인식하는 의학적 모델로 변화했다. 푸코는 광기에 대한 담론 변화가 어떻게 근대사회에서 권력이 과학적 전문가들의 수중으로 이전되는 것과 상응하는지와 함께 과학적 담론이 어떻게 그러한 새로운 형태의 권력이 행사되는 수단으로 기여하는지를 살펴본다.

푸코는 『규율과 처벌Discipline and Punish』(1977)에서는 범죄와 처벌 개념의 변화를 검토한다. 그는 18세기에 과학적 이성이 부상하면서 당국이 새롭고 보다 효과적인 범죄통제 및 범죄처벌 수단을 추구했다고 언급한다. 중세의 고문과 사형은 보다 새롭고 보다 '계몽된' 통제방법에 길을 내주었다. 영국의 공리주의 철학자 제러미 벤담은 그 시대의 과학적·합리적 정신에 부합하게 파놉티콘이라는 새로운 종류의 감옥을 설계할 것을 제안했다. 그 원형구조의 감옥에서는 바로 중앙의 감시탑에서 간수들이 모든 죄수를 관찰할 수 있고, 죄수들도 서로를 관찰할 수 있어 자신들의 동료 죄수들을 항상 감시하에 둘 수 있다. 벤담의 과학적 설계는 또한 학교, 군대 막사, 병원에도 채택되었다. 그것은 (근대국가의 등장이 수반한) 외적 규율과 내적 자기통제의 겸비라는 이상을 건축의 형태 속에서 구현한 것이었다. 푸코가 볼 때, 파놉티콘은 점점 더 증가하는 인구를 효율적인 권력수단의 하나로서의 과학적 합리성을 이용하여 감시하고 단속하고자 한 근대국가의 시도를 상징한다.

푸코는 『섹슈얼리티의 역사The History of Sexuality』([1978]1990)에서는 다시 자신의 시선을 에로틱한 것에 관한 담론으로 옮긴다. 그는 중세 시대에는 성 담론이 교회의 통합된 언어하에서 조직화되어 육욕적 죄악, 고백, 참회의 어휘 속에서 표현되었다고 진술한다. 이와 대조적으로 근세 시대에 우리는 다양한 성 담론의 증식을 목격해왔다(Foucault [1978]1990: 33~35). 섹슈얼리티에 대해 생각하고 이야기하는 전통적인 종교적 방식들은 법, 의료, 대중문화와 그것들의 성 하위문화들에 대한 근대의 세속적 담론과 나란히 살아남아 있다. 오늘날에는 성적 행동에 대한 정교한 과학적 분류를 포함하여 이전보다 더 많은 종류의 담화와 저술들이 존재한다. 푸코는 최근 세기에 들어서야 섹슈얼리티가 하나의 독특하고 분리된 삶의 영역으로 분류되고 '이성애'와 '동성애' 같은 공식적 범주에 따라 하위분류되게 되었다고 주장한다. 그는 섹슈얼리티에 대한 과학적 분류는 섹슈얼리티를 '의료화'하여 그것을 '전문가'의 통제하에 놓이게 하는 데 기여해왔다고 지적한다. 한편 그러한 경향에 반대하는 집단들은 섹슈얼리티를 정의하고 통제하는 데서 의학적 담론과 법적 담론의 힘이 점점 더 증가하는 것에 대해 (통제받는 사람들을 대신하여 말하는, 그리고 자기 자신의 언어로 말하는) 페미니즘 언어와 게이 권리 언어 같은 자신들의 '대항 담론들'을 발전시키며 저항해왔다(Foucault [1978]1990: 101).

우리는 푸코의 저작 어디에서든 미묘하고 거의 비가시적인 언어 매체를 통해 행사되는 권력(그리고 그보다는 덜 자주 권력에 대한 저항)이라는 주제가 반복적으로 등장하고 있음을 발견한다. 조지 오웰George Orwell의

『1984』(1949)에서처럼, 예속자들은 자주 자신들의 지배자들의 담론에 흡수됨으로써 자신들의 예속에 일조하기도 한다. 그러나 푸코의 분석은 그 이상의 가능성을 시사하는 것으로 보인다. 즉, 그러한 담론들은 지배자들에게도 역시 권력을 행사하여 통제받는 사람들뿐만 아니라 통제하는 사람들의 생각과 행위 역시 통제한다는 것이다. 우리 모두는 때때로 우리 자신의 수사修辭에 의해 통제되며, 따라서 프레드릭 제이슨(Fredric Jameson 1972)의 표현에 따르면 '언어의 감옥prison-house of language'의 수감자들이다.

가다머의 분석처럼 푸코의 분석도 우리가 우리의 언어를 말하는 것이 아니라 언어가 우리를 말한다고 시사한다. 우리는 우리를 지배하는 사람들의 담론에 도전하는 대항담론을 만들어냄으로써 언어의 감옥으로부터의 탈출을 꾀할 수도 있다. 하지만 우리는 지금까지 언어의 구속으로부터 탈출하지 못했다. 우리는 단지 하나의 담론체계를 다른 담론체계로 바꾸어왔을 뿐이다. 따라서 우리는 계속해서 담론과 대항담론(그리고 푸코식 표현으로는 담론에 대한 담론)을 무한히 창출하고 있다. 인간의 삶에는 역사적으로 상황지어진 담론으로부터 탈출할 수 있는 수단이 존재하지 않는다. 우리는 이러한 깨달음을 슬퍼하기도 하고 찬양하기도 한다. 그러나 좋은 싫든 우리는 언어 속에서 살고 있고 언어는 우리 속에서 살고 있다.

푸코는 담론의 역사에 대한 자신의 접근방식을 묘사하기 위해 두 가지 인상적인 은유 이미지를 이용한다. 푸코는 그의 초기 저작에서(이를테면 Foucault 1972) 자신의 역사적 연구를 '지식의 고고학archaeology of knowledge'의 일종으로 구상한다. 즉, 그는 마치 담론이 지질의 층처럼 시간이 경과하면서 층층으로 쌓이는 것이라고 생각한다. 관념의 역사를 재구성하는 것은 일종의 고고학적 발굴로 인식된다. 이 방법 속에서 우리는 어떤 관념의 과거 기원에서부터 현재의 표면으로 나아가며 관념의 역사를 추적하고, 그 속에서 '담론형성'의 연속성과 급격한 단절 모두와 마주한다. 나중에 푸코는 철학자 프리드리히 니체로부터 빌려온 계보학 은유로 이전한다. 이 방법 속에서 우리는 현재의 관심과 이해관계에서 시작하여 관념의 역사를 과거의 생경한 담론들을 통해 거슬러 올라가거나 내려가며 관념의 역사를 추적한다. 그러나 어떤 관념이 어떤 단일한 또는 분명한 기원을 가진다는 전제 없이 그렇게 한다. 그러나 어떤 경우에서든 푸코는 담론의 불연속성에, 즉 역사 속에서 생각하기, 말하기, 쓰기 방식이 놀랄 만한 단절이나 변화를 겪은 것으로 보이는 지점에 관심을 기울인다. 푸코는 그러한 변화가 일반적으로 권력관계의 근본적 변화를 반영한다고 믿는다. 푸코에 따르면, 그러한 권력관계는 언어에 세세하게 기록되고, 그 언어를 통해 지식이 표현되고 통제력이 행사된다.

최근에는 담론 분석이 역사연구와 문화연구에서 하나의 가내공업 같은 것이 되었다(During 1993). 부분적으로는 푸코의 사례 덕분에 사회사에서 새로운 글쓰기 방식이 출현하고 있다. 역사연구에서의 전통적인 '위인' 접근방식 — 기념비적 사건의 중요성과 유력한 개인의 공적(이를테면 워털루에서의 나폴레옹)에 초점을 맞추는 — 과는 대조적으로 새로운 사회사는 보통 사람들이 수세기를 거쳐 자신들의 일상적 삶을 살아온 방식을 그들의 물질적 존재조건(이를테면 Braudel 1973)뿐만 아니라 세계와 그들 자신에 대한 그들의 인식을 규정해온 사회적 담론에도 특별한 관심을 두고서 재구성하고자 한다. 이를테면 에드워드 사이드(Edward Said 1978)는 자신이 '오리엔탈리즘orientalism'이라고 부른 담론을 비판적으로 검토했다. 서구는 그 담론을 통해 동양의 다양한 문화를 역사적으로 범주화하고 식민

화해오면서 동양의 문화를 이국적이고 묘하게 불길한 것으로 희화화했다. 사이드는 실제로 '서양'과 '동양'이라는 이원대립 자체가 대체로 그러한 대립을 창조한 사람들의 정치적 이익에 기여하는 임의적인 문화적 구성물이라고 진술한다.

우리 시대에 푸코는 하나의 단일한 사회에서조차 동시에 작동하는 엄청나게 많은 사회적 담론을 발견한다. 탈근대 세계에는 이를테면 중세 유럽의 신정국가 시대에 존재하던 것과 같은 어떤 단일한 축을 중심으로 하여 조직화된 담론은 더 이상 존재하지 않는다. 탈근대 시대에는 담론과 권력이 예전보다 탈중심화되고 분산되고 널리 퍼져 있다. 다른 사람들도 유사하게 탈근대 시대를 철학적 기반이 허물어지는 시대(Rorty 1979), 그리고 모든 종류 ─ 그것이 철학적이든 종교적이든 정치적이든 또는 과학적이든 간에 ─ 의 거대서사와 담론에 대한 믿음이 붕괴되는 시대로 특징지어왔다(Lyotard 1984). 탈근대 세계는 불확실성과 위험으로 가득 차 있다. 그러나 비록 탈근대 세계가 유동하고 불안정하기는 하지만(그리고 정확하게는 그것이 유동하고 불안정하기 때문에), 현재의 시대는 유망한 새로운 형태의 언어와 정치가 출현할 수 있는 좋은 기회를 만들어낸다(아니면 푸코가 그렇게 되기를 희망했을 수도 있다).

탈근대적 페미니즘

20세기 후반기 동안에 사회이론에서 일어난 가장 중요한 발전 중의 하나는 지적·정치적 삶에서 페미니즘 사상의 존재감과 영향력이 증대한 것이었다. 일부 비방자들이 희화화하는 것과는 대조적으로 페미니즘은 결코 하나의 단일체적 운동이 아니었다. 여성운동은 계급적·인종적 노선에 따른 내적 분열과 함께 여러 대안적 방향으로 동시에 발전해왔다(Donovan 1994). 이를테면 아프리카계 미국인 페미니스트 벨 훅스(bell hooks 1984)는 흑인 여성과 백인 여성의 역사적 경험과 오늘날의 경험의 근본적 차이가 때때로 서로 다른 페미니즘적 인식과 아젠다를 산출해왔다고 주장했다. 하지만 그들의 내적 차이에도 불구하고 모든 유형의 페미니스트들은 그들의 역사 내내 남성의 권위와 특권에 대한 전통적인 가부장제적 정당화에 의문을 제기해왔다.

언어의 권력과 정치에 세심한 주의를 기울이는 다양한 탈근대적 페미니스트들은 남권주의적 문화의 근간을 이루는 기본 가정을 해체함으로써 가부장제의 토대를 흔들기 위해 노력해왔다. 수전 헤크먼(Susan Hekman 1990)은 그러한 가정들이 일련의 의심스러운 이원대립 또는 그릇된 이분법에 기초하고 있음을 명석하게 파헤쳤다. 그녀의 가부장제 분석은 후기 구조주의적 개념들을 페미니즘의 맥락에 어떻게 적용할 수 있는지를 아주 잘 예증한다.

1. **합리성/비합리성**. 헤크먼은 우리의 문화는 전통적으로 남성을 합리적인 존재로 묘사해온 반면 여성은 비합리적이고 변덕스러운 존재로 제시한다는 지적으로 시작한다. 이러한 특성화에 대한 페미니즘의 반응은 단지 여성이 남성만큼 합리적일 수 있다고 주장하는 것을 넘어선다. 페미니즘은 우리의 합리성 관념 자체에 이의를 제기한다. 헤크먼은 "합리적인 것과 남성적인 것, 비합리적인 것과 여성적인 것 간의 결합이 유지되는 한 여성적인 앎의 방식은 영원히 열등한 것으로 개념화될 것"이라고 논평한다(Hekman 1990: 39). 젠더와 인지 간의 관계에 대한 페미니즘적 지식(이를테면 Belensky et al. 1986; Gilligan 1982)은 이

성에 대한 우리의 전통적인 인식을 재고함으로써, 직관적이고 온정적인 앎의 방식이 자리할 여지를 '형식적인 추상개념으로서의 합리성'이라는 전통적인 남성 관념에서 허용하는 것보다 더 많이 만들어낼 필요가 있음을 시사한다.

2. **주체/객체**. 또 다른 전통적 이분법은 남성을 역사의 중심적 주체로 묘사하는 반면 여성을 대체로 자신들의 일에서 수동적인 객체로 간주한다. 여성은 그녀인 것이 아니라 그녀가 아닌 것에 의해, 즉 남자 아님, 타자, 인간의 잔여범주에 의해 규정된다(Beauvoir 1953; Hekman 1990: 74). 정신분석학적 이론가 줄리아 크리스테바(Julia Kristeva 1986)는 여성이 스스로를 주체 — 고정된 주체가 아니라 영속적인 자기변화과정 속에 있는 복잡하고 다양한 주체 — 로 구성하는 담론을 만들어냄으로써 그러한 전통적인 주체/객체 관계의 토대를 침식해 들어갈 것을 제안한다.

3. **자연/문화**. 세 번째 전통적인 이분법은 여성을 자연과, 남성을 문화 또는 문명과 연계시킨다(Hekman 1990: 105~151). 어머니로서의 여성은 전통적으로 남성보다 자연에 더 가까운 것으로 생각되었을 뿐만 아니라 또한 내조자, 돌보미, 수행원으로서의 '본질적 속성'을 지니는 것으로 상정되었다. 전통적인 견해에 따르면, 이러한 자연적 역할에 이의를 제기하는 것은 우주의 법과 질서 자체에 도전하는 것이다. 페미니스트들은 일반적으로 본질적 속성의 교의에 아주 비판적이었으며, 젠더 역할은 주로 생물학보다는 언어와 문화에 의해 규정된다고 주장한다. 만약 여성의 삶의 서사가 자연보다는 문화에 의해 더 규정되고 있다면, 그리고 주로 남성에 의해 쓰여져왔다면, 그 서사들은 다시 쓰일 수 있다(그리고 현재는 그들 자신의 이야기를 통제하는 여성에 의해 쓰일 수 있다).

페미니스트들이 비판한 또 다른 그릇된 이분법으로는 남성적인 것을 권력과, 여성적인 것을 권력 없음과 등치하는 것을 들 수 있다. 메릴린 프렌치Marilyn French는 『권력을 넘어서Beyond Power』에서 "서구 사상은 심히 이중적이라고, 그러니까 서구에서는 차이가 유사성보다 더 중요하다"고 언급한다. 지배집단(남성을 포함하여)에 가정되어 있는 우위성은 "다른 인간들과 그들의 차이에 의거한다"(French 1985: 500~504). 우리가 남자와 여자가 실제로는 다르기보다는 오히려 유사하다는 것을 깨달을 때, 남성 우위성 주장의 근거는 훼손되고, 그와 함께 가부장제적 권력의 전통적 위계도 훼손된다.

샌드라 번(Sandra Bern 1977)은 한 걸음 더 나아가서 언젠가는 남성적/여성적이라는 이분법 자체가 초월되고 각자가 모든 방향 — 그 방향이 전통적으로 남성적으로 규정되는지 아니면 여성적으로 규정되는지와 무관하게 — 에서 자신의 긍정적인 인간적 잠재력을 발전시킬 수 있고 또 그렇게 하도록 권고받기를 바란다. 그녀는 젠더화된 대립을 궁극적으로 해체하는 것이 젠더 관념 자체를 해체하는 것이라고 말하는 것처럼 보인다.

게이와 레즈비언들은 전통적인 젠더 이분법에 도전하고자 노력하는 과정에서 탈근대 페미니스트들이 사용한 것과 동일한 해체주의 전략의 많은 것을 이용해왔다. 이를테면 '퀴어이론queer theory'(Seidman 1996)을 살펴보자. 이 용어를 이론적 자기기술self-description로 선택한 것 자체가 게이와 게이 아닌 사람을 대립시키고 전자에 비해 후자에게 특권을 부여하는 전통적인 이원대립을 재치 있고 아이러니하게 전도한 것이다. 찰스 레머트(Charles Lemert 1997b: 67)가 지적하듯이, 퀴어이론은 "게이, 레즈비언, 또는 양성애자에게 자주 퍼부어지는 욕설을 전도하여 [성적 편견의] 옳지 않은queer 속성에 대해 주목하게 한다". 실제로 퀴어이론은 양자 간의 적대적인 대립이 마침내 폐물이 되어버릴 때까지 조롱자들을 자신들의 용어로 조롱할 것이다. 탈근대 이론가들은 게이/게이 아닌 사람, 남성적인 것/여성적인 것과 같은 적대적 이원대립이 대부분 사회적 또는 문화적 구성물이고, 따라서 시간이 경과함에 따라 재정의되고 재발명되고 거부되거나 초월될 수 있다는 점을 강조한다.

물론 남성/여성 대립은 여성의 삶에 뿌리내린 많은 이원대립 중 하나이다. 퍼트리샤 힐 콜린스Patricia Hill Collins는 『흑인 페미니즘 사상Black Feminist Thought』(1991)에서 탈근대 페미니즘에 의해 영향 받은 한 관점에 의거하여 젠더 이분법들뿐만 아니라 인종과 계급 이분법 역시 검토한다. 노동계급 출신의 아프리카계 미국인 여성으로서 콜린스는 전통적인 위계를 근본적으로 뒤엎어 전통적으로 주변화된 사회적 범주들을 그녀의 분석의 맨 가운데에 위치시키기로 결심한다. 따라서 그녀는 전통적인 유럽 중심적 관점, 남성적 관점, 경제적 특권 계급의 관점에서 이루어진 인종, 젠더, 계급 분석에서 벗어난 명백히 아프리카 중심적인 페미니즘 분석을 발전시킨다.

이와 유사하게 도로시 스미스(Dorothy Smith 1987)는 여성의 생활체험을 출발점으로 취하는 명시적으로 페미니즘적인 사회학을 발전시키며, (자주 무의식적으로) 남성의 경험, 이해관계, 관점에 의거하여 사회적 삶을 분석하는 전통적인 가부장제적 사회학을 뒤집고자 한다. 스미스(Smith 1999: 96~130)는 콜린스보다 탈근대적 형태의 페미니즘에 더 비판적인 것으로 보인다. 그녀는 그러한 형태의 페미니즘들이 추상적인 탈육체화된 담론(그리고 담론에 대한 담론)에 몰두함으로써 육체화된 여성들의 일상적인 세속적 삶 및 관심사들과 유리되지나 않을까 우려한다.

어쨌거나 삶에는 담론 말고도 많은 것이 있다. 그중에서 주목할 가치가 있는 것이 특히 몸과 관련된 것이다. 몸과 마음을 분리시키고 전자에 비해 후자에 특권을 부여하는 이원론적 문화에서 몸은 오랫동안 무시되어왔다. 최근에 페미니스트들과 여타 사회이론가들은 몸과 몸의 욕망이 갖는 사회적 의미에 대해 점점 더 많은 관심을 기울여왔다(이를테면 Boston Women's Health Book Collective 1973; Ussher 1997; Williams and Bendelow 1998; Bartkowski 1999). 육체화에 대한 논의들은 빈번히 탈근대적 페미니스트이자 퀴어이론가인 주디스 버틀러(Judith Butler 1990, 1993)의 도발적인 저술에서 중심을 차지하고 있다. 버틀러는 성과 젠더의 역할은 우리가 일상에서 그러한 역할을 수행하는 행위 자체를 통해 창조하고 재창조하는 사회적/언어적 구성물이라고 주장한다. 버틀러(Butler 1993: 5)는 엄격한 이원적 성 유형화는 사회적으로 구성된 허구 — 문화가 우리의 몸에 자신의 의미를 각인시키는 많은 방식 중 단지 하나에 불과한 — 라고 주장함으로써 전통적인 생물학적 '남성' 개념과 '여성' 개념을 해체한다. 그녀는 우리의 물질적 경험조차도 일종의 문화적 가공물이라고 말하는 것처럼 보인다. 하지만 철학자 마사 누스바움(Martha Nussbaum 1999: 42)과 여타 비판자들은 "모든 물질 위에 높이 떠서 부유하는" 페미니스트인 버틀러가 몸을 추상적 담론으로 환원시키는 것으로 보이는 관점에서 전 세계 여성의 실제적인 물질적 관심사를 다루기 시작할 수 있을지에 대해 심히 의문을 제기해왔다. 우리가 적어도 부분적으로는 전前 언어적(이를테면 유아기 동안에)·언어외적 방식으로 우리의 몸을 경험한다는 것은 분명해 보인다(이를테면 Lupton and Barclay: 21~24). 지그문트 프로이트가 생물학은 운명이라고 논평했을 때 그는 분명 과장한 것이었지만, 우리의 몸이 전적으로 언어와 문화의 통제하에 있다고 제시하는 것 역시 똑같이 그리고 정반대의 과장일 것이다. 하지만 버틀러의 편에서 보면, 우리는 우리의 신체 경험, 자세, 제스처, 섹슈얼리티가 어렸을 때부터 언어체계와 기호체계에 의해 규제된다는 것을 부정할 수 없으며, 모든 신체적 수행은 동시에 문화적 수행이라는 것도 부정할 수 없다.

비판이론과 이성의 옹호

서구 사회이론은 일반적으로 몸을 무시해온 반면, 정신과 그 정신의 추론 능력은 높이 평가해왔다. 하지만 보다 최근에 해체주의와 여타 탈근대적인 지적 운동들은 고대 그리스에서 시작하여 근대 과학적 계몽주의를 거치면서 서구 지성사를 관류해온 전통적인 '로고스중심주의logo-centrism' 또는 이성중심성reason-centeredness에 이의를 제기해왔다. 이러한 이성의 왕좌에 도전하는 대부분의 탈근대적 학자들과 특히 니체로부터 영향을 받은 사람들은 일반적으로 이성을 우리가 욕망하는 것을 추구하기 위해 이용하는 일단의 언어적·인지적 계략으로 회의적으로 바라본다. 만약 이성이 욕망의 종복이라면, 다양한 이해관계와 욕망을 가진 개인과 집단들은 냉소적인 법정 변호사들처럼 자신들의 욕구에 맞추기 위해 실재에 대해 매우 다른 '합리적' 설명들을 만들어낼 것이다. 하나의 전형적인 탈근대적 질문은 이렇게 묻는다. 그렇다면 그것은 **어떤** 합리성이고 **누구**의 합리성인가?(MacIntyre 1988)

그러나 이성의 로맨스는 아직 죽지 않았다. 옛 모더니즘적 계몽주의가 이성에 대해 가진 신뢰는 많은 영역에, 특히 과학공동체들 속에 여전히 살아남아 있다. 사회이론가들 가운데서 이성의 옹호자들로는 프랑크푸르트에 있는 사회조사연구소와 연관된 독일 사회이론가 집단이 있다. 흔히 비판사회학의 프랑크푸르트학파로 알려진 사람들(Connerton 1976;

Dreitzel 1979; Arato and Gebhardt 1990; Agger 1998: 78~98)은 이성을 비판적으로 이해한다(우리는 이들을 제4장에서 만난 적이 있다). 막스 호르크하이머, 테오도르 아도르노, 헤르베르트 마르쿠제를 초기 지도자로 하는 이 집단은 처음에는 전 세계적 불황기인 1930년대에 파시즘과 자본주의 모두에 도전하기 위해 출현했다. 카를 마르크스의 영향을 받았지만 도그마적이고 횡포한 형태의 마르크스주의(스탈린주의와 같은)에는 반대하는 하나의 사회주의 운동으로서의 프랑크푸르트학파는 이성의 해방 잠재력에 대한 계몽주의의 헌신을 유지하기 위해 분투한다. 그 학파의 지도자들은 과거와 현재의 그릇된 이데올로기와 억압적인 정치·경제체계로부터 인류를 해방시킬 수 있는 진정으로 합리적인 사회의 가능성을 마음속에 그렸다.

프랑크푸르트학파의 비판이론가들은 이성의 과학적·기술적 남용, 특히 이성을 지배도구로 도구적으로 사용하는 것에 강력히 도전해왔다. 그들은 제3제국의 기술적으로 진보한 야만주의와 그것의 효율적인 죽음 공장에서 예증된 것처럼, 비도덕적 목적을 추구하는 데 합리적 수단을 이용하는 것을 혐오했다. 문화적 비관주의 경향에도 불구하고, 그들은 이성에 의한 해방 가능성에 여전히 희망을 걸었다. 비판이론가들은 파시즘과 나치즘, 도구적 자본주의, 권위주의적인 국가사회주의, 천박한 실증주의적·기술관료제적 형태의 과학, 그리고 보다 최근에는 다양한 반합리주의적인 포스트모더니즘을 포함하여 많은 방향에서 이성적 담론에 대한 위협이 제기될 것이라고 경고한다.

현대의 프랑크푸르트 이론가들 가운데서는 특히 위르겐 하버마스가 사회적 삶의 언어적·의사소통적 차원에 관심을 기울여왔다. 하버마스는 자신의 전임자들의 저작을 이어가며 확대시키면서, 지배, 도구합리성,

그리고 (과학적으로 훈련받았지만 윤리적으로는 문맹인 기술관료적 엘리트들이 지배하는) '전적으로 관리되는 사회'의 위험에 대한 그들의 비판을 정교화시켜왔다. 그는 『의사소통행위이론 Theory of Communicative Action』(1984/1988)에서 마르크스, 베버, 미드, 그리고 언어철학자들의 이론적 통찰력을 종합하는 엄청난 시도를 한다. 하버마스는 대규모 사회체계(자본주의와 국가관료제 같은)와 보통 인간들의 소규모 개인적·공동체적인 '생활세계' 간의 갈등에 특히 관심을 기울인다. 그의 분석은 그러한 추상적인 사회체계가 보통 사람들의 삶을 압박하고 그들의 인간성을 파괴할 우려가 있다고 시사한다.

이러한 위협에 대응하여 하버마스는 보통 사람들이 자신들의 삶에 영향을 미치는 결정에 의미 있게, 합리적으로, 그리고 민주적으로 참여하는 능력을 확장시킬 수 있는 담론 윤리를 발전시키고자 한다(우리는 곧 이 논의로 돌아갈 것이다). 아마도 하버마스는 오늘날 근대 계몽주의가 주창한 합리적 담론의 이상을 주도적으로 옹호하는 사람일 것이다. 전근대 전통주의자들이라는 한편과 탈근대 냉소주의자들이라는 다른 한편 사이에 끼어서 하버마스는 공세에 시달리는 이성의 이상을 양쪽 전선에서 계속 옹호하고 있다.

∽

우리가 지금까지 이 장에서 검토해온 이론적 전통 — 상징적 상호작용론에서부터 구조주의까지, 그리고 후기구조주의에서부터 비판이론까지 — 은 그것들끼리도 중요한 점들에서 서로 다르다. 하지만 그 이론들은 모두 언어에 대해 매력을 느끼며 담론을 자신들의 시적 출발점으로 삼고 있다. 최근 몇 십 년 동안 언어 은유는 인문학과 사회과학 모두에서 문화연구를 지배하게 되었다. 이 마지막 부분에서 우리는 사회이론에서 최근 전개되고 있는 몇 가지 언어 은유 및 유망한 새로운 미래 방향에 대해 검토할 것이다.

텍스트로서의 사회

우리는 사회에 대한 언어 이미지들을 조사하면서 두 가지 서로 다르면서도 관련되어 있는 은유 테마를 목격한다. 우리가 **글로 쓰인** 담론을 사회에 대한 우리의 은유 모델로 취할 경우, 우리는 저술되고 독해되고 편집되고 수정되고 지워진 일종의 '텍스트'로서의 사회 이미지에 도달한다. 다른 한편 우리가 **말해진** 담화를 우리의 은유의 출발점으로 삼을 경우, 사회는 시간이 경과하며 수많은 다양한 목소리 사이에서 발생하는 방대하고 복잡한 '대화conversation' 또는 '다이얼로그dialogue'처럼 보이게 될 것이다. 이 대안적인 언어 이미지들 ― 텍스트와 담화 ― 각각의 함의를 차례로 살펴보기로 하자.

해석학, 기호학, 구조주의, 후기구조주의를 특징지었던 글쓰기와 텍스트에 대한 매혹은 인간사회는 그 자체로 일종의 텍스트 ― 기호와 상징 속에 새겨져 있고 그 텍스트의 숨어 있는 부호를 알고 있는 사람들에 의해 지적으로 '독해'될 수 있는 ― 라는 은유적 관념을 낳았다. 유럽 대륙의 이론가들(그리고 특히 프랑스 후기구조주의자들)의 저술들이 영어로 번역됨에 따라 영국과 북미의 많은 이론가가 곧 사회의 구성에 대한 이 새로운 사고방식과 저술방식을 탐구하기 시작했다.

텍스트로서의 사회 이미지는 탈산업세계 중에서도 특히 텍스트에 크게 의존하는 정보사회와 잘 어울린다. 도로시 스미스(Dorothy Smith 1999: 33)는 그러한 사회에서는 실제로 모든 사회관계가 텍스트 ― "(텔레비전과 영화 스크린에, 컴퓨터 모니터에) 쓰이거나 인쇄된 또는 그게 아니하면 새겨진 단어와 이미지들" ― 에 의해 매개된다고 예리하게 진술한다. 집과 학교에서부터 작업조직과 정치적 포럼에 이르기까지 우리 삶의 거의 모든 영역에서 우리의 지식과 일상의 관행은 텍스트적 상징과 이미지에 기초를 두고 있다. 따라서 우리는 우리의 삶이 우리가 소비하고 가공하고 생산하고 다른 사람들에게 유포하는 텍스트 자료들에 의해 점점 더 틀지어지고 또 그 텍스트들을 축으로 하여 조직화되고 있음을 발견한다. 우리의 개인적 관계들조차 그 관계가 자주 메모, 이메일, 법적 문서 등에 의해 매개됨에 따라 점차 텍스트적 관계가 되고 있다. 우리는 부분적으로는 우리가 쓴 텍스트를 통해 우리 자신을 정의한다. 왜냐하면 어떤 의미에서 "우리가 쓴 것이 우리이고 [그리고] 우리는 우리인 것을 쓰기" 때문이다(Agger 1989: 303).

북미 이론가들 가운데 리처드 하비 브라운(Richard Harvey Brown 1977, 1987, 1989, 1992a, 1992b)은 하나의 사회 은유로서의 텍스트를 특히 많이 제창해온 인물이다. 브라운은 자신을 '상징적 실재론자'로 묘사하며, 공유된 상징이 그 자체로 인간의 의식과 존재의 재료라고 주장한다. "인간 경험을 구성하는 상징은, '실재한다'는 단어의 가장 완전한 의미에서 실재한다"(Brown 1989: 162). 그리고 상징은 실재하기 때문에, 그것은 실제로 사회적·정치적·도덕적 결과를 가진다.

브라운은 현대 문화를 비판하면서 가치중립적 과학이라는 순박한 실증주의적 수사뿐만 아니라 북미 문화를 지배하는 개인주의적 자아 수사에 대해서도 이의를 제기한다. 그는 개인주의의 수사는 우리의 사회적 관계성을 숨기고, 도덕성에 대한 우리의 이해를 사사화하고, 그럼으로써 우리가 폴리스 또는 공적 공동체의 복리에 대해 도덕적 책임을 지는 것을 방해한다고 주장한다. 그 결과가 바로 우리가 어디서나 보는 공동체의 해체와 시민적 담론의 궁핍화와 타락이다. 우리는 어떻게 우리 문화의 이러한 파괴적 경향에 대처할 수 있는가? 브라운은 우리가 사회에 대한 우리의 이미지를 재고함으로써 공중의 도덕철학을 재활성화하기 시작할 수 있다고 믿는다. 성장하는 유기체로서의 사회라는 전근대적 이미지도, 그리고 기술관료제적 엘리트에 의해 운영되는 방대하고 복잡한 기계로서의 사회라는 근대 산업적 이미지도 탈근대 시대의 공적 참여와 책임에 관한 의미 있는 철학을 구성하는 임무에는 적절하지 않다. 따라서 우리는 인간의 이야기에 대해 저술하고 해석하고 고쳐 쓰는 우리의 능력을 존중하는 사회에 대한 이미지를 필요로 한다. 우리는 **텍스트로서의 사회**, 그리고 그중에서도 특히 도덕적 서사로서의 사회라는 이미지를 필요로 한다. 이 장르에서 브라운과 몇몇 학자들(이를테면 Denzin 1990; Klein 1992; Agger 1989, 2000)은 광범하고 시적인 방식으로 **텍스트**라는 용어를 사용한다. 줄리 클라인Julie Klein은 다음과 같이 진술한다.

> 텍스트라는 관념은 더 이상 '실재'에 대한 글로 쓰인 표현, 또는 보다 협소하게는 문학작품에만 국한되지 않는다. 경험에 대한 어떠한 진술 — 말로 된 또는 글로 쓰인 어떤 기록, 어떤 이론이나 방법, 그리고 어떤 자연과학이나 인간과학 — 도 '독해'될 수 있는 담론적 관행이다. 예술작품과 도구, 의례나 회화, 사회적 행위나 공공정책도 …… 하나의 텍스트일 수 있다. 실제로 문화 자체도 '텍스트의 총체'로 인식된다(Geertz 1973: 452). 텍스

트는 더 이상 영문학의 영역이 아니며, 은유는 문학비평의 일이 아니고, 서사는 소설의 재료가 아니다.(Klein 1992: 10)

그렇다면 사회는 텍스트와 얼마나 유사한가? 텍스트 은유의 핵심은 작가와 독자의 관계에 있다. 게임 은유가 플레이어와 상대방의 관계를, 그리고 연극 은유가 배우와 관객의 관계를 주요한 특징으로 설정하는 것처럼, 텍스트 은유도 의미 새기기 또는 의미 붙이기에서 저자와 독자의 상호작용에 초점을 맞춘다(Geertz 1983: 30~31). 이러한 의미 새기기 과정은 문학 저술과 그 저술의 독해에만 국한되는 것이 아니라 우리가 유추를 통해 사회를 텍스트로 바라볼 때 사회적 삶의 모든 측면으로 확대된다.

그럼 이 유추를 자세히 탐구해보자. 인간 사회는 글로 쓰인 텍스트처럼 상징을 통해 구성되며, 상징 바깥에서는 존재할 수 없다. 창조적 행위자(저자)는 무수한 상징적 조합과 순열을 허용하는 문화적 규칙과 관례(문법규칙과 유사한)에 따라 상징을 결합하고 재결합한다. 따라서 브라운(Brown 1989: 8, 161)은 "세상에 대한 인간의 저술작업, …… 즉 언어를 통한 세상 만들기"에 대해 기술한다. 텍스트와 사회의 상징들은 해석 행위를 통해서만 의미를 지니게 된다. 상징들은 스스로 해석하지 않는다. 상징들은 자신들에게 생명을 불어넣는 독자/해석자들을 필요로 한다. 텍스트적 상징과 사회적 상징 모두는 편집되고 수정되고 고쳐 쓰일 수 있으며, 거의 끊임없이 해석되고 재해석된다. 브라운은 텍스트 은유가 인간의 저술작업과 해석이 가진 힘과 가능성을 강조하는 것이 우리로 하여금 보다 인도적인 용어로 세상을 고쳐 쓰게 만들기를, 다시 말해 덜 기술관료제적이고 덜 개인주의적이고 더 민주적이고 더 공동체적인 도덕적 서사를 공동으로 저술하게 하기를 희망한다.

텍스트 은유도 한계를 지니고 있다. 만약 텍스트 은유가 우리가 원하는 **어떤** 종류의 세계를 우리가 만들어낼 수 있다는 것을 시사한다면, 그것은 위험스러울 정도로 사람들을 호도하는 것이다. 세상을 우리의 시적 환상에 부합하게 만드는 우리의 능력에는 항상 외적 제약이 따를 것이다. 그러한 제약들 – 물리적·생물학적·경제적 제약 등 – 이 정확히 어디에 자리하는지 그리고 그 제약들이 얼마나 벗어날 수 없고 불변적인지는 물론 정당한 논쟁거리이다. 설상가상으로 저자들 자신이 어떤 종류의 이야기를 할지에 대해 근본적으로 상충하는 생각을 가지고 있을 경우, 세상에 대해 공동 저술한다는 것은 자주 하나의 다툼의 과정, 심지어는 살벌한 과정이 되기도 한다. 지식이 각축을 벌이고(Seidman 1998) 다수의 사람들이 저술 활동을 하는 탈근대 시대에, 우리는 완벽하게 조화를 이루고 시종일관되는 사회적 텍스트는 기대하지 않는 것이 더 나을 것이다. 그리고 우리가 텍스트가 과거에는 늘 그랬을 것이라고 가정할 이유도 전혀 없다.

텍스트 은유는 때때로, 특히 그 은유가 포스트모더니즘의 난해한 전문용어로 암호문화될 때 과도하게 사색적이고 허세적이 될 수 있다. 탈근대 전문용어는 쉽게 패러디되거나 짓궂은 장난에 이용되기도 한다. 이를테면 텔레비전 코미디 〈길리건의 섬Gilligan's Island〉에 대한 한 풍자적 분석은 "길리건 자신이 탈중심화된 자아decentered ego의 위반 잠재력을 상징한다"는 것을 발견하고, 그리고 텔레비전 영화 〈길리건의 섬으로부터의 탈출〉에서는 그 영화가 "그 시리즈에서 총체화할 수 없는 이종어heteroglossia, 즉 브리콜라주bricolage로 이론화되어온 것을 총체화하고자 하는 반동적 시도를 상징한다"는 것을 발견한다(Morton 1990). 한 물리학자(Sokal 1996)는 자신이 학술지 ≪소셜 텍스트Social Text≫의 편집인들을 속여서 당시 지적으로 유행하던 포스트 담론의 어투를 패러디해서 쓴

「경계 넘어서기: 양자 중력의 변형적 해석학을 위하여Transgressing the Boundaries: Toward a Transformative Hermeneutics of Quantum Gravity」라는 제목의 가짜 논문을 싣도록 설득했다고 공개적으로 자랑했다.

하지만 이러한 문제들에도 불구하고, 텍스트 은유는 최근 몇 십 년 동안 얼마간 사회이론을 자극하며 "인간과학에서 새로운 메타언어"를 창출함으로써 "행동, 문화, 심지어는 전체 역사를 텍스트로 독해할 수 있는 길을 열어놓았다"(Klein 1992: 10). 텍스트 은유는 우리에게 사회적 실재를 새로운 방식으로 독해할 수 있게, 심지어는 우리 자신의 사회적 실재를 얼마간 새롭게 기술할 수 있게 해주었다. 텍스트 은유가 지닌 매력의 많은 것은 그것이 우리로 하여금 우리 자신과 우리의 사회에 대해 창조적으로 저술할 수 있게 해준다는 데 있다. 이는 다른 은유들(그리고 특히 자연과학으로부터 끌어낸 결정론적 모델)은 쉽게 약속할 수 없는 것이었다.

대화로서의 사회

하나의 대안적인 언어 은유는 계속해서 진행되는 대화로서의 사회 이미지를 마음속에 그린다. 상징적 상호작용론자들 이후 20세기에 수많은 이론가들은 우리가 주로 대면적 대화를 통해 사회적 삶을 창조한다고 진술해왔다. 따라서 우리는 인간사회를 글자 그대로는 아니지만 은유적으로 서로 교차하는 그리고 때로는 서로 충돌하는 정교한 대화 네트워크로 바라보기로 마음먹기도 한다.

문자로 표현된 대화는 최근 몇 십 년간 광범한 조사의 주제가 되어왔다. 상징적 상호작용론자, 민속방법론자, 언어인류학자들은 문화들 내에서 그리고 문화를 가로질러 이루어지는 대화의 동학을 아주 세밀하게 검토해왔다(이를테면 Hymes 1964; Dreitzel 1979; Craig and Tracy 1983; Atkinson and Heritage 1984; Shotter 1993; Silverman 1998). 이를테면 데버러 태넌(Deborah Tannen 1990, 1994)은 대화양식에서 나타나는 남성/여성 차이에 대해 면밀하게 연구해왔다. 한편 셰리 터클(Sherry Turkle 1984, 1995)은 인터넷 채팅방에서 일어나는 상호작용을 세밀하게 관찰해왔다. 그곳에서 대화 플레이어들은 사이버공간의 상대적 자유와 익명성 속에서 상상의 대안적 정체성을 창조한다.

대화의 세계로부터 나온 또 다른 은유가 '목소리voice'이다. 이 목소리 은유는 특히 역사 속에서 주변화되거나 억압받아온 집단을 대신하여 글을 쓰는 사람들에 의해 이용되었다. 그리고 그들의 목소리는 그간 침묵을 강요당하거나 공적 담론에서 무시되어왔다. 캐럴 길리건Carol Gilligan은 『다른 목소리A Different Voice』(1982)에서 대화 은유를 적절히 선택하여 남성 지배적 심리학이 여성이 도덕적 추론을 하는 방식을 평가절하하거나 무시해왔다는 주장을 펼친다. 도로시 스미스(Dorothy Smith 1987: 29~36)는 가부장제적 권력과 특권의 구현물로서의 '남성 목소리의 [제도화된] 권위'에 이의를 제기한다. 유사하게 가야트리 차크라보티 스피박(Gayatri Chakravorty Spivak 1988)은 자신의 모국 인도를 포함하여 개발도상국가들에서 예속민들이 민족자결권을 쟁취하기 위해 벌인 탈식민 투쟁을 성찰한 글에서 「서발턴은 말할 수 있는가?Can the Subaltern Speak?」라고 물으면서 대화 은유에 손을 내민다. 일반적인 사회이론가들도 사회적 실재 자체의 본래적인 다문화적 속성을 점점 더 인정하고 있으며 담론의 범위를 확대시켜 지금까지 정치적·지적 대화에서 배제되어온 목소리를 그것에 포함시킬 필요가 있음을 피력하고 있다(Anderson and Collins 1992;

Lemert 1993). 그리고 우리는 사람들이 '타자'임의 경험에(Levinas 1989; Madrid 1988), 그리고 문화적 번역자와 다른 중개자들이 한 문화적 세계를 다른 문화적 세계에 소개하는 데서 수행하는 중요한 역할에 점점 더 많은 주의를 기울이고 있음을 발견한다(이를테면 Castañeda 1996). 마침내 우리는 이런저런 문화적 관점에서 우리를 바라봄으로써 우리 **모두**가 타자, 즉 외국인, 이국인, 낯선 땅에 있는 외부인이라는 사실을 깨닫는다.

페미니즘 이론가들은 여성이 특히 목소리 은유를 선호하는 경향이 있다고 지적해왔다. 메리 필드 베렌키와 그의 동료들(Mary Field Belenky et al. 1986: 16)은 "여성들이 자신들의 인식론적 전제를 말하기와 듣기를 암시하는 은유들에 근거하는 경향"이 있다고 언급한다[이는 과학과 철학에서 전통적인 남성들이 흔히 가시적 은유(이를테면 해명으로서의 지식, 보기로서의 알기, 빛으로서의 진리)를 선호하는 것과 대비된다]. 퍼트리샤 힐 콜린스(Patricia Hill Collins 1991: xi, 113, 214)는 이러한 견해를 공유한다. 그녀는 흑인 여성들(특히 그녀 자신처럼 노동계급 출신의)이 지배적인 문화적 이미지들 — 자신들을 외적으로 규정하고자 하는 — 과 위압적인 장애물들에 맞서 자신들의 정체성을 규정하기 위해 투쟁하는 과정에서 자신들의 목소리를 발견하거나 회복하는 것에 대해 이야기한다. 흑인 페미니즘 사상에 대한 그녀의 분석은 아프리카계 미국인 여성들로 구성된 지식 공동체의 "다양성, 풍부함, 권력[을 강조하는] 다수의 목소리"를 그대로 담고 있다(Collins 1991: xiii). 콜린스는 "침묵에서 말을 거쳐 행위로 나아가는 여정"(Collins 1991: 112), 즉 예속되어 있던 지식이 표현되고 침묵하던 목소리가 마침내 들리게 되는 과정을 시적으로 이야기한다.

목소리 은유와 밀접하게 연결되어 있는 것이 대화 은유이다. 하나의 문학 형태로서의 대화는 『우파니샤드Upanishads』만큼 아주 오래되었고,

플라톤이 기록한 소크라테스와의 대화에서 특히 발전되었다. 대화에 대한 문학의 관심은 러시아 문학비평가 미하일 바흐친(Mikhail Bakhtin 1981)이 재발견함으로써 고무되었다. 소설을 다성적polyphonic 또는 '많은 목소리many-voiced'의 구성물로 바라보는 그의 대화분석은 스탈린주의의 단성적monological 문화 속에서는 억압되었다. 실제로 우리는 문학이론가들 사이에서뿐만 아니라 사회철학자, 교육자, 종교적 세계교회주의자, 심리치료사, 협상가, 중재자들 사이에서도 대화현상에 대한 관심이 증가하고 있음을 발견한다. 역사적으로 볼 때, 우리 시대에 무엇이 대화의 문제와 가능성에 그렇게 관심을 갖게 만드는가?

대화에 대한 관심은 부분적으로는 경제적, 정치적, 인종적·민족적, 지역적, 성적 및 여타 분할선에 의거한 파괴적 적대가 유발한 파편화된 세계에서 인간이 겪는 불화의 경험에서 기인한다. 이러한 종류의 갈등은 수천 년 동안 존재해왔지만, 이전에는 지금처럼 진보된 폭력 테크놀로지 앞에서 갈등이 발생한 경우는 결코 없었다. 이러한 세계에서는 폭력이 아닌 대안적인 갈등해소 수단을 탐색하는 것이 특히 시급하게 요구된다. "아무리 지루한 설전이라도 전쟁보다는 항상 낫다"는 윈스턴 처칠(Winston Churchill 1954)의 언명이 이보다 더 적절한 적은 없었다. 사회적 파편화를 극복할 필요성은 아마도 미국과 같이 매우 다양한, 그러면서도 강력한 개인주의적 성향을 보이는 사회에서 가장 절실할 것이다(Bellah et al. 1985).

대화공동체: 소크라테스 패러다임

우리는 이처럼 위험한 분열의 세계에 살고 있다. 사회철학자 리처드 번스틴(Richard Bernstein 1983: 223~231)은 **대화공동체** — 차이를 가로질러 상호존중과 경청에 기초하는 진지하고 지속적인 대화공동체 — 의 건설을 강변한다. 번스틴은 매우 다양한, 그렇지만 그럼에도 불구하고 대화에 대한 공통의 헌신을 축으로 하여 통일된 공동체의 가능성을 마음속에 그린다. 대화는 당연히 다양한 또는 복수의 목소리와 타자의 '타자성'에 대한 인정을 요구한다(Gurevitch 1988; Levinas 1989). 왜냐하면 차이 없는 대화는 집합적인 독백에 불과할 것이기 때문이다. 그러나 진정한 대화는 차이에 대한 단순한 인정을 넘어선다. 그것은 또한 대화와 그 대화를 가능하게 하는 공유된 담화 규칙에 대한 강력한 공동체적 헌신을 요구한다.

그렇다면 무엇이 그러한 담화 규칙이어야 하는가? 하나의 답변을 2000년도 더 전에 소크라테스와 그의 아테네 동료들 간의 대화를 자세히 이야기하는 플라톤의 대화에서 찾을 수 있다(Hamilton and Cairns 1961에서 인용). 이 대화를 주의 깊게 검토할 경우, 우리는 대화공동체를 창출하여 유지하는 것과 관련한 하나의 잘 발전된 패러다임을 발견할 수 있다. 플라톤의 대화와 그 속에서의 소크라테스에 대한 묘사는 반#허구적이고 매우 이상화되어 있지만, 그것들이 플라톤이 젊은 시절에 실제로 참석했던 소크라테스와의 만남들에 의해 영감을 받았다는 것에는 의심의 여지가 거의 없다. 가다머(Gadamer 1980: 126)는 소크라테스와의 대화는 "참석자들을 단번에 몇 날 며칠 내내 사로잡았고 그들 사이에 살아있는 공동체를 수립했다"고 진술한다. 그리고 브랜(Brann 1979: xxxvii)은 이 "대화공동체의 수립 그 자체가 **바로** 소크라테스의 위업"이라고 주장한다. 그 대화들에 대한 면밀한 텍스트 분석을 통해 볼 때, 소크라테스 패러다임은 적어도 다음과 같은 담화 원리 또는 규칙을 포함하고 있다.

1. **진리를 말하고자 노력하라.** 진정한 대화는 정직함을 요구한다. 대화의 목적을 진리에 대한 정직한 추구로 보는 소크라테스의 견해는 그의 소피스트 라이벌들 — (그의 설명에 따르면) 진리에 관심을 두기보다는 자신들의 목적을 위해 논거를 조작하는 데 관심을 두는 — 의 보다 냉소적이고 실용주의적이고 상대주의적인 견해와 날카롭게 대비된다.

2. **모순된 말을 하지 않기 위해 분투하라.** 소크라테스와의 대화는 전형적으로 "정의란 무엇인가?"(『국가』)나 "덕목을 가르칠 수 있는가?"(『프로타고라스Protagoras』)와 같은 질문들로 시작하여 비모순 검사를 견딜 수 있는 결론을 찾아 나아간다. 궁극적으로 소크라테스의 대화법은 이성의 더 높은 권위에 의거하여 전통의 보수적 권위와 여론의 민주적 권위 모두를 거부한다. 소크라테스에게 있어 문답 절차를 통해 추구된 합리적 자기일관성은 개인적·사회적 조화라는 아테네의 이상을 성취하는 데 본질적이다.

3. **의견이 다른 사람들의 말을 주의 깊게 경청하라.** 소크라테스와의 대화에서도 적어도 대화에 접근하는 데 충분한 특권을 가진 사람들에게는 언론 자유의 원리와 유사한 어떤 것이 작동한다. 비록 모든 견해가 똑같이 가치 있는 것으로 평가받지는 않겠지만, 모든 견해는 발언권을 가질 수 있다(『프로타고라스』, Segal 1986: 165에서 인용). (덧붙이면, 소크라테스 자신이 향유한 언론 자유가 그가 제안한 공화국에서는 심히 제약되어 있다는 것은 실로 아이러니하다.)

4. **대화의 세부 내용에 신중하게 주의를 기울여라.** 소크라테스는 자주 숙련된 손 장인에 비유하여 담화의 장인을 설명한다. 그는 사물에 신중하게 이름 붙이는 것에 특히 관심을 보인다. 정의definition는 쉽게 진전되지 않는다. 그러나 정의가 내려지기 시작하면 결말이 날 때까지 끝까

지 추구된다.

5. **공통의 합의점에 도달하는 방식으로 진행하라.** 제시된 주장을 폐기하거나 용인할 것인지의 여부는 동의에 의한 진보progress-by-agreement라는 합의적 원리에 의해, 즉 참여자들의 합리적이고 비강요적인 합의에 의해 결정된다. 게다가 소크라테스는 동의를 주기적으로 재검토할 것, 즉 대화의 "상황이 어떤지 점검할 것"을 권고한다(『향연Symposium』과 『고르기아스Gorgias』, Segal 1986: 262, 303에서 인용). 이 동의에 의한 진보의 원리는 대화를 항상 더 높은 수준의 합의로 끌어올리면서도 동시에 쉽게 미끄러져 내리지 않게 하는 미늘톱니바퀴 장치와 유사하다.

6. **공격성을 승화시켜라.** 소크라테스는 과도한 공격성이나 경쟁심을 드러내는 것에 대해 경고한다. 소크라테스의 대화법에는 확실히 격렬한 체스게임에서 발견되는 것과 유사한 게임 같은 속성이 존재한다. 첫 수가 두어지고 각 플레이어들에 의해 전략적 수와 그 수에 대응하는 수들이 이어진다. 체스의 대가처럼 소크라테스는 상대방의 몇 수를 미리 예견하는 데 능란하다. 하지만 진정한 대화는 단순한 언어게임, 즉 궁극적 목적이 다른 사람들의 복종을 강요하는 언어적 지배 게임 이상이어야만 한다(Gouldner 1965: 261~262; Hamilton and Cairnes 1961: xxiv). 과도한 경쟁은 공동체적 진리 추구라는 대화의 상위 목적을 전복한다.

사교적 수완, 재치, 겸손을 적시에 품위 있게 드러내는 것은 공격성을 승화시키는 데 도움이 된다. 따라서 소크라테스는 고집불통인 칼리클레스Callicles와의 과열된 언쟁을 진정시키기 위해 자신을 비웃는 상대방에게 마음을 누그러뜨리고 존중하는 단어(비록 반어적인 단어이기는 하지만)를 사용한다. "나의 재능 있는 친구여, 내가 당신의 학교를 떠나지 않도록 좀 더 상냥한 어조로 나에게 알맞은 입문서를 가르쳐주시오"(『고르기아스』, Segal 1986: 297에서 인용). 이러한 종류의 대화 에티켓은 상대방의 마음을 누그러뜨려 공유된 목적을 지닌 공동체로 다시 돌아오게 하는 효과를 지닌다.

7. **대화에 의해 변화될 위험을 감수하라.** 이러한 위험 원리는 대화에 본질적인 개방성을 환기시킨다. 소크라테스의 대화법은 참여자들 자신은 물론 담화의 목적에 대한 그들의 이해 또한 변화시키는 힘을 가지고 있다. 소크라테스와의 대화에 참여하는 것은 대화에 의해 자신이 변화될 가능성을 감수하는 것이다.

8. **대화가 실패할 때 담화의 규칙을 재평가하라.** 흥미로운 것은 소크라테스의 대화법에서 암묵적인 규칙 중 하나는 담화규칙 그 자체가 재협상과 변화의 대상이 된다는 것이다. 이를테면 『프로타고라스』에서(Segal 1986: 163ff) 대화는 한쪽 편이 얼마나 오랫동안 말할 수 있는지의 문제로 인해 중단된다. 그 대화는 발언 시간을 제한하고 시간제한을 지키게 하는 심판을 지명하는 새로운 담화규칙에 관한 합의를 도출하고 나서야 재개된다.

여기서 이론적 논점은 일부 규칙체계는 자체 내에 그 체계의 자기변형을 허용하는 메타규칙(또는 규칙에 대한 규칙)을 포함하고 있다는 것이다. 이러한 의미에서 소크라테스식 담화의 규칙은 민주적 헌법의 수정조항처럼 분명히 성찰적이다. 담화규칙은 일단 규정되면 영원한 것이 아니라 예기치 못한 문제나 앞서 기술한 대화의 결렬과 같은 위기에 대응하여 계속 변화한다.

9. **대화를 계속한다는 데 동의하라.** 소크라테스의 이상 속에서 대화공동체

는 대화를 계속 유지하기 위해 필요하다면 담화의 규칙을 재협상하면서까지 좋든 싫든 대화를 유지하는 데 헌신할 것을 요구한다. 소크라테스의 대화법은 답변에 비해 질문의 우선성을 주장하기 때문에 (Gadamer 1975, 1980), 종결에 저항하고 무한히 계속되는 것이 허용되는 하나의 무한 게임이다. 진리는 우리가 가까이 다가가는 것이지만 결코 최종적으로 획득되지는 않는다.

소크라테스가 그 자신의 사형선고를 면하기 위해 아테네라는 도시에서 도망가기를 지조 있게 거부한 것 이상으로 하나의 삶의 양식으로서의 대화에 대한 헌신을 통렬하게 표현한 것은 어디에도 없다(『크리톤Criton』). 마지막 숨을 거두는 순간까지 소크라테스는 자신의 동료 아테네인들과 진지한 대화를 계속하는 데 헌신한다. 소크라테스 패러다임에 포함되어 있는 무언의 약속은 우리가 대화의 기본 규칙을 충실하게 준수한다면 우리의 공적 담론의 질과 우리의 공동체적·개인적 삶의 질이 심화되고 풍부해질 것이라는 것이다. 경험적으로 우리는 이 약속이 실제로 어느 정도 실현될 것인지를 말할 수 없으며, 따라서 이 패러다임은 플라톤의 정신 밖의 세계에서는 좀처럼 시도되지 않았다.

소크라테스 패러다임을 넘어서

소크라테스 패러다임의 많은 원리가 20세기 대화 개념에서도 여전히 규범적 이상으로 온전히 남아 있다. 절대적이고 불변하는 철학적 토대를 수립하고자 한 고전적 및 현대적 시도를 전면적으로 공격해서 유명해진 미국의 탈근대 실용주의자 리처드 로티(Richard Rorty 1979)조차도 '소크라테스의 덕목'을 찬성조로 이야기하면서, "대화를 유지하는 것"에 대한 소크라테스의 헌신을 재차 긍정한다. 하지만 어떤 점에서 대화에 대한 우리의 이해는 소크라테스 시대 이후 상당한 변화를 겪었다. 많은 사람이 보편적 또는 영원한 진리의 존재에 대해, 또는 설사 그러한 진리가 존재한다고 하더라도 우리 인간이 그것을 분명하게 알 수 있는 능력에 대해 회의적이다. 우리가 "인간의 다원성에 근거한 갈등을 더 이상 줄일 수 없음"을 깨닫고 이제 "불화를 조정할 공통의 근거를 찾게" 되면서 우리는 대화를 문제해결과 갈등해소의 도구로 바라보는 보다 실용주의적인 견해를 취하는 것으로 보인다(Bernstein 1983: 223). 대화에 대한 이러한 문제해결적 지향은 중재, 협상, 갈등해소에 대한 문헌들이 급속하게 늘어나고 있다는 사실에서 분명하게 드러난다(이를테면 Fisher and Ury 1983; Folberg and Taylor 1984; Dunlop 1984; Lemmon 1985; Moore 1986; Fisher and Brown 1988). 그러한 문헌들은 가족이라는 미시 수준에서부터 국제관계라는 거시 수준에 이르기까지에서 파괴적 갈등으로 악화될 수 있는 문제에 대해 실행 가능한 해결책을 모색하는 갈등 당사자들에게 도움을 주기 위해 설계된 광범한 대화적 절차를 보고한다.

대화를 궁극적 진리의 추구로 인식하는 고전적 이해는 분명 오늘날에도 몇몇 분야에 살아남아 있다. 이를테면 그것은 『서구세계의 위대한 책들Great Books of the Western World』에 로버트 허친스(Robert M. Hutchins 1952)가 쓴 서론에서도 발견할 수 있다. 허친스는 서구 문명의 위대한 대화에 헌신한 그러한 책들을 (거창하게 그러면서도 어떠한 역사적 비꼼도 없이) '대화의 문명'이라고 특징지었다. 그러나 대화에 대한 이러한 좀 더 고상한 개념은 오늘날 대화를 상호 생존투쟁의 도구로 바라보는 보다 세속적인 견해와 나란히 공존한다. 만약 우리 시대에 하나의 도덕적 정명이 존재한다면, 그것은 우리의 대단히 그리고 엄청나게 다원적인 세계에서 서로를 비하하거나 무시하지 않고 함께 삶아가는 방법을 발견하는 것이다. 생존투쟁 속에서 대화적 전략은 상호 파괴를 막는 데 유용한 도구일 수 있다.

고전적 대화 개념과 현대적 대화 개념 간의 또 다른 중요한 차이는 민주주의에 대한 각각의 태도에 있다. 플라톤은 노골적으로 대놓고 아테네 민주주의 제도들을 비판했다. 이와 대조적으로 현대의 대화 개념은 일반적으로 공적 담화에서 더 많은 포용성과 민주적 참여의 가능성을 지적한다. 이를테면 리처드 번스틴의 대화공동체 개념은 명백히 민주적이다. 그 개념은 다원주의적인 담화와 이성적 설득을 통해 의사결정을 하는 공동체적 삶을 요구한다. 정적이고 조화로운 사회질서에 대한 플라톤의 전망과는 대조적으로, 민주주의는 그 본성상 역동적이고 번잡하고 다툼을 벌이는 과정이다. 번스틴은 민주정치를 "서로 다른 이해관계, 관점, 견해를 가진 사람들의 만남 — 그들은 그 만남 속에서 개인적 견해 및 이해관계와 공동의 견해 및 이해관계 모두를 재고하고 서로 수정한다 —"으로 바라보는 해나 페니첼 피트킨과 사라 슈머(Hanna Fenichel Pitkin and Sara M. Schumer 1982: 47)의 견해를 공유한다. 민주적 의사결정은 갈등, 불완전한 지식, 불확실성의 환경 속에서 이루어진다. 민주적 결과는 "거의 항상 재고찰의 대상이 되고 좀처럼 만장일치적이지 않다". 갈등이 불가피하게 발생할 때, 그것은 공개적 토론과 설득을 통해, 즉 정치적 형태의 대화공동체를 통해 해소된다(Carter and Kobylka 1986 참조). 번스틴은 "인류 중 많은 사람이 그러한 대화공동체에 참여하는 데서 체계적으로 배제되고 방해받아왔다"라고 한탄한다(Bernstein 1983: 226).

대화의 민주화는 또한 선진 서구사회의 '비판적 담론 문화'에 대한 굴드너(Gouldner 1979)의 분석에서 중요한 테마의 하나이다. 굴드너는 하나의 공유된 이데올로기 — 하지만 그 공적 주장이 이성과 증거에 정당화될 것을 요구받는 — 로 무장한 인텔리겐치아라는 새로운 계급이 권력의 자리에 오르고 있다고 주장한다. 비판적 담론 문화는 어떤 점에서는, 즉 사회의 가장 교육받고 교양 있고 생각을 분명하게 표현할 수 있는 분파의 이해관계를 지지한다는 점에서는 엘리트주의적이다. 그러나 다른 점에서는, 즉 모든 주장이 화자의 사회적 지위나 권위와 상관없이 정당화되어야 한다는 점에서는 평등주의적이고 원칙적으로 모든 사람들에게 열려 있다. 지금까지 비판적 담론에서 배제되어온 사람들도 이제는 대화에 참여할 수 있다.

우리는 대화를 민주화하고자 하는 충동의 가장 격렬한 정치적 표현을 브라질 교육학자 파울로 프레이리(Paulo Freire 1982, 1998; Freire and Macedo 1987)의 이론과 실천에서 발견할 수 있다. 프레이리의 '억압받는 자들의 교육학pedagogy of the oppressed'은 급진적인 대화적 형태의 교수법이다. 이 교수법에서 교수자와 학습자는 교양과 비판적 사회분석을 발전시키는 일에 동시에 함께 종사한다(Freire 1982; Freire and Macedo 1987; Walker 1981). 프레이리는 마틴 부버(Martin Buber 1958, 1965)의 나/너 관계I/Thou relationship 관념을 빌려와서 공동 교수자와 공동 학습자들로 구성된 대화를 통해 대화공동체의 성격을 규정한다. 프레이리가 볼 때, 대화의 요체는 단지 마음과 정신의 만남에 도달하는 것이 아니라 대화를 통해 억압적인 경제적·정치적 구조를 변혁시킬 수 있는 도구를 만들어내는 것이다.

역설적으로 우리는 근대 시대에 대화의 **민주화**가 점점 증가하고 있는 것뿐만 아니라 대화의 **관료제화**가 증가하고 있다는 것도 목도한다. 후자

속에서 대화자는 자신에 대해 이야기하는 개인이 아니라 오히려 대규모의 조직적 실체에 대해 이야기하는 대행자들의 팀이다. 따라서 우리는 오늘날 국민국가들 간의 대화('아랍-이스라엘의 대화'), 계약 협상에서의 자본과 노동의 대화 등에 대해 언급한다. 조직 내에서도 경쟁하는 당사자들 간의 대화는 이제는 빈번히 공식적인 행정적 청문회와 고충처리절차의 틀 내에서 일어난다.

탈근대 냉소주의의 시대에 많은 사람이 차이를 넘어서는 대화가 궁극적으로 가능할 것인지에 대해 의심한다. 이를테면 데리다(Derrida 1989)는 가다머와의 격렬한 대결 속에서 우리가 대화를 통해 항상 공통의 인식에 도달할 수 있는지를 대놓고 의심한다. 리오타르(Lyotard 1984: 10~11)와 같은 다른 탈근대 저술가들은 조작과 사기가 대화의 불가피한 특징이라고 보는 냉소적인 견해를 드러내는 경향이 있다. 리오타르는 '대화 게임'을 하나의 지배 경쟁 게임으로, 즉 각각의 수가 방어적/반발적 수나 (더 낫게는) 창의적인 공격적 맞대응 수를 자극하는 하나의 '권력 균형' 게임으로 묘사한다. 이 게임의 목적은 상대가 균형을 잃게 만드는 예기치 못한 수를 써서 상대를 제거하거나 혼란스럽게 만드는 것이다. 대인 간 의사소통 교환이론exchange theories of interpersonal communication(Roloff 1981: 25~27)에서도, 그리고 때때로 성실함을 자기보호적이고 자기과장적인 책략으로 바라보는 고프먼의 저술들(Goffman 1959, 1970)에서도 냉소적 경향을 발견할 수 있다.

그러나 대화에 대한 대화 속에서 우리는 보다 이상주의적인 목소리들을 들을 수도 있다. 이를테면 나와 너 간의 진정한 만남으로서의 대화에 대한 부버(Buber 1958, 1965)의 영향력 있는 저술들을 살펴보라. 나/너 관계에서 사람들은 전인격적으로 서로 만나며, 이것이 그 관계를 부분적이고 도구적인 나/그것 관계I/It relationship와 구분시켜준다. 진정한 대화에서는 "마음이 마음에게 말한다"(Kaufmann 1967: 668). 비록 부버의 대화 개념이 소크라테스의 대화 개념보다 덜 이성 중심적이기는 하지만, 그들은 진지한 만남의 가능성에 대한 믿음을 공유한다.

보다 최근에 하버마스는 자신의 의사소통 능력에 관한 이론에서 소크라테스의 성실함의 원리를 재진술해왔다(Habermas 1970, 1979, 1984/1988). 하버마스는 진정한 의사소통으로 통하는 것의 많은 것이 사실은 의사疑似 의사소통이며 그 속에서 당사자들이 서로 오해하고 있음을 깨닫지 못하는 것은 그들이 "의사합의를 가장하고 있기" 때문이라고 지적한다(Habermas 1970: 117). 의사 의사소통은 한 화자에게 다른 화자에 비해 특권적인 권력 지위를 부여하는 강제적 지배구조에 의해 체계적으로 왜곡된다. 이 문제에 대한 대응으로 하버마스는 진정한 의사소통이 이루어질 수 있는 '이상적 담화 상황ideal speech situation'의 조건을 개관한다(Habermas 1979: 1~68; 또한 담화윤리에 대해 논의하고 있는 Gusdorf 1965, Grice 1975; Mura 1983도 보라). 하버마스에게서 합리적 담화의 궁극적 목적은 부당한 권력, 강제, 조작, 또는 사기에 의해 오염되지 않고서 화자와 청자가 합의 또는 공통의 이해에 도달하는 것이다. 사회적 지위나 전통의 권위가 아닌 이성에 의거한 주장이 승리해야 한다(Calhoun 1992: 2). 그리고 하버마스, 부버, 소크라테스 그 누구도 진정한 대화공동체가 이룩될 수 있다는 희망을 포기할 준비가 되어 있지 않다.

그렇다면 냉소의 시대에 대화 예절은 실제로 지켜질 수 있는가? 이것이 바로 로널드 아넷과 팻 아네슨(Ronald C. Arnett and Pat Arneson 1999)이 최근 대화사상에 대한 광범위한 연구에서 제시한 핵심 질문이다. 우리가 사회적 관행의 자연적 실험실에서 그 가능성과 한계를 검증할 때까지는 우리는 솔직히 진정한 대화가 가능한지 또는 어떤 상황하에서 가능한지를 알지 못한다. 결국 중요한 것은 단지 대화공동체에 대해 이론화하는 것이 아니라 대화공동체를 세계 속에 구축하고자 노력하는 것, 그리고 대화공동체의 성공과 실패에 대해 우리가 솔직하게 성찰하는 것이다.

번스틴(Bernstein 1983)과 다른 학자들이 마음속에 그린 것과 유사한 대화공동체가 이미 존재한다고 주장할 수도 있다. 하버마스(Habermas 1989)는 그러한 공동체의 근대 초기의 원형을 300년 전 런던의 커피 하우스와 파리의 살롱에서 발견할 수 있었다고 주장한다. 하지만 그러한 공적 공간은 주로 유산 엘리트 성원들을 위해 준비된 것이었다. 오늘날 공적 담화의 범위는 얼마간 폭이 더 넓고 더 많은 사람을 포함한다. 비록 불완전하기는 하지만 대화공동체의 원리는 자유민주주의 제도, 대학교, 국제연합과 같은 국제적 포럼, 전 세계적 종교 단체, 그리고 새로 출현하고 있는 중재 및 협상 기구들에서도 발견할 수 있다(이를테면 Fisher and Ury 1983; Fisher and Brown 1988; Marks 1989). 학술 영역에서 스미스(Smith 1999: 133~156)는 서로 다른 많은 사회적 경험 양식에 토대하여 제기되는 다양한 많은 목소리를 정중하게 청취하는 보다 완전한 대화사회학dialogic sociology의 출현을 마음속에 그린다. 한편 태넌(Tannen 1998)은 미국사회가 심히 적대적인 문화 또는 '언쟁 문화'에서 대화의 문화로 전환하는 것에서 얼마간 희망적인 신호를 발견한다.

경제적, 정치적, 민족적, 종교적, 성적 또는 여타 사회적 틈을 메울 수 있는 대화구조를 창조하는 것이 분명 만병통치약은 아니다. 실제로 일정한 거리에서 갈등하는 당사자들이 대면적으로 만나는 것은 단지 다툼을 더 강고하게 만들 수도 있다. 대화는 또한 고된 노동이기도 하다. 즉, 노력은 상호적이어야만 하고, 모든 당사자가 끈질기게 대화를 지속할 준비가 되어 있어야만 한다(Howe 1963: 3). 그러나 냉소적인 사람들조차 대화에 대한 대안이 상호 파괴라면 대화 시도에서 잃을 것이 거의 없다는 것을 인정할 수밖에 없다.

대화 실험은 그 본성상 열려 있고 위험하다. 대화 실험의 결과는 결코 대화자가 대화에 가져오는 것으로 완전히 환원시킬 수 있는 것이 아니라 대화 자체 속에서 출현한다(Gadamer 1975). 대화 속에 상호 변화의 가능성이 존재하고, 그러한 변화가 대화를 고정된 위치에서 문제를 해결하고 갈등을 해소하는 단순한 수단 그 이상의 것으로 만든다. 대화공동체를 수립하는 임무 속에서 소크라테스의 덕목 — 주의 깊게 말하기와 듣기, 동의 모색 지속하기, 재치와 사교 수완을 통한 공격성 승화하기, 집요한 헌신, 그리고 대화를 통해 기꺼이 변화하기 — 은 그것이 지금까지 그랬던 것만큼이나 오늘날에도 본질적인 것으로 보인다.

맺음말

만약 사회가 시간이 경과하며 누적된 방대하고 서로 뒤얽힌 복잡한 하나의 대화라면, 사회이론 역시 마찬가지이다. 왜냐하면 사회이론은 사회 바깥에 존재하지 않기 때문이다. 오히려 사회이론은 우리의 사회적 삶을 구성하는 수많은 대화들 가운데 자리하고 있는 일단의 대화들이다. 이론가들은 왔다가 사라졌지만, 그 대화는 수세기를 거쳐 지속되어왔다. 사회이론은 대체로 은유를 통해 수행된 하나의 대화이고, 각각의 은유는 독특한 목소리와 관점을 표현한다. 대화는 소크라테스 훨씬 이전에 시작되었고, 최후의 인간 또는 포스트 인간이 숨을 쉬는 한 끝나지 않을 것이다.

지난 세기에 우리는 사회이론을 지배하는 은유에서 심층적인 변화를 목도했다. 19세기 사회이론가들은 보다 성공한 자연과학을 모방하는 은유를 좋아했다. 그들은 주로 생물학, 화학, 물리학으로부터 유추했다. 물리학자를 모방하는 사회과학자들은 사회와 역사의 자연'법칙'을 발견하고자 했다. 하지만 최근 몇 십 년 동안 그 토대가 변화해왔다. 오늘날 사회물리학이라는 실증주의적 꿈은 비록 사망하지는 않았지만 적어도 동면하고 있다. 한편 클리퍼드 기어츠(Clifford Geertz 1983: 21)는 "사회적 삶을 상징과 관련하여 조직화된 것으로 인식하려는 움직임이 …… 오늘날 엄청나게 성장해왔다"라고 진술한다.

기어츠는 계속해서 (과학적 또는 여타 방식의) 이론화가 항상 주로 은유 또는 유추 ― 하나의 사물을 다른 사물로 바라봄으로써 "더 많이 알 수 있는 것에 의해 더 적게 알 수 있는 것을 이해"하는 방식 ― 를 통해 진행되어왔다고 지적한다. 따라서 과학적 상상력은 "지구는 자석이고, 심장은 펌프이고, 빛은 파도이고, 뇌는 컴퓨터이고, 공간은 풍선"이라고 생각해왔다. 사회이론도 마찬가지로 은유와 유추를 통해 말해진 하나의 이야기였다. 19세기 이론가들에게 사회세계는 하나의 유기체 또는 기계와 매우 유사한 것처럼 보였다. 오늘날의 이론가들은 사회세계를 "하나의 진지한 게임, 노상의 드라마, 또는 행동 텍스트"로 바라보는 경향이 있다(Geertz 1983: 23). 점점 더 우리의 사회 은유는 과학이 아니라 인간의 속성으로부터 나오게 되었다. 사람들은 만약 오귀스트 콩트의 꿈이 '사회물리학'이 아니라 오히려 '사회언어학' 내지 '사회적 미학'을 수립하는 것이었다면 오늘날 사회적·문화적 연구는 어디에 위치했을지를 알고 싶어 한다.

기어츠가 과학적 은유의 쇠퇴와 몰락을 얼마간 과장하고 있을 수도 있다. 제2장에서 우리는 사회이론가들 사이에서 진화생물학과 생태학에서 빌려온 은유에 대한 관심이 증가하고 있다고 지적했다. 한편 컴퓨터와 정보과학의 급속한 발전은 과학적 기질을 가진 이론가들에게 흥미를 끄는 은유를 개발할 기회를 열어주었다. 정보처리 모델들이 이미 인지심리학을 지배하고 있으며, 그 모델들은 사회과학에서도 점점 더 주목을 받고 있다.

우리가 창조하고 신봉하는 은유들은 단지 사회적 현실을 묘사하는 데 그치지 않고 그것의 발전 경로에 미묘하게 영향을 미칠 수도 있다. 이를테면 우리가 사회적 삶을 전쟁으로 생각하고 그 가정에 입각하여 행위한다면, 우리는 사회적 삶을 하나의 대화나 게임 또는 법규로 생각할 때와는 다소 다른 사회를 창조하는 경향이 있다. 모든 은유와 모든 사회이론은 실재에 대한 그것 나름의 독특한 가정, 그것 나름의 초점의 대상, 그것 나름의 독특한 연구 방법, 그것 나름의 정치적·도덕적 결과를 포함한다(Brown 1977; Sjoberg and Nett 1997). 각각의 은유는 우리를 서로 다른 인식의 길로 인도하여 서로 다른 목적지에 도달하게 한다. 그러므로 우리는 우리의 은유를 신중하게 선택하는 것이 좋을 것이다. 우리의 은유를 여전히 깨닫지 못하는 것(몽유병자의 선택지)도 하나의 선택이지만, 그 결과는 우리가 혼수상태에 빠지는 것이다.

사회학은 모든 사회현상을 이해할 수 있게 해주는 "하나의 단일한 일반이론을 궁극적으로는 헛되지만 불가항력적으로 추구할 수밖에 없는" 학문으로 묘사되어왔다(Wallace 1969: 59). 최근에 많은 사회분석가가 그러한 통합된 이론은 필시 결코 존재하지 않을 것이라는 결론에 도달했다. 윌리엄 셰익스피어처럼 우리는 수많은 은유를 이용한다. 그리고 우리가 그러한 경쟁하는 사회 이미지들을 화해시키기란 어렵거나 불가능할 것이다. 따라서 브라운은 "우리는 일반적이지 않은 이론이나 여러 일반이론을 가질 수 있지만 일관되게 단 하나의 일반이론만 가질 수는 없다"라고 결론짓는다(Brown 1992b: 226). 브라운 자신이 호의를 드러내는 담론으로서의 사회이론까지를 포함해서 말이다.

따라서 눈먼 현인들은 사회적 코끼리 – 그들 자신이 한 부분을 구성하는 매우 독특한 창조물 – 의 본성을 놓고 계속해서 논쟁한다. 각각의 현인은 특정한 은유가 갖는 독특한 각도에서 그 짐승을 묘사한다. 각 은유는 부분적이며, 그 은유만의 특별한 방식의 편향성을 지님으로써 어떤 부분들을 밝혀주는 만큼 다른 부분을 숨긴다. 각각의 은유는 하나의 고찰 방식이자 고찰하지 않는 방식이다. 그리고 비록 각각의 은유가 다른 은유의 과도함을 바로잡을 수도 있지만, 그 중 어떤 것도 코끼리를 완전하게 다 묘사할 수는 없다. 왜냐하면 결국 코끼리 – 그리고 특히 우리의 코끼리처럼 육중하고 다면적이고 급속하게 변화하는 코끼리 – 는 단지 그 자신과만 유사하기 때문이다.

후기

은유 분석 가이드

이 가이드에서 우리는 직접 은유 분석을 하고 싶은 사람들에게 사회과학에서 은유가 갖는 이론적 장점을 평가하는 몇 가지 기준을 제시하고, 그와 더불어 은유의 인지적·문화적 용도에 관한 논의를 보다 진전시킨다. 제1장에서 우리는 은유를 하나의 경험 영역을 다른 하나의 경험 영역의 언어로 해석하는 사유양식이라고 묘사했다. 은유는 이미지들을 융합하여 그 둘 간에 연관성을 만들어낸다. 우리는 은유("A는 B**이다**")를 직유("A는 B와 **유사하다**") 및 유추("A는 x, y, z라는 속성의 측면에서 B와 유사하다)와 구분했다. 우리는 정正의 유추(A와 B 간의 같음)를 부否의 유추 또는 역유추(A와 B 간의 다름) 및 중간 유추(A와 B가 같은지 또는 다른지를 여전히 알지 못하는 측면들)와 구분했다(Hesse 1966). 은유, 직유, 유추에 관한 학술 문헌들은 방대하고 급속히 증가하고 있다.[1] 우리가 여기서 그 문헌들을 충분히 다 다룰 수는 없다. 따라서 우리는 은유에 대한 우리의 논의를 계속해나가면서, 우리의 관심사인 사회이론과 특별히 관련된 것으로 보이는 논점들만을 언급할 것이다.

은유의 동학

은유에 관한 문헌들 도처에서 우리는 은유의 창조적이고 역동적인 특성이 반복적으로 강조되고 있음을 발견한다. 하나의 흥미로운 논쟁은 은유가 두 현상 간에 '객관적으로' 존재하는 속성에 기초하는 것인지(상식적 견해) 아니면 은유가 사실은 우리의 마음속에서 그러한 유사성을 '창조하는' 것인지와 관련되어 있다. 대부분의 현대 문학이론가들은 후자의 견해를 지지하는 경향이 있다. 한 고전적 진술 속에서 맥스 블랙(Max Black 1962: 37)은 "어떤 경우에는 은유가 이미 존재하는 유사성을 정식화한다고 말하는 것보다는 은유가 유사성을 창조한다고 말하는 것이 보다 분명한 설명일 것"이라고 지적한다. 유사하게 유진 밀러(Eugene Miller 1979)도 은유적 주장을 객관적 현실에 근거하여 체계적으로 검증할 것을 주장하는 '검증주의적verificationist' 전통과 은유가 자신의 현실을 창조하는 방식을 강조하는 '구성주의적constitutivist' 전통을 구분한다. 후자의 전통에서 시인 윌리스 스티븐스Wallace Stevens는 은유를 "상상을 통한 유사성의 **창조**"로 묘사한다(Brogan 1986: 15에서 인용; 강조 첨가).[2]

다음의 예를 고찰해보라. 윌리엄 셰익스피어가 모든 세계는 하나의 무대라고 쓸 때, 그는 단지 연극과 사회적 삶에 공통된 속성을 **발견**하고 있는 것인가, 아니면 은유를 만드는 바로 그 행위를 통해 자신의 독자들을 위해 보다 극적인 세계를 **발명**하고 있는 것인가? 우리는 발견된 세계와 만들어진 세계 모두에서 살고 있으며, 발견하기가 끝나고 만들기가 시작되는 곳을 식별하는 것은 때때로 어렵다. 아마도 우리는 어떤 은유는 친숙한 유사성에 우리의 주의를 환기시키는 것에 지나지 않기도 하지만 다른 은유들(보다 시적으로 흥미로운 은유들)은 우리의 경험의 요소들 사이에 새롭고 예상하지 못한 관계 − 그 은유가 아니었다면 설정되지 않았을 수도 있는 관계 − 를 창조한다고 말할 수도 있을 것이다.

더글러스 호프스태터(Douglas Hofstadter 1985: 550)는 은유와 유추는 어떤 것이 우리로 하여금 다른 것을 생각나게 하여 과거의 경험과 현재의 경험 간을 연관시킬 때 일어난다고 지적한다. 이것은 유추의 논리가 특정한 의미에서는, 즉 새로운 경험을 우리가 과거의 경험을 분류해온 기존의 확립된 범주들 내에 끼워 맞춘다는 점에서는 '보수적'이라고 암시한다. 그리스 신화의 프로크루스테스의 침대Procrustean bed처럼 어떤 유추는 그 틀 내에 잘 맞지 않는 잠재적인 새로운 의미들을 잘라내버리기도 한다. 하지만 역설적이게도 유추의 논리는 어떤 경우에는 급진적 또는 혁명적 함의를 지니기도 한다. 특히 신선한 유추가 우리로 하여금 사태를 새롭고 예상하지 못한 방식으로 보도록 인도할 때 그러하다(Sjoberg and Nett 1997: 246~248; Schön 1967). 논리학자 찰스 퍼스(Charles S. Peirce [1932]1957)는 새로운 가설의 창조적 원천으로서, 그러므로 발견 논리의 본질적 도구로서 유추(또는 그가 '가추abduction'라고 부른 것)가 갖는 힘을 처음으로 인식한 사람들 가운데 한 명이었다(Kaplan 1964).[3] 퍼스의 초기 통찰은 지지받아왔다. 은유와 유추는 이제 자연과학과 사회과학 모두에서 수많은 이론적 통찰과 모델에 창조적 영감을 주는 것으로 일반적으로 인정받고 있다.[4]

문학이론가들은 자주 은유가 이동 또는 영향력의 방향을 가지고 있는 것으로 이야기한다. 이를테면 셰익스피어가 모든 세계는 무대라고 말할 때, 이 은유는 주로 B(연극의 영역)에서 A(일상생활의 세계)로 이동한다. 하지만 의미는 반대방향으로 이동하기도 한다. 두 영역이 '상호작용'하기 때문에, 각각은 상대에 대한 우리의 지각을 변화시킬 수도 있다(Richards

1936; Black 1962). 따라서 셰익스피어의 연극 은유는 더 큰 사회세계에 대한 우리의 지각을 극적으로 변화시킬 수도 있지만, 연극에 대한 우리의 지각을 미묘하게 변화시킬 수도 있다.[5]

하나의 은유 내에서 일어나는 의미들 간의 상호작용은 자주 매우 복잡하다. 대부분의 단어가 복수의 의미를 가지고 있거나 적어도 미묘한 의미 차이를 지니고 있다는 사실을 생각해보라. 게다가 단어의 의미들은 그 단어의 글자 그대로의 명시적 의미와 함축적인 의미(즉, 자주 단어들에 동반되는 감정적 및 여타 심리적 연상들) 모두를 포함한다. 따라서 우리가 A와 B를 결합시켜 하나의 은유를 창조할 때, A의 모든 의미 및 미묘한 의미 차이는 잠재적으로 B의 모든 의미 및 미묘한 의미 차이와 상호작용한다. 우리가 분석을 하면 할수록 우리는 필시 하나의 단순한 은유 같은 것은 존재하지 않는다는 것을 더욱 깨닫는다.

하나의 은유 내의 용어들이 서로 상호작용하는 것처럼, 은유 전체도 그것의 사회적 또는 문화적 환경과 상호작용한다. 은유는 갑자기 출현하지 않는다. 그것은 특정한 위치, 시간, 문화적 환경에서 특정한 사회집단에 위치해 있는 특정한 사람들로부터 출현한다. 일단 하나의 은유가 만들어지면, 그것은 사람들의 생각, 감정, 행위를 틀짓는다. 이러한 방식으로 그 은유가 다시 출현한 사회적 맥락으로 피드백되고 그 과정에서 그 맥락을 변화시킨다. 은유는 사회에 적실한 많은 용도를 가진다. 은유는 경험을 조직화하고 범주화한다. 은유는 의미를 통제하고 행위자들을 동기짓는다. 은유는 공유된 가치와 신념을 표현한다. 요컨대 은유는 사회세계를 구성하는 데서 필수적이다(St. Clair 1994). 관념(은유를 포함하여)과 그 사회적 맥락 간의 역동적 상호작용은 지식사회학으로 알려진, 사회이론의 매혹적인 분과의 주요한 관심사이다(Mannheim 1936; Merton

[1948]1968: 510~562; Berger and Luckmann 1966).

　마지막으로, 우리는 은유의 의미들이 자주 시간이 경과하며 변화하고 문화마다 다르다는 점을 지적해야만 한다. 전쟁으로서의 사회 은유는 구식 소총의 시대와 핵미사일의 시대에 서로 다른 사태를 의미할 수 있다. 존경받는 국가 상징으로서의 독수리 은유는 미국과 멕시코에서 서로 다른 일단의 의미와 역사적 연상관념을 지닌다. 은유는 동일한 사회의 다른 분파들에게 실제로 서로 다른 의미를 지니기도 한다. 따라서 순백이 영미권의 대부분의 영어 화자들에게는 순수함과 선함을 함의하지만, 백색은 맬컴 엑스(Malcolm X 1964: 188f)와 토니 모리슨(Toni Morrison 1992: 59) 같은 아프리카계 미국인 사회비평가들 사이에서는 덜 순수하고 덜 고귀한 함의를 지닌다. 요컨대 은유의 의미는 보편적이고 정적인 것이 아니라 오히려 다양하고 변화한다. 동음이의어를 이용하는 말장난처럼 은유는 하나 이상의 의미를 지니며, 하나 이상의 수준에서 평가될 수 있다. 따라서 하나의 단일한 은유가 서로 다른 그리고 심지어는 대립되는 다수의 방향에서 발전될 수도 있다.

문화의 은유적 구성

은유는 시인과 이론가들의 독점 영역이 아니다. 인지과학에서 나온 상당한 증거들은 인간존재 일반은 그 본성상 은유적 또는 유추적 사상가임을 시사한다(Holyoak and Thagard 1995), 이는 보다 초보적인 수준에서는 침팬지에서도(Goodall 1991: 22), 그리고 어쩌면 다른 종들에서도 역시 발견될 수 있는 특징이다.

우리는 왜 은유를 만들어야만 하는가? 왜냐하면 우리는 은유 없이는 우리의 감각 데이터를 거의 이해할 수 없기 때문이다. 우리는 우리의 삶의 매순간에 감각적 인풋의 폭격을 받는다. 만약 우리가 이 무수한 경험 조각들을 그 경험들의 반복되는 특징에 따라 분류하거나 이전의 경험들과 비교할 수 없다면, 그 경험들은 혼란스럽고 무의미해 보일 것이다. 따라서 우리는 계속해서 그리고 적극적으로 그 경험의 조각들을 선택하고 분류하고 정리하고 비교하고 분석하고 종합함으로써 그 경험들을 처리한다. 이러한 기본적인 인지적 과정 중의 하나가 겉으로 보기에 무관해 보이는 경험들 사이에 은유와 유추를 이용하여 관계를 설정하는 우리의 능력이다.

은유는 우리가 사용하는 언어 속으로 깊이 착근된다. 우리의 어휘의 어원학적 뿌리를 고찰해보면 우리는 곧 대부분의 단어가 사실은 '색 바래'거나 '동결되'거나 '죽은' 은유 — 물론 이는 은유에 대한 은유이다 — 라는 것을 발견한다. 이를테면 **어원학적** 뿌리라는 용어는 언어가 성장하는 식물과 유사하다는 것을 암시한다. **은유**라는 단어 자체도 하나의 은유이다. 은유가 글자 그대로 하나의 장소에서 다른 장소로 의미를 이동시키는 것을 뜻하는 것처럼, 그 단어는 "이월하다 또는 양도하다"를 뜻하는 그리스어를 어원으로 하는 은유이다. 많은 진부한 표현과 속담도 은유이다. 이를테면 "제때의 한 땀이 아홉 땀을 덜어준다"는 속담은 바느질 교훈 이상의 것이며, "손 안에 든 새 한 마리가 숲 속에 있는 새 두 마리보다 낫다"는 속담은 통상적으로 새 한 마리 이상의 것이다. 자신이 평생 산문체로 말해왔음을 알지 못했던 사람처럼 우리는 이러한 종류의 친숙한 은유를 그것이 은유라는 것을 충분히 깨닫지 못한 채 자주 인용한다.

정신의 기본 도구로서의 은유, 직유, 유추는 문화의 지속적인 구성에서도 중요하다. 성장 중인 한 인류학 학술 단체는 문화의 은유적 구성은 단지 서구 문명에서만이 아니라 세계 각지의 다양한 사회에서 이루어지고 있다고 시사한다(Sapir and Crocker 1977; Fernandez 1991; Tilley 1999). 우리 사회에서 은유가 작용하는 일련의 문화 영역들을 살펴보라. 이를테면 정치적 담화의 영역은 은유와 유추로 가득 차 있다(Lakoff 1996; Tannen 1998). 우리의 정치적 어휘 중 많은 것이 운동경기(우리가 정치적 '레이스'에 대해 이야기할 때처럼)와 전장(정치적 '작전'에 대해 이야기할 때처럼)으로부터 빌려온 비유적인 언어들이다. 정치 분야 논설위원들은 나치즘의 부상, 대공황의 시작, 로마제국의 멸망, 또는 암흑시대의 도래와 같은 끔찍한 사건들과의 불분명한 유추에 근거하여 우리 시대와 과거 시대의 불길한 유사점에 대해 경고할 때, 또는 그다음 외교정책 결정이 '또 다른 뮌헨'이나 '또 다른 베트남'이 될 수 있다고 경고할 때, 역사 은유에 의지한다. 새로운 경험을 과거와의 유추에 의거하여 이전의 사건에 견주어 해석하는 것은 당연히 있을 수 있는 일이지만, 우리는 심지어 유능한 역사가의 손에서 이루어지는 그러한 유추적 설명조차도 여전히 위험으로 가득 차 있다는 점을 항상 인식해야만 한다(Fischer 1970: 243~259).

은유와 유추는 또한 법적 추론에서도 기본적이다(Levi 1949). 법정에서의 변론은 흔히 하나의 소송 사건에서의 사실이 적절한 측면에서 다른 소송 사건에서의 사실과 충분히 유사하다면 전자의 소송에 적용된 법적 원리가 후자에서도 역시 견지되어야 한다고 주장한다. 따라서 법정 변호사는 특정한 법적 선례가 해당 사건에 적합하다는 것을 판사와 배심원들에게 설득하기 위해 빈번히 은유와 유추에 의지한다.

은유의 힘은 종교적 담화에서도 아주 분명하게 드러난다(McFague 1982; Lee 1993). 유대교와 기독교 신학은 전통적으로 궁극적 실체를 강한 아버지의 형상으로 묘사하는 가족 은유에 의지한다. 이와 대조적으로 도교 경전들이 가장 유순하면서도 가장 강력한 물질인 물의 형상을 상기시킨다면, 선불교의 가르침은 사물의 궁극적 본질을 깊은 침묵과 연관시킨다. 인도 우화의 눈먼 현인들처럼 모든 신앙의 종교 사상가들은, 그들이 신성한 미스터리를 탐구할 때면 비록 각각의 은유가 자주 다소 다른 방향을 가리키는 것으로 보이지만, 은유에 의해 인도되어왔다.

문학과 예술이 은유로 넘쳐난다는 것은 두말할 필요도 없다. 은유는 문학과 예술의 장사밑천이다. 과학에서 은유와 유추가 만연하다고 하더라도 아마도 문학과 예술에 비해서는 덜 분명하게 드러날 것이다. 그러한 시적 장치들은 한때 본질적으로 비과학적인 것으로 간주되었지만, 현대의 과학철학자와 과학사가들은 이제 은유와 유추가 과학적 발견의 과정에서, 심지어는 가장 엄격한 물리학에서조차 자주 결정적 역할을 수행해왔다는 것을 일반적으로 인정한다(Hesse 1966; Weisberg 1993). 이를테면 닐스 보어Niels Bohr가 자신의 원자 모델을 태양계와의 유추를 통해 구성했다는 것은 잘 알려져 있다. 프리드리히 케쿨레Friedrich Kekule가 벤젠 고리 구조를 발견한 것은 그가 꿈속에서 자기 자신의 꼬리를 물고 있는 뱀의 모습과 벤젠 구조 간의 거의 가능할 것 같지 않은 유추를 한 것에서 비롯된 반면, 반면 제임스 왓슨James Watson과 프랜시스 크릭Francis Crick이 발견한 이중나선으로서의 DNA 모델은 라이너스 폴링Linus Pauling의 나선형적 단백질 모델과의 밀접한 유추에 의해 영감을 받았다(Weisberg 1993: 106, 156). 신체에 대한 우리의 지식 중 많은 것은 테크놀로지 은유로부터 파생한다. 기계의 펌프로서의 심장, 연소로서의 호흡, 또는 계산기로서의 뇌가 그것들이다(Jonathan Miller 1978). 과학철학자들 사이에서 관심을 끄는 질문은 은유와 유추가 과학적 이론을 발전시키는 데서 유용할 수 있는가가 아니라(왜냐하면 이는 더 이상 의심스러운 것이 아니기 때문이다), 그것들이 이론의 본질적 하부구조인가 아니면 일단 확고하게 자리 잡은 공식적인 이론이 안착할 수 있게 해주는 발판에 불과한 것인가 하는 것이다.

은유와 유추는 날개 있는 항공기의 발전(글자 그대로 하나의 새가 되는 과정)에서부터 포도주 짜는 기계와의 유추에 의한 인쇄기의 설계에 이르기까지 기술발명의 역사에서도 분명한 역할을 수행해왔다(Weisberg 1993: 42, 125~149). 테크놀로지의 역사는 이러한 종류의 사례들로 넘쳐난다(Koestler 1964; Schön 1967; Boden 1992).

은유는 또한 상업에서는 설득 장치로서, 교육에서는 수업 장치로서(Pugh et al. 1992), 그리고 심리치료에서는 해석 장치로서(Kopp 1995) 결정적인 역할을 수행한다. 우리가 다음과 같이 묻는 것은 당연하다. 은유가 중요하지 **않은** 것은 어떤 사회제도에서인가? 삶의 모든 영역에서 생각하고 상상하고 문화를 창조하는 우리의 능력은 은유를 만들어내고 해석하는 우리의 능력에 달려 있다. 실제로 인간문화는 놀라울 정도로 하나의 은유적 구성물인 것으로 보이기 시작한다. 물론 이것이 은유가 문화를 구성하는 유일한 수단이라고 말하는 것은 아니다. 은유 이외에도 많은 정신적 도구가 존재한다. 하지만 은유를 대체할 수 있는 것은 아무것도 없다.

이 책에서 줄곧 우리의 테제는 문화의 한 특수한 영역으로서의 사회이론은 대체로 은유를 통해 창조된다는 것이었다. 이는 다음과 같은 하나의 어려운 문제를 제기한다. 그렇다면 "사회이론에서 모든 은유가 똑같이 타당한가 아니면 어떤 은유가 다른 은유들보다 더 통찰력 있고 가치 있는가?" 경쟁하는 은유들의 적실성에 대한 복잡한 판단을 내리는 일은 은유 분석의 과업 중 하나이다. 아래의 프로토콜protocol은 이러한 독특한 형태의 문화 비평을 추구하고자 하는 사람들에게 도움을 줄 수 있을 것이다.

사회이론에서의 은유 평가하기

모든 은유와 유추가 똑같이 창조적이지는 않다. 솔직히 일부 은유가 다른 것들보다 더 흥미롭다. (〈포레스트 검프Forrest Gump〉와 유추하면, 인생은 어쨌듯 그 영화가 시사하는 것만큼 초콜릿 상자와 그리 유사하지 않다. 적어도 나에게는 그렇다.) 문학비평가와 문화비평가들은 은유와 유추의 질을 평가하는, 즉 더 나쁜 은유와 유추로부터 더 좋은 은유와 유추를 식별해내는 다양한 기준을 제시해왔다(이를테면 Booth 1979: 53~56; Brown 1977: 99~107). 우리가 사회이론의 맥락 내에서 그러한 판단을 하고자 할 때, 거기에는 우리가 묻고 싶은 몇 가지 질문이 존재한다. 동시에 그러한 질문들이 사회적·문화적 연구에서 은유 분석을 위한 예비적 프로토콜을 구성한다.

1. 그 은유가 발견적 가치를 가지는가? 그 은유가 기대하지 않은 새로운 통찰력의 산출을 약속하는가?
2. 그 은유가 적절하게 발전되거나 전개되고 있는가?
3. 만약 우리의 관심이 기본적으로 과학적이라면, **그 은유가 일반적인 설명 원리의 발견으로 이어지는가?**
4. 앞서의 것과 관련되어 있는 것으로, **그 은유가 검증 가능한 가설 또는 예**

측을 산출하는가?

5. 만약 우리의 관심이 기본적으로 미학적이라면, 그 은유가 특히 창조적이거나 세련되거나 또는 시적 통찰력이 돋보이는가?

6. 그리고 만약 우리의 관심이 기본적으로 도덕적 또는 이데올로기적이라면, 그 은유가 어떤 바람직한 목적을 설득력 있게 진전시키는 데 수사적으로 기여하는가? 더 나아가 그 은유는 누구의 이해관계에 기여하는가?

이들 판단 기준 각각을 보다 상세히 살펴보기로 하자.

1. 발견적 잠재력

사회과학에서 은유와 유추는 우선 그것들의 발견적 잠재력 — 즉, 새로운 발견과 통찰력을 산출하는 능력 — 에 의해 평가받을 수 있다. 발견적 은유는 또 다른 발전 가능성으로 가득하다. '유기체로서의 사회'에서부터 '담론으로서의 사회'에 이르기까지 사회이론에서 모든 주요 은유는 그것 자체 내에 다수의 서로 다른 유추적 발전 가능성을 포함한다. 메리 헤세(Mary Hesse 1966)는 유추의 발견적 잠재력은 우리가 '중간 유추'라고 부르는 것 — 유추의 타당성이 알려져 있지 않고 더 심층적인 탐구를 필요로 하는 것으로 지적되는 유추 — 에 주로 자리하고 있다고 지적해왔다(미주 3에서 논의한 퍼스의 가추 관념과 비교해보라).

누군가는 가장 가치 있는 유추는 두 영역 간에 가장 높은 정도의 동형성isomorphism(즉, 가장 강력한 유사성)을 확보한 유추라고 상정할지도 모르지만, 이는 반드시 그렇지는 않다(Brown 1977: 101~102). 유추의 발견적 가치는 자주 문제가 되는 영역들 간의 명백한 차이에 의존한다. 하나의 유추를 흥미롭게 만드는 것은 동형성 자체가 아니라 오히려 주목되지 않은 또는 예상하지 못한 동형성이다. 발견적 유추는 친숙한 주제에 대한 신선한 견해로 우리를 놀라게 하고, 풍부한 새로운 개념들을 암시하고, 새로운 탐구 노선을 창출하는 능력을 지닌 유추이다.

   유추의 발견적 잠재력은 무제한적이지 않다. 프레드릭 제임슨(Fredric Jameson 1972: v)은 유추 모델들은 일반적으로 (그 모델의 발견적 잠재력이 점차 고갈되어가는) 예측 가능한 일련의 발전단계를 거친다고 진술한다. 첫째 단계에서 유추 모델은 세계에 대한 신선하고 흥미로운 관점을 제공함으로써, 즉 종래의 문제들을 새로운 모습으로 제시하고 많은 새로운 문제를 포착함으로써 지적 에너지의 폭발을 촉발한다. 둘째 단계에서는 유추의 부적절성이 점차 분명하게 드러나고, 그리하여 그 모델 자체가 그 모델의 연구 대상과 부합하게 다시 조정된다. 마지막으로는, 유추 모델의 활용 가능성이 고갈되고 한계가 분명해짐에 따라 피폐해진 유추가 얼마간 신선한 새로운 유추에 밀려 폐기된다. 유추 모델의 성쇠에 대한 이러한 견해와 과학사에서의 패러다임의 성쇠에 관한 토머스 쿤(Thomas Kuhn 1972)의 보다 일반적인 논의 간에는 분명한 유사성이 존재한다.

2. 전개의 적절성

이상적으로 말하면, 은유는 간결하고 간명하다. 즉, 은유가 "광범위한 다양한 현상을 정연하게 효과적으로 [하나로] 통합한다"(Brown 1977: 104). 하지만 은유와 직유는 우리가 그것들이 암묵적으로 남겨놓은 유사점을 분명하게 해명할 때까지는 그리 유익하지 못하다. 그렇게 하는 과정에서 우리는 은유와 직유를 유추로 전환시킨다. 하나의 유추를 전개한다는 것은 A와 B가 공유한 일단의 관련된 속성(정의 유추)은 물론 A와 B를 구분 짓는 일단의 관련 속성들(부의 유추)을 수확체감의 지점에 이를 때까지 구체화하는 것이다.

은유와 유추는 우리가 A와 B 간의 차이를 인식하는 것을 교묘하게 억압하고 긍정적 유사성에 초점을 맞추게 하는 경향이 있다(Morgan 1997). 사회과학에서 정의 유추는 자주 무비판적으로 무턱대고 진전되는 반면, 부의 유추는 거의 전적으로 무시된다. 이를테면 사회변화에 대한 다윈주의적 모델을 발전시키고자 한 초기의 노력들(Hofstadter 1944; Degler 1991)은 자주 유기체의 진화와 사회문화적 변화 간의 중요한 차이에 거의 주목하지 않은 채 생물학적 용어를 사회과학 속으로 무비판적으로 끌어들이는 결과를 초래했다. 부의 유추가 그렇게 철저하게 무시되었다는 것은 유감스러운 일이다. 왜냐하면 어떤 경우에는 부의 유추가 정의 유추만큼이나 이론적으로 깨우침을 줄 수 있기 때문이다. '약한' 유추조차도 그것이 우리로 하여금 그 유추의 부적합성의 근거를 분명하게 밝히게 한다면 유용하다. 왜냐하면 그렇게 하는 과정에서 우리가 우리의 숨어 있는 가정과 선입견을 의식적 인식과 공적 비판의 수준으로 끌어낼 수 있기 때문이다.

우리는 어떻게 하면 유추를 전개하는 일을 더 잘할 수 있는가? 이를테면 어떤 사람이 "인종차별주의는 사회체의 암이다 racism is a cancer in the body social"라고 제안한다고 가정하자(Brown 1977: 105). 유기체로서의 사회 이미지로부터 도출된, 겉으로 보기에 단순한 이 은유는 여덟 개의 적은 수의 단어에 다량의 정보와 함의를 담고 있다. "어떤 점에서 그러한가?"라는 질문을 통해 이 은유가 갖는 의미를 해명해보자. 사회는 생명체와 정확히 얼마나 유사한가? 인종차별주의는 암과 정확히 얼마나 유사한가? 인종차별주의와 사회 간의 관계는 암과 신체 간의 관계와 정확히 얼마나 유사한가? 만약 존재한다면, 방사선, 화학치료법, 외과 수술의 사회적 유사물은 무엇인가? 누가 치료를 수행할 것인가? 누구에게 무엇을 치료할 것인가? 인종차별주의와 암은 어떤 점에서 다른가(부의 유추)? 그리고 양자가 유사한지 또는 그렇지 않은지가 여전히 불분명한 채로 남아 있어 더욱 탐구할 필요가 있는 것은 무엇인가(중간 유추)?

이 은유를 철저하게 해명하기 위해서는 종양학 분야의 핵심 용어와 관계들에 관한 해설목록을 작성하는 것이 유용할 수도 있다(이를테면 발암물질이 종양을 유발한다, 종양은 양성일 수도 있고 악성일 수도 있다, 악성종양은 전이될 수 있다 등등). 그 해설목록에 기초하여 우리는 상관관계가 억지이거나 분명하게 존재하지 않는 지점들을 주의 깊게 지적하면서 암의 언어를 인종관계의 영역과 '연결'시키고자 시도할 수도 있다.

전개의 문제는 단일한 은유 또는 직유가 자주 그 자체 내에 복수의 발전 가능성을 포함한다는 사실에 의해 복잡해진다. 두 이론가가 동일한 은유적 토대에서 작업하더라도 (비록 반드시 모순되지는 않지만) 매우 다른 유추 결과에 도달할 수도 있다. 이를테면 연극학적 유추를 발전시키는 과정에서 우리가 우리의 기본 모델로 대본을 읽는 연극을 채택하는지 아니면 즉흥 연극을 채택하는지에 따라, 또는 우리가 인생을 희극으로 보기로 결정하는지 아니면 비극으로 보기로 결정하는지에 따라 상당한 차이가 생겨날 것이다.

은유를 전개하는 과정은 어딘가에서 끝이 나야만 한다. 우리는 수확체감의 지점에 이를 때까지는 은유를 유익하게 분석할 수 있지만, 은유를 끈질기게 기계적으로 죽어라 분석하는 데서 얻을 수 있는 것은 거의 없다. 좋은 은유라고 하더라도, 어쨌든 그 은유는 우리가 그것을 다 구명하기 훨씬 이전에 우리로 하여금 지치게 한다.

3. 설명력

실증주의적 전통에 속해 있는 사회과학자들은 자연과학이 거둔 인상적인 성과와 같은 것을 만들어내고 자연과학의 위세를 공유하고자 하는 바람에서 오랫동안 자연과학을 모델로 한 사회연구를 구축하기 위해 노력해왔다. 이러한 전통에 속해 있는 사회과학자들은 유추가 과학적 설명과 검증 가능한 예측을 산출할 수 있는 능력에 특히 관심을 가질 것이다.

유추는 일반적인 설명 원리를 발견하는 하나의 수단으로서 유용할 수 있다. 리처드 브라운이 제시한 "암으로서의 인종차별주의"(Brown 1977: 105)의 예로 잠시 되돌아가보자. 브라운은 만약 우리가 인종차별주의와 암 간의 유추를 발전시키기를 고집하고 또 충분한 통찰력을 가지고 있다면 우리는 결국에는 두 현상 간의 적절한 비교 지점들을 자세히 구명할 것이라고 진술한다. 그러면 우리는 의학이 인종차별주의와 관련하여 우리에게 가르쳐줄 수 있는 온갖 것을 학습하여 그 은유의 발견적 잠재력을 구명하거나, 아니면 암과 인종차별주의 **모두**를 포괄하는 '체계붕괴 systems breakdown'를 설명하는 일반이론 — 보다 일반적이고 엄밀한 일단의 개념하에 양 측면 모두를 포섭시킴으로써 은유를 초월하는 이론 — 을 발전시키는 방향으로 나아갈 것이다. 이러한 보다 일반적인 수준에서는 몸과 사회는 체계와 **유사**한 것으로 인식되지 않는다. 즉, 그것들은 단지 체계의 특별한 사례들**일** 뿐이고, 일단의 일반적인 체계의 법칙에 의해 지배받는다.

사회과학자들은 빈번히 앞서 개관한 방식으로 유추에서 일반적인 설명법칙으로 나아가기 위해 노력해왔다. 이를테면 도널드 캠벨(Donald Campbell 1965)은 생물학적 진화와 문화변화의 유사성은 매우 현저해서 일단의 공통의 일반적인 진화원리에 포섭될 수 있다고 주장한다. 그는 "문화축적과의 유추는 유기체의 진화 자체로부터 나온 것이 아니라 오히려 유기체의 진화가 단지 하나의 사례일 뿐인 …… 일반적인 적응적 적합 모델model of adaptive fit로부터 나온 것"이라고 지적한다(Campbell 1965: 26). 유사하게 조지 호먼스(George Homans 1961: 68~70)는 경제적 교환과 다른 형태의 사회적 거래 간의 관계를 고찰하고, 다음과 같이 결론짓는다. "두 현상의 명제 간 유사성은 차이를 통해 빛나며" "[경제학에서의] 공급법칙은 우리의 명제와 동등하다(우리는 감히 동일하다고 말한다). 어떤 활동을 통해 얻은 보상이 가치 있을수록, 그 사람은 그 활동을 더 자주 할 것이다." 각각의 경우에서 한 영역의 원리와 다른 영역의 원리 간의 정의 유추를 확인하는 것은 양쪽 영역의 현상들을 설명하는 것을 목적으로 하는 보다 일반적인 일단의 원리들을 발견하는 것으로 이어진다.

　설명적 목적에서의 유추의 이용이 유추의 한쪽 측면이 반드시 다른 쪽의 측면으로 '환원된다'는 것을 함의할 필요는 없다. 에밀 뒤르켐과 탤콧 파슨스를 포함하여 많은 영향력 있는 이론가들은 생물학적 유추를 사용해왔지만, 동시에 사회문화적 현상이 생물학의 원리로 환원될 수 있다는 어떠한 제안에도 완강하게 저항했다. 어떤 점에서 보면, 유추는 환원주의적 전략에 대한 하나의 **대안**을 제시한다. 루트비히 폰 베르탈란피(Ludwig von Bertalanffy 1968: 48)는 "세계에 대한 [어떤] 단일한 개념도 실재의 모든 수준을 종국적으로는 물리학의 법칙으로 환원하고자 하는, 어쩌면 무익하고 분명히 터무니없는 희망에 근거하는 것이 아니라 오히려 서로 다른 분야의 법칙들이 지닌 동형성에 근거할 것"이라고 시사한다. 따라서 만약 우리가 생물학적 분석 수준과 사회적 분석 수준 모두에 유효한 일반적인 설명 원리를 발견한다면(이러한 방향에서의 야심찬 시도로는 이를테면 James Miller 1978을 보라), 그러한 원리는 생물학자들의 독점적인 소유물도 **또는** 사회과학자들의 독점적인 소유물도 아닐 것이다. 우리는 하나의 분야가 다른 분야로 '환원되어' 왔다고 말할 수 있는 타당한 근거를 전혀 가지고 있지 못하다.

4. 예측력

사회과학자들, 그리고 특히 실증주의적 전통에 속해 있는 사회과학자들은 이론의 설명력뿐만 아니라 그 이론의 검증 가능한 가설 산출 능력이나 예측 능력에도 관심을 가진다. 일례로 인구학에서 중력 모델의 경우를 살펴보자. 존 스튜어트(John Stewart 1948)는 뉴턴의 중력 방정식(두 물체 간의 중력 인력은 두 물체의 질량의 곱을 두 물체 간의 제곱거리로 나눈 것과 같다)이 도시들 간의 상호작용(이를테면 운송 또는 통신)의 양을 예측하는 데 이용될 수 있다고 제시했다. 스튜어트의 모델은 예상 결과를 테스트하고 후속 연구를 수행하여 세련된 모델을 산출했다. 그 모델은 찰스 퍼스(Charles Peirce [1932]1957)의 가추 또는 유추의 논리가 이론과 가설의 창조적 원천일 수 있음을 보여주는 분명한 사례이다(미주 3을 보라).

뉴턴의 중력과 도시의 상호작용 간의 유추가 하나의 일단의 공통된 설명원리하에 중력과 이주가 포섭되는 것처럼 가장하지 않는다는 것에 주목하라. 그 유사성은 순전히 형식적 또는 수학적인 것이지 실재하는 것이 아니다. 따라서 거기에는 우리로 하여금 중력과 이주는 동일한 기본

과정의 서로 다른 현시라고 믿게 할 수도 있는 '심층적인 유추'는 분명 존재하지 않는다. 그럼에도 불구하고 그 유추는 가치 있다. 왜냐하면 그 유추가 도시의 상호작용을 **설명**하는 데에는 실패하지만, **예측**의 목적에는 여전히 유용하기 때문이다. 사회과학에서 유추 모델의 예측 결과는 좀처럼 분명하게 밝혀지지 않고 있다.

5. 미학적 가치

과학자들은 주로 은유의 설명력과 예측력에 관심을 가질 것이지만, 인문학 교육을 받은 사람들은 은유의 예술적 또는 미학적 장점에 더 많은 관심을 기울이기도 한다. 이를테면 브라운(Brown 1977)은 『사회학을 위한 시학A Poetic for Sociology』이라는 적절한 이름이 붙여진 책에서 우리에게 사회이론에서 은유와 유추가 갖는 가치를 적어도 부분적으로는 그것들의 인지적 미학 — 그것들의 시적 통찰력, 세련됨, 그리고 상징을 통해 세계를 창조하고 재창조하는 능력 — 에 주목하여 판단할 것을 촉구한다.

브라운은 특정 모델의 인지적 미학을 근본적으로 비과학적 또는 반과학적 판단기준으로 바라볼 필요가 없다고 지적한다. 세련됨에 대한 고려는, 비록 다른 점에서는 똑같이 만족스러웠을 경쟁하는 제품들 사이에서 최종 결정요인으로 작동할 뿐이기는 하지만, 때때로 과학적 이론과 수학적 증거의 판단에서 일정한 역할을 수행하기도 한다. 방대한 일단의 정보를 확실하고 간명한 방식으로 조직화하고자 하는 유추는 순전히 과학적인 평가 이상의 것을 요구한다. 즉, 유추는 특정한 예술적 평가를 필요로 한다.

사회과학자들이 은유를 사용하는 데 항상 그렇게 능숙한 것은 아니다.

은유를 혼합하는 것은 문학계에서는 일반적으로 은유에 서툰 것으로 간주되지만, 사회이론가들 사이에서 그것은 커다란 야망을 드러내는 것처럼 보인다. 이를테면 저명한 미국 사회이론가 탤콧 파슨스는 물리학적, 생물학적, 경제학적 및 여타 은유를 거대하고 복잡한 하나의 이론체계 속으로 통합하고자 했다(Brown 1977: 117). 물론 사회이론가들이 서로 다른 많은 영역에서 끌어낸 은유들을 통합하고자 할 때 그 결과가 미학적으로도 그리고 지적으로도 일관적이지 않을 수 있는 위험이 따른다.

미적 판단은 실로 매우 가변적이다(아름다움은 보는 사람과 보여주는 사람 간의 특별한 관계 속에 존재한다). 그러므로 우리가 은유 모델의 미학적 가치를 평가하는 데서 보편적으로 받아들여지는 기준에 항상 도달할 수는 없다. 그러나 이것은 우리의 미학적 둔감함과 관련한 주장이 아니다. 은유의 음악과 유추의 건축학을 평가할 수 없는 것은 실제로는 우리의 영혼이 지닌 장애 때문이다.

6. 도덕적·이데올로기적 가치

유사한 문제가 은유 모델에 대한 도덕적·이데올로기적 평가와 관련해서도 제기된다. 다시 말해 가치의 문화적 상대성 문제이다. 어떤 사람들은 사회세계에 대한 과학적 지식이 도덕적·이데올로기적 쟁점과 관련하여 전적으로 '가치자유적'일 수 있고 또 그래야만 한다고 주장함으로써 이 문제를 회피하고자 해왔다(Weber [1918]1958). 그들은 지식은 중립적이고, 우리가 그 지식과 관련하여 선택하는 것은 그 지식이 경험적으로 사실인가 아닌가에 관한 과학적 판단과는 구분되고 또 별개인 도덕적 또는 정치적 판단이라고 주장한다. 이러한 사고노선을 따르면, 어떤 모델의 도덕적 또는 정치적 결과는 그 모델의 타당성에는 아무런 영향도 미치지 않을 것이다.

도덕적으로 중립적이고 가치자유적인 작업으로서의 과학이라는 이러한 이미지는 여전히 대중문화 속에 살아있지만, 이러한 견해가 순진하다는 사실은 이제 과학의 사회적 맥락을 진지하게 성찰하는 사람들이라면 누구라도 알고 있는 것이다. 우리는 그 이유를 제3장에서 논의했다. 근대 세계에서는 과학적 지식은 권력의 한 형태이며, 이는 4세기 전에 프랜시스 베이컨 경이 도달했던, 그리고 위르겐 하버마스(Jürgen Habermas 1970, 1971), 미셸 푸코(Michel Foucault 1980), 스탠리 아로노비츠(Stanley Aronowitz 1988) 같은 현대 사회비판가들이 재확인한 통찰이다. 만약 지식이 권력이라면, 그 지식은 아마도 도덕적·정치적 함의를 지니지 않을 수 없을 것이다. 사회과학에서 (이를테면 수학적 게임 이론에서) 은유 모델들은 자주 심대한 도덕적인 또는 정치적인 정책적 결과를 낳는다. 그리고 이를 무시하는 것은 단지 순진할 뿐만 아니라 지적으로도 부정직할 것이다. 그러므로 우리가 사회이론에서의 은유 모델들을 평가할 때, 우리는 다음과 같이 물어야만 한다. "그 모델은 어떤 인간 가치와 이해관계에 우호적인가?" 규범적·이데올로기적 문제는 결코 은유의 가치를 판단하는 유일한 고려사항이 아니지만, 솔직히 무시될 수도 없다.

사회적 현실에 대한 누군가의 지각이 사회질서 속에서 그 사람이 차지하는 위치에 의해 강력하게 조건지어진다는 것은 지식사회학의 근본 원리이다. 우리가 선호하는 은유와 유추를 포함하여 우리의 세계관은 사회적 전체에 대한 자신의 제한된 경험을 반영할 가능성이 크다. 이를테면 사회적 코끼리의 꼭대기에 올라앉아 그 코끼리의 움직임을 인도하고자 해본 경험은 그 코끼리의 막중한 무게에 짓밟힌 경험과는 상당히 다르다. 올라탔던 사람과 짓밟혔던 사람은 사회에 대해 서로 다른 이해에 도달한다.

지식사회학의 창시자인 카를 만하임(Karl Mannheim 1936: 274~275)은 사회에 대한 은유적 이미지들은 다양한 경제적 계급과 정치적 분파에 의해 각각의 사회적 입장과 이해관계에 따라 선택적으로 전유된다고 논급했다. 이를테면 만하임은 유기적 실체로서의 사회 이미지가 19세기 독일 토지 귀족의 보수적 이해관계를 표현하는 반면 좌파의 약속과 이해관계는 사회구조의 구성요소들이 분리되고 재결합되어 새로운 사회적 복합체를 형성할 수 있음을 함의하는 원자론적이고 기계론적인 사회 모델에 더 잘 반영되어 있다는 것을 입증했다.

더 정곡을 찌르면, 19세기 후반과 20세기에 유력 기업의 관계자들이 사회적 다원주의를 공개적으로 지지한 것(Hofstadter 1944; Degler 1991)은 사회에 대한 모델들은 때때로 그 모델들이 뒷받침하는 가치와 이해관계에 토대하여 채택되거나 거부된다는 것을 우리에게 상기시킨다. 특정한 일단의 사회적 장치가 '자연적'이라거나 '불가피하다'는 주장은 자주 "만약 어떤 것이 자연적이라면 그것을 변화시키고자 하는 노력은 무익할 것"이라는 가정에 의거하여 보수적인 정치적 목적을 증진시키는 데 이용되곤 한다(Wolfe 1993: 172).

게다가 우리는 은유가 좀처럼 이데올로기적으로 중립적이지 않으며 그 은유에 적재되어 있는 숨어 있는 가정들을 하나의 담론 영역에서 다른 담론 영역으로 운반한다는 것을 알고 있다. 또한 그러한 영역 가정들(Gouldner 1970)이 지니고 있는 미묘한 함의들은 자주 무의식적·무비판적으로 받아들여진다. 은유 분석의 임무 중 하나는 그러한 가정과 함의들을 인식과 공적 토론의 표면으로 끌어내는 것이다.

은유는 이데올로기적으로 한쪽으로 치우쳐 있을 뿐만 아니라 젠더적으로도 한쪽으로 치우쳐 있다. 서로 다른 은유들이 남성과 여성의 서로 다른 감성을 반영하기도 한다. 캐럴 길리건(Carol Gilligan 1982)과 다른 학자들(이를테면 Belenky et al. 1986)은 여성과 남성은 도덕적 문제에 접근하는 서로 다른 방식을 포함하여 서로 다른 '앎의 방식'을 드러내는 경향이 있다고 주장해왔다. 이를테면 길리건은 도덕적 판단을 함에 있어 남성은 여성보다 공식적 또는 추상적 원리에 입각하여 추론할 가능성이 큰 반면 여성은 도덕적 문제를 공동체, 연고성, 돌봄 베풀기에 관한 정서적 관심에 의거하여 처리하는 경향이 더 많다는 것을 발견한다. 만약 그러한 차이가 존재한다면, 우리는 남성과 여성이 인간존재로서 함께 살아가는 우리의 삶에 대해 이야기할 때 의지하는 은유에서 그에 상응하는 차이가 있을 것으로 예상해볼 수 있다. 여성은 일반적으로 남성보다 사회적 삶에 대한 유기체 은유와 의사소통 은유(이를테면 생태계로서의 사회, 극장으로서의 사회, 또는 대화로서의 사회 이미지)를 더 지지하는 반면, 남성은 일반적으로 기계 은유와 경쟁 은유(기계로서의 사회, 시장으로서의 사회, 또는 게임으로서의 사회)에 더 강한 친화성을 보일지도 모른다. 어쨌거나 이것은 하나의 검증 가능한 가설이다.

오늘날의 정치적·도덕적 수사는 은유로 가득 차 있다(Lakoff 1996). 이를테면 우리는 우리 사회가 '도덕적 나침판'을 잃어버렸고(기계 은유), 무너지는 '도덕적 토대' 위에서 비틀거리고 있고(건축/기계 은유), 그러므로 '암'처럼 사회를 먹어치우는 '도덕적 부패'의 힘(생물학 은유)에 맞서 '도덕적 재무장'을 하고 '문화적 전쟁'을 벌일 필요가 있다(군대 은유)는 말을 자주 듣는다. 우리는 또한 사회를 하나로 복잡하게 짜인 '사회적 직물social fabric'로 지칭하며, 사회의 요소들 간에 서로 불화를 불러일으키는 공격이 발생할 경우 사회가 너덜거린다거나 갈가리 찢어졌다(직물 은유)고 말하는 것을 본다. 우리는 덜 자주이기는 하지만 우리 사회를 구성하는 다양한 집단이 하나의 '뒤얽힌 운명'을 공유한다(직물 은유)는 말을 듣기도 한다(Cisneros 1993).

어떤 경우에는 은유와 유추가 사회와 유사한 어떤 것이 아니라 우리가 좋은 사회라면 유사해야만 한다고 믿는 것의 이미지를 묘사한다. 잘 작동하는 생물 유기체로서의 사회 이미지는 완전하게 조화로운 사회 — 그러한 사태가 실제로 존재할 수 있든 그렇지 않든 간에 — 를 갈망하는 사람들에게 특히 호소력을 지니기도 한다. 이와 유사하게 은유는 어떤 경우에는 은유를 만들고 소비하는 사람들의 개인적 성향을 반영하기도 한다. 컴퓨터 또는 사이버네틱 시스템으로서의 사회 이미지는 특히 과학, 고도 기술, 전자공학의 미래에 관심을 가진 사람들의 마음을 끌기도 한다. 연극 또는 텍스트로서의 사회 이미지는 특히 문학적 관심을 가진 사람들에게 호소력을 지니는가 하면, 전장으로서의 사회 이미지는 지배와 예속의 문제에 관심을 가진 사람들의 마음을 끌기도 한다. 그러한 경우들에서 '좋은 은유'를 구성하는 것과 관련한 판단은 은유 자체에 대해 말하는 것만큼이나 평가자의 가치와 이해관계에 대해 말하는 것이기도 한다.

바로 여기에 도덕적 또는 이데올로기적 기준에 의거하여 은유와 유추를 평가하는 데서 직면하는 주요한 딜레마가 자리하고 있다. 자의식이 강하고 매우 다원주의적인 세계에서는 무엇이 그러한 기준이어야 하는가에 대한 합의는 거의 존재하지 않는다. 탈근대적 상황에서 우리는 우리 자신의 도덕적·이데올로기적 관념에 대해 절대적 또는 보편적 지위를 주장하는 것을 주저하기도 한다. 하지만 우리는 더 이상 현실에 대한 은유, 유추, 또는 어떤 다른 표상들이 도덕적 또는 이데올로기적으로 중립적이라고 (한때 가치중립성의 주창자들이 그랬던 것처럼) 속일 수는 없다. 아마도 이 상황에서 우리가 할 수 있는 최선은 우리의 도덕적·정치적 신념을 솔직하게 말하고 그 신념을 지지하는 이유를 밝히고 그다음에 그러한 공개화된 자신의 신념에 견주어 이론적 비판을 하는 것일 것이다.

어쨌든 은유 분석을 실행하는 사람들은 문화적 인식을 새로운 수준으로 끌어올리는 데, 즉 우리가 공적 담론의 시적 정취와 수사를 더 섬세하게 이해할 수 있게 하는 데 크게 기여할 것이다. 은유를 창조하고 이용하는 것은 하나의 일이고, 우리 모두가 하는 일이다. 그러나 우리의 은유를 주의 깊게 성찰하고 그 은유의 보다 심층적인 함의를 면밀히 조사하는 것은 전혀 다른 일이다. 이 같은 훨씬 더 비범한 기량이 은유 분석의 과업에 필수적으로 요구된다.

주

1. 은유에 관한 현대의 철학적·심리학적 연구로는 특히 Sacks(1979), Lakoff and Johnson(1980), Onony(1993)를 보라. 고전적인 논의로는 Vaihinger(1925), Richards(1936), Black(1962), Turbayne(1962), Ricoeur(1977)가 있다. 유추에 대한 최근의 연구로는 Holyoak and Thagard(1995), Gelernter(1994), Hofstadter(1985, 1995)를 보라.
2. 브로건(Brogan 1986)은 은유와 직유 간의 관계를 주의 깊게 분석한다. 그녀는 은유는 우리에게 두 가지의 것을 하나로 보게 함으로써 언어 속에서 하나의 통합의 힘으로 작동한다고 주장한다. 은유는 결합과 응집을 위해 노력하며, 인간의 통합에 대한 열망에 부응한다. 정반대의 극단에서 해체주의적 언어 이론(이를테면 Derrida 1976, 1978)은 언어를 하나의 차이의 체계로 묘사한다. 모든 단어는 그것이 아닌 것과 대비되어 정의되고, 모든 기호는 언제나 그것이 의미하는 것과 항상 별개의 것이다. 이러한 견해에서는 언어는 그 본성상 해체의 경향

을 띤다. 브로건은 직유는 통합과 파편화라는 이러한 양 극단 사이에 위치하며, "전기가 흐르기 위해서는 양극과 음극이 필요한 것처럼" 양 극으로부터 자신의 힘을 끌어낸다고 주장한다(Brogan 1986: 25). 따라서 직유는 "언어 속에서 대립하는 힘들[수렴의 힘과 분기의 힘]이 상호작용"할 수 있게 해준다(Brogan 1986: 182).

3. 논리학 교과서들은 보통 유추를 약한 형태의 귀납추리로 분류한다. 하지만 퍼스(Peirce [1932]1957)는 유추(또는 그가 칭한 용어로는 '가추')는 귀납과 연역 모두와 다르다고 주장했다. 연역이 일반적인 것에서 특수한 것으로의 '하향적' 추론을 수반하고 귀납이 특수한 것에서 일반적인 것으로의 '상향적' 추론을 수반한다면, 유추는 하나의 경험 영역에서 다른 경험 영역으로, 또는 퍼스의 말로는 "하나의 종류의 사실에서 다른 종류의 사실로" '넘어서는' 추론을 수반한다(Peirce [1932]1957: 129). 이를테면 "많은 화학물질의 삼투압은 그것들의 원자량에 반비례한다"라고 지적한 화학자 반트 호프(Van't Hoff)는 어쩌면 동일한 관계가 동일한 속성의 어떤 다른 화학물질 간에도 존재한다는 것을 발견할 수 있을 것이라고 생각했다(Peirce [1932]1957: 236). 퍼스는 가추는 연역이나 귀납보다 더 약한 형태의 추리라고 조심스럽게 지적했다. 가추는 우리로 하여금 어떤 것에도 헌신하게 하지 않는다. 그것은 단지 [귀납에 의해] "시도된 주장들의 명세서에 근거하여 하나의 가설을 수립하게 할" 뿐이다. 퍼스는 과학에서 강요되는 유추나 검증 불가능한 유추를 참을 수 없었다. 그는 어떤 유추의 예측 결과를 미리 분명하고 명확하게 진술하고 차후에 검증한 후 그 예측의 성공뿐만 아니라 실패까지 솔직하게 적시할 것을 권고했다.

4. 최근 몇 십 년 동안 **이론**, **유추**, **모델**이라는 용어들 간의 관계에 대한 얼마간의 논쟁 — 대체로 의미론적인 — 이 있어왔다. 한 극단에는 허버트 시몬과 에일리언 뉴웰(Herbert Simon and Alien Newell 1956)을 따라 모든 이론을 모델로 간주하고 모든 모델을 유추로 간주하는 사람들이 있고, 다른 극단에는 데이비드 윌러(David Willer 1967)처럼 유추를 몇몇 유형의 모델 가운데 하나로 취급하고 모델을 공식적 이론의 발전을 향해 나아가는 중간 역으로 보기를 좋아하는 사람들이 있다. 윌러의 견해에 더 가까운 우리의 견해는 은유와 유추를 많은 공식적 모델과 이론의 영감의 원천으로 보는 것이다. 은유와 유추가 없었다면 공식적 모델과 이론들은 결코 고안될 수조차 없었을 것이다.

5. 선문답: 매우 열렬한 야구팬에게 야구는 삶에 대한 하나의 은유인가 아니면 삶이 야구에 대한 하나의 은유인가?

참고문헌

Abell, Peter. 1992. "Is Rational Choice Theory a Rational Choice of Theory?" In *Rational Choice Theory: Advocacy and Critique*, ed. by J. S. Coleman and T. J. Fararo. Newbury Park, Calif.: Sage.

_____. 1996. "Sociological Theory and Rational Choice Theory." In *The Blackwell Companion to Social Theory*, ed. by B. Turner. Oxford, UK: Blackwell.

Abrahamson, Mark. 1978. *Functionalism*. Englewood Cliffs, N.J.: Prentice-Hall.

Adams, Richard N. 1975. *Energy and Structure*. Austin: University of Texas Press.

Addams, Jane. [1907]2000. "Utilization of Women in City Government." In *Social Theory: Roots and Branches*, ed. by P. Kivisto. Los Angeles: Roxbury.

Adler, Alfred. 1930. "Individual Psychology." In *Psychologies of 1930*, ed. by C. Murchison. Worcester, Mass.: Clark University Press.

Adorno, Theodor W., Else Frenkel-Brunswik, Daniel Levinson, and R. Nevitt Stanford. 1950. *The Authoritarian Personality*. New York: Harper.

Agger, Ben. 1989. *Socio(onto)logy: A Disciplinary Reading*. Urbana: University of Illinois Press.

_____. 1998. *Critical Social Theories: An Introduction*. Boulder, Colo.: Westview.

_____. 2000. *Public Sociology: From Social Facts to Literary Acts*. Lanham, Md.: Rowman & Littlefield.

Aldrich, Howard E. 1979. *Organizations and Environments*. Englewood Cliffs, N.J.: Prentice-Hall.

Alexander, Jeffrey, ed. 1985. *Neofunctionalism*. Beverly Hills, Calif.: Sage.

American Psychiatric Association(APA). 1987. *Diagnostic and Statistical Manual of Mental Disorders*, 3d ed. Washington, D.C.: APA.

Anderson, Margaret, and Patricia Hill Collins, eds. 1992. *Race, Class and Gender: An Anthology*. Belmont, Calif.: Wadsworth.

Anderson, Waiter Truett. 1990. *Reality Isn't What It Used to Be*. San Francisco: Harper & Row.

Appelbaum, Richard. 1970. *Theories of Social Change*. Chicago: Markham.

Arato, Andrew, and Elke Gebhardt, eds. 1990. *The Essential Frankfurt School Reader*. New York: Continuum.

Archibald, Katherine. 1947. *Wartime Shipyard*. Berkeley and Los Angeles: University of California Press.

Arendt, Hannah. [1951]1979. *The Origins of Totalitarianism*. San Diego: Harcourt.

_____. 1963. *Eichmann in Jerusalem: A Report on the Banality of Evil*. New York: Viking.

Aristotle. [ca. 330 B.C.E.]1935. *Poetics*. New York: Modern Library.

Arnett, Ronald C., and Pat Arneson. 1999. *Dialogic Civility in a Cynical Age*. Albany: SUNY Press.

Aronowitz, Stanley. 1988. *Science as Power*. Minneapolis: University of Minnesota Press.

Arrighi, Giovanni. 1978. *The Geometry of Imperialism*. London: NLB.

Arrow, Kenneth. 1951. *Social Choice and Individual Values*. New Haven: Yale University Press.
Atkinson, J. M., and John Heritage, eds. 1984. *Structures of Social Action: Studies in Conversation Analysis*. Cambridge, UK: Cambridge University Press.
Axelrod, Robert. 1984. *The Evolution of Cooperation*. New York: Basic.
Bailey, Kenneth D. 1994. *Sociology and the New Systems Theory*. Albany: SUNY Press.
Bakhtin, M. M. 1981. *The Dialogic Imagination*, ed. by M. Holquist. Austin: University of Texas Press.
Barash, David. 1991. *Introduction to Peace Studies*. Belmont, Calif.: Wadsworth.
Barthes, Roland. 1972. *Mythologies*. New York: Noonday.
Bartkowski, John. 1999. Review of P. Melior and C. Schilling, *Re-forming the Body*, and S. Coakley, ed., *Religion and the Body*. *Review of Religious Research* 41: 279~281.
Bartley, W. W., III. 1985. *Wittgenstein*. LaSalle, Ill.: Open Court.
Barzun, Jacques. 2000. *From Dawn to Decadence*. New York: HarperCollins.
Bateson, Mary Catherine. 1989. *Composing a Life*. New York: Penguin.
Baudrillard, Jean. 1983. *Simulations*. New York: Semiotext(e).
_____. 1988. *America*, trans. by C. Turner. London: Verso.
Bauer, Raymond. 1966. *Social Indicators*. Cambridge: MIT Press.
Beauvoir, Simone de. 1953. *The Second Sex*. New York: Knopf.
Becker, Gary. 1976. *The Economic Approach to Behavior*. Chicago: University of Chicago Press.
_____. 1991. *A Treatise on the Family*. Chicago: University of Chicago Press.
Becker, Howard S., and Blanche Geer. 1958. "The Fate of Idealism in Medical School." *American Sociological Review* 23: 50~56.
Beeghley, Leonard. 1989. *The Structure of Social Stratification*. Boston: Allyn & Bacon.
Belenky, Mary Field, Blythe McVicker Clinchy, Nancy Rule Goldberger, and Jill Mattuck Tarule. 1986. *Women's Ways of Knowing*. New York: Basic.
Bell, Daniel. 1973. *The Coming of Post-industrial Society*. New York: Basic.
_____. 1976. *The Cultural Contradictions of Capitalism*. New York: Basic.
Bellah, Robert N. 1970. *Beyond Belief*. New York: Harper & Row.
_____, Richard Madsen, William M. Sullivan, Ann Swidler, and Steven M. Tipton. 1985. *Habits of the Heart*. Berkeley: University of California Press.
_____, Richard Madsen, William M. Sullivan, Ann Swidler, and Steven M. Tipton. 1991. *The Good Society*. New York: Knopf.
Bem, Sandra. 1977. "Beyond Androgyny." In *Family in Transition*. 2d ed., ed. by A. S. Skolnick and J. H. Skolnick. Boston: Little, Brown.
Bennett, William J. 1994. *Index of Leading CulturalIndicators*. New York: Simon & Schuster.
Berger, Peter. 1963. *An Invitation to Sociology*. Garden City, N.Y.: Anchor Doubleday.
_____. 1967. *The Sacred Canopy*. Garden City, N.Y.: Doubleday.
_____, and Thomas Luckmann. 1966. *The Social Construction of Reality*. Garden City, N.Y.: Doubleday.
Berliner, David C., and Bruce J. Biddle. 1995. *The Manufactured Crisis*. Reading, Mass.: Addison-Wesley.

Bernays, Edward L. 1947. "The Engineering of Consent." *Annals of the American Academy of Political and Social Science* 250: 113~120.

Berne, Eric. 1964. *Games People Play*. New York: Grove.

Bernstein, Richard J. 1976. *The Restructuring of Social and Political Theory*. Philadelphia: University of Pennsylvania Press.

_____. 1983. *Beyond Objectivism and Relativism*. Philadelphia: University of Pennsylvania Press.

Berry, Thomas. 1988. *The Dream of the Earth*. San Francisco: Sierra Club Books.

Bertalanffy, Ludwig von. 1968. *General System Theory*. New York: Braziller.

Best, Steven, and Douglas Kellner. 1991. *Postmodern Theory*. New York: Guilford.

Binmore, Ken. 1992. *Fun and Games*. Lexington, Mass.: Heath.

Bjork, Daniel. 1993. *B. F. Skinner: A Life*. New York: Basic.

Black, Max. 1962. *Models and Metaphors*. Ithaca: Cornell University Press.

Blau, Peter. 1964. *Exchange and Power in Social Life*. New York: Wiley.

Bleicher, Joseph. 1982. *The Hermeneutic Imagination*. London: Routledge and Kegan Paul.

Bloch, Marc. 1964. *Feudal Society*. Chicago: University of Chicago Press.

Bloom, Allan. 1987. *The Closing of the American Mind*. New York: Simon & Schuster.

Blum, Alan, and Peter McHugh. 1971. "The Social Ascription of Motives." *American Sociological Review* 36: 98~109.

Blumer, Herbert. 1969. *Symbolic Interactionism*. Englewood Cliffs, N.J.: Prentice-Hall.

Bly, Robert. 1996. *The Sibling Society*. Reading, Mass.: Addison-Wesley.

Boden, Margaret A. 1992. *The Creative Mind*. New York: Basic.

Bonner, John. 1986. *Introduction to the Theory of Social Choice*. Baltimore: Johns Hopkins University Press.

Booth, Wayne C. 1979. "Metaphor as Rhetoric: The Problem of Evaluation." In *On Metaphor*, ed. by Sheldon Sacks. Chicago: University of Chicago Press.

Boston Women's Health Book Collective. 1973. *Our Bodies, Ourselves: A Book by and for Women*. New York: Simon & Schuster.

Boulding, Elise. 1992. *The Underside of History: A View of Women through Time*. Revised ed. Newbury Park, Calif.: Sage.

Boulding, Kenneth. 1962. "An Economist's View of 'Social Behavior: Its Elementary Forms.'" *American Journal of Sociology* 67: 458~461.

Bourdieu, Pierre. 1984. *Distinction*. Cambridge: Harvard University Press.

Bowles, Samuel, and Herbert Gintis. 1976. *Schooling in Capitalist America*. New York: Basic.

Brann, Eva. 1979. "Introduction." In *Plato's The Republic*, ed. and trans. by R. Larson. Arlington Heights, Ill.: Harlan Davidson.

Braudel, Fernand. 1973. *Capitalism and Material Life, 1400-1800*. New York: Harper & Row.

Brissett, Dennis, and Charles Edgley, eds. 1975. *Life as Theater: A Dramaturgical Sourcebook*. Chicago: Aldine.

Brockett, Oscar G. 1977. *History of the Theatre*, 3d ed. Boston: Allyn & Bacon.

Brodie, Richard. 1996. *Virus of the Mind*. Seattle: Integral Press.

Brogan, Jacqueline Vaught. 1986. *Stevens and Simile: A Theory of Language*. Princeton:

Princeton University Press.
Brown, Richard Harvey. 1977. *A Poetic for Sociology*. Cambridge, UK: Cambridge University Press.
_____. 1987. *Society as Text*. Chicago: University of Chicago Press.
_____. 1989. *Social Science as Civic Discourse*. Chicago: University of Chicago Press.
_____, ed. 1992a. *Writing the Social Text*. New York: Aldine DeGruyter.
_____. 1992b. "Social Science and Society as Discourse." In *Postmodernism and Social Theory*, ed. by S. Seidman and D. G. Wagner. Cambridge, UK: Blackwell.
Browning, Barbara. 1998. *Infectious Rhythm: Metaphors of Contagion and the Spread of African Culture*. New York: Routledge.
Buber, Martin. 1958. *I and Thou*, 2d ed. New York: Collier/Macmillan.
_____. 1965. *Between Man and Man*. New York: Macmillan.
Buchanan, James M., and Gordon Tullock. 1962. *The Calculus of Consent*. Ann Arbor: University of Michigan Press.
Buckley, Waiter. 1967. *Sociology and Modern Systems Theory*. Englewood Cliffs, N.J.: Prentice-Hall.
Burke, Kenneth. 1945. *A Grammar of Motives*. New York: Prentice-Hall.
Bums, Tom. 1992. *Erving Goffman*. London: Routledge.
Buss, David. 1998. *Evolutionary Psychology: The New Science of the Mind*. Needham Heights, Mass.: Allyn & Bacon.
Butler, Judith. 1990. *Gender Trouble*. New York: Routledge.
_____. 1993. *Bodies That Matter*. New York: Routledge.
Calhoun, Craig. 1992. "Introduction." In *Habermas and the Public Sphere*, ed. by C. Calhoun. Cambridge: MIT Press.
Calvin, William H. 1990. *The Ascent of Mind*. New York: Bantam.
Campbell, Bernard. 1966. *Human Evolution*. Chicago: Aldine.
Campbell, Donald. 1960. "Blind Variation and Selective Retention in Creative Thought as in Other Knowledge Processes." *Psychological Review* 67: 380~400.
_____. 1965. "Variation and Selective Retention in Sociocultural Evolution." In *Social Change in Developing Areas*, ed. by H. R. Barringer, G. I. Blanksten, and R. Mack. Cambridge, Mass.: Schenkman.
_____. 1975. "On the Conflicts between Biological and Social Evolution and between Psychology and Moral Tradition." *American Psychologist* 30: 1103~1126.
Campbell, Joseph. 1988. *The Power of Myth*. New York: Doubleday.
Campion, Jane(screenwriter and film director). 1992. *The Piano*(film). Los Angeles: Miramax.
Cannon, Waiter B. 1932. *The Wisdom of the Body*. New York: Norton.
Caplan, Arthur L., ed. 1978. *The Sociobiology Debate*. New York: Harper.
Capra, Fritjof. 1982. *The Turning Point*. New York: Simon & Schuster.
Carlin, George. 1997. *Brain Droppings*. New York: Hyperion.
Carse, James P. 1986. *Finite and Infinite Games: A Vision of Life as Play and Possibility*. New York: Ballantine.

Carson, Rachel. 1962. *Silent Spring*. New York: Knopf.
Carter, Bradley Kent, and Joseph F. Kobylka. 1986. "The Dialogic Community: Education, Leadership and Participation in James Madison's Thought." Paper presented at the annual meetings of the Southwestern Political Science Association, San Antonio, Texas.
Cassidy, John. 2000. "The Fountainhead." *New Yorker* (April 24/May 1): 162~175.
Castañeda, Antonia. 1996. "Language and Other Lethal Weapons: Cultural Politics and the Rites of Children as Translators of Culture." In *Mapping Multiculturalism*, ed. by A. F. Gordon and C. Newfield. Minneapolis: University of Minnesota Press.
Casti, John. 1989. *Paradigms Lost*. New York: Avon.
Chaplin, Charlie(director and actor). 1936. *Modern Times* (film). Hollywood, Calif.: United Artists.
Chase, Truddi. 1990. *When Rabbit Howls*. New York: Jove.
Chase-Dunn, Christopher. 1989. *Global Formation*. Cambridge, Mass.: Blackwell.
Chodorow, Nancy. 1978. *The Reproduction of Mothering*. Berkeley: University of California Press.
Chomsky. 1965. *Aspects of the Theory of Syntax*. Cambridge: MIT Press.
Churchill, Winston. 1954. Speech at White House, in *New York Times*, June 27: 1.
Cicourel, Aaron. 1970. "Basic and Normative Rules in the Negotiation of Status and Role." In *Recent Sociology No. 2: Patterns of Communicative Behavior*, ed. by H. P. Dreitzel. New York: Macmillan.
_____. 1974. *Cognitive Sociology*. New York: Free Press.
Cisneros, Henry. 1993. *Interwoven Destinies*. New York: Norton.
Clark, Arthur C. 1968. *2001: A Space Odyssey*. New York: New American Library.
Clarke, Simon. 1981. *The Foundations of Structuralism*. Totowa, N.J.: Barnes & Noble.
Clausewitz, Karl von. [1834]1962. *On War*. London: Routledge.
Coleman, James S. 1990. *Foundations of Social Theory*. Cambridge: Belknap/Harvard University Press.
_____, and Thomas J. Fararo, eds. 1992. *Rational Choice Theory: Advocacy and Critique*. Newbury Park, Calif.: Sage.
Collier, James Lincoln. 1991. *The Rise of Selfishness in America*. New York: Oxford University Press.
Collins, Patricia Hill. 1991. *Black Feminist Thought*. New York: Routledge.
Collins, Randall. 1975. *Conflict Sociology*. New York: Academic.
_____. 1988. *Theoretical Sociology*. San Diego: Harcourt Brace Jovanovich.
_____. 1994. *Four Sociological Traditions*. New York: Oxford University Press.
Commoner, Barry. 1971. *The Closing Circle*. New York: Knopf.
Comte, Auguste. [1830~1842]1998. "The Positive Philosophy of Auguste Comte," trans. by H. Martineau. In *Auguste Comte and Positivism: The Essential Writings*, ed. by Gertrude Lenzer. Chicago: University of Chicago Press.
Connerton, Paul, ed. 1976. *Critical Sociology*. Harmondsworth, UK: Penguin.
Cooley, Charles Horton. 1902. *Human Nature and the Social Order*. New York: Scribner.

Coontz, Stephanie. 1992. *The Way We Never Were*. New York: Basic.
_____. 1998. *The Way We Really Are*. New York: Basic.
Coser, Lewis. 1956. *The Functions of Social Conflict*. New York: Free Press.
_____. 1971. *Masters of Sociological Thought*. New York: Harcourt Brace Jovanovich.
Craig, Robert T., and Karen Tracy. 1983. *Conversational Coherence*. Beverly Hills, Calif.: Sage.
Cross, Stephen J., and William R. Albury. 1987. "Walter B. Cannon, L. J. Henderson, and the Organic Analogy." *Osiris*. 3(2d series): 165~192.
Csikszentmihalyi, Mihaly. 1990. *Flow: The Psychology of Optimal Experience*. New York: HarperCollins.
Dahrendorf, Ralf. 1988. *The Modern Social Conflict*. New York: Weidenfeld & Nicolson.
Daly, Mary. 1973. *Beyond God the Father*. Boston: Beacon.
_____. 1985. *The Church and the Second Sex*. Boston: Beacon.
Darwin, Charles. [1859]1964. *On the Origin of Species*. Cambridge: Harvard University Press.
Davis, Kingsley, and Wilbert E. Moore. 1945. "Some Principles of Stratification." *American Sociological Review* 10: 242~249.
Davis, Morton D. 1970. *Game Theory*. New York: Basic.
Dawkins, Richard. 1976. *The Selfish Gene*. New York: Oxford University Press.
_____. 1982. *The Extended Phenotype*. New York: Oxford University Press.
_____. 1987. *The Blind Watchmaker*. New York: Norton.
_____. 1989. *The Selfish Gene*. New ed. New York: Oxford University Press.
Degler, Carl. 1991. *In Search of Human Nature: The Decline and Revival of Darwinism in American Social Thought*. New York: Oxford University Press.
Demerath, N. J., Ill, and Richard A. Peterson, eds. 1967. *System, Change and Conflict*. New York: Free Press.
Dennett, Daniel C. 1991. *Consciousness Explained*. Boston: Little, Brown.
Denzin, Norman K. 1990. "Reading Cultural Texts." *American Journal of Sociology* 95: 1577~1580.
_____. 1991. *Images of Postmodern Society*. London: Sage.
Derrida, Jacques. 1976. *Of Grammatology*. Baltimore: Johns Hopkins University Press.
_____. 1978. *Writing and Difference*. Chicago: University of Chicago Press.
_____. 1989. "Three Questions to Hans-Georg Gadamer." In *Dialogue and Deconstruction*, ed. by D. P. Michelfelder and R. E. Palmer. Albany: SUNY Press.
Dickens, David R., and Andrea Fontana, eds. 1994. *Postmodernism and Social Inquiry*. New York: Guilford.
Docherty, Thomas, ed. 1993. *Postmodernism: A Reader*. New York: Columbia University Press.
Donno, Daniel. 1981. "Introduction." In N. Machiavelli, *The Prince*. New York: Bantam Classic.
Donovan, Josephine. 1994. *Feminist Theory*. New York: Continuum.
Douglas, Mary. 1966. *Purity and Danger*. New York: Praeger.
_____. 1980. "Introduction: Maurice Halbwachs(1877~1945)." In M. Halbwachs, *The Collective Memory*. New York: Harper & Row.
Downs, Anthony. 1957. *An Economic Theory of Democracy*. New York: Harper & Row.

Dreitzel, Hans Peter, ed. 1979. *Recent Sociology* No. 2: *Patterns of Communicative Behavior*. New York: Macmillan.

Du Bois, W. E. B. [1908]1970. "Race Friction between Black and White." In W. E. B. *Du Bois: A Reader*, ed. by M. Weinberg. New York: Harper & Row.

Dunbar, Paul Laurence. [1896]1993. "We Wear the Mask"(poem). In *The Collected Poetry of Paul Laurence Dunbar*, ed. by J. M. Braxton. Charlottesville: University Press of Virginia.

Dunlop, John T. 1984. *Dispute Resolution*. Dover, Mass.: Auburn House.

During, Simon, ed. 1993. *The Cultural Studies Reader*. London: Routledge.

Durkheim, Emile. [1893]1947. *The Division of Labor in Society*. Glencoe, Ill.: Free Press.

_____. [1895]1958. *The Rules of Sociological Method*. New York: Free Press.

_____. [1897]1966. *Suicide*. New York: Free Press.

Eagleton, Terry. 1983. *Literary Theory*. Minneapolis: University of Minnesota Press.

Edelman, Murray J. 1988. *Constructing the Political Spectacle*. Chicago: University of Chicago Press.

Edgerton, Robert B. 1992. *Sick Societies: Challenging the Myth of Primitive Harmony*. New York: Free Press.

Edie, James. 1967. "Comments on Maurice Natanson's Paper 'Man as Actor.'" In *Action: The Second Lexington Conference on Pure and Applied Phenomenology*. Pittsburgh: Duquesne University Press.

Ehrlich, Paul. 1968. *The Population Bomb*. New York: Ballantine.

Ekeh, Peter P. 1974. *Social Exchange Theory: The Two Traditions*. Cambridge: Harvard University Press.

Eliade, Mircea. 1975. *Myths, Rites, Symbols* (2 vols.), ed. by W. C. Beane and W. G. Doty. New York: Harper & Row.

Elias, Norbert. [1939]1978. *The Civilization Process*. New York: Urizen.

Elshtain, Jean Bethke. 1995. *Democracy on Trial*. New York: Basic.

Elster, Jon, ed. 1986. *Rational Choice*. New York: New York University Press.

_____. 1989. *Nuts and Bolts for the Social Sciences*. Cambridge, UK: Cambridge University Press.

_____, and Aanund Hylland, eds. 1986. *Foundations of Social Choice Theory*. Cambridge, UK: Cambridge University Press.

Emerson, Joan. 1970. "Behavior in Private Places." In *Recent Sociology* No. 2, ed. by Hans Peter Dreitzel. New York: Macmillan.

Engels, Friedrich. [1878]1970. *Anti-Duhring*. New York: International.

Etzioni, Amitai. 1968. *The Active Society*. New York: Free Press.

_____. 1993. *The Spirit of Community*. New York: Crown.

Ewen, Stuart. 1988. *All Consuming Images*. New York: Basic.

_____.1996. *PR!: A Social History of Spin*. New York: Basic.

Faludi, Susan. 1991. *Backlash: The Undeclared War against American Women*. New York: Doubleday Anchor.

Fernandez, James W., ed. 1991. *Beyond Metaphor: The Theory of Tropes in Anthropology*. Stanford: Stanford University Press.

Feyerabend, Paul. 1978. *Against Method*. New York: Schocken.
Fine, Gary Alan. 1996. *Talking Sociology*. Needham Heights, Mass.: Allyn & Bacon.
Fiorenza, Elisabeth Schussler, and M. Shawn Copeland. 1996. *Feminist Theology in Different Contexts*. London: Concilium/SCM Press.
Fischer, David Hackett. 1970. *Historians' Fallacies*. New York: Harper & Row.
Fish, Stanley. 1980. *Is There a Text in This Class?* Cambridge: Harvard University Press.
Fisher, Roger, and Scott Brown. 1988. *Getting Together*. Boston: Houghton Mifflin.
_____, and William Ury. 1983. *Getting to Yes*. New York: Penguin.
Folberg, Jay, and Alison Taylor. 1984. *Mediation*. San Francisco: Jossey-Bass.
Foucault, Michel. 1965. *Madness and Civilization*. New York: Random House.
_____. 1972. *The Archaeology of Knowledge and the Discourse on Language*. New York: Pantheon.
_____. 1977. *Discipline and Punish*. New York: Pantheon.
_____. [1978]1990. *The History of Sexuality: An Introduction*. Vol. I. New York: Vintage.
_____. 1980. *Power/Knowledge*, ed. by C. Gordon. New York: Pantheon.
_____. 1984. *The Foucault Reader*, ed. by P. Rabinow. New York: Pantheon.
_____. 1990. *Michel Foucault: Politics, Philosophy, Culture*, ed. by L. D. Kritzman. New York: Routledge.
France, Anatol. [1894]1991. *The Red Lily*. Quoted from *The Oxford Dictionary of Modern Quotations*, ed. by T. Augarde. Oxford, UK: Oxford University Press.
Frank, Andre Gunder. 1993. *The World System*. London: Routledge.
Franzoni, David(screenwriter). 1992. *Citizen Cohn* (film screenplay based on book by Nicholas Von Hoffman). New York: HBO Films.
Freire, Paulo. 1982. *Pedagogy of the Oppressed*. New York: Continuum.
_____. 1998. *Pedagogy of Freedom*. Lanham, Md.: Rowman & Littlefield.
_____, and Donald Macedo. 1987. *Literacy*. South Hadley, Mass.: Bergin and Garvey.
French, Marilyn. 1985. *Beyond Power*. New York: Summit.
_____. 1992. *The War against Women*. New York: Summit.
Freud, Sigmund. 1930. *Civilization and Its Discontents*, trans. by Joan Riviere. London: Hogarth.
Friedan, Betty. 1963. *The Feminine Mystique*. New York: Norton.
_____. 1981. *The Second Stage*. New York: Summit.
Friedman, Milton. 1953. *Essays in Positive Economics*. Chicago: University of Chicago Press.
Fudenberg, Drew, and Jean Tirole. 1991. *Game Theory*. Cambridge: MIT Press.
Fukuyama, Francis. 1995. *Trust: Social Virtues and the Creation of Prosperity*. New York: Free Press.
Funke, Lewis, and John E. Booth, eds. 1961. *Actors Talk about Acting*. New York: Avon.
Gadamer, Hans-Georg. 1975. *Truth and Method*. New York: Continuum.
_____. 1980. *Dialogue and Dialectic*. New Haven: Yale University Press.
_____. 1989. "The Historicity of Understanding." In *The Hermeneutics Reader*, ed. by Kurt Mueller. New York: Continuum.
Gamson, William A. 1972. *SIMSOC: Simulated Society*, 2d ed. New York: Free Press.

Gardner, Howard. 1985. *The Mind's New Science: A History of the Cognitive Revolution*. New York: Basic.
Garfinkel, Harold. 1962. "Common Sense Knowledge of Social Structures." In *Theories of the Mind*, ed. by J. Scher. New York: Free Press.
_____. 1967. *Studies in Ethnomethdology*. Englewood Cliffs, N.J.: Prentice-Hall.
Gates, Bill, with Collin Hemingway. 1999. *Business @ the Speed of Thought: Using a Digital Nervous System*. New York: Time Warner.
Gates, Henry Louis, Jr. 1992. *Loose Canons: Notes on the Culture Wars*. New York: Oxford University Press.
_____, and Cornel West. 1996. *The Future of Race*. New York: Knopf.
Geertz, Clifford. 1973. *The Interpretation of Cultures*. New York: Basic.
_____. 1983. "Blurred Genres: The Refiguration of Social Thought." In *Local Knowledge*. New York: Basic.
_____. 1988. *Works and Lives: The Anthropologist as Author*. Stanford: Stanford University Press.
Gelernter, David. 1991. *Mirror Worlds*. New York: Oxford University Press.
_____. 1994. *The Muse in the Machine*. New York: Free Press.
Gerard, R. W., Klyde Kluckhohn, and Anatol Rapoport. 1956. "Biological and Cultural Evolution: Some Analogies and Explorations." *Behavioral Science* I: 6~34.
Gergen, Kenneth J. 1991. *The Saturated Self*. New York: Basic.
Gibbon, Edward. [1776~1788]1974. *The History of the Decline and Fall of the Roman Empire*. New York: AMS Press.
Gibbs, Jack P. 1989. *Control: Sociology's Central Notion*. Urbana: University of Illinois Press.
Giddens, Anthony. 1984. *The Constitution of Society*. Cambridge, UK: Polity Press.
Gilligan, Carol. 1982. *In a Different Voice*. Cambridge: Harvard University Press.
Gillman, Charlotte Perkins. [1898]2000. *Women and Economics. Selection reprinted in Social Theory: Roots and Branches*, ed. by P. Kivisto. Los Angeles: Roxbury.
Gladwell, Malcolm. 1996. "The Tipping Point." *New Yorker* (June 3): 32~38.
_____. 2000. *The Tipping Point*. Boston: Little, Brown.
Glassner, Barry. 1982. "Labeling Theory." In *The Sociology of Deviance*, ed. by M. Rosenberg, R. Stebbins, and A. Turowetz. New York: St. Martin's.
Gleick, James. 1987. *Chaos: Making a New Science*. New York: Penguin.
Glendon, Mary Ann. 1991. Rights Talk. New York: Free Press.
Goffman, Erving. 1959. *The Presentation of Self in Everyday Life*. New York: Macmillan.
_____. 1961a. *Asylums*. New York: Doubleday.
_____. 1961b. *Encounters*. Indianapolis: Bobbs-Merrill.
_____. 1963. *Stigma*. Harmondsworth, UK: Penguin.
_____.1967. *Interaction Ritual*. New York: Anchor.
_____. 1970. *Strategic Interaction*. Oxford, UK: Basil Blackwell.
_____. 1971. *Relations in Public*. New York: Basic.
_____. 1974. *Frame Analysis*. New York: Harper.
_____. 1981. *Forms of Talk*. Philadelphia: University of Pennsylvania Press.

Goldberg, David E. 2000. "Illinois Genetic Algoriths Laboratory." URL: gal4.ge.uiuc.edu(June 7, 2000).
Goldberg, David Theo. 1999. "Call and Response: Spons, Talk Radio and the Death of Democracy." In *The Soundbite Culture*, ed. by D. Slayden and R. K. Whillock. Thousand Oaks, Calif.: Sage.
Goldfarb, Jeffrey C. 1991. The Cynical Society. Chicago: University of Chicago Press.
Golding, William. 1954. *Lord of the Flies*. New York: Putnam.
Goodall, Jane. 1991. *Through a Window: My Thirty Years with the Chimpanzees of Gombe*. Boston: Houghton Mifflin.
Goodman, Nelson. 1978. *Ways of Worldmaking*. Indianapolis: Hackett.
Gouldner, Alvin. 1965. *Enter Plato*. New York: Basic.
_____. 1970. *The Coming Crisis of Western Sociology*. New York: Basic.
_____. 1979. *The Future of Intellectuals and the Rise of the New Class*. New York: Seabury.
Gove, Waiter, ed. 1980. *The Labeling of Deviance*. Beverly Hills, Calif.: Sage.
Gramsci, Antonio. 1971. *Prison Notebooks: Selections*. New York: International.
Grandjean, Burke D. 1975. "An Economic Analysis of the Davis-Moore Theory of Stratification." *Social Forces* 53: 543~552.
Grant, David, and Cliff Oswick, eds. 1996. *Metaphor and Organizations*. London: Sage.
Green, Donald P., and Ian Shapiro. 1994. *Pathologies of Rational Choice Theory*. New Haven: Yale University Press.
Grice, H. P. 1975. "Logic and Conversation." In *Syntax and Semantics*, Vol. 3: *Speech Acts*, ed. by P. Cole and J. L. Morgan. New York: Academic.
Grotowski, Jerzy. 1968. *Towards a Poor Theatre*. New York: Simon & Schuster.
Gurevitch, Z. D. 1988. "The Other Side of Dialogue." *American Journal of Sociology* 93: 1179~1199.
Gusdorf, Georges. 1965. *Speaking (La Parole)*. Evanston: Northwestern University Press.
Habermas, Jürgen. 1970. *Toward a Rational Society*. Boston: Beacon.
_____. 1971. *Knowledge and Interests*. Boston: Beacon.
_____. 1979. *Communication and the Evolution of Society*. Boston: Beacon.
_____. 1984/1988. *The Theory of Communicative Action*. 2 vols. Boston: Beacon.
_____. 1989. *The Transformation of the Public Sphere*. Cambridge: MIT Press.
Haken, Hermann, Anders Karlqvist, and Unbo Swedin, eds. 1993. *The Machine as Metaphor and Tool*. Berlin: Springer-Verlag.
Hall, Calvin S., and Lindzey, Gardner. 1970. *Theories of Personality*, 2d ed. New York: Wiley.
Hamilton, Edith, and Huntington Cairns, eds. 1961. *The Collected Dialogues of Plato*. Princeton: Princeton University Press.
Hammer, Michael, and James Champy. 1993. *Reengineering the Corporation*. New York: Harper Business.
Hampden-Turner, Charles. 1981. *Maps of the Mind*. New York: Macmillan.
Handel, Warren. 1982. *Ethnomethodology*. Englewood Cliffs, N.J.: Prentice-Hall.
Hardin, Garrett. 1968. "The Tragedy of the Commons." *Science* 162: 1243~1248.

Harland, Richard. 1987. *Superstructuralism*. London: Methuen.
Heath, Anthony. 1976. *Rational Choice and Social Exchange*. Cambridge, UK: Cambridge University Press.
Hechter, Michael. 1987. *Principles of Group Solidarity*. Berkeley: University of California Press.
Heidegger, Martin. 1971. *On the Way to Language*. San Francisco: Harper & Row.
Heilbroner, Robert. 1972. *The Worldly Philosophers*, 4th ed. New York: Simon & Schuster.
Heims, Steve Joshua. 1993. *Constructing a Social Science for Postwar America: The Cybernetics Group, 1946-1953*. Cambridge: MIT Press.
Hekman, Susan J. 1990., *Gender and Knowledge*. Boston: Northeastern University Press.
Henig, Jeffrey R. 1994. *Rethinking School Choice: Limits of the Market Metaphor*. Princeton: Princeton University Press.
Henslin, James M., and Mae A. Briggs. 1971. "Dramaturgical Desexualization." In *Studies in the Sociology of Sex*, ed. by James M. Henslin. New York: Appleton-Century-Crofts.
Heritage, John C. 1987. "Ethnomethodology." In *Social Theory Today*, ed. by A. Giddens and J. H. Turner. Stanford: Stanford University Press.
Herman, Edward S., and Noam Chomsky. 1988. *Manufacturing Consent*. New York: Pantheon.
Hesse, Hermann. 1949. *Magister Ludi*. New York: Ungar.
Hesse, Mary. 1966. *Models and Analogies in Science*. Notre Dame: University of Notre Dame Press.
Hindess, Barry. 1988. *Choice, Rationality and Social Theory*. London: Unwin Hyman.
Hobbes, Thomas. [1651]1964. *Leviathan*. New York: Washington Square Press.
Hodge, Robert, and Gunther Kress. 1988. *Social Semiotics*. Ithaca: Cornell University Press.
Hofstadter, Douglas. 1985. *Metamagical Themas*. New York: Basic.
_____, and the Fluid Analogies Research Group. 1995. *Fluid Concepts and Creative Analogies*. New York: Basic.
Hofstadter, Richard. 1944. *Social Darwinism in American Thought*. Philadelphia: University of Pennsylvania Press.
Holloway, Karla F. C. 1992. *Moorings and Metaphors*. New Brunswick, N.J.: Rutgers University Press.
Holstein, James A., and Gale Miller, eds. 1993. *Reconsidering Social Constructionism*. New York: Aldine de Gruyter.
Holyoak, Keith J., and Paul Thagard. 1995. *Mental Leaps: Analogy and Creative Thought*. Cambridge: MIT Press.
Homans, George. 1958. "Social Behavior as Exchange." *American Journal of Sociology* 63: 597~606.
_____.1961. *Social Behavior: Its Elementary Forms*. New York: Harcourt, Brace & World.
_____. 1964. "Commentary." *Sociological Inquiry* 34: 229~231.
_____. 1974. *Social Behavior: Its Elementary Forms*. Revised ed. New York: Harcourt Brace Jovanovich.
hooks, bell. 1984. *Feminist Theory: From Margin to Center*. Boston: South End Press.
Horkheimer, Max, and Theodor Adorno. [1944]1990. *Dialectic of Enlightenment*. New York:

Continuum.
Horowitz, David. 1999. *The Art of Political War.* Los Angeles: Committee for a Non-Left Majority.
Horowitz, Irving Louis. 1993. *The Decomposition of Sociology.* Oxford, UK: Oxford University Press.
Howe, Florence, ed. 1993. *No More Masks: An Anthology of Twentieth-Century American Women Poets.* New York: HarperCollins.
Howe, Reuel L. 1963. *The Miracle of Dialogue.* Minneapolis: Seabury.
Hubbard, Elbert. 1899. "A Message to Garcia" (pamphlet). West Aurora, N.Y.: Roycroft Press.
Huizinga, Johan. [1938]1950. *Homo Ludens: A Study of the Play Element in Culture.* Boston: Beacon.
Hunter, James Davison. 1991. *Culture Wars.* New York: Basic.
Hutchins, Robert M. 1952. *The Great Conllersation*, Vol. I., *Great Books of the Western World.* Chicago: Britannica.
Hymes, Dell, ed. 1964. *Language in Culture and Society.* New York: Harper & Row.
Iannaccone, Laurence R. 1995. "Risk, Rationality and Religious Portfolios." *Economic Inquiry* 33: 285~295.
James, William. 1890[1950]. *The Principles of Psychology.* Vol. 1. New York: Dover.
_____. 1911. "The Moral Equivalent of War." In *Memories and Studies.* New York: Longmans.
Jameson, Fredric. 1972. *The Prison-house of Language.* Princeton: Princeton University Press.
Jary, David, and Julia Jary. 1991. The HarperCollins Dictionary of Sociology. New York: HarperCollins.
Jencks, Charles, ed. 1992. *The Postmodern Reader.* New York: St. Martin's.
John Paul II. 1993. *The Splendor of Truth* (papal encyclical). Boston: St. Paul Books and Media.
Johnson, Paul. 1983. *Modern Times.* New York: Harper & Row.
Jordan, John M. 1994. *Machine-age Ideology.* Chapel Hill: University of North Carolina Press.
Kanter, Donald, and Philip H. Mirvis. 1989. *The Cynical Americans: Living and Working in an Age of Discontent and Disillusion.* San Francisco: Jossey-Bass.
Kaplan, Abraham. 1964. *The Conduct of Inquiry.* San Francisco: Chandler.
Kaplan, Robert D. 1994. "The Coming Anarchy." *Atlantic* (February): 44~76.
Kaufmann, Waiter. 1967. "Buber's Religious Significance." In *The Philosophy of Martin Buber*, ed. by P. A. Schilpp and M. Friedman. LaSalle, Ill.: Open Court.
Kearl, Michael, and Daniel Rigney. 1995. "Moral Relativism and Moral Health." *Second Opinion* (April): 73~83.
Keeley, Lawrence H. 1996. *War Before Civilization: The Myth of the Peaceful Sallage.* New York: Oxford.
Keesing, Roger, and Felix Keesing. 1971. *New Perspectives in Cultural Anthropology.* New York: Holt, Rinehart & Winston.
Kennan, George. 1977. *Cloud of Danger.* Boston: Little, Brown.
Kidder, Rushworth M. 1994. "Universal Human Values: Finding an Ethical Common Ground." *The Futurist* (July/August): 8~13.
Kilpatrick, William. 1992. *Why Johnny Can't Tell Right from Wrong.* New York: Simon &

Schuster.
King, Martin Luther. 1963[1970]. "Letter from Birmingham Jail." In *Great Documents in Black American History*, ed. by G. Ducas. New York: Praeger.
Kivisto, Peter. 2000. *Social Theory: Roots and Branches*. Los Angeles: Roxbury.
Klein, Julie Thompson. 1992. "Text/Context: The Rhetoric of the Social Sciences." In Writing the Social Text, ed. by R. H. Brown. New York: Aldine de Gruyter.
Koestler, Arthur. 1964. *The Act of Creation*. New York: Dell.
_____, and J. R. Smythies, eds. 1969. *Beyond Reductionism*. Boston: Beacon.
Kopp, Richard R. 1995. *Metaphor Therapy*. Philadelphia: Brunner/Mazel.
Kormondy, Edward J. 1976. *Concepts of Ecology*. Englewood Cliffs, N.J.: Prentice-Hall.
Kristeva, Julia. 1986. *The Kristeva Reader*, ed. by Toril Moi. New York: Columbia University Press.
Kropotkin, P'etr. [1902]1972. *Mutual Aid*. New York: New York University Press.
Kuhn, Thomas. 1972. *The Structure of Scientific Revolutions*, 2d ed. Chicago: University of Chicago Press.
Kurian, George Thomas, ed. 1991. New Book of World Rankings. New York: Facts on File.
Kurzweil, Edith. 1980. *The Age of Structuralism*. New York: Columbia University Press.
Kuttner, Robert. 1997. *Everything for Sale*. New York: Knopf.
Lacan, Jacques. 1977. *Ecrits: A Selection*. New York: Norton.
Lakoff, George. 1996. *Moral Politics*. Chicago: University of Chicago Press.
_____, and Mark Johnson. 1980. *Metaphors We Live By*. Chicago: University of Chicago Press.
Lakoff, Robin Tolmach. 2000. *The Language War*. Berkeley: University of California Press.
Laqueur, Waiter, and Barry Rubin, ed. 1989. *The Human Rights Reader*. New York: Meridian/ New American Library.
Lasch, Christopher. 1977. *Haven in a Heartless World*. New York: Basic.
_____. 1978. *The Culture of Narcissism*. New York: Norton.
Lasswell, Harold. [1936]1951. "Politics: Who Gets What, When, How." In *The Political Writings of Harold D. Lasswell*. Glencoe, Ill.: Free Press.
Latour, Bruno, and Steve Woolgar. 1979. *Laboratory Life: The Social Construction of Scientific Facts*. Beverly Hills, Calif.: Sage.
Lawson, Hilary. 1985. *Reflexivity: The Post-modern Predicament*. LaSalle, Ill.: Open Court.
Leach, Edmund. 1970. *Claude Lévi-Strauss*. New York: Viking.
_____. 1976. *Culture and Communication*. Cambridge, UK: Cambridge University Press.
Leavitt, Gregory. 1977. "The Frequency of Warfare: An Evolutionary Perspective." *Sociological Inquiry* 14: 49~58.
LeBon, Gustav. 1896. *The Crowd*. New York: Macmillan.
Leder, Drew. 1993. "Live from the Panopticon: Architecture and Power Revisited." *Lingua Franca* (July/August): 30~35.
Lee, Bernard. 1993. *Jesus and the Metaphors of God*. New York: Paulist Press.
_____. 1995. *The Future Church of 140 B.C.E.* New York: Crossroads.
Lee, Alfred McClung. 1978. *Sociology for Whom?* New York: Oxford University Press.

Lehrer, Tom. 1965. "Wernher Von Braun," on *That Was the Year That Was* (phonograph record). Reprise/Warner Brothers.

Lemert, Charles, ed. 1993. *Social Theory: The Multicultural and Classic Readings*. Boulder, Colo.: Westview.

―――. 1997a. *Social Things: An Introduction to the Sociological Life*. Lanham, Md.: Rowman & Littlefield.

―――. 1997b. *Postmodernism Is Not What You Think*. Maiden, Mass.: Blackwell.

Lemert, Edwin M. 1967. *Human Deviance, Social Problems, and Social Control*. Englewood Cliffs, N.J.: Prentice-Hall.

Lemmon, John Alien. 1985. *Family Mediation Practice*. New York: Free Press.

Lenski, Gerhard, and Jean Lenski. 1982. *Human Societies*, 4th ed. New York: McGraw-Hill.

―――. 1987. *Human Societies*, 5th ed. New York: McGraw-Hill.

Lerner, Robert, Standish Meacham, and Edward McNall Burns. 1988. *Western Civilizations*, 11th ed. New York: Norton.

Levi, Edward H. 1949. *An Introduction to Legal Reasoning*. Chicago: University of Chicago Press.

Levi-Strauss, Claude. 1968. *Structural Anthropology*. London: Allen Lane.

Levinas, Emmanuel. 1989. *The Levinas Reader*, ed. by Sean Hand. Oxford, UK: Blackwell.

Levy, Steven. 1992. *Artificial Life*. New York: Vintage.

Lewin, Kurt. 1951. *Field Theory in Social Science*. New York: Harper.

Lewontin, R. C, Steven Rose, and Leon J. Kamin. 1984. *Not in Our Genes*. New York: Pantheon.

Liebow, Eliot. 1967. *Tally's Corner*. Boston: Little, Brown.

Lifton, Robert Jay. 1993. *The Protean Self*. New York: Basic.

Lilla, Mark. 1998. "The Politics of Jacques Derrida." *New York Review of Books*, XLV: 36~41.

Lindsay, Peter H., and Donald A. Norman. 1977. *Human Information Processing*, 2d ed. New York: Academic.

Locke, John. [1690a]1965. *Two Treatises on Government*. New York: New American Library.

―――. [1690b]1959. *An Essay Concerning Human Understanding*. New York: Dover.

Lorenz, Konrad. 1977. *Behind the Mirror*. New York: Harcourt Brace Jovanovich.

Lovejoy, Arthur O. 1964. *The Great Chain of Being*. Cambridge: Harvard University Press.

Lovelock, James. 1979. *Gaia: A New Look at Life on Earth*. Oxford, UK: Oxford University Press.

Luhmann, Niklas. 1982. *The Differentiation of Society*. New York: Columbia University Press.

Lumsden, Charles J., and Edward O. Wilson. 1981. *Genes, Mind and Culture*. Cambridge, UK: Harvard University Press.

Lundberg, George. 1961. *Can Science Save Us?* New York: McKay.

Lupton, Deborah, and Lesley Barclay. 1997. *Constructing Fatherhood: Discourses and Experiences*. London: Sage.

Lyman, Stanford M., and Marvin B. Scott. 1975. *The Drama of Social Reality*. New York: Oxford University Press.

Lynch, Aaron. 1996. *Thought Contagion*. New York: Basic.

Lynd, Robert S. 1939. *Knowledge for What?* Princeton: Princeton University Press.

Lyotard, Jean-Franois. 1984. *The Postmodern Condition*. Minneapolis: University of Minnesota

Press.

_____, and Jean-Loup Thebaud. 1985. *Just Gaming*. Minneapolis: University of Minnesota Press.

Maccoby, Michael. 1976. *The Gamesman: The New Corporate Leaders*. New York: Simon & Schuster.

Machalek, Richard. 1992. "Why Are Large Societies Rare?" *Advances in Human Ecology* 1: 33~64.

Machiavelli, Niccolo. [1521]1964. *The Art of War*. In *Machiavelli: The Chief Works and Others*, ed. and trans. by A. H. Gilbert. Durham: Duke University Press.

_____. [1532]1981. *The Prince*. Toronto: Bantam.

MacIntyre, Alistair. 1984. *After Virtue*. Notre Dame: University of Notre Dame Press.

_____. 1988. *Whose Justice? Which Rationality?* Notre Dame: University of Notre Dame Press.

Madrid, Arturo. 1988. "Missing People and Others: Joining Together to Expand the Circle." *Change* (May/June): 55~59.

Mailer, Norman. 1959. *Advertisements for Myself*. New York: Putnam.

Malcolm X. 1970. *By Any Means Necessary*. New York: Pathfinder.

_____, with Alex Haley. 1964. *The Autobiography of Malcolm X*. New York: Ballantine.

Malinowski, Bronislaw. 1922. *Argonauts of the Western Pacific*. London: Routledge & Kegan Paul.

Mannheim, Karl. 1936. *Ideology and Utopia*. New York: Harcourt, Brace & World.

Manning, Philip. 1992. *Erving Goffman and Modern Sociology*. Stanford: Stanford University Press.

Marcuse, Herbert. 1964. *One-Dimensional Man*. Boston: Beacon.

Marks, John. 1989. "The Search for Common Ground" (organizational publication). Washington, D.C.: Search for Common Ground.

Martineau, Harriet. [1837]1985. *Society in America*. Selections reprinted in *Harriet Martineau on Women*, ed. by G. G. Yates. New Brunswick, N.J.: Rutgers University Press.

Marx, Karl. [1852]1963. *The Eighteenth Brumaire of Louis Bonaparte*. New York: International.

_____. [1859]1970. "Preface." In *A Contribution to the Critique of Political Economy*. New York: International.

_____. [1867]1967. *Capital*. New York: International.

_____, and Frederick Engels. [1846]1947. *The German Ideology*. New York: International.

_____, and Frederick Engels. [1848]1955. *The Communist Manifesto*. Arlington Heights, Ill.: Harlan Davidson.

Marx, Leo. 1964. *The Machine in the Garden*. London: Oxford University Press.

Mauss, Marcel. [1925]1990. *The Gift*. London: Routledge.

Maynard Smith, John. 1982. *Evolution and the Theory of Games*. Cambridge, UK: Cambridge University Press.

McCloskey, Deirdre/Donald. 1985. *The Rhetoric of Economics*. Madison: University of Wisconsin Press.

_____. 1990. *If You're So Smart: The Narrative of Economic Expertise*. Chicago: University of Chicago Press.

_____. 1994. *Knowledge and Persuasion in Economics*. Cambridge, UK: Cambridge University

Press.
McFague, Sallie. 1982. *Metaphorical Theology*. Philadelphia: Fortress Press.
McHugh, Peter. 1968. *Defining Situations*. Indianapolis: Bobbs-Merrill.
McLuhan, Marshall. 1951. *The Mechanical Bride*. New York: Vanguard.
_____. 1964. *Understanding Media*. New York: McGraw-Hill.
McPartland, Thomas A. 1959. *Manual for the Twenty Statements Problem*. Kansas City, Mo.: Kansas City Mental Health Foundation, Department of Research.
Mead, George Herbert. 1934. *Mind, Self and Society*. Chicago: University of Chicago Press.
Meadows, Donella, Dennis Meadows, Jørgen Randers, and William W. Behrens, III. 1972. *The Limits to Growth*. New York: Universe Books.
Meadows, Donella, Dennis Meadows, and Jørgen Randers. 1992. *Beyond the Limits*. Post Mills, Vt.: Chelsea Green.
Merchant, Carolyn. 1990. *The Death of Nature*. New York: Harper & Row.
Merton, Robert K. [1948]1968. *Social Theory and Social Structure*. New York: Free Press.
_____. 1973. *The Sociology of Science*. Chicago: University of Chicago.
Michelfelder, Diane P., and Richard E. Palmer, eds. 1989. *Dialogue and Deconstruction: The Gadamer-Derrida Encounter*. Albany: SUNY Press.
Michener, H. Andrew. 1992. "Game Theory and Strategic Interaction." In *Encyclopedia of Sociology*. Vol. 2, ed. by E. F. Borgatta and M. L. Borgatta. New York: Macmillan.
Microsoft Corporation. 1998. "The Digital Nervous System." URL: microsoft.com/dns/overviews/DNSoverview2.htm(December 4, 1998).
Mill, John Stuart. [1859]1986. *On Liberty*. London: Penguin.
Miller, Eugene. 1979. "Metaphor and Political Knowledge." *American Political Science Review* 73: 155~170.
Miller, James B. 1994. *The Corporate Coach*. New York: Harper Business.
Miller, James G. 1978. *Living Systems*. New York: McGraw-Hill.
Miller, Jonathan. 1978. *The Body in Question*. New York: Random House.
Mills, C. Wright. 1956. *The Power Elite*. New York: Oxford University Press.
_____.1958. *The Causes of World War Three*. New York: Simon & Schuster.
_____. 1959. *The Sociological Imagination*. New York: Oxford University Press.
Minsky, Marvin. 1985. *The Society of Mind*. New York: Simon & Schuster.
Miringoff, Marc, and Marque-Luisa Miringoff. 1999. *The Social Health of the Nation*. New York: Oxford University Press.
Mises, Ludwig von. [1949]1966. *Human Action: A Treatise on Economics*. Chicago: Regnery.
Monroe, Kristen, ed. 1991. *The Economic Approach to Politics*. New York: HarperCollins.
Moore, Christopher W. 1986. *The Mediation Process*. San Francisco: Jossey-Bass.
Moore, Sonya. 1976. *The Stanislavski System*. New York: Penguin Books.
Morgan, Gareth. 1997. *Images of Organization*, 2d ed. Beverly Hills, Calif.: Sage.
Morgenstern, Oskar. 1968. "Game Theory: Theoretical Aspects." In *International Encyclopedia of the Social Sciences*. Vol. 6, ed. by D. L. Sills. New York: Macmillan.
Morrison, Toni. 1992. *Playing in the Dark: Whiteness and the Literary Imagination*. New York:

Vintage.

Morton, Brian. 1990. "How Not to Write for Dissent." *Dissent* (Summer): 299.

Moynihan, Daniel Patrick. 1993. "Defining Deviancy Down." *The American Scholar* (Winter): 17~30.

Mueller-Vollmer, Kurt, ed. 1989. *The Hermeneutics Reader*. New York: Continuum.

Mura, Susan Swan. 1983. "Licensing Violations: Legitimate Violations of Grice's Conversational Principle." In *Conversational Coherence*, ed. by R. Craig and K. Tracy. Beverly Hills, Calif.: Sage.

Murray, Charles. 1984. *Losing Ground*. New York: Basic.

Myrdal, Gunnar. 1944. *An American Dilemma*. New York: Harper.

Neumann, John von, and Oskar Morgenstern. 1944. *Theory of Games and Economic Behavior*. Princeton: Princeton University Press.

Nietzsche, Friedrich. [1885]1954. "Thus Spake Zarathustra." In *The Portable Nietzsche*, ed. by W. Kaufman. New York: Viking.

Nisbet, Robert. 1969. *Social Change and History*. New York: Oxford University Press.

_____. 1973. *The Social Philosophers: Community and Conflict in Social Thought*. New York: Crowell.

_____. 1976. *Sociology as an Art Form*. New York: Oxford University Press.

_____. 1986. *Conservatism*. Minneapolis: University of Minnesota Press.

Norris, Christopher. 1987. *Derrida*. Cambridge: Harvard University Press.

Nussbaum, Martha. 1999. "The Professor of Parody." *New Republic* (February 22): 37~45.

Ogburn, William F. 1922. *Social Change*. New York: Huebsch.

Oilman, Bertell. 1978. *Class Struggle* (board game). New York: Class Struggle.

Olson, Mancur. 1965. *The Logic of Collective Action*. Cambridge: Harvard University Press.

Ortony, Andrew, ed. 1993. *Metaphor and Thought*. Cambridge, UK: Cambridge University Press.

Orwell, George. 1949. *1984*. London: Secker & Warburg.

Osborne, David, and Ted Gaebler. 1992. *Reinventing Government*. New York: Plume/Penguin Books.

Ostman, Charles. 1996. "The Internet as Organism." *21st Century Online* (online magazine). Microsoft Network(MSN). URL: www.msn.com(March 20, 1996).

Pareto, Vilfredo. [1916]1935. *The Mind and Society*. San Diego: Harcourt.

Parsons, Talcott. 1951. *The Social System*. Glencoe, Ill.: Free Press.

_____. 1961. "Some Considerations on the Theory of Social Change." *Rural Sociology* 26: 219~239.

_____. 1966. *Societies: Evolutionary and Comparative Perspectives*. Englewood Cliffs, N.J.: Prentice-Hall.

Peel, J. D. Y. 1972. "Introduction." In *Herbert Spencer on Social Evolution*. Chicago: University of Chicago Press.

Peirce, Charles S. [1932]1957. *Essays in the Philosophy of Science*, ed. by V. Thomas. Indianapolis: Bobbs-Merrill.

Pepper, Stephen C. 1942. *World Hypotheses*. Berkeley: University of California Press.

Perrow, Charles. 1979. *Complex Organizations: A Critical Essay*, 2d ed. Glenview, Ill.: Scott Foresman.
Peterson, Trond. 1994. "On the Promise of Game Theory in Sociology." *Contemporary Sociology* 23: 498~502.
Phillips, Derek L. 1993. *Looking Backward: A Critical Appraisal of Communitarian Thought*. Princeton: Princeton University Press.
Pinker, Steven. 1994. *The Language Instinct*. New York: Morrow.
_____. 1997. *How the Mind Works*. New York: Norton.
Pitkin, Hanna Fenichel, and Sara M. Schumer. 1982. "On Participation." *Democracy* 2: 43~54.
Plant, Judith. 1991. "Ecofeminism." In *The Green Reader*, ed. by A. Dobson. San Francisco: Mercury House.
Plato. [ca. 370 B.C.E.]1979. *The Republic*, ed. and trans. by R. Larson. Arlington Heights, Ill.: Harlan Davidson.
Popper, Karl. 1950. *The Open Society and Its Enemies*. Princeton: Princeton University Press.
_____. 1963. *Conjectures and Refutations*. New York: Harper.
Postman, Neil. 1989. "Learning by Story." *Atlantic* (December): 119~124.
Poundstone, William. 1992. *The Prisoner's Dilemma*. New York: Anchor.
Pribram, Karl. 1971. *Languages of the Brain*. Englewood Cliffs, N.J.: Prentice-Hall.
Pugh, Sharon L., Jean Wolph Hicks, Marcia Davis, and Tonya Venstra. 1992. *Bridging: A Teacher's Guide to Metaphorical Thinking*. Urbana, Ill.: National Council of Teachers of English.
Putnam, Robert. 1995. "Bowling Alone." *Journal of Democracy* 6: 65~78.
_____. 2000. *Bowling Alone: The Collapse and Revival of American Community*. New York: Simon & Schuster.
Radcliffe-Brown, A. R. 1935. "On the Concept of Function in Social Science." *American Anthropologist* 37: 395~396.
Ramsey, Douglas. 1987. *The Corporate Warriors*. Boston: Houghton Mifflin.
Rand, Ayn. 1964. *The Virtue of Selfishness*. New York: New American Library.
Rapoport, Anatol. 1960. *Fights, Games and Debates*. Ann Arbor: University of Michigan Press.
Raser, John R. 1969. *Simulation and Society*. Boston: Allyn & Bacon.
Reggio, Godfrey(film director). 1983. *Koyaanisqatsi*. Santa Fe, N. Mex.: IRE.
Rheingold, Howard. 1991. *Virtual Reality*. New York: Simon & Schuster.
Richards, I. A. 1936. *The Philosophy of Rhetoric*. New York: Oxford University Press.
Ricoeur, Paul. 1970. *Freud and Philosophy*. New Haven: Yale University Press.
_____. 1977. *The Rule of Metaphor*. Toronto: University of Toronto Press.
_____. 1981. *Hermeneutics and the Human Sciences*, ed. by J. B. Thompson. Cambridge, UK: Cambridge University Press.
Rifkin, Jeremy. 1980. *Entropy*. New York: Viking.
_____. 1987. *Time Wars*. New York: Simon & Schuster.
Rigney, Daniel. 1979. "Analogies: A Hindu Fable"(poem). *American Sociologist* 14: 170. Updated version available online at URL: www.geocities.com/Athens/Delphi/8822.

_____. 1991. "Three Kinds of Anti-intellectualism: Hofstadter Revisited." *Sociological Inquiry* 61: 34~51.

_____, and Donna Barnes. 1979. "Patterns of Interdisciplinary Citation in the Social Sciences." *Social Science Quarterly* 61: 114~127.

_____, and Michael Kearl. 1994. "A Nation of Gray Individualists: Moral Relativism in the United States." *Journal of Social Philosophy* 25: 20~45.

Riker, William H. 1990. "Political Science and Rational Choice." In *Perspectives on Positive Political Economy*, ed. by J. E. Alt and K. A. Shepsle. Cambridge, UK: Cambridge University Press.

Roberts, Wess. 1985. *Leadership Secrets of Attila the Hun*. New York: Warner.

Roloff, Michael E. 1981. *Interpersonal Communication: The Social Exchange Approach*. Beverly Hills, Calif.: Sage.

Ronan, Colin A. 1974. *Galileo*. New York: Putnam.

Rorty, Richard, ed. 1967. *The Linguistic Turn*. Chicago: University of Chicago Press.

_____. 1979. *Philosophy and the Mirror of Nature*. Princeton: Princeton University Press.

Rosenblatt, Paul C. 1994. *Metaphors of Family Systems Theory*. New York: Guilford Press.

Rousseau, Jean-Jacques. [1762]1973. *The Social Contract*. London: Dent.

Rowan, Carl. 1996. *The Coming Race War in America*. Boston: Little, Brown.

Rubin, Lillian. 1990. *Erotic Wars*. New York: Farrar, Straus & Giroux.

Ruether, Rosemary Radford. 1987. *Contemporary Roman Catholicism: Crises and Challenges*. Kansas City, Mo.: Sheed & Ward.

_____. 1989. *Disputed Questions*. Maryknoll, N.Y.: Orbis.

Runciman, W. G. 1983/1989/1997. *A Treatise on Social Theory* (3 vols.). Cambridge, UK: Cambridge University Press.

Sacks, Sheldon, ed. 1979. *On Metaphor*. Chicago: University of Chicago Press.

Sahlins, Marshall. 1976. *The Use and Abuse of Biology*. Ann Arbor: University of Michigan Press.

Said, Edward. 1978. *Orientalism*. New York: Pantheon.

Se Clair, Robert N. 1994. *Social Metaphors: Essays in Structural Epistemology*. Lanham, Md.: University Press of America. [Current edition available from author, Department of English, University of Louisville, Ky.]

Sale, Kirkpatrick. 1991. "Bioregionalism." In *The Green Reader*, ed. by A. Dobson. San Francisco: Mercury House.

Samuelson, Robert. 2000. "Gliding to a Soft Landing?" *Newsweek* (June 26): 38.

Sandel, Michael. 1996. *Democracy's Discontent*. Cambridge: Harvard University Press.

Sanderson, Stephen K. 1990. *Social Evolutionism: A Critical History*. Cambridge, Mass.: Basil Blackwell.

Sapir, J. David, and J. Christopher Crocker, eds. 1977. *The Social Use of Metaphor*. Philadelphia: University of Pennsylvania Press.

Saussure, Ferdinand de. [1916]1966. *Course in General Linguistics*. New York: McGraw-Hill.

Saxe, John Godfrey. 1900. "The Blind Men and the Elephant: A Hindoo Fable." In *The Poetical Works of John Godfrey Saxe*. New York: Houghton Mifflin.

Scanzoni, John. 1982. *Sexual Bargaining*, 2d ed. Chicago: University of Chicago Press.
Schank, Roger E. 1990. *Tell Me a Story*. New York: Scribner.
_____, and Robert Abelson. 1977. *Scripts, Plans, Goals and Understanding*. Hillsdale, N.J.: Earlbaum.
Schell, Jonathan. 1982. *The Fate of the Earth*. New York: Avon.
Schelling, Thomas. 1960. *The Strategy of Conflict*. Cambridge: Harvard University Press.
Schön, Donald. 1967. *Invention and the Evolution of Ideas*. Formerly entitled *The Displacement of Concepts*. London: Tavistock.
Schumacher, E. F. 1973. *Small Is Beautiful*. New York: Harper & Row.
Schur, Edwin. 1980. *The Politics of Deviance*. Englewood Cliffs, N.J.: Prentice Hall.
Schutz, Alfred. 1967. *The Phenomenology of the Social World*. Evanston: Northwestern University Press.
Scon, John. 1995. "Rational Choice and Social Exchange." In *Sociological Theory: Contemporary Debates*, ed. by J. Scott. Hants, UK: Edward Elgar.
Searle, John. 1995. *The Construction of Social Reality*. New York: Free Press.
Seavey, C. A., P. A. Katz, and S. R. Zalk. 1975. "Baby X: The Effect of Gender Labels on Adult Responses to Infants." *Sex Roles* 1: 103~109.
Segal, Erich, ed. 1986. *The Dialogues of Plato*. Toronto: Bantam.
Seidman, Steven, ed. 1996. *Queer Theory/Sociology*. Cambridge, Mass.: Blackwell.
_____. 1998. *Contested Knowledge*. Maiden, Mass.: Blackwell.
_____, and David G. Wagner, eds. 1992: *Postmodernism and Social Theory*. Cambridge, Mass.: Blackwell.
Sennett, Richard. 1977. *The Fall of Public Man*. New York: Knopf.
_____, and Jonathan Cobb. 1993. *The Hidden Injuries of Class*. New York: Norton.
Shakespeare, William. [1600]1971. "As You Like It." In *The Complete Works of William Shakespeare*. London: Spring Books.
_____. [1606]1971. "Macbeth." In *The Complete Works of William Shakespeare*. London: Spring Books.
Shannon, Claude, and Warren Weaver. 1949. *The Mathematical Theory of Communication*. Urbana: University of Illinois Press.
Shaw, Marvin E., and Philip Costanzo. 1982. *Theories of Social Psychology*, 2d ed. New York: McGraw-Hill.
Sherif, Muzafer. 1966. *In Common Predicament*. Boston: Houghton Mifflin.
Shubik, Martin. 1971. "The Dollar Auction Game." *Journal of Conflict Resolution* 15: 545~547.
Sills, David L., and Robert K. Merton, eds. 1991. *The Macmillan Book of Social Science Quotations*. New York: Macmillan.
Silverman, David. 1998. *Harvey Sacks: Social Science and Conversation Analysis*. New York: Oxford University Press.
Simmel, Georg. [1908]1955. *Conflict*, ed. and trans. by K. H. Wolff. New York: Free Press.
Simon, Herbert. 1983. *Reason in Human Affairs*. Stanford: Stanford University Press.
_____, and Alien Newell. 1956. "The Uses and Limitations of Models." In *The State of the Social*

Sciences, ed. by L. D. White. Chicago: University of Chicago Press.
Singer, Peter. 1999. *The Darwinian Left: Politics, Evolution and Cooperation*. New Haven: Yale University Press.
Sjoberg, Gideon, ed. 1967. *Ethics, Politics and Social Research*. Cambridge, Mass.: Schenkman.
_____, and Roger Nett. 1997. *A Methodology for Social Research*. Prospect Heights, Ill.: Waveland Press.
Skinner, B. E. 1974. *About Behaviorism*. New York: Knopf.
Slayden, David, and Rita Kirk Whillock, eds. 1999. *The Soundbite Culture: The Death of Discourse in a Wired World*. Thousand Oaks, Calif.: Sage.
Sloterdijk, Peter. 1987. *Critique of Cynical Reason*. Minneapolis: University of Minnesota Press.
Smith, Adam. [1759]1982. *The Theory of Moral Sentiments*. Indianapolis: Liberty Fund.
_____. [1776]1937. *An Inquiry into the Nature and Causes of the Wealth of Nations*. New York: Modern Library.
Smith, Dorothy. 1987. *The Everyday World as Problematic: A Feminist Sociology*. Boston: Northeastern University Press.
_____. 1990. *The Conceptual Practices of Power: A Feminist Sociology of Knowledge*. Boston: Northeastern University Press.
_____. 1999. *Writing the Social*. Toronto: University of Toronto Press.
Snyder, James M. 1990. "Campaign Contributions as Investments." *Journal of Political Economy* 98: 1195~1227.
Sokal, Alan. 1996. "Transgressing the Boundaries: Toward a Transformative Hermeneutics of Quantum Gravity." *Social Text* 14: Spring/Summer.
Sontag, Susan. 1989. *Illness as Metaphor and AIDS and Its Metaphors*. New York: Anchor Doubleday.
Spencer, Herbert. [1860]1972. "The Social Organism." In *Herbert Spencer on Social Evolution*, ed. by J. D. Y. Peel. Chicago: University of Chicago Press.
_____. [1864~1867]1966. "The Principles of Biology." In *The Works of Herbert Spencer*. Vol. 2. Osnabruck, Germany: Otto Zeller.
_____. [1876]1906. *The Principles of Sociology*. New York: Appleton.
Spengler, Oswald. 1926. *The Decline of the West*. New York: Knopf.
Spickard, James V. 1998. "Rethinking Religious Social Action: What Is 'Rational' about Rational Choice?" *Sociology of Religion* 59: 99~115.
Spivak, Gayatri Chakravorty. 1988. "Can the Subaltern Speak?" In *Marxism and the Interpretation of Culture*, ed. by C. Nelson and C. Grossberg. Urbana: University of Illinois Press.
Spretnak, Charlene. 1986. *The Spiritual Dimension of Green Politics*. Santa Fe, N.Mex.: Bear.
Stack, Carol. 1974. *All Our Kin: Strategies for Survival in the Black Community*. New York: Harper & Row.
Stanislavski, Konstantin. 1949. *Building a Character*. New York: Theatre Arts Books.
_____. 1961. *Creating a Role*. New York: Theatre Arts Books.
_____. 1963. *An Actor's Handbook*, ed. and trans. by E. R. Hapgood. New York: Theatre Arts Books.

Stefik, Mark. 1996. *Internet Dreams*. Cambridge: MIT Press.
Steiner, Claude. 1974. *Scripts People Live*. New York: Bantam.
Sternberg, Patricia, and Antonina Garcia. 1989. *Sociodrama*. New York: Praeger.
Stewart, John Q. 1948. "Demographic Gravitation: Evidence and Applications." *Sociometry* 11: 31~58.
Stout, Jeffrey. 1988. *Ethics after Babel*. Boston: Beacon.
Sumner, Wiliam Graham. 1883. *What Social Classes Owe to Each Other*. New York: Harper.
_____. [1906]1940. *Folkways*. Boston: Ginn.
Sudnow, David. 1979. *Talk's Body: A Meditation between Two Keyboards*. New York: Knopf.
Sun Tsu. [ca. 500 B.C.E.]1963. *The Art of War*. Oxford, UK: Oxford University Press.
Swanson, Carl P. 1983. *Ever-Expanding Horizons: The Dual Informational Sources of Human Evolution*. Amherst: University of Massachusetts Press.
Swanson, Charles. 1977. "The Social Marketability of the Self." *Sociological Focus* 10: 263~274.
Tannen, Deborah. 1990. *You Just Don't Understand: Women and Men in Conversation*. New York: Morrow.
_____. 1994. *Gender and Discourse*. Oxford, UK: Oxford University Press.
_____. 1998. *The Argument Culture*. New York: Random House.
Taylor, Charles. 1989. *Sources of the Self: The Making of the Modern Identity*. Cambridge: Harvard University Press.
Taylor, Frederick. 1911. *The Principles of Scientific Management*. New York: Harper & Row.
Theodoreson, George A., ed. 1961. *Studies in Human Ecology*. Evanston, Ill.: Harper & Row.
Thomas, W. I., and Dorothy Swaine Thomas. 1928. *The Child in America*. New York: Knopf.
Thoreau, Henry David. [1849]1983. *Civil Disobedience*. Harmondsworth, UK: Penguin.
Thurow, Lester. 1980. *The Zero-sum Society*. New York: Basic.
_____. 1996. *The Future of Capitalism*. New York: Morrow.
Tilley, Christopher. 1999. *Metaphor and Material Culture*. Oxford, UK: Blackwell.
Toffler, Alvin. 1980. *The Third Wave*. New York: Bantam.
_____, and Heidi Toffler. 1995. *Creating a New Civilization*. Atlanta: Turner.
Toulmin, Stephen. 1972. *Human Understanding*. Princeton: Princeton University Press.
Toynbee, Arnold. 1934~1954. *A Study of History* (10 vols.). New York: Oxford University Press.
Tracy, David. 1981. *The Analogical Imagination*. New York: Crossroads.
_____. 1987. *Plurality and Ambiguity*. New York: Harper & Row.
Trainer, Ted. 1991. "The Technological Fix." In *The Green Reader*, ed. by A. Dobson. San Francisco: Mercury House.
Trask, Maurice. 1971. *The Story of Cybernetics*. London: Institute of Contemporary Arts.
Treitschke, Heinrich von. [1898]1965. *Politics*. San Diego: Harcourt.
Tsebelis, George. 1990. *Nested Games*. Berkeley: University of California Press.
Turbayne, Colin. 1962. *The Myth of Metaphor*. New Haven: Yale University Press.
Turkle, Sherry. 1984. *The Second Self: Computers and the Human Spirit*. New York: Simon & Schuster.
_____. 1995. *Life on the Screen*. New York: Simon & Schuster.

Turnbull, Colin. 1972. *The Mountain People*. New York: Simon & Schuster.
Turner, Frederick Jackson. 1920. *The Frontier in American History*. New York: Holt.
Turner, Jonathan. 1991. *The Structure of Sociological Theory*, 5th ed. Belmont, Calif.: Wadsworth.
_____. 1998. *The Structure of Sociological Theory*, 6th ed. Belmont, Calif.: Wadsworth.
_____, and Leonard Beeghley. 1981. *The Emergence of Sociological Theory*. Homewood, Ill.: Dorsey.
Turner, Victor. 1974. *Dramas, Fields, and Metaphors*. Ithaca: Cornell University Press.
_____. 1982. *From Ritual to Theatre*. New York: PAJ Publications.
_____. 1986. *The Anthropology of Performance*. New York: PAJ Publications.
Tyrrell, G. N. M. 1951. *Homo Faber*. London: Methuen.
United Nations. 1948. "Universal Declaration of Human Rights." URL: www.un.org/rights/50/decla.htm(October 18, 1998).
Ussher, Jane M., ed. 1997. *Body Talk*. New York: Routledge.
Vaihinger, Hans. 1925. *The Philosophy of "As If."* New York: Harcourt Brace.
Waldrop, M. Mitchell. 1992. *Complexity: The Emerging Science at the Edge of Order and Chaos*. New York: Simon & Schuster.
Walker, Jim. 1981. "The End of Dialogue: Paulo Freire on Politics and Education." In *Literacy and Revolution*, ed. by R. Mackie. New York: Continuum.
Wallace, Walter L. 1969. *Sociological Theory*. Chicago: Aldine.
_____. 1971. *The Logic of Science in Sociology*. Chicago: Aldine Atherton.
Wallerstein, Immanuel. 1974/1980. *The Modern World System* (2 vols.). New York: Academic.
Wallerstein, Judith, and Sandra Blakeslee. 1995. *The Good Marriage*. Boston: Houghton Mifflin.
Walster, Elaine. 1972. *Equity: Theory and Research*. Boston: Allyn & Bacon.
Watson, John. 1924. *Behaviorism*. Chicago: University of Chicago Press.
Weber, Max. [1904~1917]1949. *The Methodology of the Social Sciences*, ed. by E. Shils and H. Finch. Glencoe, Ill.: Free Press.
_____. [1918]1958. "Science as a Vocation." In *From Max Weber*, ed. by H. Gerth and C. W. Mills. New York: Oxford University Press.
_____. [1921]1958. "Politics as a Vocation." In *From Max Weber*, ed. by H. Gerth and C. W. Mills. New York: Oxford University Press.
_____. [1922]1958. *Economy and Society*. Selections reprinted in *From Max Weber*, ed. by H. Gerth and C. W. Mills. New York: Oxford University Press.
Weisberg, Robert W. 1993. *Creativity: Beyond the Myth of Genius*. New York: Freeman.
Wertsch, James V. 1991. *Voices of the Mind*. Cambridge: Harvard University Press.
West, Cornel. 1993. *Race Matters*. Boston: Beacon.
Whitehead, Fred, ed. 1994. *Culture Wars: Opposing Viewpoints*. San Diego: Greenhaven.
Whorf, Benjamin. 1956. *Language, Thought and Reality*. Cambridge: MIT Press.
Wiener, Norbert. 1948. *Cybernetics*. Cambridge: MIT Press.
Wilier, David. 1967. *Scientific Sociology: Theory and Method*. Englewood Cliffs, N.J.: Prentice-Hall.

_____. 1992. "The Principle of Rational Choice and the Problem of a Satisfactory Theory." In *Rational Choice Theory: Advocacy and Critique*, ed. by J. S. Coleman and T. J. Fararo. Newbury Park, Calif.: Sage.
_____, ed. 1999. *Network Exchange Theory*. Westport, Conn.: Praeger.
Williams, Simon J., and Gillian Bendelow. 1998. *The Lived Body*. New York: Routledge.
Wilshire, Bruce. 1982. *Role Playing and Identity: The Limits of Theatre as Metaphor*. Bloomington: Indiana University Press.
Wilson, Edward O. 1975. *Sociobiology: The New Synthesis*. Cambridge: Harvard University Press.
_____. 1978. *On Human Nature*. Cambridge: Harvard University Press.
_____. 1998. *Consilience: The Unity of Knowledge*. Cambridge: Harvard University Press.
Wilson, R. Jackson, ed. 1989. *Darwinism and the American Intellectual: An Anthology*. Chicago: Dorsey.
Wilson, William Julius. 1999. *Bridges over the Racial Divide*. Berkeley: University of California Press.
Winch, Peter. 1958. *The Idea of a Social Science*. London: Routledge & Kegan Paul.
Wittgenstein, Ludwig. 1953. *Philosophical Investigations*. New York: Macmillan.
Wolfe, Alan. 1993. *The Human Difference*. Berkeley: University of California Press.
Wolfe, Tom. 1976. "The 'Me' Decade and the Third Great Awakening." *New York* (August 23): 26~40.
Wright, Robert. 2000. *Nonzero: The Logic of Human Destiny*. New York: Pantheon.
Wright, Will. 1989 *SIMCity* (urban planning computer simulation game). Walnut Creek, Calif.: Maxis.
Wrong, Dennis. 1961. "The Oversocialized Conception of Man in Modern Society." *American Sociological Review* 26: 183~193.
Yates, Gayle Graham, ed. 1985. *Harriet Martineau on Women*. New Brunswick, N.J.: Rutgers University Press.
Zeitlin, Irving. 1981. *Ideology and the Development of Sociological Theory*, 2d ed. Englewood Cliffs, N.J.: Prentice-Hall.
Zinn, Howard. 1980. *A People's History of the United States*. New York: Harper.
Zurcher, Louis. 1972. "The Poor and the Hip: Some Manifestations of Cultural Lead." *Social Science Quarterly* 53: 357~387.
_____. 1977. *The Mutable Self*. Beverly Hills, Calif.: Sage.

찾아보기

주제어

ㄱ

가 267
 가면 벗기기 272
 가면 은유 272
 사회적 가면 271
가상현실 110
가족 34~35, 41
 가족 은유 34~37
가추 349, 357, 363, 371
가치중립성 85~86
갈등 127, 131
갈등이론 118~119, 127~129, 131
개인주의
 개인주의 수사 325
 도덕적 개인주의 172, 174
 방법론적 개인주의 194
객관성 85
게임 210, 214
 게임으로서의 사회 26
 게임 은유 27, 217, 326
 변합 게임 233
 전략게임 225
 제로섬 게임 232~233
 치킨 게임 237
 협력게임 233
게임이론 224~225, 230~231, 235, 237, 239, 246~247

 게임이론의 매파 240
 게임이론의 비둘기파 241
 수학적 게임이론 198, 223
경계적 순간 276
계몽된 이기심 205
계몽주의 301
공동체주의 173, 175
공유지의 비극 236
과잉사회화 162
과학적 관리 102
과학적 조사의 논리 83
관료제 100~101, 117, 159
광기 310
교환 188
교환이론 188, 194, 196, 200, 225
구성주의 286
 언어적 구성주의 287, 289
구조적 폭력 129
구조주의
 프랑스 구조주의 303, 306
 후기구조주의 309
권력 157~158, 294, 311
 권력불평등 194
귀납 371
규칙 151~152, 159
 규칙 제정 154
 규칙체계 153
기계
 기계로서의 사회 24

찾아보기   397

기계론적 운명론 82
기계 은유 24, 78~80, 88, 96, 98, 113
인위적 기계장치 79
자연적 기계장치 79
기능적 통일성 44~45
기능주의(구조기능주의) 40, 50, 129
기술
  기술진화론 60
  기술시대의 이데올로기 104
  기술진화론 61
기의 308
기표 308
기호학 306

ㄴ
나/그것 관계 341
나/너 관계 339~340
낙인이론 292, 294~295
녹색운동 74
놀이 213~214

ㄷ
단계이론 57
달러 경매 238
담론 309
  담론 결정론 286
  담론으로서의 사회 28
담화 규칙 332
대중 환경주의 74
대화 328, 330, 332, 336~337, 339, 342
  대화공동체 332
  '대화'로서의 사회 28
  대화분석 300
  대화사회학 342
  대화 은유 329~330
  대화의 관료제화 339
  대화의 문명 337
  대화의 민주화 338~339
도덕적 무정부주의 171

도덕적 절대주의 176
동의에 의한 진보 334
동의의 공학 106

ㄹ
로고스중심주의 320

ㅁ
마키아벨리안 121
마태효과 184, 210
메메틱스 64, 66
메타규칙 154, 335
메타언어 288
목소리 329
  목소리 은유 329~330
목적격 나 292
몸 319
무대
  무대 뒷면 269~271
  무대 앞면 269, 271
무임승차자 딜레마 236
문화
  문화산업 130
  문화전쟁 132
  문화 지체 61
  문화 진화와 생물 진화 67
민속방법론 297
민주주의 338
  사회민주주의 170
밈 64~68, 76
  자기복제적 밈 68

ㅂ
발현적 속성 88
법
  법 은유 162
  법질서로서의 사회 25
법인 행위자 201
복잡계 이론 92

분배정의　193
비판적 담론 문화　338

ㅅ

사이버네틱스　109
소시오패스　161, 229
사회공학　24, 79, 97
　사회공학 은유　24, 96
사회물리학　24, 79, 81, 91~92, 96
　사회물리학 은유　24
사회병리학　46
　사회병리학 은유　48
　사회병리학적 유추　43, 48
사회생물학　58~59
사회이론　343~344
사회적 다원주의　55~56, 203
사회적 드라마　275, 277
사회적 역할　255
사회체계　78
사회학　345
사회현상학　289
상대주의
　도덕적 상대주의　171, 176
　윤리적 상대주의　49
상징　324, 326
상징적 상호작용론　291, 296~297
새로운 사회사　313
생명체　76
　생명체로서의 사회　23
　생명체 은유　23
생태학　70~71
성 대결　136
'성장의 한계' 모델　219
세계체계　211
세계체계이론　131
섹슈얼리티　311
소크라테스의 대화법　332, 334~335
순환이론　50
슈퍼에고　161

스키마　280
시간-동작 연구　102
시뮬라크라　111
시장　209
　시장으로서의 사회　26
　시장 은유　26
　시장체계　182~184, 186, 211
시카고학파　71
신체(corpus)　39
신화　280
실증주의　82~83
심층 이야기　280

ㅇ

아노미　149, 167
아노미아　147~149
억압받는자들의 교육　339
언어　289~291, 304, 308, 370
　언어게임　249
　언어로서의 사회　284
　언어 은유　323, 328
　언어의 감옥　312
　언어적 전환　289
언어철학　288
에고　161
여론　105
역할
　역할갈등　255
　역할긴장　255
연극　254
　내면 연극　274, 283
　연극으로서의 사회　27
　연극 은유　253, 258, 260, 264, 279, 326
　즉흥 연극　262, 264
　참여 연극　261
연역　371
오리엔탈리즘　313
원자론　88
유기체

유기체로서의 사회　38~39
유기체론적 모델　44
유기체론적 역유추　42
유기체론적 유추　40~41, 44, 50, 53
유기체 은유　33, 38~39, 131, 167
유전자 알고리즘　69
유추　15, 347, 358, 361~362, 371
　발견적 유추　358
　병리학적 유추　48
　부(否)의 유추　16, 347, 359
　역유추　16, 347
　유추의 논리　349
　정(正)의 유추　16, 347, 359
　중간 유추　16, 347, 357
유형화　290~291
윤리　174, 177
은유　9, 15, 17~19, 345~347, 350~352, 354~355, 358, 368~370
　건축학 은유　95
　경제 은유　187
　계보학 은유　313
　군대 은유　116~118
　군사 은유　133~134, 138
　기하학 은유　95
　다문화주의 은유　141
　모성 은유　36
　물리학 은유　94~95
　물 은유　95
　발견적 은유　357
　병리학 은유　46, 48
　사회 은유　9
　사회유기체 은유　52, 142
　사회적 전쟁터 은유　142
　산업 은유　100
　생물학 은유　23~24, 32~34, 38
　생태 은유　74~75
　스포츠 은유　216
　역사 은유　353
　융해점 은유　139

유대인 은유　35
유전자-밈 유추　67
은유적 사고　9
은유적 상상력　29
자매 은유　36
전자 은유　107
제조 은유　106
증기 은유　95
체스 유추　303
친족 은유　34, 37
컴퓨터 은유　107~108
테크놀로지 은유　96, 110
하이테크 은유　111
의미 새기기　326
의사(擬似) 의사소통　341
의학적 사회 모델　48
이드　161
이상적 담화 상황　341
이성
　도구적 이성　104
　이성중심성　320
이원대립　307
인공생명　69
인공신경망　69
인터넷　112
일탈　163, 166, 294~295
　영웅적 일탈　164

ㅈ
자기부정예언　295
자기실현예언　121, 295
자민족중심주의　49
자아
　무연고적 자아　172
　영상자아　261, 295, 297
　전문화된 실행적 자아　267
　진정한 자아　271
자연법　178
자원동원이론　128

자유지상주의 169
  자유지상주의적 개인주의 173
재발명 106
적자생존 55~56
전기의 재구성 296
전략
  미니맥스 전략 234
  전략적 상호작용 224
  진화적으로 안정적인 전략 244
  팃포탯 전략 241, 246
전염이론 47
전장
  전장으로서의 사회 25
  전장 은유 25
전쟁 114~115
  계급전쟁 124~126
  말 전쟁 133
  사상 전쟁 133
  인종전쟁 140
  전쟁 시뮬레이션 135
  전쟁 은유 119~127, 131~132, 135, 142~143
  젠더 전쟁 135
전체론 88
전통적 보수주의 168
정치 157
존재의 대사슬 29
죄수의 딜레마 227~230, 235, 241
주격 나 292
중재운동 143
지배 158
  지배의 정당화 158
지식사회학 366~367
지식의 고고학 312
직유 15, 347, 371
진화 55, 57
  사회진화 64
  진화론적 유추 53
  진화생물학 244, 246

ㅊ
차연 307
체계이론 39

ㅋ
카오스 이론 92
퀴어이론 317

ㅌ
탈근대 166
  탈근대 세계 314
테일러주의 102
텍스트 323~325
  텍스트 은유 326~327
토머스 정리 296
토템 32
투표행동 237

ㅍ
파놉티콘 99, 310
파워엘리트 101
페르소나 267
페미니즘 35~36, 314~315, 330
  흑인 페미니즘 330
포드주의 102
포스트모더니즘 267, 285~286
폭력 128
프랑크푸르트학파 130, 320
프로크루스테스의 침대 349
프롤레타리아 124

ㅎ
하이퍼노미 149
합리성 197, 208, 315
  도구합리성 105
  제한된 합리성 209
합리적 선택 이론 196, 198~204, 225
항상성 42
  항상성 유추 48

해석학 300~301
　의심의 해석학 302
　이중의 해석학 302
　회복의 해석학 302
해체주의 308
행동수정 89
행동주의 190~191
헤게모니 131, 158
호모 에코노미쿠스 205
호모 파버 151
환원론 88
　경제 환원론 128, 180
　심리학적 환원론 194
　언어 환원론 286
'흥망성쇠'이론 50
SIMSOC 218
VSR 모델 62, 64

인명

ㄱ

가다머, 한스 게오르크(Hans Georg Gadamer) 301~302, 312, 332, 340
가핑클, 해럴드(Harold Garfinkel) 297
간디, 모한다스(Mohandas Gandhi) 139, 143
갈릴레오(Galileo) 87
개블러, 테드(Ted Gaebler) 106
갬슨, 윌리엄(William Gamson) 218
게이츠, 빌(Bill Gates) 52
고프먼, 어빙(Erving Goffman) 15, 27, 220~223, 253, 265~269, 273~275, 283, 297, 340
골딩, 윌리엄(William Golding) 147
굴드너, 앨빈(Alvin Gouldner) 129, 338
굿먼, 넬슨(Nelson Goodman) 289
그람시, 안토니오(Antonio Gramsci) 131, 158

그로토프스키, 예지(Jerzy Grotowski) 254
그린, 도널드(Donald Green) 204
글렌던, 메리 앤(Mary Ann Glendon) 173
기든스, 앤서니(Anthony Giddens) 155, 302
기번, 에드워드(Edward Gibbon) 51~52
기브스, 윌러드(J. Willard Gibbs) 94
기어츠, 클리퍼드(Clifford Geertz) 18, 110, 215, 219~220, 344
길리건, 캐럴(Carol Gilligan) 138, 329, 368
길먼, 샤롯 퍼킨스(Charlotte Perkins Gillman) 136

ㄴ

내시, 존(John Nash) 239~240
노이만, 존 폰(John von Neumann) 108, 224, 239~240, 248
누스바움, 마사(Martha Nussbaum) 319
뉴웰, 에일리언(Alien Newell) 371
뉴턴, 아이작(Isaac Newton) 80, 92~93, 363
니스벳, 로버트(Robert Nisbet) 38, 115~117, 139
니체, 프리드리히(Friedrich Nietzsche) 125, 313, 320

ㄷ

다윈, 찰스(Charles Darwin) 53~54, 62, 64, 69~70, 77
더글러스, 메리(Mary Douglas) 133, 305
던바, 폴(Paul Dunbar) 271
데리다, 자크(Jacques Derrida) 307~309, 340
데이비스, 킹슬리(Kingsley Davis) 196
데카르트, 르네(René Descartes) 80
도노, 대니얼(Daniel Donno) 120
도킨스, 리처드(Richard Dawkins) 64~67, 76, 244, 246
뒤르켐, 에밀(Emile Durkheim) 41, 57, 89, 146, 165, 167, 221, 287, 362
듀이, 존(John Dewey) 103

드레서, 멜빈(Melvin Dresher) 227

ㄹ

라이먼, 스탠퍼드(Stanford Lyman) 251
라캉, 자크(Jacques Lacan) 262
래드클리프-브라운(A. R. Radcliffe-Brown) 44
래시, 크리스토퍼(Christopher Lasch) 173
래퍼포트, 아나톨(Anatol Rapoport) 241, 246
런시먼(W. G. Runciman) 64
레더, 드루(Drew Leder) 99
레러, 톰(Tom Lehrer) 104
레머트, 찰스(Charles Lemert) 317
레비-스트로스, 클로드(Claude Lévi-Strauss) 188, 303~304, 306
레빈, 쿠르트(Kurt Lewin) 93
레빗, 그레고리(Gregory Leavitt) 122
레이코프, 로빈(Robin Lakoff) 133
레이코프, 조지(George Lakoff) 17, 37
레지오, 고드프리(Godfrey Reggio) 103
렌스키, 게하드(Gerhard Lenski) 61
렌스키, 진(Jean Lenski) 61
로렌츠, 콘라트(Konrad Lorenz) 76
로슨, 힐러리(Hilary Lawson) 288
로욜라, 이그나티우스(Ignatius Loyola) 134
로젠블랫, 폴(Paul Rosenblatt) 18, 108
로크, 존(John Locke) 99, 150, 178, 188
로티, 리처드(Richard Rorty) 289, 336
록펠러, 존(John D. Rockefeller) 56
루빈, 릴리언(Lillian Rubin) 136
루소, 장-자크(Jean-Jacques Rousseau) 162, 188
루즈벨트, 프랭클린(Franklin D. Roosevelt) 104
루크만, 토마스(Thomas Luckmann) 154, 290~291
루터, 마틴(Martin Luther) 134
리, 버나드(Bernard Lee) 280

리오타르, 장-프랑수아(Jean-François Lyotard) 111, 281~282, 340
리쾨르 302

ㅁ

마르쿠제, 헤르베르트(Herbert Marcuse) 130, 321
마르크스, 레오(Leo Marx) 100
마르크스, 카를(Karl Marx) 25, 51, 57, 61, 93, 103, 119, 123~127, 129, 157, 181, 184~187, 212, 278, 321~322
마코비, 마이클(Michael Maccoby) 214
마키아벨리, 니콜로(Niccolo Machiavelli) 18, 25, 86, 119~121, 124~127, 221
마티노, 해리엇(Harriet Martineau) 135
만하임, 카를(Karl Mannheim) 367
말리노프스키, 브로니슬라프(Bronislaw Malinowski) 188
매드센, 리처드(Richard Madsen) 173
매켄지(R. D. McKenzie) 71
매클로스키, 디어드리(Deirdre McCloskey) 18
매클루언, 마셜(Marshall McLuhan) 103, 107
머리, 찰스(Charles Murray) 202~203
머튼, 로버트(Robert Merton) 45, 196
모건, 가레스(Gareth Morgan) 18
모르겐슈테른, 오스카(Oskar Morgenstern) 109, 224
모리슨, 토니(Toni Morrison) 141, 351
모스, 마르셀(Marcel Mauss) 188, 265
모이니한, 대니얼 패트릭(Daniel Patrick Moynihan) 166
몽테스키외, 찰스-루이스(Charles-Louis Montesquieu) 99
무어, 윌버트(Wilbert E. Moore) 196
미드, 조지 허버트(George Herbert Mead) 216, 257, 273~274, 291~292, 322
미린고프, 마르큐-루이사(Marque-Luisa

Miringoff) 49
미린고프, 마르크(Marc Miringoff) 49
민스키, 마빈(Marvin Minsky) 108
밀, 존 스튜어트(John Stuart Mill) 164, 169
밀러, 유진(Eugene Miller) 348
밀러, 제임스(James G. Miller) 76
밀즈, C. 라이트(C. Wright Mills) 101, 129, 240

ㅂ

바르쥉, 자크(Jacques Barzun) 121
바르트, 롤랑(Roland Barthes) 306
바흐친, 미하일(Mikhail Bakhtin) 331
버거, 피터(Peter Berger) 82, 154, 290~291, 296
버네이스, 에드워드(Edward Bernays) 106
버리너, 데이비드(David C. Berliner) 105
버제스, 어니스트(Ernest Burgess) 71
버틀러, 주디스(Judith Butler) 319
버크, 케네스(Kenneth Burke) 265
번, 샌드라(Sandra Bern) 317
번스틴, 리처드(Richard Bernstein) 331, 338, 342
베렌키, 메리 필드(Mary Field Belenky) 330
베버, 막스(Max Weber) 85~86, 100~101, 117, 128, 146, 156, 158, 322
베블런, 소스타인(Thorstein Veblen) 103
베이컨, 프랜시스(Francis Bacon) 73, 80, 86, 366
베이트슨, 메리 캐서린(Mary Catherine Bateson) 296
베커, 게리(Gary Becker) 199, 204
벤담, 제러미(Jeremy Bentham) 95, 99, 104, 310
벨, 대니얼(Daniel Bell) 173
벨라, 로버트(Robert Bellah) 31, 173
보드리야르, 장(Jean Baudrillard) 111
보부아르, 시몬 드(Simone de Beauvoir) 270

보어, 닐스(Niels Bohr) 354
보이스, 두(W. E. B. Du Bois) 140
볼딩, 케네스(Kenneth Boulding) 189
부르디외, 피에르(Pierre Bourdieu) 305~306
부버, 마틴(Martin Buber) 339~341
브라우닝, 바바라(Barbara Browning) 47
브라운, 리처드 하비(Richard Harvey Brown) 18, 324, 326, 345, 361, 364
브라운, 베르너 폰(Wernher Von Braun) 104
브랜, 에바(Eva Brann) 332
브레히트, 베르톨트(Berthold Brecht) 261
브로건, 재클린 보트(Jacqueline Vaught Brogan) 370~371
블라우, 피터(Peter Blau) 195~196
블라이, 로버트(Robert Bly) 36, 138
블랙, 맥스(Max Black) 348
블룸, 앨런(Allan Bloom) 137
비글리, 레너드(Leonard Beeghley) 91
비들, 브루스(Bruce J. Biddle) 105
비트겐슈타인, 루트비히(Ludwig Wittgenstein) 214, 249, 289
빈모어, 켄(Ken Binmore) 230, 249

ㅅ

사르트르, 장-폴(Jean-Paul Sartre) 82
사이드, 에드워드(Edward Said) 313
사피로, 이안(Ian Shapiro) 204
사피어, 에드워드(Edward Sapir) 290
색스, 존 갓프레이(John Godfrey Saxe) 12~13
샌더슨, 스티븐(Stephen Sanderson) 61
샌델, 마이클(Michael Sandel) 172~173
생시몽, 클로드-앙리 드(Claude-Henri de Saint-Simon) 41
섀넌, 클로드(Claude Shannon) 109
서로, 레스터(Lester Thurow) 94, 233
설, 존(John Searle) 287

설리번, 윌리엄(William Sullivan) 173
섬너, 윌리엄 그레이엄(William Graham Sumner) 54~55, 57
세넷, 리처드(Richard Sennett) 283
셰익스피어, 윌리엄(William Shakespeare) 15, 27, 220, 251~253, 345, 348~349
셸링, 토머스(Thomas Schelling) 222~223, 233
소로, 헨리 데이비드(Henry David Thoreau) 100, 164
소쉬르, 페르디낭(Ferdinand Saussure) 303~304, 308
소크라테스(Socrates) 28, 332~337, 341, 343
손무(Sun Tsu) 126
슈머, 사라(Sara M. Schumer) 338
슈빅, 마틴(Martin Shubik) 238
슈츠, 알프레트(Alfred Schutz) 290
슈펭글러, 오스발트(Oswald Spengler) 51
스미스, 도로시(Dorothy Smith) 318, 324, 329, 342
스미스, 애덤(Adam Smith) 26, 169, 181~184, 186~188, 200, 204, 209, 212
스미스, 존 메이너드(John Maynard Smith) 244
스위들러, 앤(Ann Swidler) 173
스캔조니, 존(John Scanzoni) 196
스콧, 마빈(Marvin Scott) 251
스키너(B. E Skinner) 190~191, 203
스타니슬랍스키, 콘스탄틴(Konstantin Stanislavski) 282~283
스탈린, 이오시프(Joseph Stalin) 125
스택, 캐럴(Carol Stack) 195
스테피크, 마크(Mark Stefik) 17
스튜어트, 존(John Stewart) 363
스티븐스, 윌리스(Wallace Stevens) 348
스펜서, 허버트(Herbert Spencer) 41~42, 51, 54~55, 57, 77
스피박, 가야트리 차크라보티(Gayatri Chakravorty Spivak) 329
시몬, 허버트(Herbert Simon) 371
시커렐, 에런(Aaron Cicourel) 299

ㅇ
아네슨, 팻(Pat Arneson) 341
아넷, 로널드(Ronald C. Arnett) 341
아도르노, 테오도르(Theodor Adorno 130, 321
아들러, 알프레트(Alfred Adler) 125
아렌트, 한나(Hannah Arendt) 149
아로노비츠, 스탠리(Stanley Aronowitz) 366
아리스토텔레스 16, 19, 39, 50, 123
아벨, 피터(Peter Abell) 204
아치볼드, 캐서린(Katherine Archibald) 269
애덤스, 제인(Jane Addams) 41
액설로드, 로버트(Robert Axelrod) 241~243
앤더슨(Waiter Truett Anderson) 285
야콥슨, 로만(Roman Jakobson) 303~304
에덜먼, 머리(Murray Edelman) 265
에저턴, 로버트(Robert Edgerton) 48
에를리히, 파울(Paul Ehrlich) 72
에치오니, 아미타이(Amitai Etzioni) 173
엑스, 맬컴(Malcolm X) 140, 351
엔젤로, 마야(Maya Angelou) 141
엘리아데, 미르체아(Mircea Eliade) 280
엘리아스, 노르베르트(Norbert Elias) 155
엘시테인, 진 베스키(Jean Bethke Elshtain) 173
엥겔스, 프리드리히(Friedrich Engels) 51, 94, 123, 157, 185
오그번, 윌리엄(William Ogburn) 61
오스본, 데이비드(David Osborne) 106
오웰, 조지(George Orwell) 38, 311
올먼, 버텔(Bertell Ollman) 218
왓슨, 제임스(James Watson) 354
울프, 앨런(Alan Wolfe) 19, 74
울프, 톰(Tom Wolfe) 173
워드, 레스터 프랭크(Lester Frank Ward)

103
워커, 앨리스(Alice Walker) 141
워프, 벤저민(Benjamin Whorf) 290
위너, 노버트(Norbert Wiener) 109
위버, 워런(Warren Weaver) 109
윈치, 피터(Peter Winch) 289
윌러, 데이비드(David Willer) 200, 371
윌슨(E. O. Wilson) 58
윌슨, 윌리엄 줄리스(William Julius Wilson) 141
이글턴, 테리(Terry Eagleton) 287

ㅈ

잭슨, 제시(Jesse Jackson) 141
제이슨, 프레드릭(Fredric Jameson) 312
제임스, 윌리엄(William James) 143
제임슨, 프레드릭(Fredric Jameson) 358
제퍼슨, 토머스(Thomas Jefferson) 99, 178
조던, 존(John M. Jordan) 104
존슨, 마크(Mark Johnson) 17
짐멜, 게오르크(Georg Simmel) 95, 115

ㅊ

채플린, 찰리(Charlie Chaplin) 103
챔피, 제임스(James Champy) 106
처칠, 윈스턴(Winston Churchill) 331
초도로, 낸시(Nancy Chodorow) 66
촘스키, 노암(Noam Chomsky) 105

ㅋ

카슨, 레이첼(Rachel Carson) 72
카프라, 프리초프(Fritjof Capra) 73~74
칸트, 임마누엘(Immanuel Kant) 214, 287
칼리클레스(Callicles) 334
칼린, 조지(George Carlin) 135
캐넌, 웨이터(Waiter B. Cannon) 42
캠벨, 도널드(Donald Campbell) 62, 64, 362
캠벨, 버나드(Bernard Campbell) 68

캠벨, 조지프(Joseph Campbell) 280
캠피언, 제인(Jane Campion) 254
커머너, 배리(Barry Commoner) 72
케넌, 조지(George Kennan) 142
케쿨레, 프리드리히(Friedrich Kekule) 354
케틀레, 아돌프(Adolphe Quetelet) 81
코저, 루이스(Lewis Coser) 45
콘즈, 스테파니(Stephanie Coontz) 35
콜리어, 제임스(James Collier) 174
콜린스, 랜들(Randall Collins) 91
콜린스, 퍼트리샤 힐(Patricia Hill Collins) 318, 330
콜먼, 제임스(James Coleman) 198, 204
콩트, 오귀스트(Auguste Comte) 34, 41, 57, 80~82, 85, 91~92, 96, 344
쿤, 토머스(Thomas Kuhn) 358
쿨리, 찰스 호턴(Charles Horton Cooley) 261, 295, 297
큐브릭, 스탠리(Stanley Kubrick) 240
크로포트킨, 표트르(P'etr Kropotkin) 147
크리스테바, 줄리아(Julia Kristeva) 316
크릭, 프랜시스(Francis Crick) 354
클라우제비츠, 카를 폰(Karl von Clausewitz) 126
클라인, 줄리(Julie Klein) 325
클라크, 아서(Arthur C. Clarke) 112
클레이스테네스(Cleisthenes) 116
키더, 러시워스(Rushworth M. Kidder) 177
킹, 마틴 루서(Martin Luther King) 134, 139~140, 178

ㅌ

태넌, 데버러(Deborah Tannen) 132, 134, 329, 342
터너, 빅터(Victor Turner) 27, 253, 274~278
터너, 조너선(Jonathan Turner) 91
터너, 프레더릭 잭슨(Frederick Jackson Turner) 95

터클, 셰리(Sherry Turkle)　111~112, 167,
　　329
테일러, 찰스(Charles Taylor)　103~104, 174
테일러, 프레데릭(Frederick W. Taylor)　102
토인비, 아놀드(Arnold Toynbee)　51
트라이치케, 하인리히 폰(Heinrich von
　　Treitschke)　115
팁턴, 스티븐(Steven Tipton)　173

ㅍ

파레토, 빌프레도(Vilfredo Pareto)　18, 94
파슨스, 탤콧(Talcott Parsons　42~43, 110,
　　129, 163, 362, 365
파운드스톤(Poundstone)　240
파인먼, 리처드(Richard Feynman)　248
파크, 로버트(Robert Park)　71
파크스, 로자(Rosa Parks)　275
팔루디, 수전(Susan Faludi)　136~138
퍼스, 찰스(Charles S. Peirce)　349, 357,
　　363, 371
퍼트넘, 로버트(Robert Putnam)　173
포드, 헨리(Henry Ford)　102, 104
폰 미제스, 루트비히(Ludwig von Mises)　85
폰 베르탈란피, 루드비히(Ludwig von
　　Bertalanffy)　362
폴링, 라이너스(Linus Pauling)　354
푸코, 미셸(Michel Foucault)　309~312, 314,
　　366
프랑스, 아나톨(Anatol France)　158
프랭클린, 벤저민(Benjamin Franklin)　99
프레이리, 파울로(Paulo Freire)　339
프렌치, 메릴린(Marilyn French)　136, 317
프로이트, 지그문트(Sigmund Freud)　94,
　　146, 161~162, 319
프리던, 베티(Betty Friedan)　138
프리드먼, 밀턴(Milton Friedman)　204
플라톤(Plato)　39, 116~117, 169, 330, 332,
　　338
플로이드, 메릴(Merrill Floyd)　227

피트킨, 해나 페니첼(Hanna Fenichel Pitkin)
　　338

ㅎ

하딘, 개릿(Garrett Hardin)　236
하버마스, 위르겐(Jürgen Habermas)　105,
　　208, 321~322, 341~342, 366
하위징아, 요한(Johan Huizinga)　213, 249
하이데거, 마르틴(Martin Heiddeger)　290
해머, 마이클(Michael Hammer)　106
허먼, 에드워드(Edward S. Herman)　105
허버트 스펜서(Herbert Spencer)　41
허친스, 로버트(Robert M. Hutchins)　337
헌터, 제임스 데이비슨(James Davison
　　Hunter)　133
헤겔(G. W. F. Hegel)　278
헤세, 메리(Mary Hesse)　357
헤세, 헤르만(Hermann Hesse)　214
헤켈, 에른스트(Ernst Haeckel)　70
헤크먼, 수전(Susan Hekman)　315
헥터, 마이클(Michael Hechter)　201
호르크하이머, 막스(Max Horkheimer)　130,
　　321
호먼스, 조지(George Homans)　43, 88,
　　188~196, 198, 362
호프, 반트(Van't Hoff)　371
호프스태터, 더글러스(Douglas Hofstadter)
　　349
홉스, 토머스(Thomas Hobbes)　19, 25, 80,
　　88, 119, 121~127, 147, 149~150, 172,
　　179, 188, 221
후버, 허버트(Herbert Hoover)　104
훅스, 벨(bell hooks)　315

저서

『1984』　38, 312
『갈등의 전략(The Strategy of Conflict)』

『게임이론과 경제적 행동(The Theory of
　　Games and Economic Behavior)』
　　224
『계몽의 변증법(Dialectic of
　　Enlightenment)』　130
『고르기아스(Gorgias)』　334~335
『광기와 문명(Madness and Civilization)』
　　309
『구별짓기(Distinction)』　305
『국가(The Republic)』　117, 169, 333
『국가의 사회적 건강(The Social Health of
　　the Nation)』　49
『국부론(The Wealth of Nations)』　181
『군주론(The Prince)』　120
『권력을 넘어서(Beyond Power)』　317
『권위주의적 퍼스낼리티(The Authoritarian
　　Personality)』　130
『규율과 처벌(Discipline and Punish)』　310
『기업 리엔지니어링(Reengineering the
　　Corporation)』　106
『기업의 전사들(The Corporate Warriors)』
　　133
『나의 모든 친족(All My Kin)』　195
『놀이의 대가(Magister Ludi)』　214
『다른 목소리(A Different Voice)』　329
『드라마, 장, 그리고 은유(Dramas, Fields,
　　and Metaphors)』　275
『리바이어던(Leviathan)』　121, 147
『만남(Encounters)』　220
『맥베스(Macbeth)』　251
『문명과 그 불만(Civilization and Its
　　Discontents)』　161
『미국 정신의 종말(The Closing of the
　　American Mind)』　137
『민속방법론 연구(Studies in
　　Ethnomethodology)』　297
『사회생물학(Sociobiology)』　58
『사회이론 논총(Treatise on Social Theory)』
　　64
『사회이론의 토대(Foundations of Social
　　Theory)』　198
『사회적 삶에서의 교환과 권력(Exchange and
　　Power in Social Life)』　195
『사회학을 위한 시학(A Poetic for
　　Sociology)』　364
『삶 구성하기(Composing a Life)』　296
『상호작용 의례(Interaction Ritual)』　220
『서구세계의 위대한 책들(Great Books of the
　　Western World)』　337
『서구의 몰락(The Decline of the West)』
　　51
『성격 구축하기(Building a Character)』　283
『성의 협상(Sexual Bargaining)』　196
『성장의 한계(The Limits to Growth)』　72
『손자병법(Art of War)』　126
『순수와 오염(Purity and Danger)』　305
『스크린 위의 삶(Life on the Screen)』　112
『시학(Poetics)』　19
『실재의 사회적 구성(The Social
　　Construction of Reality)』　154, 290
『싸움, 게임, 그리고 논쟁(Fights, Games and
　　Debates)』　241
『에로틱 전쟁(Erotic Wars)』　136
『역할 창조하기(Creating a Role)』　283
『우파니샤드(Upanishads)』　330
『원은 닫혀야 한다(The Closing Circle)』　72
『의사소통행위이론(Theory of
　　Communicative Action)』　322
『인구폭탄(The Population Bomb)』　72
『일상생활에서의 자아표현(The Presentation
　　of Self in Everyday Life)』　265
『일차원적 인간(One-Dimensional Man)』
　　130
『자매사회(The Sibling Society)』　36
『자본론(Capital)』　93
『전략적 상호작용(Strategic Interaction)』
　　220

『정부 재발명하기(Reinventing
　　　Government)』　106
『정치학(Politics)』　123
『제2의 자아(The Second Self)』　111
『종의 기원(On the Origin of Species)』　54
『진리와 방법(Truth and Method)』　301
『집단 연대의 원리(Principles of Group
　　　Solidarity)』　201
『철학적 탐구(Philosophical Investigations)』
　　　289
『침묵의 봄(Silent Spring)』　72
『크리톤(Crito)』　336

『터닝 포인트(The Turning Point)』　73
『파리대왕(Lord of the Flies)』　147
『프로타고라스(Protagoras)』　333, 335
『향연(Symposium)』　334
『협력의 진화(The Evolution of
　　　Cooperation)』　241
『호모 루덴스(Homo Ludens)』　213
『훈족의 왕 아틸라의 리더십 비밀(Leadership
　　　Secrets of Attila the Hun)』　133
『흑인 페미니즘 사상(Black Feminist
　　　Thought)』　318

책을 옮기고 나서

옮긴이가 오랫동안 대학에서 사회이론을 강의해오면서 느낀 점은 강의 시간에 학생들을 만족시키기가 어렵다는 것이다. 아무리 쉽게 풀어서 설명해도 학생들은 어렵다고 말하고, 사회이론 교과서를 참고하라고 하면 교과서가 더 어렵다고 불평한다. 옮긴이뿐만 아니라 주변에서 사회이론을 강의하는 동료들 역시 동일한 고충을 털어놓는다. 하지만 이는 우리 대학에서만 겪는 사정은 아닌 것 같다. 서구에서도 1990년대 말과 2000대 초에 사회이론 공부에 어려움을 느끼는 많은 학생을 위해 사회이론 공부 안내서들이 '길잡이', '이해', 또는 '초대'라는 제목을 달고 여럿 출간된 바 있고, 옮긴이는 이 문제를 해결하기 위해 그간 여러 사회이론 교과서에 해당하는 책들을 옮겨왔다.

그러나 학부 학생들은 그 소개서들을 읽는 데에도 너무나 벅차했다. 이런 상황이니 교과서는 물론 학생들에게 읽힐 거리조차 없었다. 그렇다고 전공 수업에서 학생들에게 요즘 유행하는 '넓고 얕은 지식' 같은 류의 교양서적을 읽힐 수는 없는 일이었다. 더구나 이론가들의 저작을 학부생에게 직접 읽힐 수도 없었다. 그 책들은 더더욱 난해하기 때문이다. 그렇기에 이론 공부에는 항상 좋은 안내서들이 필수적이다. 그러다 보니 수업시간에 어떤 책을 읽혀야 하는지 매학기 고민에 빠지기 일쑤였다. 그러던 중에 옮긴이가 그간 놓치고 있던 책 한 권이 눈에 들어왔다. 그 책이 바로 대니얼 리그니가 쓴 『은유로 사회 읽기: 사회이론으로의 초대 The Metaphorical Society: An Invitation to Social Theory』였다. 이 책은 미국에서 2001년에 출간되어 다소 오래된 듯한 느낌을 주지만, '사회이론으로의 초대'라는 부제가 말해주듯, 사회이론을 학생 및 일반 독자에게 쉽게 소개하기 위해 부단히 노력했다는 점 말고도 여러 특색과 장점을 가지고 있어 우리말로 옮기기로 결정했다.

우선 이 책은 다른 사회(학)이론 교과서들과는 다른 독특한 구성을 취하고 있다. 대부분의 사회학이론 교과서가 기능주의, 갈등이론, 합리적 선택 이론, 상징적 상호작용론, 현상학적 사회학 등 사회학의 주요한 이론적 관점들을 중심으로 하여 서술하고 있다면, 이 책은 사회이론을 여덟 가지의 은유 — 유기체, 기계, 전장, 법체계, 시장, 게임, 연극, 담론 — 로 나누어 설명한다. 이러한 은유를 통한 사회이론의 해명은 학생들에게 사회이론에 대한 흥미를 끌게 하기에 충분해 보인다.

다음으로 이 책은 학생들에게 사회이론이 무엇인지를, 그리고 왜 사회이론을 공부해야 하는지를 책을 읽는 과정에서 체득하게 한다. 리그니는 사회이론이 무엇인지를 우리가 익히 알고 있는 장님과 코끼리에 대한 인도 우화를 통해 설명한다. 그에 따르면, 눈먼 현인들과 마찬가지로 사회이론가들 역시 거대한 '사회적 코끼리'의 모든 면을 볼 수는 없다. 다시 말해 사회이론은 현실을 '다' 설명하는 것이 아니라 단지 '일부'만을 설명하고 다른 부분은 덮어둔다. 그리고 리그니는 이러한 논의의 연장선에서 이 같은 '부분적인' 추상적 사회이론이 전체를 설명한다고 바라보거나 그러한 사회이론을 전체 사회에 실현시키고자 할 때 발생하는 위험을 지적한다. 유기체와 같은 조화로운 사회를 현실 사회에 구현한다는 대의하에 질서에 반하는 요인들을 제거했던 무모한 시도가 전체주의 사회를 초래했던 것처럼 말이다. 이는 우리에게 '이론의 이데올로기화'가 갖는 문제를 직시하게 한다.

하지만 리그니는 사회이론이 갖는 이데올로기적 성격을 부정하지는 않는다. 우리가 매일 사용하는 단어도 중립적이지 않듯이(사랑은 긍정성을 함의하고 혐오는 부정성을 함의하듯이), 사회이론 역시 그 안에 정치적 함의를 담고 있다. 그에 따르면, 학문의 '가치중립성'이라는 것은 하나의 신화일 뿐이다. 리그니는 각 사회이론 속에 숨어 있는 함의를 그 이론이 의지하는 은유를 검토함으로써 낱낱이 밝혀낸다.

따라서 사회이론은 단지 우리의 현실세계를 추상적·비유적으로 표현하는 데 그치지 않고 현실세계 속에서 우리의 삶과 행위를 규정하기도 한다. 리그니는 하나의 사회이론 또는 은유의 선택은 부지불식간에 우리의 행위의 주관적 동기로 작동하여 우리의 세계를 생산하게 된다고 본다. 그가 지적하고 있듯이, 이를테면 우리가 사회적 삶을 끊임없는 전쟁으로 바라보기로 마음먹을 때와 우리가 우리의 관계를 계속 진행되는 구성적 대화로 간주하기로 결정할 때, 우리는 매우 다른 종류의 사회를 만들어낸다. 이렇듯 사회이론은 항상 추상성과 실천성을 동시에 지니면서, 우리의 삶을 창조하게 하기도 하지만 또한 우리의 삶을 제약하는 틀을 만들어내기도 한다. 이것이 바로 우리가 사회이론을 공부해야 하는 이유이기도 하다. 리그니는 지나가는 길에 우리의 은유를 여전히 깨닫지 못하는 사람을 '몽유병자'에 빗대기도 한다.

이렇듯 사회이론, 사회 은유, 더 나아가 사회학적 지식들은 우리의 세계를 이해하기 위한 도구일 뿐만 아니라 우리도 모르게 우리의 삶을 지배하고 있는 숨어 있는 틀을 깨닫게 하는 지적 장치이기도 하다. 하지만 눈 뜬 현인들이 거대하고 복잡한 우리의 '사회적 코끼리'를 그 코끼리의 실제 부분도 아닌, 고도의 추상적인 부분 논리에 따라 분석적으로 구성해놓은 것이 사회이론이다 보니, 제한된 현실 속에서 삶을 살아가는 우리가 사회이론을 꿰뚫어보기란 결코 쉬운 일이 아니다. 우리에게 친숙한 대상들과의 유추를 통해 사회이론을 해부한 이 책이 우리가 사회이론에 조금이나마 쉽게 다가갈 수 있도록 해주기를 기대해본다.

한울엠플러스(주)는 그간 출간한 사회이론 책들이 물류창고에 쌓여 있음을 알고 있을 터인데도 '좋은' 책을 출판한다는 신념 하나로 또 하나의 이론 소개서를 출판사의 목록에 올리게 해주었다. 편집 파트너인 신순남 씨는 독자들이 이 책을 편안하게 읽을 수 있도록 하기 위해 부단히 노력해주었다. 옮긴이로서는 항상 감사할 따름이다. 하지만 이 책을 읽으면서 독자가 불편함을 느꼈다면, 그것은 옮긴이가 여전히 눈먼 현인조차도 되지 못하기 때문일 것이다. 세상과 나에 대한 눈뜨기가 학문하는 자의 업이지만 여전히 눈뜬장님일 수밖에 없음 또한 학문하는 자의 운명이라 여기며 또 하나의 책을 세상에 내놓는다.

2018년 여름
열돔 속에 갇힌 한반도 서울의 한구석에서
박 형 신

지은이

대니얼 리그니(Daniel Rigney)는 텍사스주 샌안토니오에 있는 세인트메리대학교의 사회학 명예교수이다. 동 대학교의 우수학생 특별 프로그램을 지도해왔다. 그의 연구와 이전 출판물들은 사회이론, 종교사회학, 지식사회학, 문화비평을 아우른다. 그의 또 다른 저서 *The Matthew Effect: How Advantage Begets Further Advantage*가 『나쁜 사회: 평등이라는 거짓말』로 우리말로 번역된 바 있다.

옮긴이

박형신은 고려대학교 대학원 사회학과에서 석사와 박사 학위를 취득했다. 현재는 연세대학교 사회발전연구소 연구교수로 일하고 있다. 사회이론, 감정사회학, 음식과 먹기의 사회학에 관심을 가지고 연구를 진행하고 있다. 주요 저서로 『정치위기의 사회학』, 『감정은 사회를 어떻게 움직이는가』(공저), 『향수 속의 한국사회』(공저), 『에바 일루즈』 등이 있고, 주요 번역서로는 『고전사회학의 이해』(2판), 『사회학적 야망』, 『탈감정사회』, 『사회이론의 역사』(공역), 『현대 사회이론의 흐름』(공역), 『음식과 먹기의 사회학』, 『감정과 사회관계』 등이 있다.

한울아카데미 2100

은유로 사회 읽기
사회이론으로의 초대

지은이 대니얼 리그니
옮긴이 박형신
펴낸이 김종수
펴낸곳 한울엠플러스(주)
편집 신순남

초판 1쇄 발행 2018년 8월 20일
초판 3쇄 발행 2024년 5월 10일

주소 10881 경기도 파주시 광인사길 153 한울시소빌딩 3층
전화 031-955-0655
팩스 031-955-0656
홈페이지 www.hanulmplus.kr
등록번호 제406-2015-000143호

Printed in Korea.
ISBN 978-89-460-6523-9 93300

※ 책값은 겉표지에 표시되어 있습니다.